AF223949

Saint - Laurent de la Plaine

NOTICE

HISTORIQUE

PAR

l'Abbé A. GUINHUT

ANCIEN VICAIRE DE LA PAROISSE

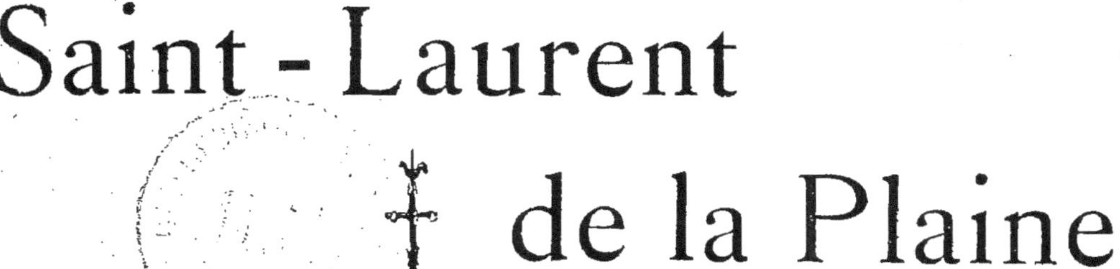

L'ÉGLISE DE SAINT-LAURENT DE LA PLAINE

ANGERS

J. SIRAUDEAU, Éditeur

—

1909

BIBLIOTHÈQUE NATIONALE
R.F.

NOTICE HISTORIQUE

SUR

SAINT-LAURENT DE LA PLAINE

8 LK⁷
37029

NOTICE HISTORIQUE

SUR

Saint-Laurent de la Plaine

PAR

l'Abbé A. GUINHUT

ANCIEN VICAIRE DE LA PAROISSE

ANGERS

J. SIRAUDEAU, Éditeur

1909

Permis d'imprimer :

L. THIBAULT,

Vicaire Général.

BIBLIOTHÈQUE

A M. l'abbé Boisdron, curé de Saint-Laurent-de-la-Plaine,

Aux prêtres enfants de la paroisse,

A Mme la vicomtesse de Beaurepos,

A M. et Mme Raymond Garreau,

A M. et Mme Henri de Toulgoët,

Aux Paroissiens de Saint-Laurent-de-la-Plaine,

HOMMAGE

RESPECTUEUX ET RECONNAISSANT.

PRÉFACE

« *L'histoire locale nous apprend à aimer la terre sur laquelle nous vivons, à être vraiment de notre pays. Celui qui l'étudie sent plus vivement les liens qui l'attachent au sol sur lequel Dieu l'a fait naître et la solidarité qui l'unit à ses ancêtres. Mieux que tout autre il aime sa province, sa ville et son humble village, parce que là tout lui rappelle un souvenir. Il y vit en famille, non seulement avec ses contemporains mais aussi avec les anciens dont il perpétue la vie. Que de choses lui disent les horizons qu'il regarde depuis son enfance, les grands bois au dôme mouvant, les champs défrichés et fécondés par le travail et les sueurs des ancêtres, le toit paternel, le château en ruine enserré par le lierre, au sommet du coteau, la vieille église tout imprégnée du souffle de milliers de chrétiens qui sont venus s'y agenouiller devant l'autel du Dieu vivant, le cimetière enfin où dorment leur dernier sommeil protégé par la croix les générations éteintes et où il espère reposer lui-même un jour à côté de ses pères !* »

La paroisse de Saint-Laurent-de-la-Plaine, comme beaucoup d'autres, fut presque toujours entourée d'une heureuse obscurité. Depuis sa fondation jusqu'à la Révolution elle n'a été le théâtre d'aucun événement tragique ni glorieux et sans l'unanime cri de guerre qui ébranla la Vendée et les pèlerinages fameux qui se firent au sanctuaire vénéré de Notre-Dame-de-Charité, le simple récit des bienfaits de ses curés et de ses seigneurs et des mœurs laborieuses et sans tache de ses paisibles habitants eût formé toute son histoire.

Ce n'est pas une histoire mais une simple notice que je vous présente, composée de notes éparses, recueillies çà et là dans quelques vieux papiers ou dans la mémoire des vieillards. J'espère que vous lui ferez bon accueil ; elle vous donnera une idée de la physionomie de la paroisse dans les siècles passés et précisera certains souvenirs conservés dans les familles sur les faits mémorables de la grande guerre.

Autrefois on aimait beaucoup à parler des choses du vieux temps. Dans les longues veillées d'hiver, pendant qu'au dehors le vent sifflait dans les grands arbres, la famille se réunissait en cercle devant la cheminée où flambait un bon feu ; l'aïeul assis au coin du foyer, les deux mains sur ses genoux, la paume tournée vers le feu, commençait l'histoire du temps passé que son père lui avait racontée, car les traditions se conservent en Vendée comme ces vieux chênes qui poussent chaque printemps des racines nouvelles et semblent défier à tout jamais les orages et les siècles.

Il se dégageait de ces récits une salutaire impression et des exemples de foi et de courage que les pères transmettaient à leurs enfants comme le plus précieux des héritages. Il est nécessaire, à notre époque surtout, que les Vendéens n'oublient pas la religion et les traditions d'honneur et de loyauté de leurs ancêtres. Il n'existe plus guère de ces aimables conteurs d'autrefois ; beaucoup ont disparu : j'ai essayé de les remplacer et de sauver de l'oubli quelques-uns des souvenirs qu'ils ont laissés.

A cette notice, incomplète dans beaucoup d'endroits, j'ai joint l'histoire plus détaillée de la chapelle de Notre-Dame-de-Charité. Nombreux sont les sanctuaires dédiés à la Sainte Vierge en notre beau pays d'Anjou. Lisez le Mois de Marie de Notre-Dame Angevine (1) et vous verrez qu'ils dépassent la soixantaine, les uns vieux de plusieurs siècles, les autres de date plus récente, tous sortis de terre, comme par enchantement, sous le souffle toujours grandissant de la piété envers la Mère de Dieu.

Bien qu'elle ne mérite pas d'être comparée à Notre-Dame-du-Marillais ni à Notre-Dame-des-Gardes, la chapelle de Notre-Dame-de-Charité a acquis cependant une très grande célébrité. Son histoire est celle de la paroisse pendant la Révolution. Rien n'est édifiant comme les souvenirs qui s'y rattachent ; ils forment une des plus belles pages de l'histoire religieuse de la Vendée angevine pendant cette époque troublée.

(1) *Mois de Marie de Notre-Dame l'Angevine*, par M. l'abbé Goupil, curé de Sainte-Thérèse d'Angers, 2 vol.

La chapelle actuelle, comme vous le verrez, est l'œuvre de la Vendée, mais cependant, à vos ancêtres et à vous, habitants de Saint-Laurent, revient l'honneur d'avoir élevé le premier sanctuaire et contribué pour la plus large part à la construction et à la restauration du second, en 1817 et en 1901. De plus, c'est vous qui en avez la garde : « J'ai choisi cette chapelle pour être le lieu de mon repos, vous dit la Mère de Dieu, et c'est à vous, pieux habitants de Saint-Laurent-de-la-Plaine, que je la confie » (1). A tous ces titres déjà elle vous est chère et vous l'aimez. Vous l'aimerez plus encore en apprenant qu'elle a été l'objet de la fureur des impies et des révolutionnaires de 1791, que plusieurs de vos ancêtres, avec un vicaire de la paroisse, votre compatriote, l'héroïque abbé Joseph Moreau, ont été fusillés et guillotinés parce qu'ils étaient venus prier à cette chapelle vénérée.

Puissent ces souvenirs et ces exemples vous attacher à votre paroisse et raviver en vous, avec une tendre dévotion pour la Sainte Vierge, la foi qui fait les saints et au besoin le courage qui fait les héros, les martyrs !

A. G.

En la fête de Notre-Dame l'Angevine, 8 septembre 1908.

(1) Psaume 131.

ARMES

DES

FAMILLES NOBLES DE LA PAROISSE

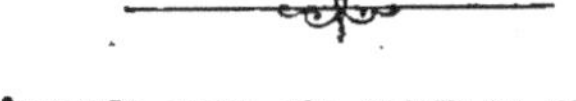

ARMOIRIES
DES
FAMILLES DE LA JALTIERE

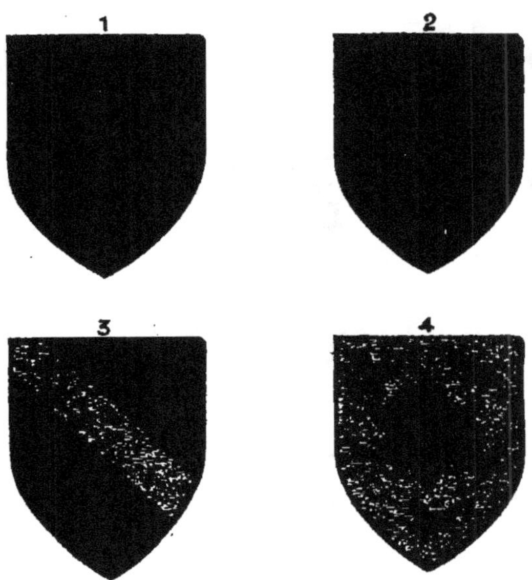

(1) De la Rivière : D'azur à 3 fasces d'or.
(2) De Sanzay : Échiqueté d'or et de gueules.
(3) Erreau : D'azur à la bande d'argent accostée de 2 molettes ayant les pointes rompues.
(4) De Pincé : D'argent à l'étoile de gueules à 6 raies accompagnée de 3 merlettes de sable
     2 et 1.

ARMOIRIES
DES
FAMILLES DU PINEAU

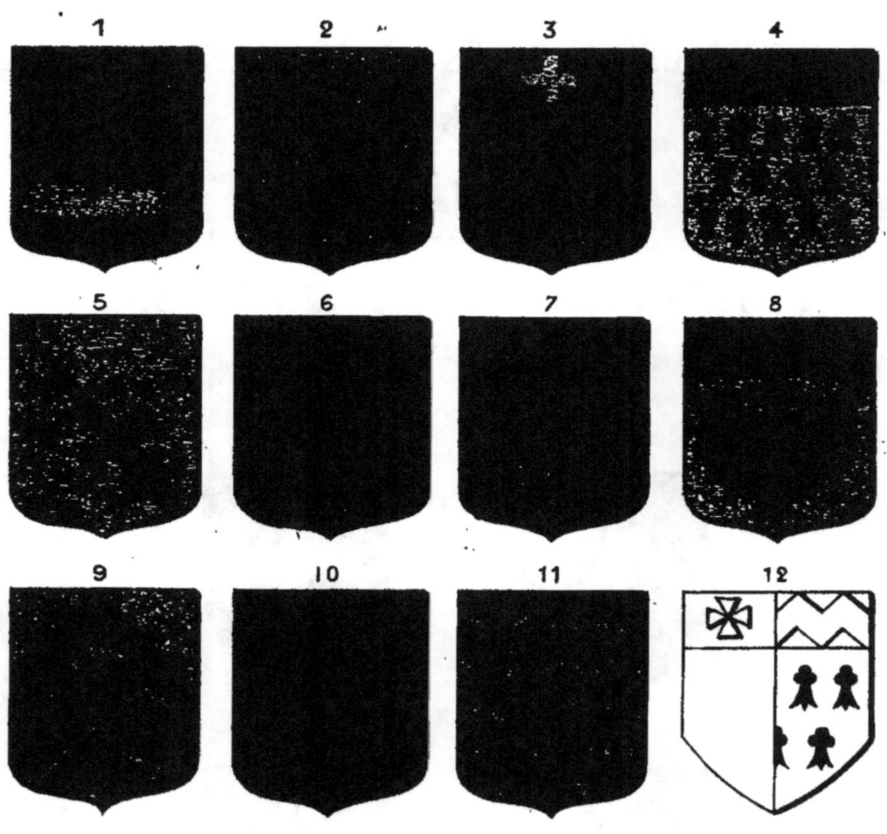

(1) Caillé : D'Azur à 3 cailles d'or en chef et un nuage d'argent en pointe.

(2) Gabory : D'or à 3 pommes de pin de gueules.

(3) De Montours : D'or au chef de gueules chargé d'une croix pattée d'argent.

(4) Chenu : D'hermine au chef d'or chargé de 5 losanges de gueules.

(5) Grasmenil : D'argent à une épée de sable.

(6) Éveillard : D'azur à une étoile d'or accompagnée de 3 trèfles de même.

(7) De Samson : Écartelé d'or et de gueules au Lion de même sur le tout armé et lampassé d'argent et d'azur.

(8) De Bonvoisin : D'argent à l'aigle éployé de sable au chef d'azur chargé de 3 trèfles d'or.

(9) De Meaussé : D'argent à 3 chevrons de sable.

(10) Lefèvre de Chasles : D'azur au chevron d'or accompagné de 3 grelots de même.

(11) De Ruillé : D'azur à 5 fasces d'argent.

(12) Écusson inconnu sculpté sur une lucarne d'une des tours du château du Pineau.

ARMOIRIES
DES
FAMILLES DU PLESSIS-BEUVEREAU

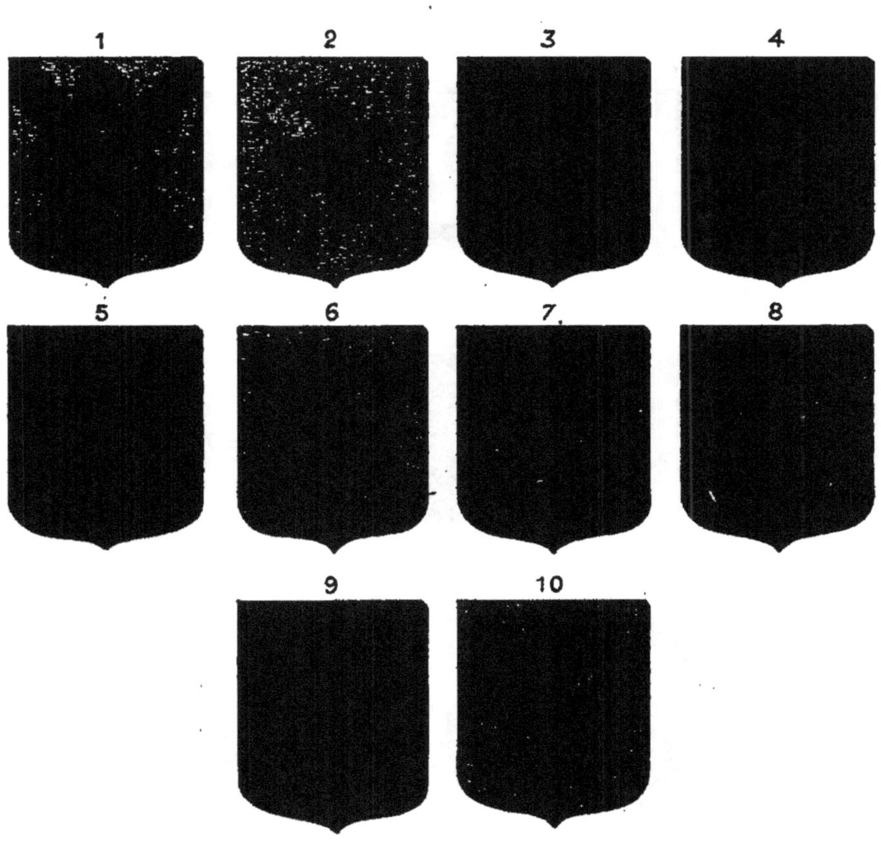

(1) Beuvereau : D'argent à un sautoir de gueules cantonné de 4 aigles à 2 têtes éployées d'azur armées et becquées de sable.

(2) De Scolin : D'argent au griffon de gueules.

(3) Boylesve : D'azur à 3 sautoirs d'or 2 et 1.

(4) De gueules à 2 léopards d'or l'un sur l'autre.

(5) Boulay du Martray : D'azur à la fasce d'or accompagnée de 3 roses de même rangées en chef et en pointe d'un croissant montant d'argent.

(6) De Romain : D'argent à l'aigle à 2 têtes éployé de sable.

(7) D'azur à 3 flanchis d'argent au chef d'or chargé de 3 flanchis d'azur.

(8) De Livonnières : De gueules à la fasce d'argent chargée de 3 croix de Malte du champ.

(9) De Beaurepos : D'or à 3 fasces ondées d'azur, celle du chef surmonté d'un lion de gueules issant armé et lampassé de même.

(10) D'argent à la croix de Malte de sinople accostée de 4 molettes de sable

ARMOIRIES
DES
FAMILLES DU PLESSIS-RAYMOND

(1) Famille Blénourcau : D'azur à 3 gerbes d'or 2 et 1.

(2) Famille Gilles (de la Grue, de la Bérardière, de Fontenailles) : D'argent à 3 biches passantes de gueules.

(3) Famille Louet : D'azur à 3 coquilles d'or 2 et 1.

(4) Famille Legay : D'argent à 3 quintefeuilles de gueules.

(5) Famille de la Duffery : De sable au chevron d'or accompagné en pointe d'un trèfle d'or.

(6) Famille Vallée : De sable au lion couronné d'or.

(7) Famille Drouet d'Aubigny : D'azur à un lion d'or accompagné de 3 soucis de sable 2 et 1.

(8) Famille Garreau, de Brissac : D'argent au chevron de gueules accosté de 2 croix pattées de même en chef et d'une rose de même en pointe.

AVANT-PROPOS

Il existe très peu d'archives concernant l'histoire de la paroisse avant la Révolution. Plusieurs papiers curieux des XIIᵉ et XIIIᵉ siècles relatifs au temporel de la cure ont disparu depuis longtemps. Un certain nombre de registres de baptêmes, mariages et sépultures rédigés jusqu'en 1792 par le clergé paroissial, ont été conservés (1). L'inventaire en a été publié en 1898 par M. Célestin Port, archiviste de Maine-et-Loire. Les plus anciens actes sont des actes de baptêmes, ils remontent à l'année 1592 et sont mentionnés sous la rubrique suivante : « Répertoire de tous les baptêmes qui ont été faits dans l'église de Saint-Laurent-de-la-Plaine à commencer en l'année 1592. Les noms de baptême et de famille y sont exactement portés, le tout par année. Fait par moi Marchandye, curé de cette paroisse, qui ai commencé à faire ledit ouvrage le 19 décembre 1776 et fini le .. » La fin du cahier manque depuis 1705.

Les archives du département, les chartriers du Plessis-Beuvereau et du Plessis-Raymond et quelques papiers d'anciennes familles offrent des renseignements précieux pour l'histoire de la localité. Celle de la chapelle de Notre-Dame-de-Charité a été écrite, presque jour par jour, par les révolutionnaires eux-mêmes et c'est de leurs rapports et de leurs procès-verbaux que nous avons extrait tous les faits qui la concernent pendant les années 1791 et 1792. (2)

(1) Plusieurs de ces registres sont conservés à la cure et à la mairie de Saint-Laurent, les autres au greffe du Tribunal civil de Cholet.
(2) *L'histoire de la chapelle de Notre-Dame de Charité* a été publiée en 1901.

CHAPITRE PREMIER

LA PAROISSE

Nom, situation et fondation de la paroisse de Saint-Laurent-de-la-Plaine. — La cure et les biens curiaux. — Les chapelles ou chapellenies. — Noms des curés, vicaires, chapelains ou prêtres habitués jusqu'en l'année 1797.

I

Saint-Laurent-de-la-Plaine désigné parfois, dans les anciens actes, sous le nom de « Saint-Lorens de la Pleine », est situé dans l'arrondissement de Cholet et à l'extrémité Est du canton de Saint-Florent-le-Vieil. (1)

Cette localité doit son nom à une fondation religieuse et à sa situation au centre d'une plaine formée par une dépression de terrain. Les pentes du sol adoucies à la base du bourg se relèvent graduellement de chaque côté pour redescendre tantôt en pentes douces, tantôt en pentes abruptes, au nord vers la Loire ; à l'est et au sud vers la rivière du Jeu, affluent du Layon ; à l'ouest, vers le ruisseau de Saint-Denis.

Elle est située entre Chalonnes, 5^{km} 5. au nord ; Chaudefonds, 7^{km} 1/2, et la Jumellière, 7^{km}, à l'est ; la Jumellière, Neuvy, 6^{km} 1/2, et Sainte-Christine, 5^{km} 4, au sud ; Bourgneuf, 2^{km} 4, à l'ouest ; la Pommeraye, 6^{km} 5, au nord-ouest.

Le bourg, d'une altitude de 93 mètres au-dessus du niveau de la mer, comprend une centaine de maisons. Les unes s'échelonnent de chaque côté des routes de Chalonnes, de la Pommeraye et de la Jumellière, les autres sont disséminées sans ordre et forment, en dehors du bourg proprement dit, trois petits villages distincts : les Airaux, la Bretagne et la Varenne. La rue principale est très irrégulière, avec des angles de murs qui l'échancrent à chaque pas (2). Mais les maisons restaurées pour la plupart

---

(1) A 31 kil. d'Angers, à 33 kil. de Cholet et à 20 kil. de Saint-Florent-le-Vieil. Les anciens l'appelaient : Saint-Laurent « d'à haut » par opposition à Saint-Laurent-du-Mottay, situé dans le même canton et désigné sous le nom de Saint-Laurent « d'à bas ».

(2) On en accuse l'administration de M. Cady, maire de Saint-Laurent après la Révolution. — On trouve le nom de « Bretagne » en l'année 1684.

après la construction de l'église neuve présentent un aspect gai et confortable.

Pendant les trois premiers siècles de l'ère chrétienne il n'y avait dans chaque ville épiscopale qu'une seule église où l'Évêque remplissait en personne les fonctions sacerdotales avec l'assistance de quelques prêtres. Mais à mesure que s'augmentait la multitude des fidèles, les églises épiscopales ou cathédrales devenaient insuffisantes aux besoins du peuple. On construisit alors dans les villes, outre l'église principale, et aussi dans les bourgs et les villages, d'autres églises, nommées paroisses, qui furent confiées d'abord à titre temporaire, puis d'une manière permanente, à des prêtres délégués par l'Évêque. Ceux-ci devinrent ainsi des pasteurs de second ordre appelés dans les actes officiels *parochi* et dans le langage du peuple *curati* par allusion à la charge d'âmes qui leur était confiée (1). La création des paroisses gouvernées par des curés remonte probablement au quatrième siècle. On les appelait aussi titres ou cures parce que quand un prêtre était ordonné son ordination se faisait sous son titre, c'est-à-dire avec désignation d'une église spéciale dont l'ordonné était appelé titulaire.

Aujourd'hui, la paroisse ou cure est un territoire délimité d'une manière fixe, soumis à l'autorité spirituelle d'un pasteur permanent qui a droit d'en gouverner les fidèles et de leur administrer les sacrements. C'est à l'Évêque qu'il appartient d'établir, de supprimer ou de modifier la circonscription des cures.

Le Pape et les Évêques seuls ont le droit de conférer les pouvoirs spirituels et les emplois ecclésiastiques, mais ils peuvent abandonner à d'autres le choix des personnes qui en seront investies Jusqu'à la promulgation de la loi sur la séparation de l'Église et de l'État le gouvernement français désignait les évêques et le Pape les instituait. Ce droit de *nomination* et de *présentation* dont jouissait le gouvernement était exercé en France avant la Révolution sur un très grand nombre de paroisses par des patrons ecclésiastiques ou laïques, par des abbés ou des abbesses, par des chanoines, sous la réserve de l'approbation et de l'institution canonique.

Aucun document ne nous renseigne sur l'origine de la paroisse de Saint-Laurent-de-la Plaine. Cependant il est probable qu'elle remonte à la fin du dixième siècle. Comme toutes les paroisses environnantes, elle fut tout d'abord comprise dans le domaine de l'abbaye de Saint-Florent le-Vieil, elle fut rattachée au treizième siècle au doyenné des Mauges et à l'archidiaconné d'Outre-Loire.

Le pays des Mauges avait été autrefois un patrimoine d'Église. Des chartes de Charlemagne et de Louis le Débonnaire en avaient jadis concédé la souve-

(1) De là est venu le nom français de « curé », désignant un prêtre qui a charge d'âmes.

L'ANCIENNE ÉGLISE DE SAINT-LAURENT-DE-LA-PLAINE

raineté aux moines de Saint-Florent-le-Vieil, qui les avaient évangélisées et civilisées. L'abbaye ayant été ruinée par les Normands, son domaine considérablement amoindri s'était peu à peu réduit au territoire de dix paroisses qu'on appelait le *territoire exempt* parce qu'il ne relevait d'aucun évêché Sur les anciennes possessions de l'abbaye se forma au treizième siècle le puissant doyenné des Mauges, dont la capitale était Jallais, qui étendait son obédience sur 42 paroisses divisées en Hautes et Basses Mauges. (1)

Autour de ce centre religieux se multiplient bientôt les institutions pieuses ; son influence rayonne sur toute la contrée : le chapitre de Beaupréau va chercher les candidats au sacerdoce parmi les enfants des plus humbles chaumières, il leur enseigne la théologie, il est la pépinière des cures paroissiales et des nombreuses chapellenies que la foi vive des populations institue et dote. Les laïcs n'étaient pas oubliés : plusieurs confréries les enrôlent sous leurs bannières, les entraînent aux bonnes œuvres, les rompent aux pratiques religieuses et les groupent comme une armée bien disciplinée autour de leurs pasteurs. Ainsi organisé, se suffisant par ses propres ressources, recrutant ses prêtres dans son sein, le doyenné des Mauges, dans son isolement, avait gardé une véritable autonomie. Il était plus qu'une division administrative du diocèse d'Angers. il constituait une province ecclésiastique ayant ses traditions, ses fêtes, ses saints, son séminaire, son clergé, ses sanctuaires, ses fidèles. (2)

La paroisse de Saint-Laurent-de-la Plaine. dans la hiérarchie ecclésiastique fait partie de l'archiprêtré de Cholet et du doyenné de Saint-Florent-le-Vieil. Son Patron, Saint-Laurent, martyr. est en même temps le titulaire de l'église ; sa fête se célèbre solennellement le dimanche qui suit le 10 août.

II

La cure de Saint-Laurent-de-la Plaine était avant la Révolution à la présentation et à la nomination de l'Évêque. Elle possédait, outre le presbytère, des terres. prés, vignes dont le produit servait à l'entretien du curé, à savoir :

Deux jardins contenant ensemble 4 boisselées.

Une pièce de terre de 12 boisselées, appelée la Boîte, près du Grand-Groisellier.

L'ouche plate, de 4 boisselées.

Le pré neuf et le pré des Rivières, ensemble de 4 quartiers.

(1) Les Hautes Mauges comprenaient 13 paroisses, les Basses Mauges, 29, parmi lesquelles Saint-Laurent-de-la-Plaine.

(2) *Bonchamps et l'insurrection vendéenne*, par M. Blachez, conseiller général, maire de Montjean.

Un morceau de pré enclavé dans la métairie de Bellenoue.

Trois quartiers de vigne à Saint-Maurille de Chalonnes.

Quatre quartiers de vigne appelée le clos Viau.

La pièce de la Fontaine, de 20 boisselées, près du bourg, joignant le chemin de Bourgneuf.

Une pièce de terre dite de « Bourgneuf », de 8 boisselées.

Un quartier de pré, appelé le pré du Douet, près du bourg, sur le chemin de Neuvy.

Un pré de 10 boisselées, nommé le Grand Pré, situé sur le chemin du bourg à l'Épine (1).

Une autre source de revenus pour le curé était la dîme.

La dîme en général était une portion de fruits qui était due à l'Église. Les fidèles sont tenus, de droit divin. de pourvoir à l'entretien de leurs prêtres. C'est pour satisfaire à cette obligation qu'ils ont constitué des patrimoines pour les églises, qu'ils ont fait des oblations volontaires dans le principe et qu'ils ont, à l'exemple des Juifs, apporté une partie des fruits de la terre. Cette offrande qu'on a appelée dîme ou dixième partie, par imitation de ce qui se faisait chez les Juifs, était en réalité bien inférieure au dixième et variait selon les paroisses (2).

Le droit ecclésiastique laisse à l'Évêque la détermination de la portion congrue, c'est-à-dire, suffisant à un honnête entretien. L'État intervint pour la fixer d'une manière uniforme, à 120 livres sous Charles IX, puis à 150 et à 200. Louis XIV la porta à 300, le 29 janvier 1696 ; le 13 mai 1768, elle fut fixée à 500 et le 2 septembre 1786, à 700 livres. La dîme a été abolie le 4 août 1789.

La dîme rapportait, bon an mal an, au curé de Saint-Laurent 30 setiers de froment levés sur diverses métairies de la paroisse, entre autres : sur la métairie du Plessis-Beuvereau. 8 boisseaux, mesure de Chalonnes, au terme de Notre Dame de mi-août ; sur la Michellerie 2 boisseaux 1/2 ; sur la Piffarderie 2 boisseaux 1/2. même mesure et au même terme ; sur l'Épinay 6 boisseaux, etc.

Voici un état détaillé des rentes de la cure de Saint-Laurent dressé par M. Grellier, curé, quelques années après la Révolution :

(1) Les pièces de la Boîte et de la Fontaine, le pré du Douet et le Grand-Pré furent vendus, comme bien national, à un nommé Chebreux, de la Pommeraye. Le pré des Rivières et la pièce de la vigne furent vendus à Piron, de la Pommeraye, le pré de Bellenoue à Piron, de Saint-Georges-sur-Loire. (Notes de M. Grellier, curé de Saint-Laurent). *Archiv. dép.*, E. 759 ; E. 26, 27.

(2) Notons en passant que la dîme ne pèse pas au moyen âge sur le cultivateur, sur le paysan, mais sur le fonds de terre, sur le propriétaire qui n'a obtenu sa propriété, à l'origine de son fief, qu'à la charge d'en consacrer la dixième partie au profit de l'Église. Or, à cette époque l'Église a non seulement à pourvoir au culte et à l'entretien de ses ministres et des édifices sacrés, mais aussi à l'instruction publique et aux œuvres hospitalières.

2 boisseaux de blé seigle, avec un agneau, dus par chacun an à la cure par les sieurs Louis Barault et Mercier, métayers à Bellenoue, propriété de M. de la Merveillière.

8 boisseaux de blé seigle, dus par chacun an à la cure par Jacques Raimbaut, Louis Roullier et Jacques Binier, métayers à la Caillerie, propriété de M. Frémond de la Merveillière.

2 boisseaux de blé seigle, dus par chacun an à la cure par le sieur Ménard et la veuve Frémondière, métayers à l'Ecorchebœuf, propriété de M. Frémond de la Merveillière.

1 boisseau de blé seigle, dû par chacun an à la cure par Joseph Raby, fermier à la Grande-Lande, propriété des demoiselles Bonneau, de Chalonnes, avec charge de chanter un *libera* pour les fondateurs.

1 boisseau et demi de blé seigle, dû par chacun an à la cure par Étienne Bompas, bordier à la Grande-Lande, propriété des héritiers Lehoreau.

3 boisseaux de blé seigle, dus par chacun an à la cure par Joseph Thomas, bordier à la Grande-Lande, propriété de M. Chauveau, du Mesnil.

7 boisseaux de seigle, dus par chacun an à la cure par Jean et Pierre Jolivet de la Grande-Roussière, propriété de M. Lefebvre de Chasles.

4 boisseaux de blé seigle et 4 boisseaux de froment, dus par chacun an à la cure par Jean et Louis Moreau de la Haute-Charpentraie, propriété de M. Lefebvre de Chasles.

6 boisseaux de blé seigle, dus par chacun an à la cure par Alexandre Seicher et ses deux fils, métayers à la Brunetière, propriété de Mlle Janeau, d'Angers.

4 boisseaux de blé seigle, dus par chacun an à la cure par René Davy et Jean Gourdon, métayers à la Lansonnière, propriété de M. de la Chèze.

6 boisseaux de blé seigle, dus par chacun an à la cure par René Boulestreau et René Lehoreau, métayers à la Gueneraie, propriété de M. de la Chèze.

16 boisseaux de blé seigle, dus par chacun an à la cure (et 15 autres dus à la fabrique) par la veuve Davy et Mathurin Davy, son neveu, métayer au Gâs, propriété de M. de la Chèze.

4 boisseaux de blé seigle, dus par chacun an à la cure par Joseph Abellard et la veuve Baraut, métayers au Châtelier, propriété de M. Gilles de Fontenailles.

4 boisseaux de blé seigle, dus par chacun an à la cure par la veuve Blourdier et ses enfants, métayers au Petit-Groisellier, propriété de M. de Vaugirault de Champagnet.

4 boisseaux de blé seigle, dus par chacun an à la cure par Gourdon, métayer à la Bassenardière, propriété de M. de la Fleurière.

12 boisseaux de blé seigle, dus par chacun an à la cure par René Maugeais, Jacques Parent et Thomas, métayers au Plessis-Beuvereau, propriété de M. de Boylèsve.

2 boisseaux de blé seigle, dus par chacun an à la cure par Pierre et Joseph Aligon, métayers à la Fumoire, propriété de M. de Boylèsve.

2 boisseaux de blé seigle, dus par chacun an à la cure par la veuve Oger et ses enfants, métayers à la Michellerie, propriété de M. de Boylèsve.

2 boisseaux de blé seigle, dus par chacun an à la cure par Brunet, métayer à la Piffarderie, propriété de M. de Boylèsve.

2 boisseaux de blé seigle, dus par chacun an à la cure par René Secher et Pierre Davy, métayers à la Chênebaudière, propriété de M. Benoit, d'Angers.

8 boisseaux de blé seigle, dus par chacun an à la cure par François Frémon-

dière de la Philippière et Thomas de la Grande-Lande sur le Bordage propriété de M. Jacob, de la Pommeraye.

1 boisseau de blé seigle, dû par chacun an à la cure par François Gaslard, meunier au moulin de Clandy, propriété de M. de la Fautrière.

1 boisseau de blé seigle, dû par chacun an à la cure par M. Jahyer d'Angers sur une maison située en ce bourg. Cette maison a été incendiée et n'est pas encore reconstruite.

7 boisseaux de blé seigle, dus par chacun an à la cure par la chapelle Saint-Mathurin, sise en cette paroisse. Les terres de la chapelle ont été vendues à Chebreux qui les a abandonnées. Ces 7 boisseaux de blé doivent être fournis par René Rorteau du bourg pour les maisons qui dépendent du temporel de la chapelle, par René Brevet et François Frémondière, Louis Rorteau René Rorteau et Janneteau pour le pré, les terres et jardins qui en dépendent.

4 boisseaux de blé seigle, dus par chacun an à la cure par Mathurin Beduneau et sa mère, métayers à la Petite-Marotière propriété de M. de Buzelay.

12 boisseaux de blé seigle, dus par chacun an à la cure par Martin et Etienne Ménard, métayers à la Gaudinière. La Gaudinière, propriété de M. Lefebvre de Chasles, a été vendue comme bien national à Coquille, vieux Récollet, curé constitutionnel de Beaupréau.

8 boisseaux de blé seigle, dus par chacun an à la cure par Pierre et Louis Lehoreau, métayers au Rouzeray (le Ronceray), propriété de M. Desfossés, d'Angers.

4 boisseaux de blé seigle, dus par chacun an à la cure par Mathurin Montaillé et Pierre Bidet, métayers au Theil, propriété d'un nommé Brouard, de Sainte-Christine.

1 boisseau et demi de blé, mesure de Montjean, dû par chacun an à la cure par Oger, métayer à la Lucière de la Pommeraye et exploitée par Beduneau, de la Boucherie.

Autrefois, dans la plupart des paroisses, les habitants avaient coutume à l'époque des récoltes d'offrir à leur curé quelques productions du pays, ici du blé, du lin, ailleurs du vin ou bien encore des fruits, du beurre, des œufs, des volailles. Ces offrandes étaient comme une indemnité pour les prières spéciales qu'on demandait au curé pour la conservation des moissons et des vendanges. Elles étaient aussi un faible supplément à des revenus insuffisants.

Cette chrétienne coutume tend malheureusement à disparaître comme tant d'autres bonnes choses. Toutefois, il est encore d'usage, à Saint-Laurent, d'offrir des dons en nature, le plus souvent du beurre, des fruits, des œufs, des volailles. Ces offrandes, déposées sur un autel, sont vendues à l'enchère par le sacristain, le dimanche, à la sortie de la grand'messe, et le produit de la vente est consacré à l'entretien de l'église et aux besoins de la sacristie. On récite en retour publiquement à la messe un *pater* et un *ave* pour les donateurs. Il est à désirer que les fidèles continuent de garder ces pratiques que leur ont léguées leurs ancêtres. Elles sont en effet un acte de piété et de charité chrétienne, très méritoire devant Dieu.

III

Il **existait** à Saint-Laurent-de-la-Plaine au xvie siècle huit chapelles ou chapellenies desservies par des prêtres qui prenaient le titre de chapelains, prêtres habitués, et dont plusieurs remplissaient les fonctions de vicaires et très probablement aussi de maitres d'école (1). Ces chapelles fondées et dotées par la piété des seigneurs et des personnes notables de la paroisse disparurent dans le cours du xviiie siècle Une seule existait en 1787, la chapelle de Saint-Mathurin, appelée aussi chapelle du Pineau. Voici les noms de ces chapelles avec le présentateur, le collateur, les chapelains et les revenus (2) :

La chapelle Saint-Nicolas de la Jaltière (3)

Cette chapelle, fondée et desservie dans l'église paroissiale, était à la présentation du seigneur de la Jaltière et à la nomination de l'Évêque. Le revenu était de 40 livres. Le chapelain avait droit de dîme sur une pièce de terre labourable de 6 à 7 boisselées et sur un petit pré de 2 quartiers, appelé Dinechien, situé près du bourg de Saint-Laurent ; sur deux petites ouches de terre, sises près du bourg, appelées la Berthelotrie, avec charge de payer chaque année à la seigneurie du Plessis-Beuvereau trois deniers de cens, à la Saint-Nicolas d'hiver (4).

Le chapelain était en 1629, Alexandre Avrillon ; en 1690, Charles Letessier ; en 1703, Joseph de Goddes de Varennes, prêtre, chanoine et archidiacre de l'église cathédrale d'Angers et y résidant ; en 1724, Jacques Miette.

La chapelle de Saint-Denis du Teil

La métairie du Teil qui fait aujourd'hui partie de la paroisse de Bourgneuf appartenait autrefois à celle de Saint-Laurent (5). Il y existait avant la Révolution une chapelle dédiée à Saint-Denis, fondée en 1508 par Foulques du Chêne et Jeanne de la Chesnaie, sa femme. De tout le pays on

(1) Ces chapellenies n'étaient pas autre chose que des fondations de messes.

(2) Voir le *Pouillé d'Anjou ou état et dénombrement de tous les Bénéfices du diocèse*, imprimé en 1783 et publié par l'*Anjou Historique* en 1901.

(3) Cette chapelle fut réunie à celle du Pineau en 1618.

(4) *Archiv. du Plessis-Beuvereau*. Déclaration du 29 novembre 1706. On appelait cens ou coutumes une redevance en argent que les seigneurs percevaient chaque année sur certaines terres féodales.

(5) Elle est située à 300 mètres environ de la route de Bourgneuf à St-Quentin. Par acte passé devant Me Guillois, notaire à Saint-Mathurin, le 7 février 1832, le Teil a été acheté par Jacques-Alexandre Garreau de M Turpin, ancien curé de Louerre, qui avait recueilli cette métairie dans la succession de Mme Brouard, sa sœur. (*Archiv. du Plessis-Raymond.*)

affluait à cette chapelle, plus fréquentée que l'église paroissiale. La dévotion locale tenait sans doute son origine du voisinage d'une fontaine abondante, source du ruisseau de Saint-Denis qui prend naissance dans un pré dépendant de la ferme.

Le sanctuaire primitif a disparu. La chapelle actuelle est un édifice rectangulaire du xviiiᵉ siècle (5ᵐ 20 sur 4 dans œuvre), en plein délabrement. Un pignon avec croix de pierre surmonte la porte d'entrée à cintre surbaissé; sur les murs se lisent des inscriptions gravées par les visiteurs dont la plus ancienne est I. P. 1778. Il reste de la statue de saint Denis la tête que le saint portait dans ses mains.

La chapelle, à la présentation et à la nomination de l'Évêque, était affectée à des gradués du diocèse d'Angers (1). En étaient titulaires :

François Oger, mai 1536.

Guillaume Court, mai 1543.

Jean Raimbaut, mai 1544.

Guillaume Richer, mai 1552 à 1572.

Pierre Richer, chanoine de Saint-Maurice d'Angers, y demeurant juillet 1579 à 1582.

Guillaume Richer, 1588.

Nicolas Richer, mai 1595.

Pierre Rosier, août 1608-1614.

Richer, en 1630.

Urbain Bourdin, 1676-1677 (2).

François Babin, 1677-1684 (3).

---

(1) Par gradué on entendait celui qui, ayant étudié dans une Université, en avait obtenu un diplôme constatant sa capacité. Les gradués jouirent jusqu'à la Révolution d'un privilège considérable : 1º Tous les bénéfices dépendant des patrons ecclésiastiques, et venant à vaquer dans les mois de janvier, avril, juillet, octobre devaient être affectés aux ecclésiastiques ayant leurs grades ; 2º en tout temps, les bénéfices les plus importants, tels que les cures des villes et gros bourgs murés, ne pouvaient être possédés que par des gradués (*Les nominations ecclésiastiques avant le concordat*, par l'abbé Uzureau).

(2) Urbain Bourdin, chanoine régulier de l'abbaye de Toussaint à Angers, et docteur en théologie, champion et victime des luttes du Jansénisme à Angers défendit avec courage son évêque Henri Arnauld contre l'Université, refusa, la signature du formulaire et fut cassé de ses grades en 1676. En même temps, un ordre du roi le chassait de l'Anjou, mais Bourdin, oublié à Angers, venait de recevoir de l'Évêque la chapellenie de Saint-Denis du Teil quand le docteur Babin s'en fit pourvoir à sa place par l'archevêque de Tours et confirmer par un arrêt du Parlement de 1677 qui déclarait son rival incapable d'aucune fonction ecclésiastique. Bourdin fut relégué en Auvergne où il mourut. (*Dictionnaire historique* de M. C. Port).

(3) François Babin, fils de François Babin, avocat, naquit à Angers le 6 décembre 1651. Il fut successivement docteur et chancelier de l'Université, doyen de la Faculté de Théologie, chanoine de Saint-Maurice, supérieur de plusieurs communautés religieuses, administrateur de l'hôpital général d'Angers, inspecteur de la librairie de toute la province. Il mourut le 25 janvier 1734 et fut inhumé dans la cathédrale. (*Dictionnaire historique* de C. Port).

Joseph de Goddes de Varennes, 12 décembre 1684 à décembre 1685 (1).

François Leroyer, ancien curé de la paroisse de Saint-Denis d'Angers, 1705 (2).

Paul de Carpillet, grand vicaire de Monseigneur l'Évêque d'Angers, demeurant à l'Évêché, paroisse Saint-Maurice, 1764.

Le temporel de la chapelle, qui était en 1705 de 375 livres, consistait dans la métairie du Teil, une pièce de terre située à Saint-Laurent entre les bois du Teil et Bourgneuf, et les dîmes de blé sur les paroisses de Saint-Laurent-de-la-Plaine, Bourgneuf, La Pommeraye, Sainte-Christine et Chalonnes.

Le chapelain de Saint-Denis du Teil avait droit de dîme, à Saint-Laurent sur les pièces de la Varanne, des Verseaux ou du Pâtis plat, de la Perrière contenant 8 boisselées, de Mauquartier. Pour raison desdites choses ledit chapelain devait à la seigneurie de la Caillerie, par chacun an, 5 pintes de vin requérables aux jour et terme de la Toussaint sur le lieu de Saint-Denis, à charge pour le chapelain de célébrer l'office divin en ladite chapelle.

Il avait également droit de dîme sur la métairie des Pouets, paroisse de la Pommeraye, et sur celle du Petit-Plessis au Bœuf, sur quatre pièces de terre nommées les Quarterons dépendant de la Basse-Papinière et sur le bordage de la Glunière. Pour raison desdites choses le chapelain devait obéissance censive et 9 pintes de vin payables au lieu de Saint-Denis aux jour et fête de la Toussaint, après les vêpres (3).

Le chapelain levait en outre 7 setiers de blé à Sainte-Christine, 18 boisseaux de blé seigle sur la métairie du Bignon, et un setier sur la métairie de Touche-Fleurie, paroisse de Bourgneuf (4).

La chapelle Saint-Jean et Saint-Mathurin

Elle fut fondée en l'église par le seigneur du Pineau qui en était le présentateur.

Le chapelain avait droit de dîme sur 5 pièces de terre dépendantes du lieu de la Petite Braudière, appelée aussi La Caillerie (5). Il tenait ces

(1) Joseph de Goddes des Varennes, fils de François de Goddes sieur de Varennes et de la Perrière en la paroisse d'Avrillé et de Marie Bonneau naquît au château de la Perrière, le 9 septembre 1655. Prêtre de l'Oratoire, chanoine de Saint-Maurice, docteur en théologie et maître-école, le 23 juillet 1684, archidiacre d'Outre-Loire, le 12 décembre suivant, il mourut le 27 juin 1720. *Archiv. dép.* G. 21, 27 ; E. 1201.

(2) Il mourut âgé de 75 ans et fut inhumé en la paroisse de Saint-Pierre d'Angers, le 9 mars 1721.

(3) Déclaration rendue au fief du Plessis-Beuvereau par le chapelain de Saint-Denis du Teil, le 9 novembre 1705.

(4) *Archives départementales*, G. 27.

(5) Déclaration rendue au fief du Plessis-Beuvereau par le chapelain de la chapelle Saint-Jean et Saint-Mathurin, le 26 juin 1619.

dîmes à franc devoir de la seigneurie du Plessis-Beuvereau et le seigneur du Pineau était tenu de l'acquitter de toutes charges et devoirs seigneuriaux pour les héritages de ladite chapelle. Le chapelain devait payer en retour au sieur du Pineau par chacun an au terme de la Saint-Mathurin la somme de 2 sols 6 deniers.

Le chapelain était en 1485, Guillaume Gabory ; en 1486, Jean Gaydon (1) ; en 1540, Jean du Vau ; en 1558, André Bourigault ; en 1593, Paul Bourigault ; en 1619, Étienne Métivier ; en 1686, Louis Marchais ; en 1730, Charles Hardy-Surineau de la Guessière, prêtre du diocèse de Luçon (2).

La chapelle de Sainte Marguerite

Elle fut fondée en l'église par le seigneur du Plessis-Raymond qui en était le présentateur. Elle était à la collation de l'Évêque et possédait 80 livres de revenus. Le titulaire était en 1630 Louis Marchais, de 1761 à 1781, Boureau-Dugritté, curé de Bourgneuf.

La chapelle de Sainte Barbe

Elle fut fondée en l'église par un seigneur du Ronceray. (3) Lui et ses

(1) Présentation lui fut faite de la chapelle Saint-Jean et Saint-Mathurin par Jean de Gabory, seigneur du Pineau, au mois d'août 1486.
Voici l'acte de présentation :
A très Révérend Père en Dieu et mon très honoré Seigneur Mgr l'Évêque d'Angers et à MM. les vicaires en spiritualité, Jean Gabory, écuyer, seigneur du Pineau et de la chapelle Saint-Jean et Saint-Mathurin, desservie en l'église paroissiale de Saint-Laurent-de-la-Plaine, au diocèse d'Angers, déclare que icelle chapelle est de présent vacante par la mort et trépas de feu, noble et discrette personne, messire Guillaume Gabory, prêtre de ladite chapellenie. Par la vacation le droit de patronage à moi appartient à cause de ma terre et seigneurie du Pineau ainsi que le droit de présenter ladite chapelle. A vous Révérend Père en Dieu, appartient la collation, provision et institution. Je vous présente noble, vénérable et discrette personne messire Jean Gaydon, prêtre, habile, idoine et suffisant pour servir et obtenir ladite chapelle, suppliant votre très révérende Paternité qu'il vous plaise instituer ledit Gaydon en ladite chapelle et chapellenie et lui en faire bâiller collation en dûe forme.

Jean GABORY,
le   août 1486.

(*Archives départementales*, E. 2545).
(2) La chapelle lui fut présentée le 6 juillet 1730 par Charles-Henri-François de Meauné, seigneur du Pineau. *Archives départementales* G. 2268 .
(3) Le Ronceray, nommé dans les anciens actes « *l'houstel, terres, gaignerie et appartenances du Ronceray* » est situé à peu de distance du chemin de Bourgneuf au Gâs. Cette métairie autrefois de la commune de Saint-Laurent-de-la-Plaine, fait partie aujourd'hui de celle de Bourgneuf. Elle relevait avant la Révolution de la baronnie de Chalonnes dont était seigneur l'Évêque d'Angers, à l'exception de quelques pièces formant le bordage des Bougrières qui paraissent avoir relevé de la Jaltière. Il y eut à ce sujet un procès au XVIIIe siècle.
La terre et châtellenie du Ronceray appartenait au xve siècle à une famille de ce nom. En rend aveu Jean du Ronceray, en 1452 ; Guillaume, en 1477 ; Macé, en 1505 et 1543. Un peu plus tard le Ronceray passa à la famille Drouet qui le partagea. En rend aveu Mathurin Drouet, en 1611. Après lui, par partage devant Me Jacques Menuau, notaire à

successeurs avaient droit de présenter à ladite chapelle. Le collateur était l'Évêque et le revenu de 10 livres.

La chapelle de Notre-Dame

Cette chapelle desservie en l'église fut fondée le 15 avril 1513 par Laurent Bourigault. Nous donnons en entier l'acte de fondation comme un monument de la piété et de la générosité des âges de foi pour assurer la célébration du culte divin (1).

Mémoire de la fondation que j'entends faire, moi, Lorens Bourigault, en l'honneur et vénérance de Notre-Dame par chacune semaine de l'an, tant pour mon âme que pour l'âme de mon feu père et mère et amis trépassés dont à moi retiens, ma vie durant, la présentation et collation à très vénérable Père en Dieu Monseigneur d'Angers, et après ma mort veux que ladite présentation soit et demeure perpétuellement à Pierre Bourigault mon frère aîné qui a présent fait la foy et hommage du lieu et domaine de la Cornilière que saoûlait faire mon feu père ; et après la mort et trépas dudit Pierre Bourigault consécutivement que icelui qui fera ladite foy et hommage fasse ladite présentation aux proches parents de ma ligne tant de père que de mère nés et procés en lien de mariage et au plus proche prétendant à être prêtre. J'ai élu et élis Julien Bourigault, mon neveu, fils dudit Pierre Bourigault, mon frère, et après la mort et trépas dudit Julien Bourigault, je veux qu'elle soit et demeure à René Bourigault, mon neveu, fils de Maurice Bourigault en pareil degré et après le trépassement de mes neveux, je la donne à N .. Et après je veux que mon frère ou qui aura cause de lui, en fasse à sa disposition pourvu que, si mondit frère ou ses ayants cause vendaient la Cornilière à homme hors de ma ligne, ladite présentation demeure au plus fameux et renommé portant le nom de Bourigault issu de feu Jean Bourigault, mon père, et de Colette, ma feue mère, et en ma ligne tant de père que de mère, et, par défaut qu'il n'y ait aucun prétendant à être homme d'église en ladite ligne, ils en feront à leur disposition.

Et pour la fondation de ladite messe, je veux qu'elle soit dite et célébée en l'église de Saint-Lorens-de-la-Plaine, à l'autel de Notre-Dame ; pour laquelle souffrance mon neveu Julien Bourigault et les chapelains, après lui successeurs, seront tenus de bailler au procureur et fabriqueur de ladite paroisse, la somme

Bourgneuf, le 7 janvier 1621, Jean Drouet son fils, tanneur à Angers, époux de Marie Métivier ; leur fils Henri Drouet marié à Jacquine Jubin. Celle-ci restée veuve le donne à son fils Henri Drouet, conseiller à la Prévôté d'Angers en le mariant en 1690 avec Marie Durogé. Le fils de ces derniers Jean-Gabriel Drouet, seigneur de Grassigny, et sa femme Anne-Charlotte-Marie Garceau, par acte passé devant Me Chevalier, notaire à Angers, le 16 avril 1744, vendirent le Ronceray à Etienne Lehoreau, notaire à Angers, et à Jeanne Baudry sa femme. Les nouveaux acquéreurs réunirent à ce domaine plusieurs immeubles par des acquêts successifs de 1744 à 1750. Après eux, la terre passa successivement à leur fille Charlotte Lehoreau, mariée à Etienne Lebreton des Fossés, à Marie-Charlotte, leur fille, femme de Charles François Desgrés, enfin à dame Eugénie-Joséphine Desgrés, femme de M. Louis-Joseph Caignard qui par acte du 28 janvier 1864 vendit le Ronceray à M. Garreau. L'acte d'acquêt porte une contenance de 38 hectares 94 ares 70 centiares. (*Archives du Plessis-Raymond*).

(1) *Archiv. dép.* G. 2268.

de cinq sols, chacun an, et pour la souffrance et ornements que pourront prendre mondit neveu et les chapelains successeurs après lui ; lesquels cinq sols j'ai assis et assignés sur tous et chacun des héritages de ladite fondation, ci-après déclarés. Et premièrement s'ensuit :

Ma maison nouvellement édifiée avec un appentis où, à présent, est ma cuisine vec la cour et issue, le tout tenant ensemb'e. Plus une chambre et un grenier sur ladite chambre. Ladite maison neuve, appentis, grenier, cour et issue, joint, partie à la maison de ma chapelle Saint-Mathurin, et, d'autre côté, la rue qui est entre les maisons de Jean Leroy et moi, lesquelles maison, cours, chambre et issue, tenues du seigneur de la Névoire, j'ai acquises de Mathurin Gangnet et Jeanne, sa femme, de Guillaume Hégion et de Catherine, sa femme. J'ai eu en partie ma maiso neuve par échange de Jacques Guillemin et de Guillelmine, sa femme, pour certaines vignes que j'avais autrefois acquises de Lorens Cheuveau.

Item, délaisse mon jardin qui est au-dessous de ma maison ainsi qu'il se poursuit et comporte ; réserve une allée de 5 pieds au-dessous de la maison de Pierre Cicault qui est de ma chapelle Saint-Mathurin et va ladite allée depuis ma maison jusqu'à mon étang, lequel jardin j'ai acquis de Jacques Guillemin et Guillelmine la Roigne (la Reine), sa femme, et de Jean Roullier et Perrine, sa femme. Ledit jardin joint d'un côté à ladite allée de ma chapelle Saint-Mathurin et, d'autre, à la grange et au jardin de Jacques Guillemin et, d'un bout, à madite maison et, d'autre bout, à mon étang tenu du sieur de la Chauvière à 8 deniers que doit Jacques Guillemin et en lui baillant lesdits 8 deniers, est tenu ledit Guillemin m'acquitter envers le seigneur de la Chauvière.

Item, je donne mon étang, lequel j'ai acquis dudit Mathurin Gangnet et Guillaume Hégion, Jeanne et Catherine Bernard, leurs femmes. Item, un quartier et demi de pré, sis au Verdelais, que j'ai acquis de Guillaume Cogné, Jean Cruau, Guillaume Oger, Jean Boislane de l'Onglée et de leurs femmes. Item, deux pièces de vignes, sises en la petite Coulée, que j'ai acquises de missires Jean et Mathurin Gerfault, contenant trois quartiers, tenus du seigneur de la Jailtière à 7 sols 6 deniers qui est 2 sols 6 deniers par quartier, au terme de Saint-Maurille. Item, une autre pièce de terre, sise au clos de Cottereau, contenant un quartier et demi de vigne ou environ, que j'ai acquis de Guillaume Benoist et de sa femme et de Guillaume Mousseau. Je dois au seigneur de la Jailtière, la cinquième partie de cinq sols et deux chapons, chacun an, à la Saint-Maurille et à Noël.

Item, je donne et délaisse à ladite fondation, quatre setiers de blé, mesure de Chalonnes ; seize boisseaux pour le setier, à savoir : deux setiers assignés sur le bordage de la Douarderie que j'ai acquis de Matharin Gangnet, Guillaume Hégion, Jeanne et Catherine, leurs femmes, les deux autres setiers assis sur le bordage de la Trainellerie, près le bourg de Saint-Laurent.

Je donne et délaisse les meubles qui s'ensuivent : un lit garni de couette, ciel et coutine et de six linceaux, un marchepied, un coffre de six pieds, une table et tréteaux, un dressoir. Item, huit écuelles et trois plats, une chopine, une salière, le tout en étain, une broche, deux tenailles, quatre couvre-chef, douze serviettes. Lesdites choses seront estimées parce que je veux que ledit Julien Bourigault les mette en les mains de chaque chapelain.

Et est tout ce que j'entends faire de fondations à ladite chapelle. Lesdites choses, d'aujourd'huy, quinzième jour d'avril de l'an 1513. J'ai signé de ma main et fait signer, à ma requête, du seing manuel de Maurice Gontard, notaire de la Cour de Chalonnes, les jour et an que dessus.

Sont signés en la minute des présentes :

L BOURIGAULT.

M. GONTARD.

Le chapelain était en 1513 Julien Bourigault et après lui René Bourigault neveux du fondateur ; en 1591, Toussaint Barault ; en 1603, Mathurin Marchais ; en 1635. Gilles Valin ; en 1685, Maurice Davy (1), en 1714, Louis Nepveu ; en 1750. Jacques Gendron, vicaire de Saint-Laurent-du-Mottay (2).

Les seigneurs du Pineau, du Plessis-Beuvereau et du Plessis-Raymond, avaient dans leur château une chapelle fondée et entretenue par eux et à laquelle ils avaient droit de présenter.

La chapelle seigneuriale du Pineau sous le vocable de Saint-Jean et Saint-Mathurin était établie dans la tour d'entrée de gauche du château. Une porte à cintre surbaissé surmontée d'une croix y donnait accès. Elle était éclairée par deux petites fenêtres ogivales encadrant l'autel. Le seigneur y avait droit de messe les dimanches et fêtes et un jour la semaine à son choix. Cette chapelle reçut la visite de Mgr Henri Arnauld, évêque d'Angers, qui y fut parrain le mardi 17 novembre 1654 au baptême d'Henri de Samson, fils de Charles de Samson, seigneur du Pineau et de Saint-Laurent-de-la Plaine et de dame Jeanne de Bonvoisin, son épouse. (3)

La chapelle du Plessis-Beuvereau près de la maison seigneuriale de ce nom avait pour fondateur et présentateur un seigneur du Plessis-Beuvereau, pour collateur l'Évêque et 10 livres de revenus.

La chapelle seigneuriale du Plessis-Raymond, dédiée, comme celle de l'Église. à Sainte-Marguerite, avait aussi pour fondateur et présentateur un seigneur du Plessis-Raymond, pour collateur l'Évêque et 80 livres de revenus. Elle était établie dans une des tours du château.

(1) Prêtre habitué à la Pommeraye.

(2) Le *Pouillé* de 1783 assigne à la chapelle 80 livres de revenus.

(3) Dans cette même chapelle fut béni le jeudi 15 septembre 1689, par messire Joseph de Goddes de Varenne prêtre, chanoine, archidiacre de l'église cathédrale d'Angers, le mariage d'André Epiard, sieur du Pré, fils d'honorables personnes Jean Epiard et Françoise Pingault avec demoiselle Catherine Leduc, fille de maître Antoine Leduc et de Catherine Pichon, de la paroisse de Machecoul, diocèse de Nantes, en présence de maître Pierre Duit, chapelain en l'église de la Pommeraye, messire Henri de Samson, chevalier, seigneur du Pineau, et Madame son épouse, noble homme Mereul-Joché, chef d'échansonnerie de la maison et bouche du Roi, maître Guillaume Rogé ci-devant curateur aux causes de ladite demoiselle Leduc, maître François Gouraud, proche parent de ladite épouse, honorable homme Jean Langevin, marchand, Pierre Saillard, maître chirurgien, maître Charles Guilbaut, notaire, demeurant en ladite Pommeraye et autres soussignés : André Epiard, Léauté, Benoit, P. Jollivet, curé.

IV

Liste des curés de la paroisse (1215-1797.)

Macé-Hubelin	1215
Antoine Pupier, (1).	....-1504.
Maurice Lambert ancien vicaire	1504-1509.
Pierre Fouschard ... 29 avril	1509-1517.
Guillaume Fradin, (2).	1560-1576.
Jacques Poissoneau	1576-1589.
Pierre Marchais	1589-1591.
Julien Raimbert (3)	1591-1614.
Jean Baudry	1614-1618.
Henri Rassicot (4) ... décembre	1618-1661.
Henri Patrix, ancien vicaire (5) ... mars	1662-1672.
Henri Houstin (6) ... 18 août	1672-1683.
Pierre Jolivet ... janvier	1684-1701.
Malfilâtre ... janvier	1701-1702.
Jacques Myionnet (7) ... 17 juillet	1702-1724.
Pierre Levacher du Coudray ... janvier	1725-1741.

(1) Il ne résidait pas toujours à Saint-Laurent car son vicaire Maurice Lambert est dit *recteur* en 1485.

(2) Il signe comme parrain à un baptême dans l'église de la Trinité d'Angers, le 4 juin 1569 (*Inventaire des archives de M. C. Port*).

(3) Il signe comme parrain à un baptême dans l'église de Chaudron, le 18 octobre 1592 *Invent. des archives*).

(4) L'empreinte de son cachet gravée sur une lettre adressée par lui à M. de Boylèsve, seigneur du Plessis-Beuvereau, porte un arbre avec, de chaque côté, une étoile, au-dessous un croissant et les initiales H. R. — Le 31 mai 1619 il signe comme parrain à un baptême en l'église Saint-Pierre et Saint-Laurent de Baugé (*Archiv. du Plessis-Beuvereau et archiv. dép.*).

(5) Il mourut le 13 mars 1675 et fut inhumé dans l'église :

Le 14 mars 1675, a été inhumé dans l'église le corps de défunt vénérable et discret missire Henri Patrix, son enterrement fait par M. Delanoue, curé de Chaudefonds, le défunt âgé de 51 ans

Henri HOUSTIN.

Il avait résigné sa cure à son neveu, M Henri Houstin, le 18 août 1672. — Par la résignation, le titulaire d'une cure remettait sa démission entre les mains du Pape, à condition que le Souverain Pontife lui donnerait pour remplaçant celui qu'il désignait.

(6) Il mourut le dimanche 19 décembre 1683 et fut inhumé le lendemain dans l'église. Son testament est du 16 décembre 1683 (*Archiv. dép. E. 615*). Voici l'acte de sa sépulture :

Le vingtième jour du mois de décembre 1683, a été par vénérable et discret messire Mathieu de la Noë, prêtre, curé de Chaudefonds, inhumé en l'église dudit lieu de Saint-Laurent le corps de vénérable et discret Henri Houstin, curé de Saint-Laurent, décédé d'hier.

De la Noë Etienne Marchais, prêtre chapelain, M. Houstin était fils de Pierre Houstin sieur de la Brosse et de Catherine Patrix.

(7) M. Myionnet n'abandonna pas sa paroisse pendant la terrible épidémie de 1707. C'était probablement un ancien vicaire de la Trinité d'Angers.

Mathurin Lemonnier...........19 février 1741-1755 (1).
François Helbert..............19 octobre 1755-mort le 14 juin 1759 (2).
Léon René Marchandye ....5 juillet 1759-mort le 2 mars 1780 (3).
Charles-Gervais Bourdais........ 29 juin 1780-mort le 3 octobre 1791.
Jean-René Piraut, curé constitutionnel .... 1791-mort le 23 avril 1792 (4).
René Bourigault............. .octobre 1791-1797.

Liste des vicaires, chapelains et prêtres habitués (1485-1791.)

Maurice Lambert, vic............. ...... 1485 à 1500.
Julien Bourigault, chap.. .... 1513.
Pierre Métivier, chap .... 1554.
André Bourigault, chap............... 1558.
Toussaint Barault, chap................ .... 1591.
Paul Bourigault, chap..... .... 1593.
Mathurin Marchais, p. h................ ...... 1601-1603.

(1) **A** cette époque il résigne sa cure en faveur de son vicaire, Francois Helbert, reste à Saint Laurent et prend le titre « *d'ancien curé* ». Son père, Pierre Lemonnier et sa mère Charlotte Fouassière, étaient originaires de la paroisse de Sainte-Croix d'Angers.

M. Lemonnier mourut le 21 novembre 1761 et fut enterré le lendemain dans l'église comme l'indique l'acte de sépulture suivant : le dimanche 22 novembre 1761 a été inhumé dans cette église le corps de maître Mathurin Lemonnier, ancien curé de cette paroisse, décédé d'hier, âgé de 67 ans, par nous curé soussigné :

P. Dénéchau, curé de Bourgneuf.

Bourreau-Dugritté, Jacques Godineau.
prêtre, chapelain. *vicaire de Sainte-Christine.*

(2) Il mourut âgé d'environ 38 ans et fut inhumé dans l'église de Saint-Laurent.

Le vendredi, quinzième jour de juin 1759 a été inhumé dans l'église de ce lieu le corps de maître François Helbert, curé de cette paroisse, décédé d'hier, âgé de 38 ans environ, par nous, curé de Neuvy soussigné : Legros, prêtre chapelain ; Aurange, curé de La Jumellière ; Boureau-Dugritté, vicaire à Notre-Dame de Chalonnes, Guillaume Massoneau, chapelain à Saint-Laurent, Antoine Poirier, chapelain à Notre-Dame de Chalonnes ; Cosnu-Desaunay, curé de Neuvy.

Sa sœur, Françoise Helbert lui survécut (*Archiv. dép. G. 6 2*).

(3) Voici l'acte de sa sépulture :

Le vendredi 3 mars 1780, a été inhumé dans le cimetière de cette paroisse par nous curé soussigné messire Léon-René Marchandye, curé de cette paroisse décédé d'hier, âgé d'environ 51 ans, en présence des soussignés : Davy, curé de Neuvy ; Denéchau, curé de la Pommeraye ; Trottier, vicaire de Rochefort ; Pierre-Jean Humeau, vicaire d'Andrezé ; Bretault, vicaire de Chalonnes ; Couturier, curé de Saint-Palais ; Boureau-Dugritté, curé de Bourgneuf ; P. Goujon, vicaire de Saint-Aubin-de-Luigué ; L Horeau, vicaire de cette paroisse ; Besnier, curé de Saint-Maurille de Chalonnes.

M. Marchandye avait trois sœurs Marie et Thérèse à Saint-Laurent, et Renée à Angers, paroisse Saint-Maurille.

Couturier (Philippe-Louis), ancien curé de Saint-Palais de Saintes, diocèse de La Rochelle, prêtre habitué à la Trinité d'Angers, mourut le 31 janvier 1808. M. Besnier périt dans la déroute du Mans, le 12 décembre 1793.

(4) C'est à raison de l'histoire que nous rangeons M. Piraut parmi les curés légitimes ; comme curé assermenté, sa nomination était nulle et il n'avait aucune juridiction.

Etienne Métivier, chap.................... 1619.

Jean Jouet, p. h..... .... 1619.

Alexandre Avrillon, chap................ 1619-1635.

Pierre Tiffaugin, p. h.................... 1620.

Jean Drouet. p. h .... 1620.

Gilles Vaslin, chap..................... 1635.

Louis Marchais, chap....... .... 1635.

Jean Brelaut, p. h .... 1646.

Georges Thureau, p. h................. ... 1644 1861 (1).

Henri Patrix, vic....................... 1644 1662.

Jean Cherbonnier, chap .... 1645-1650.

Louis Marchais, chap.................... 1646.

Etienne Métivier, chap.................. 1650-1681.

Grimault, chap........ .... 1653.

Henri Houstin, vic... .... 1662-1672.

P. Coiffard. vic..... ... . 1680 1687.

François Piel. vic... .... 1682-1686. (2)

Etienne Marchais, chap.................. 1686 1700.

Perrineau, p h. .... 1686-1702.

P. Levacher-du-Coudray, vic............ 1687-1725.

D Dubois, chap....................... 1688.

G. Chardon. chap .... 1689.

Charles Letess er, chap... .... 1691 (3)

Dubreuil vic.. . ...janvier 1693-juin 1696.

Urbain Jaudouin, vic......... .....juin 1696-septembre 1701.

Nicolas Gouin, vic.... ....septembre 1701 décembre 1701.

Jarry, vic.. .... .septembre 1702-1705.

Joseph Fougeray, vic .... 1705-1707.

C Lecomte, vic... ....octobre 1707-1711.

(1) Il mourut à Saint-Laurent. Voici l'acte de sa sépulture : Le 9 du mois d'août 1681 a été inhumé le corps de messire Georges Thureau en son vivant prêtre habitué en notre église, âgé de 63 ans

Henri HOUSTIN, *curé.*

(2 Il fut curé de Saint-Melaine-de-la-Treille, près Cholet, de 1686 à 1689. Cette petite paroisse qui comptait 120 communiants faisait partie avant la Révolution du diocèse de La Rochelle. En 1739 la cure à la présentation de M. de Beauveau, seigneur de la paroisse, valait 200 livres. (Cf. *Anjou Historique*, n° de mai 1904).

(3 Mort le 25 février 1691. Voici l'acte de sa sépulture : Le 26 février 1691 a été enterré par nous curé de La Pommeraye soussigné, du consentement de M. le curé du lieu, le corps de messire Charles Letessier. prêtre, en son vivant chapelain des chapelles de Saint-Nicolas et Saint-Mathurin. mort d'hier, âgé d'environ 60 ans, dans ce bourg, en présence des vénérables et discrets messires Pierre Gourichon, curé de Sainte-Christine, Pierre Piffard, curé de Montjean, et plusieurs autres.

Aignan MASSUAU.

L. Lelarge, vic.......................... 1711-décembre 1712.

V. Quenion, vic. (1)..............janvier 1713-1716.

Louis Nepveu chap .... 1714.

Jacques Boireau, p. h .... 1716-1718.

François Boulogne, vic. (2)....... janvier 1718-octobre 1720.

Jean Lorioust, vic ....octobre 1720-1724.

Louis Dubois de Maquillé, vic. (3)..janvier 1725-mars 1729.

S. E. Baumier, vic. ....27 mai 1729-5 octobre 1731.

Jean-François Poineau, vic..29 novembre 1731-mort le 10 mai 1734.

Joseph Joubert, vic. (4) .... 1734-mai 1745.

J. Belliard, vic.....................juillet 1745-janvier 1746.

Guillaume Massoneau, chap. (5)......... 1752 mort le 29 juin 1761.

François Helbert, vic .... 1746-1755.

René-François Menant, vic. (6)....octobre 1755 mars 1764.

Jean Marais, vic.... ... .10 mars 1764-30 novembre 1767.

Louis Horeau, vic. (7)...........janvier 1768-9 juin 1781.

Joseph-Aignan Boureau-Dugritté, chap. (8) 1761-mort le 5 novembre 1781.

Jacques-François Forestier, vic. (9) 15 mai 1781-14 décembre 1785.

P. C. M Blanvilain, vic. (10)..22 décembre 1785-septembre 1789.

(1) Nommé curé de Montreuil-sur-Maine en 1716, mort le 17 septembre 1739, âgé de 67 ans.

(2) Nommé curé de Pruniers en octobre 1720, mort le 18 mai 1744, âgé de 50 ans.

(3) Mort en 1776, chanoine de la cathédrale d'Angers.

(4) Il fut curé de Joué de 1745 à 1747.

(5) Mort le 29 juin 1761 et inhumé dans le cimetière :

Le mardi 30 juin a été inhumé dans le cimetière le corps de Guillaume Massoneau, prêtre, chapelain, âgé de 47 ans. Étaient présents à la sépulture : maîtres Jacques Godineau, vicaire de Sainte-Christine : René Menant, vicaire de cette paroisse, L. Guither, vicaire de Saint-Lambert, Delaunay, curé de Sainte-Christine.

  DELAUNAY.   L. GUITHER.   Léon-René MARCHANDYE.
  R.-S. MENANT.   J. GODINEAU.   *curé de Saint-Laurent.*

(6) Curé de Chazé-Henri au mois de mars 1764, résigne sa cure en 1783 en faveur de M. Guillaume Gernigon, prêtre originaire de la Trinité d'Angers.

(7) Il devint vicaire de Gené. A l'époque de la Révolution, il refuse le serment, il est emprisonné à Angers puis déporté en Espagne. On le retrouve en 1796 à Chalonnes où il exerce les fonctions du culte.

(8) Il fut inhumé dans le cimetière de Saint-Laurent :

Le mardi 6 novembre 1781, a été inhumé dans le cimetière de ce lieu le corps de messire Joseph-Aignan Boureau-Dugritté, curé de Bourgneuf, chapelain en cette paroisse et y étant décédé hier, âgé de 51 ans. Ont été présents à la sépulture les soussignés : L.-M. Bastard, curé et Jacques-Louis Gendron, vicaire de Notre-Dame de Chalonnes ; Pierr-Denis Soreau, vicaire de la Pommeraye ; Lefebvre, curé de Sainte-Christine : F. Forestier, vicaire de Saint-Laurent ; Pierre Cochard, vicaire de Sainte-Christine : Guilbault, notaire royal.

        BOURDAIS, *curé de Saint-Laurent.*

(9) Né à la Pommeraye, le 1er février 1757. En sortant de Saint-Laurent, il fut successivement vicaire puis curé de sa paroisse natale. Il est mort à la Pommeraye, le 16 novembre 1822.

(10) Il fut ensuite nommé vicaire à Chemillé. En 1791 il se retira à la Jumellière, sa paroisse natale, et fut, dit-on, guillotiné à Saint-Malo, le 10 juin 1794.

Plard, vic. (1)..............27 novembre   1787-septembre 1789
Joseph-Jacques-Henri Moreau, vic., sep^bre   1789 30 octobre 1791.
René Bourigault, vic.,..........décembre   1789-30 octobre 1791.

(1) M. Plard était originaire de Beaupréau. En sortant de Saint-Laurent, il fut nommé vicaire à Sainte-Gemmes-sur-Loire. Il passa la Loire avec les Vendéens. Après la déroute du Mans il séjourna à Laval pendant plusieurs années et y mourut.

CHAPITRE II

LA PAROISSE (*suite*)

*Le presbytère, contestations entre la dame du Plessis-Beuvereau, le seigneur
du Pineau et le curé Henri Rassicot. — L'église, contestations au sujet des
droits honorifiques entre les seigneurs de la Jaltière, de Plessis-Beuvereau,
et du Plessis-Raymond ; noms de plusieurs personnes de qualité enterrées
dans l'église ; translation solennelle d'une relique de la vraie croix. — Le
cimetière. — Calvaires et croix. — La fabrique, liste des fabriciens.*

I

Le presbytère occupait autrefois la même place qu'aujourd'hui, tout près
de l'église où l'on entrait par une petite porte sans passer par la rue.

Il est dû à la générosité d'un seigneur du Plessis-Beuvereau, Cristophe
Beuvereau, qui donna en 1215 à Macé-Hubelin, curé de la paroisse, et à ses
successeurs, son manoir avec grange, étable, jardins, cour et issues closes
de murailles par devant, pour servir de presbytère. En reconnaissance, le
curé rendait une déclaration et payait chaque année cinq deniers de cens sur
tous ces biens à la seigneurie du Plessis-Beuvereau.

La reconstruction du presbytère qui tombait en ruines donna lieu en 1619
à de vives contestations entre Claude de Montours, seigneur de la Jaltière
et du Pineau, et Marie Beuvereau, femme d'Isaac de Scolin, dame du Plessis-
Beuvereau (1).

Celle-ci, en effet, prétendait être la fondatrice de l'église et de la cure,
parce que ses ancêtres avaient donné l'emplacement de l'église tant la nef
que le chœur ou chanzeau, le presbytère, le grand cimetière et plusieurs
pièces de terre, et, à ce titre, voulait que le presbytère fut reconstruit au même
endroit. Elle offrait de plus d'y contribuer pour la somme de trente livres
tournois (2).

Claude de Montours, au contraire, s'y opposait, alléguant que l'emplacement du presbytère faisait partie de la mouvance (3) de la Jaltière. Il réussit

(1) Procès-verbaux du 7 juillet 1619 et du 29 décembre 1620 (*Archives du Plessis-Beuvereau*).
(2) La livre tournois était de vingt sous.
(3) On appelait mouvance la dépendance d'un fief à l'égard d'un autre.

à gagner à son parti, bon nombre de paroissiens et le curé lui-même, M. Henri Rassicot, auquel il promit de donner un autre logement.

Le Parlement de Paris, saisi de l'affaire, donna gain de cause à la dame du Plessis et le presbytère fut reconstruit à la même place, en l'année 1621 (1).

De nouvelles contestations s'élevèrent au commencement du dix-huitième siècle entre Gabriel Boylèsve, seigneur du Plessis-Beuvereau, et Henri de Samson, seigneur du Pineau, au sujet de la mouvance du presbytère. Par une transaction, en date du 17 mars 1703, le seigneur du Plessis se désista en faveur du seigneur du Pineau (2).

II

Selon toute apparence, l'ancienne église de Saint-Laurent, incendiée pendant la Révolution, datait du douzième siècle. Elle avait été construite grâce à la générosité des seigneurs de la localité qui avaient donné le terrain et les fonds nécessaires.

Le plan de l'église formait une croix imparfaite de 25 à 30 mètres de longueur sur 9 ou 10 mètres de largeur avec un chevet carré, éclairé par une large fenêtre à plein cintre, et plusieurs chapelles inégales de hauteur et de profondeur (3). A celle de droite attenait le clocher, masse carrée surmontée d'une petite flèche couverte d'ardoises. Cette chapelle, nommée chapelle du Plessis-Raymond, fut construite, comme on le verra plus loin, en 1490, par François Blénouveau, seigneur du Plessis-Raymond. Tout autour de l'église, au dedans et au dehors, on voyait la litre seigneuriale sur laquelle étaient peintes les armoiries des seigneurs de la Jaltière, et, dans la fenêtre du chœur, du côté du midi, celles des seigneurs du Plessis-Beuvereau et du Plessis-Raymond.

L'œuvre primitive ne présentait de remarquable que l'appareil des murs latéraux de la nef en petits moellons réguliers couronné à la partie supérieure, vers le sud, d'un double cordon en arêtes de poisson ; près de la façade, le cintre emmuré d'une fenêtre romane ; dans le mur nord, deux autres fenêtres semblables et une porte à claveaux réguliers. A l'entrée principale se trouvait une galerie fermée par devant et ouverte sur les côtés.

---

(1) M. Marchandye, curé de Saint-Laurent, fit de nouveau reconstruire le presbytère en l'année 1779. Sur une des lucarnes on lit l'inscription suivante L. R. M. D. C. Léon-René Marchandye a construit cette maison, sur une autre la date de 1779.

La grange, transformée en salle de Patronage, porte la date de 1769 et l'inscription : L. R. MARCHANDYE, P. C , Léon-René Marchandye a construit cette grange.

(2) Requête du 28 août 1702 et transaction du 17 mars 1703 (*Archives du Plessis-Beuvereau*).

3) Le chœur de l'église fut reconstruit vers 1483.

Au moyen âge, les seigneurs qui avaient fait bâtir et avaient doté l'église jouissaient de certains droits honorifiques.

Les droits honorifiques comprenaient : le droit de préséance dans les processions, le droit de banc dans le chœur, le droit de recommandation au prône de la messe paroissiale, le droit de recevoir le pain bénit immédiatement après le clergé, le droit d'encens et de paix, le droit de litre, large ceinture noire qu'on faisait peindre tout autour de l'église, au dedans et au dehors, avec les armoiries du fondateur de la paroisse, le droit de vérifier les comptes de la fabrique.

Il était naturel que le clergé reconnût certains privilèges et rendit des honneurs particuliers à ceux qui avaient été les fondateurs des églises, par reconnaissance d'abord, et aussi, pour encourager d'autres à en faire autant. Mais comme on abuse des meilleures choses, il résulta de l'usage des droits honorifiques des excès déplorables et des conflits de vanité ridicule qui faisaient dire à Loyseau : « C'est un des malheurs de notre siècle que le rang n'est en aucun lieu si opiniâtrement recherché qu'en la maison de Dieu où l'humilité nous est le plus recommandée et où toute puissance devrait être tenue en suspens en présence du Tout-Puissant ». Et il ajoute : « Je crois qu'il y a maintenant plus de ceux mille querelles entre les gentilshommes de France pour les honneurs de l'église et il n'y a possible année qu'il n'en soit tué plus de cent pour ce sujet qui est si piquant au courage relevé de notre noblesse qu'il n'y a presque aucun d'icelle qui fasse difficulté d'y hasarder non seulement son bien, son honneur, sa vie et celle de ses parents et amis, mais même sa propre conscience, jusques à quitter l'église, plutôt que le rang et la place qu'il prétend en l'église. »

A Saint-Laurent-de-la-Plaine, le titre et les privilèges de fondateur de la paroisse appartenaient aux seigneurs de la Jaltière (1). Ils avaient leur banc et leur enfeu ou lieu de sépulture dans le chœur de l'église, le droit de prééminence dans les processions, à la paix, au pain bénit et aux recommandations de la messe paroissiale et leur litre était peinte sur les murs à l'intérieur et à l'extérieur de l'église.

Les seigneurs de Saint-Laurent étaient souvent en querelle et en procès pour les honneurs d'église En l'année 1487, François Blénouveau, seigneur du Plessis-Raymond, ayant fait placer ses armoiries dans un vitrail du chœur de l'église, René de Sanzay, sieur de la Jaltière, l'obligea de les enlever. Cependant, le 12 janvier 1490, il l'autorisa à les remettre et à faire construire une chapelle de 20 pieds de largeur avec vue sur le grand autel.

En 1498, Bertrand Beuvereau, seigneur du Plessis-Beuvereau, fit mettre lui aussi ses armes dans l'église sur la litre des seigneurs de la Jaltière. René

(1) *Archives départementales.* G. 112. Sommaire des titres qui justifient que les seigneurs de la Jaltière sont fondateurs de l'église de Saint-Laurent-de-la-Plaine.

RESTES DE L'ANCIEN CHATEAU DU PINEAU

de Sanzay les lui fit enlever et lui intenta procès devant le Présidial d'Angers. Condamné une première fois, Bertrand Beuvereau en appela au Parlement de Paris, qui renvoya les parties le 16 juillet 1502 devant le juge d'Angers. Le 6 octobre 1505, une sentence du lieutenant général, **Pierre de Pincé**, condamna de nouveau le seigneur du Plessis et maintint celui de la Jaltière en la possession de ses droits honorifiques.

Le 18 janvier 1619, Claude de Montours, nouveau seigneur de la Jaltière, obtint contre Jean Baudry, curé de la paroisse, une sentence du Présidial d'Angers, qui le maintenait dans ses droits honoriques, en particulier celui d'être recommandé au prône de la messe paroissiale

Nous venons de dire que les seigneurs de la Jaltière étaient seuls considérés comme les fondateurs de la paroisse et qu'à ce titre ils avaient droit de banc et d'enfeu dans le chœur de l'église. Cependant les seigneurs du Plessis Beuvereau avaient obtenu de temps immémorial comme bienfaiteurs insignes le privilège d'avoir eux aussi leur banc dans le chœur de l'église. Des contestations très vives s'élevèrent à ce sujet entre Claude de Montours, Marie Beuvereau, femme d'Isaac de Scolin, et maitre Henri Rassicot, curé de la paroisse, et donnèrent lieu à un long procès devant le Parlement.

Le curé de Saint-Laurent, encouragé et soutenu par le sieur de Montours, fit enlever le banc de la dame du Plessis et mettre à sa place des tréteaux et des pupitres pour lui et ses chapelains. Il fut condamné à replacer le banc, avec défense de nuire à la suppliante, à son mari et à ses domestiques.

Au mépris de cette défense, Claude de Montours posta à l'église des hommes armés. Lui même, accompagné de René Erreau, sieur de la Névoire, de Jean Hector, sieur de Tirepoil, son beau-frère (1) et de plusieurs autres, l'arquebuse sur l'épaule et le pistolet au poing, il alla le dimanche 20 août 1623 guetter le sieur de Scolin sur son chemin pour le tuer. Le 3 octobre suivant, il fit refondre, de son autorité privée, une cloche que le père de Marie Beuvereau avait donnée et graver dessus des armes et son nom avec son titre de fondateur de la paroisse. Il fit également pratiquer une ouverture dans le chœur de l'église du côté de la chapelle de la Trinité et transporter les matériaux au château du Pineau.

L'accord se fit par une transaction du 9 septembre 1630. Le seigneur de la Jaltière et du Pineau fut maintenu, lui et ses successeurs, dans tous les droits honorifiques de fondateur de l'église. Mais la dame du Plessis-Beuvereau, comme insigne bienfaitrice, conserva pour elle et ses successeurs le privilège de banc et de sépulture à l'entrée et du côté droit du chœur, joignant la chapelle du Plessis-Raymond et celui d'y faire peindre ses armoiries (2).

(1) Jean Hector avait épousé Roberde de Montours, sœur de Claude de Montours.
(2) Requête du 8 février 1624 (*Archives du Plessis-Beuvereau*).

L'église de Saint-Laurent renfermait un grand nombre de tombes. C'était, en effet, la coutume autrefois d'enterrer dans les églises. Les prêtres, les seigneurs, les bourgeois regardaient comme un honneur et une faveur de reposer après leur mort à l'abri du sanctuaire, afin de participer de plus près aux prières des vivants et au divin sacrifice (1).

Les seigneurs de la Jaltière en qualité de fondateurs de la paroisse avaient leur *enfeu* ou lieu de sépulture sous leur banc dans le chœur ou *chanzeau* de l'église. Ils avaient le droit de s'y faire enterrer gratuitement. Ainsi quand Jeanne de la Rivière, dame de la Jaltière, y fut inhumée en 1485, Maurice Lambert, *recteur* de la paroisse, n'eut « *aucune reconnaissance pour l'ouverture de la fosse et lit.* » Les prêtres étaient enterrés à l'entrée du sanctuaire. Les autres nobles et bourgeois étaient enterrés dans la nef moyennant un droit de sépulture au curé et au procureur de la fabrique. Cependant, vers l'année 1490, les seigneurs du Plessis-Beuvereau, obtinrent comme bienfaiteurs de l'église, le droit d'avoir un enfeu sous leur banc, du côté droit, à l'entrée du *chanzeau* joignant d'un côté la chapelle du Plessis-Raymond ; ceux du Plessis-Raymond obtinrent aussi de se faire enterrer dans leur chapelle.

Voici les noms de plusieurs notables, prêtres et laïques, de la paroisse qui furent enterrés dans l'église :

Marie Chapronne, femme de Guillaume de la Rivière, seigneur de la Jaltière, vers 1438.

Jean de Sanzay, seigneur de la Jaltière, vers 1480.

Jeanne de la Rivière, veuve du précédent, en 1485.

Henri Patrix, curé de Saint-Laurent, 54 ans, le 14 mars 1675.

Honorable femme Jeanne-Renée Drouet, femme d'honorable homme Etienne Marchais, 80 ans, le 14 novembre 1676.

Honorable homme Etienne Jolivet tanneur en ce bourg, 34 ans, le 5 août 1678.

Henri Gilles, 8 ans, fils de Jean Gilles de la Grue, seigneur du Plessis-Raymond, et de dame Louise Moreau, enterré dans la chapelle Sainte-Marguerite en l'église, le 28 août 1680.

Honorable homme Pierre Houstin, sieur de la Brosse, père de M. Houstin, curé de Saint-Laurent, 60 ans, le 11 septembre 1680.

Une fille de Jean Gilles de la Grue, seigneur du Plessis-Raymond, et de Louise Moreau, âgée de 3 mois, le 27 janvier 1681.

Henri Houstin, curé de Saint-Laurent, 20 décembre 1683.

Charles Letessier, 60 ans, chapelain de Saint-Nicolas, 26 février 1691.

Etienne Marchais, chapelain de la chapelle Sainte-Marguerite du Plessis-Raymond, 66 ans, 20 janvier 1700.

(1) Il y avait dans la grande allée plusieurs pierres tombales en granit recouvertes d'inscriptions. Plusieurs ont servi à construire un bassin, une autre à couvrir le puits de la cure. En nivelant la place de l'église et en creusant les fondations du mur de clôture du presbytère les ouvriers découvrirent une grande quantité d'ossements et plusieurs squelettes bien conservés. Il existe encore une tombe dans l'emplacement de l'ancien clocher.

Étienne Benoit, notaire royal, 20 février 1700.

Elisabeth Patrix, sœur de Henri Patrix, ancien curé de la paroisse, 62 ans, 13 septembre 1700.

Henri de Samson, chevalier, seigneur du Pineau. 55 ans, inhumé dans le chœur de l'église, sous le banc du Pineau, le 11 août 1708.

Louise Moreau, 79 ans, femme de Jean Gilles de la Grue seigneur du Plessis-Raymond, inhumée dans la chapelle Sainte-Marguerite en l'église, le 27 septembre 1726.

Joseph Humeau, marchand meunier à la Dellière, 52 ans, époux de Jacquine Jolivet, le 17 mai 1733 (1).

Jean-François Poineau, vicaire de cette paroisse, 31 ans, le 11 mai 1734.

Gabriel Léauté apothicaire, 63 ans, 9 juillet 1734.

Demoiselle Charlotte Fouassière, femme d'honorable homme Pierre Lemonnier, mère de M. Lemonnier, ancien curé de cette paroisse, 9 avril 1749 (2).

François Helbert, curé de cette paroisse, 38 ans, 14 juin 1759.

François Gilles, écuyer, sieur de la Bérardière et du Plessis-Raymond, 87 ans, 7 janvier 1761.

Demoiselle Anne Gilles de la Grue, dame du Plessis-Raymond, sœur du précédent, 82 ans, 21 juillet 1761.

Mathurin Lemonnier, ancien curé de cette paroisse, 67 ans, 22 novembre 1761.

L'église de Saint-Laurent possédait avant la Révolution une relique de la vraie croix qui avait été donnée par Jean-Baptiste-Charles de Meaussé, chevalier de Malte et commandeur de l'île Bouchard (3). Cette relique déposée dans la chapelle du château du Pineau fut transportée en 1773 dans l'église paroissiale. La translation se fit d'une manière très solennelle le dimanche 26 septembre, en présence de plusieurs personnes de qualité, de dix-sept ecclésiastiques et d'une foule nombreuse venue pour assister à cette fête.

Voici le procès-verbal de cette translation rédigé par M. Marchandye. curé de la paroisse.

(1) Joseph Humeau né le 12 octobre 1680, fils de René Humeau et de Jeanne Morin, épousa, le 7 juillet 1709, Françoise Piffard, fille mineure des défunts Jean Piffard et Françoise Boulestreau. Le mariage fut béni par maître Gilles Piffard, curé de Montjean, oncle de l'épouse. Celle-ci étant morte, le 10 novembre 1714, Joseph Humeau épousa en secondes noces Jacquine Jolivet, décédée le 29 avril 1777, âgée de 77 ans.

Acte de sépulture de Joseph Humeau : le 17 mai 1733, a été inhumé dans l'église le corps de Joseph Humeau, marchand meunier à la Dellière 53 ans. époux de Jacquine Jolivet, en présence de ladite Jolivet, sa femme, de Joseph Humeau, son fils, et de Jacques Leroy, son gendre.

Poineau, vicaire.

(2) Voici l'acte de sa sépulture : Le mercredi neuvième jour d'avril 1749, demoiselle Charlotte Fouassière épouse d'h. h. Pierre Lemonnier a été inhumée dans l'église par nous curé soussigné en présence de M. le Curé de Saint-Christine et de M. Helbert, vicaire : Fradin curé de Sainte-Christine, F. Helbert, J. Guillet, curé de Bourgneuf.

(3) Jean-Baptiste Charles-François de Meaussé, fils de Charles Henri-François de Meaussé et de Marie-Elisabeth de la Haye de Riou, né le 7 avril 1725, était le frère de Louis-Henri, marquis de Meaussé, seigneur du Pineau.

Le 26 septembre 1773, en vertu de l'ordonnance de Mgr de Grasse, évêque d'Angers, en date du 22 mai de la présente année, signée : De la Brosse, vicaire général et plus bas par Mgr, Boulnay, chanoine secrétaire, qui après avoir reconnu l'authenticité des reliques d'une particule du bois de la vraie croix de Notre Seigneur Jésus-Christ qui nous ont été procurées par M. le commandeur de Meaussé résidant présentement à Malte, a permis par son ordonnance la translation publique et solennelle de ladite vraie croix de la chapelle du Pineau, où elle était déposée, dans ladite église de Saint-Laurent-de-la-Plaine, et permet de l'exposer à la vénération des peuples afin d'y recourir dans tous les temps et obtenir de Dieu par l'intercession de la croix adorable tous les secours dont on peut avoir besoin, a eu lieu la translation de ladite croix. Ont été présents à la cérémonie : Marie Martineau, marquise de Maussé, François de Meaussé, de l'Etoile, de la Tremblaye, Marie Delaunay, Renée Marchandye, Thérèse Marchandye, Milscent, chanoine de Saint-Maurille d'Angers, Corbin, chanoine du chapitre de Saint-Martin d'Angers, Hullin-de-la-Coudre, curé de Marigné, de Juigné, curé de la Pommeraye, Delaunay, curé de Sainte-Christine, J. M. Langevin, prieur curé de Beausse, V. Besnier, curé de Saint-Maurille de Chalonnes, P. Denéchau, curé de Bourgneuf, L. M. Bastard, prêtre chapelain à Notre-Dame de Chalonnes, Poitevin, vicaire de Nevy, Gautreau, chapelain à Montjean, Boureau-Dugritté, chapelain à Saint-Laurent-de-la-Plaine, Guilbaut, notaire royal, Pierre-Jean Humeau, sous-diacre, Gabriel-Charles Dubois, vicaire de Marigné, L. Boumard, curé de Sainte-Croix d'Angers, L. Horeau, vicaire, et L. R. Marchandye, curé de Saint-Laurent-de-la Plaine.

L'église possédait au moins deux cloches. L'une d'elles fut donnée vers le milieu du seizième siècle par Jacques Beuvereau, seigneur du Plessis-Beuvereau. Le 3 octobre 1623, Claude de Montours, seigneur du Pineau, à la suite d'un différent survenu entre lui et Marie Beuvereau, dame du Plessis, fit refondre ladite cloche, graver ses armes, son nom et son titre de fondateur de la paroisse.

III

Le cimetière est comme l'église un lieu sacré pour le chrétien. La foi de l'Eglise en la résurrection des corps lui a toujours fait une loi d'honorer cette pauvre dépouille humaine que la corruption envahit déjà mais qui a été sanctifiée par les sacrements et qui contient en elle un germe de vie nouvelle De même que l'homme au premier jour est sorti de l'argile pétri par les mains de Dieu il sortira de la poussière, une seconde fois, par un acte de la puissance du même Dieu, pour reprendre cette chair que les larves et les insectes vont se disputer en un funèbre banquet (1).

C'est sous l'influence de ces idées chrétiennes que l'usage s'est introduit de placer les cimetières autour des églises. Moins délicats et surtout plus chrétiens, les anciens ne les regardaient point alors comme des foyers d'infection ; la vue des cyprès et des tombes ne leur faisait pas peur ; elle leur

(1) *Le livre de la prière antique*, par Dom Chabrol.

rappelait au contraire des êtres chéris, parents ou amis, et quand ils traversaient le cimetière pour se rendre à l'église ils croyaient les entendre murmurer à leurs oreilles d'une voix plaintive. Pensez à nous auprès de Celui qui est la Résurrection et la Vie (1).

Le cimetière (2) de Saint-Laurent-de-la Plaine touchait l'église, au levant. Le terrain en avait été donné à la fabrique par un seigneur du Plessis-Beuvereau. Mais comme il était envahi l'hiver par les eaux les paroissiens achetèrent pour le remplacer en l'année 1579 un champ de la métairie du Pinelier qui appartenait à Mathurin Langevin et qui était situé entre la grande rue du bourg et le chemin de Chaudefonds (3).

Voici les noms des personnes les plus notables qui ont été enterrées dans le cimetière :

Messire Etienne Métivier, chapelain, 54 ans, 25 juin 1681.

Renée du Rouzeray, femme d'honorable homme Luc Bretellière, 64 ans, 27 janvier 1684.

Vénérab e et discret messire Etienne Marchais, chapelain, 66 ans, 17 janvier 1700.

Maitre Etienne Renoul, notaire royal, 63 ans, 9 février 1700.

Honorable ho mme Jacques Leroy, marchand serger, syndic de la paroisse et procureur de la « *Boîte des Trépassés* », 40 ans, 10 juillet 1733.

Honorable homme Louis Lusson, époux de Jacquine Jacob, hôte de ce bourg, 50 ans, 25 février 1740.

Honorable femme Jacquine Jacob, épouse de Louis Lusson, 14 août 1748.

Gabriel Dubois, 29 ans, époux de Marie Mathurine Defois et père de M. l'abbé Dubois ancien curé de Brézé, 28 septembre 1754.

François-René Cady, 4 ans, fils d'honorable homme Charles Cady et de Jacquine Lusson, 9 juin 1761.

M. Guillaume Massoneau, prêtre, chapelain, 47 ans, 30 juin 1761.

Demoiselle Jacquine Lusson, femme de maître Charles Cady, chirurgien et mère du célèbre chirurgien Sébastien Cady, 14 juin 1763.

Demoiselle Marguerite Boureau-Dugritté, femme de Jacques Moreau et mère de M. l'abbé Joseph Moreau, 20 juin 1773

François Bourigault, 58 ans, époux de Marie Aleau et père de M. l'abbé René Bourigault, 3 janvier 1777.

Jacquine Jolivet, veuve d'honorable homme Joseph Humeau de la Dellière, 77 ans, 23 avril 1777.

M. Léon-René Marchandye, curé de cette paroisse, 54 ans, 3 mars 1780.

Marie Pouplard, veuve d'honorable homme René Humeau, 71 ans, 28 août 1781.

M. Joseph-Aignan Boureau-Dugritté, ancien curé de Bourgneuf et prêtre habitué à Saint-Laurent, 51 ans, 6 novembre 1781.

(1) Il y a 25 ou 30 ans les anciens ne manquaient jamais d'aller dans la nuit du jeudi au Vendredi saint faire une visite à la croix du cimetière et prier sur les tombes de leurs défunts.

(2) La place comprise entre l'ancienne église et le presbytère porta jusqu'en 1899 le nom de « *Petit cimetière* ». Comme dans beaucoup de paroisses on y enterrait probablement les petits enfants.

(3) C'est le cimetière actuel. — *Arch. dép. E. 644.*

Renée Coustard, 72 ans, femme d'honorable homme Joseph-Jacques Guilbaut, notaire royal, 17 août 1784.

Charles Cady, chirurgien, 40 ans, 2 janvier 1789

Messire Charles-Gervais Bourdais, curé de cette paroisse, 51 ans, 4 octobre 1791.

M. Jean Pirault, curé constitutionnel de cette paroisse, 24 avril 1792.

M. Sébastien Cady, chevalier de Saint-Louis, conseiller d'arrondissement et maire de Saint-Laurent-de-la-Plaine, 66 ans, le 20 avril 18 0.

M. Louis Grellier, curé de cette paroisse, 77 ans, 28 mars 1838.

M. Etienne Réthoré, ancien curé d'Angrie, 48 ans, 19 mai 1846.

M. Louis Barault, maire, 84 ans, 30 mars 1853.

Demoiselle Catherine Oger, institutrice, 84 ans, 11 juillet 1853.

M. Pierre Boulestreau, instituteur, 71 ans, 5 août 1868.

M. Jacques Gabory, maire, 73 ans, 24 juillet 872.

M. Pierre Bourtaut, ancien curé de la Chaussaire, 73 ans, 28 juillet 1879.

M. Louis Bourtaut, ancien curé de cette paroisse, 73 ans, le 15 septembre 188 .

M. Alfred Boulestreau, clerc tonsuré, 22 ans, 21 juillet 1892.

Madeleine Savalon, en religion sœur sainte Honorine, 3 février 1895.

M. René Roullier, aumônier des dominicaines de Chaudron, 51 ans, 17 novembre 1903.

N. François-Henri Humeau, maire, 71 ans, 9 mars 1905.

M. Pierre Davy, maire, 25 août 1907.

M. l'abbé Théodore Delaunay, prêtre habitué, 72 ans, 11 octobre 1907.

<h2 style="text-align:center">IV</h2>

La piété catholique s'est plu de tout temps à élever des croix. Elle en a planté partout, à l'entrée des bourgs et des villages, comme au milieu de la campagne. Au milieu des moissons, elles fécondent l'épi naissant; sur la lisière des bois, au bord du chemin, elles bénissent le passant et font penser aux morts. Partout elles publient la gloire de Jésus-Christ.

On aime à saluer dans les champs la croix au bois noirci par le temps, au piédestal couvert de mousse et de lierre. Elle sert de station dans les processions; aux Rogations surtout elle prend un air de fête, se pare de verdure, de guirlandes et de couronnes ; les fidèles viennent s'agenouiller à ses pieds et se confier à sa garde, le prêtre appelle sous ses auspices les bénédictions du ciel sur le travailleur et les fruits de la terre et conjure le Seigneur d'éloigner tout fléau.

On compte à Saint-Laurent de la-Plaine une quinzaine de croix élevées à l'entrée du bourg et dans la campagne par la piété et la générosité des paroissiens.

Le calvaire de la Philippière ou de l'Aveneau à 2 0 mètres environ du bourg, sur la route de la Pommeraye, érigé le lundi de Pâques, 3 avril 1894, à la suite d'une station de carême qui fut prêchée par le R. Père Rochereau des Oblats de Marie de Chavagnes.

La croix de la Philippière Caillau.

La croix de la chapelle de Notre-Dame-de-Charité due à la générosité de Louise Montaillé, veuve Secher, et bénite, le 10 mai 1893, mercredi des Rogations.

La croix de la Grande-Lande.

La croix du Groisellier ou du chemin des Hôpitaux, élevée en 1901 par les familles Gourdon et Rayneau.

La croix de la Chênebaudière, élevée en 1899 sur le chemin de la Riraie par la famille Secher de la Chênebaudière.

La croix de l'Epine ou du Mirandeau, élevée le 16 mai 1865 par la famille Thomas, de l'Epine.

La croix de la Jaltière près de la métairie de la Basse-Jaltière.

La croix du Plessis-Beuvereau ou des Rouets, élevée par la famille de Beaurepos.

La croix de la Braudière ou de la Caillerie en face des métairies de ce nom, élevée par Mme de Beaurepos et bénite le lundi des Rogations, 29 mai 1905.

La croix de la Fumoire (1).

La croix de la Lansonnière (2)

La croix de la Chesnaie, élevée par M. et Mme Garreau en 1892.

La croix du Plessis-Raymond près du château de ce nom.

Le calvaire de la route de Bourgneuf construit en 1904.

La croix du cimetière élevée par M. l'abbé Migneau.

V

On désignait sous le nom de fabrique ou fabrice, les marguilliers chargés de l'administration des revenus et dépenses d'une église. Le principal administrateur était le trésorier appelé procureur de la fabrique. Il était nommé par les paroissiens, en présence et du consentement du curé, pour trois ans.

Les plus anciens noms de fabriciens ou marguilliers de la paroisse que nous avons pu relever remontent aux premières années du quinzième siècle :

---

(1) Jusqu'en 1880 ou 1885 on faisait, le Jeudi de l'Ascension, avant la messe, une procession à la croix de la Fumoire et à la croix du Mirandeau. On a cessé à cause du mauvais état des chemins. Cette procession se fait aujourd'hui au calvaire de la route de Bourgneuf.

(2) Près de la ferme de la Boucherie, sur le bord du chemin, à gauche, se trouve une croix en marbre noir et blanc dont le pied a été brisé et qui porte l'inscription suivante :

ICI REPOSE
LE CORPS
DE H FEMME PERRINE
MARTIN, FEMME DE H. H. RENÉ
CHERBONNEAU, MARCHANDE
DÉCÉDÉE LE 10 JANVIER 1733
AGÉE DE 37 ANS
PRIEZ POUR ELLE.

H signifie honorable femme ; h. h. honorable homme. On ignore d'où vient cette croix.

1413. Pierre Hagoulon, de la Fumoire
 — Jean Humeau
1503. Thibaut Fouchard
 — Guillaume Baraut.
1619. Jean Bompas.
 — Jacques Avrillon, de la Braudière.
 — Jean Boulestreau, du Groisellier.
 — Jean Bourigault, du Chêne.
1696. René Gaslard, meunier à Baudry.
1760. Louis Lusson. marchand-cirier.
1789. Pierre Davy, de la Petite-Jaltière (1).
 — J. Gaslard.
1803. Pierre Onillon, sabottier (2).
 — Louis Baraut (3).

18 mars 1804. Mathurin Sécher de la Brunetière (4).
 — Jean Gourdon, de la Lansonnière (5).
28 décembre 1806. René Sécher, de la Chénebaudière (6).
6 janvier 1809. Pierre Grellier, tailleur (7).
 — Pierre Sécher, de la Brunetière (8)
25 janvier 1811. Jacques Gabory (9).
25 février 1811. Jean Gallard, meunier.
6 juin 1811. Jean Leger, serger (10).
30 décembre 1814. Pierre Chalonneau.
11 février 1816. René Brevet, du Grand-Groisellier (11).
27 décembre 1817. Jean Jolivet, de la Grande-Roussière.
7 janvier 1827. Louis Grosse.
27 janvier. 1828. Michel Ménard, de l'Epinay (12).
14 décembre 1834. Joseph Humeau, de Rochard (13).
5 août 1838. Julien Besson (14).

(1) Né à la Pommeraye en 1730, fils de Pierre Davy et de... Blond, épouse de Renée Malinge, décédé le 10 juin 1796.
(2) Mort le 27 septembre 1837, âgé de 81 ans.
(3) Mort le 29 mars 1853, âgé de 84 ans.
(4) Décédé le 16 juin 1826, 69 ans.
(5) Décédé le 13 septembre 1857, 87 ans.
(6) Décédé le 10 mars 1821, 51 ans.
(7) Décédé le 16 janvier 1815, 67 ans.
(8) Décédé le 17 septembre 1839, 73 ans.
(9) Décédé le 12 août 1854, 83 ans.
(10) Décédé le 19 janvier 1837, 60 ans.
(11) Décédé le 20 janvier 1828, 40 ans.
(12) Décédé le 5 janvier 1860, 78 ans.
(13) Décédé le 1er janvier 1872, 68 ans.
(14) Décédé le 22 juillet 1859, 79 ans.

26	avril	1840. François Delaunay, sabottier.
	—	René Leduc, de la Brunetière (1).
3	avril	1842. Jean Lenoir (2).
23	avril	1843. Jean Lamy, serger (3).
15	avril	1849. Jacques Gourdon (4).
	—	Michel Pineau (5).
	—	René Sécher, de la Chénebaudière (6).
18	avril	1852. Pierre Seicher, de la Lansonnière (7).
15	avril	1855. Louis Boumier (8).
31	juillet	1864. Pierre Lehoreau, de la Braudière (9).
10	août	1868. Laurent Gourdon, du Plessis-Beuvereau (10).
3	janvier	1869. Jean Berthelot, du Châtelier (11).
28	avril	1879. René Pineau (12).
12	avril	1885. Louis Gourdon, du Plessis-Beuvereau.
5	avril	1891. Toussaint Aligon de la Piffarderie (13)
	—	Jean Lebrun, du Pinelier.
7	mai	1893. Joseph Bimier, négociant.
7	octobre	1894. Paul Léger, menuisier (14).
12	avril	1896. Jean Gourdon, de la Charpentraie.
6	avril	1902. Henri de Toulgoët.

Les biens de la fabrique comprenaient, outre les jardins et logements du presbytère, plusieurs pièces de terre et des rentes en argent et en nature, comme le montre la déclaration ci-jointe rendue au fief du Plessis Beuvereau par les procureurs de la fabrice de Saint-Laurent, le 6 novembre 1503 : (15)

S'ensuit la déclaration des choses *héritaulx* que la fabrice de Saint-Laurent de-la-Plaine avoue tenir de noble homme Bertrand Beuverean, escuyer, sieur

(1) Décédé le 3 mai 1886, 86 ans.
(2) Décédé le 21 novembre 1873. 84 ans.
(3) Décédé le 29 mai 1872, 73 ans.
(4) Décédé le 2 juillet 1864, 65 ans.
(5) Décédé le 2 mars 1882, 91 ans.
(6) Décédé le 15 juin 1895, 82 ans.
(7) Décédé le 24 juillet 1868, 80 ans.
(8) Décédé le 24 décembre 1868, 70 ans.
(9) Décédé le 12 juin 1896, 83 ans.
(10) Décédé à la Londonnière, commune de Chalonnes, au mois de décembre 1904.
(11) Décédé en 1896.
(12) Décédé le 5 décembre 1890, 68 ans.
(13) Décédé le 17 juillet 1894, 53 ans.
(14) Décédé le 17 février 1902.
(15) Déclaration rendue au Plessis-Beuvereau par Thibaut Fouschard et Guillaume Baraut procureurs de la fabrique de Saint-Laurent à maître Pierre Dutour, sénéchal de la terre et seigneurie du Plessis.

des Brosses et du Plessis-Beuvereau, à cause de la terre et seigneurie du Plessis.

Et premièrement 5 septiers de terre ou environ appelée la terre du *pas aux âniers* sise entre le chemin comme l'on va de Chalonnes à Nevy d'une pa t et les terres du bordage, du Pineau d'autre part.

Item, une minée de terre ou environ et une pièce de pré contenant, la terre et le pré, 12 boisselées ou environ, sises entre les terres du Pineau d'une part et les pièces de la Michellerie, d'autre part ; lesquelles terres et pré messire Pierre Beuvereau, chevalier, donna à la fabrice de Saint-Laurent-de-la-Plaine. Lesquels procureurs de la fabrice ont depuis baillé lesdites terres et pré à rente au seigneur du Pineau à 2 setiers et demi de seigle rendus aux propres coûts et dépens desdits procureurs en la galerie de l'église de Saint-Laurent de-la-Plaine, la veille de la mi-août, à charge en outre desdits procureurs de la fabrice à payer à l'acquit de ladite fabrice 2 sols 8 deniers de cens au Plessis-Beuvereau, le jour de l'Angevine.

Item, 3 sols de rente que ladite fabrice a sur le moulin de Frossanger que ledit chevalier donna.

La fabrique avouait aussi une maison avec jardin située aux Airaux (1), 5 boisselées de jardin appelé la « *Guesse* », 4 autres planches de jardin et l'herbe du cimetière ; plus 129 boisseaux de froment et 54 boisseaux de de seigle de rente levés sur diverses métairies de la paroisse.

A côté de la fabrique chargée d'administrer les biens de l'église il y avait ce qu'on appelait la *Boite des Trépassés*. C'était une sorte d'Association pieuse chargée de recueillir des fonds et de faire célébrer des messes et des services pour le soulagement des défunts. Ses biens étaient gérés par un procureur ou trésorier.

La *Boite des Trépassés* de Saint Laurent possédait 8 boisselées de terre appelée l'*Hopiteau* et 3 autres boisselées près du Groisellier. Elle levait en outre 21 livres de rente en argent, 24 boisseaux de blé seigle et un quart de vin fondé par feu Jean Lepage et Guillelmine Boussion, sa femme, sur un quartier de vigne, dit Bellegars, en Chalonnes, pour être distribué après la communion le jour de Pâques. (2) Le procureur de la *Boite des Trépassés* était en 1730 Jacques Leroy, marchand serger et syndic de la paroisse.

(1) Cette maison a été vendue par la fabrique en 1906 à M. Joseph Bimier.
(2) *Archiv. dép. E. 759 ; G. 26, 103. Aveux de 1692 et de 1704.*

CHAPITRE III

LES SEIGNEURIES DE LA PAROISSE

La Jaltière. — Le Pineau. — Le Plessis-Beuvereau. — Le Plessis-Raymond

i

La Jaltière.

La Jaltière appelée aussi Jalletière ou Jailtière était au quinzième siècle une terre seigneuriale qui relevait à foi et hommage de la châtellenie de la Jumellière, à l'exception de sept pieds de terre qui relevaient de la baronie de Montaigu (1).

Elle comprenait dans sa mouvance l'église paroissiale de Saint-Laurent, le presbytère, un grand nombre de maisons du bourg et quatre métairies : La Jaltière, la Bassenardière, le Mirandeau et la Guinière de Chalonnes. Le seigneur avait le titre et les privilèges de fondateur de la paroisse, droit de présentation de la chapelle Saint-Nicolas et sa litre figurait au dedans et au dehors sur les murs de l'église.

La terre de la Jaltière appartenait à Guillaume de la Rivière, de la maison de Beaupreau, qui mourut vers 1450 dans un voyage à Jérusalem et à Marie Chapronne, sa femme; (2) après eux à Jeanne de la Rivière, leur fille, dame de « *grand mesnage* et de *bonne réputation* » (3. qui l'apporte en dot à Jean IV de Sanzay, vicomte héréditaire du Poitou, fils de Robert de Sanzay (4). Ils eurent 20 enfants, 6 garçons et 14 filles. L'aîné René 1er, seigneur de Sanzay, fut un chevalier de grand renom. C'est lui qui avec Louis de la Trémoille, baron de Rochefort, prit Louis duc d'Orléans à la bataille qu'il donna au roi Charles VIII à Saint-Aubin du Cormier en Bretagne et le mena prisonnier

(1) Aveu de 1450. *Archives départementales*, C. 105, F. 246, E. 2404.

(2) Elle mourut à la Jaltière vers 1438 .*Archives départementales*, G. 112.

(3) Elle mourut à la Jaltière vers 1485; elle était veuve depuis plusieurs années. Arch. dép. 6112. Notes généalogiques sur la famille de Sanzay.

(4) La maison de Sanzay qui tire son nom du vieux château de Sanzay près d'Argenton-Château (Deux-Sèvres) est très ancienne et illustre ; elle prétendait descendre des anciens ducs de Bretagne, de Bourgogne et des anciens comtes de Poitou ; sa généalogie a été faite par l'un de ses membres, René III, au seizième siècle; elle se trouve à Paris à la bibliothèque de l'Arsenal. La famille de Sanzay a possédé aussi le Planti, paroisse de Sainte-Christine.

Ses armoiries sont : « Echiqueté d'or et de gueules ». Jean de Sanzay portait : De Sanzay, partie de la Rivière qui est d'or à la fasce fuselée de gueules, accompagnée de 5 croix fleuronnées d'azur au 1er quartier de Bretagne.

CHATEAU DU PLESSIS-RAYMOND

à Sanzay et de là à Loches. Il épousa dame Marie Turpin mais n'eut pas d'enfants Il vendit la Jaltière. le 15 février 1542, à noble homme René Erreau (1) sieur de la Névoire. Elle passa en 1604 à dame Renée de Pincé (2) puis à noble homme Michel de Buchery. avocat en la cour du Parlement de Paris. et à Renée Beaussait. sa femme. Ceux-ci, par acte passé le 15 mai 1618 devant Jeannot et Vassel. notaires au Châtelet de Paris. vendirent à messire Claude de Montours. seigneur du Pineau :

Le lieu, terre et seigneurie de la Jaitière située en la paroisse de Saint-Laurent-de-la-Plaine et autres paroisses circonvoisines, composée de vieilles masures et maisons, granges. jardins, pourpris, étangs, bois de haute futaie et taillables, garannes et pres, fiefs de la Jailtière. et de la Varanne, hommes, sujets, cens, rentes et devoirs appartenant de présent à ladite terre, droits de fondation et prééminence en l'eglise de Saint-Laurent-de-la-Plaine et droit de présenter chapelle et autres droits honorifiques et profitables, pour la somme de 500 livres de rente amortissable et rachetable pour 10.000 livres dans neuf ans, outre les autres charges rapportées audit contrat.

A cette époque, le logis seigneurial, depuis longtemps en ruine, fut complètement abandonné. Claude de Montours réunit sa nouvelle propriété à celle du Pineau et ajouta à ses autres titres celui de seigneur de la Jaltière.

II

Le Pineau

Le Pineau est situé à un kilomètre et demi environ, à l'est, du bourg de Saint Laurent-de-la-Plaine, entre la route de la Jumellière et le chemin communal du Puy et du Plessis-Beuvereau. Des alentours du château la vue s'étend au loin sur les villages de la Bourgonnière, d'Ardenay et les coteaux du Layon, sur la Jumellière, Neuvy, Saint-Lezin et la colline des Gardes. C'était au moyen âge un fief seigneurial avec maison noble dont l'origine remonte au onzième ou au douzième siècle. Il est souvent appelé dans les anciens actes le Pineau-Gabory du nom de la famille qui l'a possédé pendant près d'un siècle et demi.

Le château fort primitif, si on en croit une inscription gravée sur l'une des tours. daterait de 1171. Il fut en grande partie reconstruit à la moderne au commencement du dix-septième siècle et transformé en maison seigneuriale avec enceinte de douves vives et pont levis. jardin potager et légumier.

---

(1) Erreau, seigneur du Bouchet, de la Névoire, de la Bastardière de la Brosse portait D'azur à la bande d'argent, accostée de deux molettes d'or ayant les pointes rompues. *Arch dép.* E. 2404.

(2) La famille de Pincé portait : D'argent à l'étoile de gueules à 6 raies accompagnée de 3 merlettes de sable 2 et 1 (*Armorial d'Anjou,* par Denais).

vaste verger enclos en partie de murs et garni d'arbres à haute et basse tige, charmilles et bosquets, bois taillis, haute futaie et trois étangs.

Le logis seigneurial comprenait plusieurs corps de bâtiments avec tours et tourelles dans l'une desquelles était une chapelle fondée à la nomination du seigneur, qui avait droit d'y faire célébrer la messe les dimanches et fêtes. Devant le logis s'étendait une grande et belle cour, partie entourée de bâtiments : boulangerie, écuries et remises, granges, pressoir, logement pour le fermiee ou garde du domaine, donjon avec double portail et une horloge ; à l'entrée, une place plantée d'arbres, une pelouse, un abreuvoir et trois grandes avenues dans la direction de Chalonnes, de Saint-Laurent-de-la Plaine et de Neuvy.

Le château du Pineau, à l'exception d'une tour, des servitudes et du donjon dont les greniers étaient remplis de blé fut incendié pendant la Révolution ainsi que la chapelle et la fuie ; le domaine confisqué sur Charles Lefebvre de Maurepart fut vendu comme bien national, le 24 brumaire an V, (15 novembre 1796) à sa sœur Louise Lefebvre de Chasles pour la somme de 42.068 livres. Il est aujourd'hui transformé et dans un état d'abandon : les douves ont été desséchées, les étangs comblés, le verger et plusieurs avenues mis en culture, la chapelle convertie en étable et avec les matériaux de l'ancien logis on a construit une maison de maître qui sert de pied à terre ou de rendez-vous de chasse et de maison d'habitation pour le garde.

Le domaine du Pineau comprenait en 1787 :

1° Le château de ce nom composé de plusieurs corps de bâtiments pour le logement du seigneur, tours et tourelles, douves, cours et servitudes, logement pour le fermier du domaine, donjon, jardin et verger, charmilles et bosquets.

2° Un bois taillis et un bois de haute futaie, 360 pieds d'arbres formant une avenue vis-à-vis du château, le tout contenant ensemble 33 arpents.

3° La métairie du Pineau dont les bâtiments sont en partie dans la cour d'entrée du château, jardin et cour pour le fermier, la prairie dudit lieu avec un étang contenant environ 35 journeaux, les terres labourables et pâtures contenant 35 setiers environ.

4° La métairie de la Borde joignant le bois du Pineau composée de logements pour le fermier, 20 setiers de terre labourable et 7 journeaux et demi de pré.

5° Les fiefs du Pineau, hommes, sujets et vassaux, devoirs, cens, rentes et émoluments de fiefs en dépendant, le droit de présentations d'un des chapelles du Pineau sous l'invocation de Saint-Mathurin.

6° Les métairies de la Grande et de la Petite Jaltière consistant en logements pour les fermiers et contenant environ 65 setiers de terre labourables et 28 journeaux de pré les grands et les petits étangs de la Jaltière, enclavés dans les terres et seigneurie de la Jaltière.

7° La seigneurie de la Jaltière, hommes, sujets, vassaux, cens, rentes et émoluments du fief, droits honorifiques et de patronage en l'église de Saint-Laurent de-la-Plaine, droit de présentation de la chapelle de la Jailletière sous l'invoca-

CHATEAU DU PLESSIS-BEUVEREAU

tion de Saint-Nicolas dont le service a été transporté en la chapelle du Pineau.

8° La métairie de l'Epinay et fief y annexé, consistant en logements pour le fermier, environ 22 setiers de terres labourables et 11 journaux de prés, ladite métairie chargée de 3 setiers de seigle, mesure de Chalonnes, sur le seigneur du Plessis-Raymond, de 9 boisseaux de seigle vers le curé de Saint-Laurent, 16 boisseaux de seigle et 1 boisseau de froment sur la fabrique de Saint-Laurent, 4 boisseaux et une mesure d'avoine vers le seigneur de Montaigu ; 3 livres 10 sols en argent aux héritiers Léauté et 40 sols à la cure de Sainte-Christine, le tout de rente et redevance annuelle.

9e Le lieu et métairie du Mirandeau, logements du fermier, 28 setiers de terres labourables, 11 journaux de pré, 26 boisselées de bois taillis, l'étang du Mirandeau enclavé dans les terres de ladite métairie.

10° Le lieu et métairie du Puy, logements, 28 setiers de terres labourables, prés en dépendant y compris 2 quartiers en la pré des Cailles et 4 quartiers joignant les Trois Poiriers.

11° Le fief de la Garenne, hommes, sujets, vassaux, cens, rentes, devoirs et émoluments de fief en dépendant, 5 quartiers de vigne situés au clos du Moulin à vent, près Chalonnes, le quart des fruits environ d'une vigne située au même lieu, le pré du Pont-de-Palais contenant 10 quartiers formant avec lesdites vignes le domaine de la Varenne.

12° Le lieu et closerie de la Claudinière (Gaudinière), logements, 11 setiers de terres labourables et 9 journaux de prés, ladite closerie chargée des rentes de 11 boisseaux et demi de seigle à la mesure de Chalonnes, une toison de laine et la moitié d'un agneau envers le curé de Saint-Laurent ; de 15 boisseaux de froment envers le sieur......, de 14 boisseaux de seigle envers le sieur Ho eau, prêtre ; de 12 boisseaux d'avoine, 2 chapons, 5 sols envers le seigneur de Montaigu ; de 24 boisseaux de seigle envers le chapelain du Jeu, le tout mesure de Chalonnes.

13° Les fiefs de Gloire et de Coulaine annexés à la terre de la Barbotière, hommes, sujets et vassaux, cens, rentes et émoluments des fiefs en dépendant.

14° Le château et métairie de la Barbotière, chapelle et bâtiments partie en ruine, les domaines de la métairie consistant en 30 setiers de terres labourables, 12 journaux et demi de prés dont 3 quartiers sont situés en la prairie de Chalonnes, ladite métairie chargée des rentes de 42 boisseaux, 5 écuellées, 6 cueillerées de seigle à la mesure de Chalonnes, 62 boisseaux d'avoine, grosse rente féodale due à la seigneurie de la petite Barbotière.

15° Le fief de la Barbotière, hommes sujets, vassaux, cens, rentes devoirs, droits et émoluments, droit de présenter à la chapelle des Lambert desservie en l'église de Notre-Dame de Chalonnes

16° Le lieu et métairie des Grandes Fresches, logements, 30 setiers de terres labourables et 13 journaux de prés, la métairie chargée de 5 douzièmes de boisseau de blé seigle mesure de Chalonnes envers le chapelain de la Chapelle de Montplacé.

17° Le lieu et métairie de la Londonnière, 24 setiers de terres labourables, 6 journaux de prés dont 3 quartiers sont situés en la prairie de Chalonnes, plus le pré de la Guerche de 4 journaux.

18° La closerie de la Guittière, logements, 4 setiers de terres labourables et 3 journaux et demi de prés.

19e 23 quartiers de vigne près de la Barbotière et en différents clos.

20° Le lieu et métairie de la Grande-Roussière, logements, 40 setiers de terres 24 journaux de prés, ladite métairie chargée de la rente de 7 boisseaux de seigle, mesure de Chalonnes envers le curé de Saint-Laurent.

21° Le lieu de la Petite-Roussière, logements pour le fermier, 13 setiers de terre et 3 journaux et demi de pré, chargé de 7 setiers de seigle envers le sieur Taverneur de la Perraudière.

22° La rente ou redevance annuelle de 2 journées de chaux à prendre sur le fourneau noble de Montaigu en Chalonnes depuis la mi-août jusqu'au 15 septembre moyennant 10 livres par chaque journée dans les années où on le chauffe.

23° Les métairies de la Haute et de la Basse-Charpentraie.

Dans la hiérarchie féodale le château du Pineau, jardin, verger, bois taillis et futaie, la métairie du domaine, de la Borde et le fief du Pineau compris aux cinq premiers articles relevait à foi et hommage de la baronie de Rochefort dépendant de l'abbaye royale du Ronceray d'Angers.

Les métairies de la Grande et de la Petite-Jaltière, étangs, fief ou seigneurie relevaient à foi et hommage de la chatellenie de la Jumellière à l'exception de 7 pieds de terre qui dépendaient à foi et hommage de Montaigu.

La métairie et fief de l'Epinay relevait à foi et hommage du Lavouer.

La métairie et l'étang du Mirandeau, celles du Puy, de la Garenne, les vignes et droits de quart près Chalonnes et le pré de Palais relevaient de la baronnie de Chalonnes dépendant de l'Evêché d'Angers.

La closerie de la Gaudinière relevait à foi et hommage du Planti, la Grande-Roussière du marquisat de Briançon, la Petite-Roussière, de la baronnie de Chalonnes.

Le domaine du Pineau considérablement diminué comprend aujourd'hui seulement les métairies du Pineau, de la Borde, de l Epinay, du Mirandeau, du Puy, de la Jaltière, de la Haute et de la Basse Charpentraie et la closerie de la Gaudinière.

Le plus ancien propriétaire connu de la terre du Pineau est Guillaume Caillé, en 1403 (1). Après lui en est dit seigneur, en 1416, noble homme Jean Caillé qualifié « seigneur de Saint-Laurent-de-la-Plaine » époux de Jeanne Gaydon; en 1430, François Gabory (2) par sa femme Jeanne Caillé, François Gabory, leur fils, époux de Françoise de Sanzay; en 1539, Jean Gabory, leur fils, époux d'Anne Chenu (3) du Bas-Plessis; Jacques Gabory, époux de Marie de Beauveau, Marie Gabory, leur fille, l'apporta en dot à Joachim de Montours (4), fils de Jacques de Montours et de Simone Legay. Joachim de

(1) Caillé portait : D'azur à 3 cailles d'or en chef et un nuage d'argent en pointe.

(2) Gabory, de Thouarcé, portait : D'or à 3 pommes de pin de gueules posées la tige en haut et 2 et 1.

(3) La famille Chenu portait : D'hermines au chef d'or chargé de cinq losanges de gueules.

(4) Les Montours appartenaient à l'une des plus anciennes et des plus célèbres familles du Poitou. Le vieux manoir dont ils portent le nom qui dépendait autrefois de la paroisse des Echaubrognes fait partie aujourd'hui de la paroisse de Tout-le-Monde Vers 1240 Guillaume de Montours devint seigneur de Saint-Clémentin près d'Argenton-Château par suite de son mariage avec Marguerite de Vaucouleurs, héritière de cette seigneurie. Jean de Montours

Montours mourut en 1579 laissant deux enfants mineurs, Philippe et Anne.
Philippe eut en partage la terre du Pineau, il épousa Jacquine Bonvoisin,
fille de Guillaume Bonvoisin (1) juge de la Prévôté d'Angers et de Guillelmine
Menard et mourut quelques années après laissant sous la tutelle de
François Bonvoisin, son beau frère, trois enfants mineurs Claude, Jacquine et
Roberde (2). Après partage en 1607 le Pineau échut à Claude qui épousa le
10 juin de la même année, dans l'église Saint Aignan d'Angers Marguerite
Chenu du Bas-Plessis. Le 15 mai 1618, il acheta de Michel de Buchery,
avocat, la terre de la Jaltière qu'il réunit à celle du Pineau. Il fit trans-
former le château seigneurial et le donna en dot à sa fille Urbaine (3) lors de
son mariage en 1634 avec René de Grasmenil, conseiller du roi au Parlement
de Bretagne. Ceux-ci eurent ci. q enfants : Renée, Marguerite (4), Françoise (5),
Jacquine (6) et François (7).

et ses deux fils Aimery et Brasselot se distinguèrent dans les dernières années
du quatorzième siècle par leurs brigandages et tinrent tête longtemps à leur suzerain, Guy
d'Argenton.

La famille de Montours avait pour armes : D'or au chef de gueules chargé d'une croix pattée
d'argent. Voici les noms de ses principaux membres : Araldus de Montours en 1110, Guillaume époux de Marguerite de Vaucouleurs, 1240, Michel 1351, Jean époux de Jeanne Florie
1383, Aimery et Brasselot leurs fils, Clément 1416, Mathé 1421. Jean époux de Jacques Jour-
daine 1456, François, Geoffroy 1468, Hardy, 1471, Jean 1485-1503, Robert 1521-1532, Jacques
époux de Simone Legay 1532, Joachim époux de Marie Gabory, 1569 mort en 1579,
Anne épouse d'Arthus de Saint-Offange, Philippe époux de Jacquine Bonvoisin, Claude
époux de Marguerite Chenu, Jacquine épouse de René de Mergot, Roberde épouse de Jean
Hector.

(*Notice historique sur la paroisse de Saint-Clémentin*) (Deux-Sèvres), par l'abbé
G. Michaud).

(1) Bonvoisin portait dans ses armes : D'argent à l'aigle éployé de sable au chef d'azur
chargé de 3 trèfles d'or rangés.

(2) Jacquine de Montours épousa René de Mergot et Roberde, Jean Hector, sieur de Tirepoil et de la Névoire.

(3) Urbaine de Montours née à Saint-Laurent-de-la-Plaine en 1620, avait une sœur plus
âgée, Marguerite, née en 1619.

(4) Née en novembre 1613.

(5) Voici les actes de baptême de Jacquine et de Françoise :

Le quatrième jour d'août 1645, a été par moi curé soussigné, baptisée une fille nommée
Françoise provenant du légitime mariage de René de Grasmenil, conseiller du Roi au Parlement
de Bretagne, et de dame Urbaine de Montours demeurant à la maison seigneuriale du Pineau.
Ont été parrain messire Jean de Grasmenil, chevalier, sieur de la Tour, demeurant à
Herbrée, diocèse de Nantes, et marraine dame Françoise de Hiret, femme de messire
Gilbert Chenu, sieur du Bas-Plessis, demeurant en la maison seigneuriale du Bas-Plessis,
paroisse de Chaudron, en présence des soussignés :

Raciquot, curé.

(6) Le mardi 25 août 1646, a été par moi soussigné prêtre habitué en cette paroisse baptisée
une fille nommée Jacquine, procréée en légitime mariage de René de Grasmenil,
seigneur de Bois-Belin, conseiller du Roi au Parlement de Bretagne, et de dame Urbaine de
Montours demeurant à la maison seigneuriale du Pineau.

Patrix.

(7) François fut baptisé en 1648.

La famille de Grasmenil, originaire de Bretagne, portait: D'argent à une épée de sable posée
en bande.

A la suite d'une séparation de biens, René de Grasmenil, seigneur dudit lieu, de Doua et de la Campanière. et dame Urbaine de Montours. sa femme dame du Boisbelin, diocèse de Rennes et y demeurant, vendirent le 10 juin 1652, devant Jean Gilles, notaire royal à Chateaugontier, pour la somme de 78.000 livres. la terre, fief et seigneurie du Pineau à messire François Eveillard, conseiller du roi et président en la prévôté d'Angers (1), demeurant en cette ville, paroisse de Saint-Michel-du-Tertre. Dans l'acte de vente étaient compris les droits honorifiques et de fondation. droits de haute, moyenne et basse justice, droit de présenter à la chapelle Saint-Nicolas de la Jaltière, et à la chapelle Saint-Jean et Saint-Mathurin, les lieux et métairies du Pineau, de la Jaltière, du Petit et du Grand Mirandeul (Mirandeau). de la Petite-Braudière (la Caillerie) de la Haute et de la Basse Charpentraie, de la Borde, de Bellenoue, de l'Escorchebœuf. du Grand et du Petit-Gâs ; la maison seigneuriale du Pineau avec pont levis, fossés, cours, jardins, airaux, bois de, haute futaie et taillis, étangs, prés, terres labourables et non labourables, vignes dans la paroisse de Chalonnes.

Le même jour. par devant René Moreau, notaire royal à Angers, Eveillard céda la terre du Pineau à Charles de Samson. chevalier sieur d'Amné et de la Grande Orchère (2), et à Jeanne de Bonvoisin. sa femme, demeurant tous les deux à Angers, paroisse Saint-Pierre.

Charles de Samson et Jeanne de Bonvoisin eurent quatre enfants Henri, Charles, René et Jeanne (3). Henri, l'aîné, eut en partage le

(1) *Archives dép.* G. 112. E. 2421.
François Eveillard, lieutenant, conseiller, président de la prévôté d'Angers fut nommé conseiller, échevin perpétuel le 8 mai 1626, puis maire d'Angers le 1er mai pour les années 1641 et 1642. Il mourut le 14 août 1663 et fut inhumé en l'église Saint-Michel du-Tertre à Angers. 1 portait comme armoiries : D'azur à une étoile d'or en abîme accompagnée de 3 trèfles de même posés 2 en chef et 1 en pointe.
(2) Charles de Samson était fils de Louis de Samson et de dame Renée Girouard demeurant au château de Montjean. Jeanne de Bonvoisin était fille de feu Guillaume de Bonvoisin, sieur de la Burelière et de Villemoisant et de Guillelmine Ménard
La famille de de Samson dont deux abbés de Saint-Georges-sur-Loire : Louis en 1517 et Auger en 1526, et deux chevaliers de Malte, Joseph et Claude en 1665, portait : Ecartelée d'or et de gueules, au lion de l'un en l'autre sur le tout, armé et lampassé d'argent et d'azur. D'Hozier, mss p. 941, donne aux de Samson les armes suivantes : D'or à 5 trèfles d'azur posés en sautoir.
3) Henri de Samson, né le 23 novembre 1653. fut ondoyé à la maison par vénérable et discret messire... Rusard, curé de la paroisse de St..... Les cérémonies du baptême furent célébrées seulement l'année suivante dans la chapelle du château du Pineau par le curé de Saint-Laurent. Le parrain de l'enfant fut Msr Henri Arnauld, évêque d'Angers.
Le dix-septième jour de novembre 1654 ont été par moi curé de la paroisse soussigné faites en la chapelle du Pineau les cérémonies baptismales d'un enfant nommé Henri provenant du légitime mariage de messire Charles de Samson. chevalier, seigneur de Saint-Laurent-de-la-Plaine en cette paroisse, du Pineau et de la Jaltière, et demeurant au Pineau en cette paroisse, et de dame Jeanne de Bonvoisin son épouse. Ont été parrain, messire Henri

Pineau et épousa le 9 février 1682 Françoise Chauvel de la Boulaie (1).

. Henri de Samson mourut le 10 août 1708, âgé de 55 ans, laissant la terre du Pineau à sa fille Louise-Françoise, veuve de Joseph-Charles de Meaussé (2). Le domaine fut érigé en marquisat par lettres patentes du mois de septembre 1738 en faveur de leur fils et héritier Charles-Henri-François de Meaussé (3) époux de Marie-Elisabeth de la Haye de Riou. Ceux-ci eurent six enfants : Louis-Henri-François (4), Henriette-Françoise, Pélagie-Thérèse, Jean-Baptiste-Charles et Joseph-Charles-Henri.

Arnauld évêque du diocèse et y résidant et marraine dame Marguerite Maigret, tante de l'enfant, veuve de messire Guillaume de Bonvoisin, chevalier, sieur de la Burelière et de Villemoisant et y résidant :

HENRI, *évêque d'Angers.*

DE SAINT-JOUIN

LOUIS DE SAMSON.

RACIQUOT, *curé.*

Actes des cérémonies du baptême de Charles et de René de Samson :

Le dix-septième jour de septembre 1656 ont été faites par moi curé de la paroisse soussigné les cérémonies baptismales d'un enfant nommé Charles provenant du légitime mariage de messire Charles de Samson, chevalier, seigneur du Pineau et de la Jaltière, et de dame Jeanne de Bonvoisin demeurant en la maison du Pineau. A été parrain messire Antoine Girois, sieur de Bonétat, demeurant en la paroisse de Chemillé, diocèse du Mans, et marraine demoiselle Marguerite Avril, dame de la Burelière, demeurant au Pineau.

RACIQUOT, *curé.*

Le troisième jour de juin 1658 ont été faites par moi curé soussigné dans la chapelle du château du Pineau, avec la permission de Mgr Henri Arnauld, évêque d'Angers, les cérémonies baptismales, d'un garçon, nommé René, provenant du légitime mariage de Charles de Samson, chevalier seigneur du Pineau, et de dame Jeanne de Bonvoisin, son épouse, demeurant à la maison seigneuriale du Pineau. A été parrain haut et puissant seigneur messire René du Plessis, seigneur, marquis de Jarzé, capitaine des gardes de Mgr le duc d'Anjou, demeurant au Plessis-Bourré et marraine, dame Marie de Goddes, femme de messire Martin de Savonnières, chevalier, sieur de la Troche, demeurant à Maumusson.

RACIQUOT, *curé.*

Jeanne naquit et fut baptisée à Saint-Laurent en 1660.

(1) Leur mariage fut célébré à Angers en l'église de Saint-Michel-du-Tertre.

(2) Il fut inhumé dans la chapelle du Pineau en l'église :

Le samedi 11 août 1708, a été faite dans le chœur de cette église, sous le banc du Pineau la sépulture du corps de feu messire Henri de Samson, chevalier, seigneur de ce lieu et autres, lequel est décédé d'hier et ce en présence de messire François Eveillard, sieur de Livois, chevalier, conseiller du roi au Parlement de Bretagne, et de messire François de Crespy, chevalier, sieur de la Mabillière, procureur du roi en la sénéchaussée d'Anjou et messire François Reveillière, prêtre, docteur de l'Université d'Angers et curé de la paroisse de Melay soussignés :

Eveillard, F. Reveillière, curé de Melay, De la Mabillière, De Crespy, Myionnet curé.

De Meaussé. Ancienne famille noble qui portait : D'argent à 3 chevrons de sable. — Joseph-Charles de Meaussé fils de François de Meaussé et de Marie de Fontenelle était né à Faveraie le 24 juin 1660. Il mourut le 10 février 1705, âgé de 45 ans, et fut enterré dans l'église de Faveraie.

(3) Il fut baptisé en l'église Saint-Michel-du-Tertre, le 12 janvier 1688, et eut pour parrain Henri de Samson, sieur de l'Orchère et du Pineau.

(4) Louis-Henri-François fut baptisé en l'église Saint-Denis à Angers, le 2 juillet 1715. Il eut pour parrain Louis Bérault de la Haye de Riou.

Louis-Henri de Maussé eut en partage le château paternel et épousa, le 19 juillet 1763, dans la chapelle du château de la Bouteillerie, paroisse de Brain-sur-l'Authion, Marie-Anne-Françoise-Pulchérie Martineau, veuve de messire Augustin du Verdier de la Perrière. Il mourut à Angers, paroisse Sainte-Croix, le 26 mars 1773, âgé de 58 ans et sa femme le 27 février 1787 (1), sans laisser d'enfants. Le Pineau passa alors aux héritiers de M¹¹ Françoise de Maussé dans la ligne représentant Jeanne de Samson. C'étaient : Alexandre-Paul-Louis-François, marquis de Samson, officier au régiment des carabiniers de Monsieur, frère du Roi, demoiselle Louise-Françoise de Samson, épouse de messire Guillaume Banquet, chevalier, sieur de Grandval; Alexandrine-Marie-Françoise Catherine-Renée de Samson; Anne-Angélique-Françoise, Marie Julie de Samson. Ceux-ci, par acte passé devant Me Gobert, notaire à Paris, le 15 janvier 1787, vendirent la terre du Pineau et ses dépendances à Jacques-Charles Lefebvre de Chasles pour la somme de 237.000 livres (2). Celui ci, déjà propriétaire de la Lande-Chasle et de

Françoise, née le 13 juin 1718, fut ondoyée le lendemain sur les fonts baptismaux par M. Myionnet, curé de Saint-Laurent, avec la permission de Mgr de Vaugirault, archidiacre et vicaire général d'Angers, en date du 25 mars précédent. Les cérémonies du baptème furent célébrées, le 2 juillet 1718. Elle mourut à Angers, le 31 janvier 1781.

Voici l'acte de baptème de Pélagie-Thérèse de Meaussé : le 13 mai 1720 a été baptisée par nous curé soussigné Pélagie-Thérèse, fille de noble homme Henri-Charles-François de Meaussé, écuyer, seigneur de cette paroisse, et de dame Marie Elisabeth de la Haye de Riou, son épouse. Ont été parrain Jean le Noble, au nom et comme procureur de M. de... au Parlement de Rennes, et marraine demoiselle Angignard aussi au nom de Mme Bérault de la Haye de Riou, veuve de M. de Veil.

Myionnet, curé de Saint-Laurent.

Jean-Baptiste-Charles-François fut baptisé dans l'église Saint-Evroult, à Angers, le 7 avril 1725. Il était commandeur de Malte en 1773. C'est lui qui donna la relique de la vraie Croix que possédait l'église de Saint-Laurent avant la Révolution.

Joseph-Charles Henri-François de Meaussé fut baptisé, le 18 juin 1733, dans l'église de Saint-Germain en Saint-Laud à Angers. (Cette église se trouvait dans la cour Saint-Laud).

(1) Voici l'acte de sépulture : le 28 février 1787 a été inhumée en la paroisse Sainte-Croix d'Angers haute et puissante dame Anne Pulchérie Martineau, dame de Foudon, de la Bouteillerie, de la Pasqueraie et autres lieux veuve de haut et puissant seigneur messire Louis-Henri de Meaussé, marquis de Meaussé, seigneur du Pineau et autres lieux. La société perd un modèle accompli de toutes les vertus chrétiennes, de zèle pour la décoration des temples, de charité envers les pauvres, de douceur et d'honnêteté dans le commerce de la vie civile.

(2) La famille Lefebvre de Chasle, de Maurepart portait dans ses armoiries : D'azur au chevron d'or accompagné de 3 grelots de même 2 en chef et 1 en pointe.

Jacques-Charles Lefebvre de Chasles était fils de Jacques Lefebvre et de Marie-Aimée Boylesve de la Morousière Il naquit à Angers en 1730 et épousa le 24 juillet 1759 dans la chapelle du château de Maurepart, paroisse de Brigné, Anne Du Clos de Kerpont, âgée de 20 ans, fille de Nicolas Du Clos de Kerpont et de Marie-Anne de Bonchamps. Anne du Clos mourut à Maurepart, le 16 septembre 1780 et Jacques-Charles Lefebvre le 21 octobre 1788 à Angers rue et paroisse de Saint-Michel-du-Tertre chez son beau-frère André-Edouard Pissonet de Bellefonds.

Dans son testament passé le 10 octobre 1788 par devant Mes Pierre-François Macé et Lechalas, notaires à Angers, Jacques-Charles Lefebvre, seigneur de la Lande-Chasle, du

Maurepart, ajouta à ses titres celui de seigneur du Pineau et de Saint Laurent-de-la-Plaine. Le domaine était régi à cette époque par un fermier général le sieur Coustard, notaire royal à Chanzeaux qui l'avait pris à bail et qui en garda la gestion jusqu'en 1792 à la suite d'un arrangement fait avec le nouveau propriétaire le 30 octobre 1787 (1)

Après la mort de Jacques Charles-Lefebvre (2) la terre du Pineau passa à son fils aîné Jacques-Charles, sous-lieutenant au régiment de Royal-Picardie. Elle fut vendue comme bien national en 1796 et rachetée par sa sœur Louise-Marie-Anne Lefebvre de Chasle. Elle appartient aujourd'hui au comte de Ruillé (3).

III

Le Plessis-Beuvereau

Le Plessis-Beuvereau est situé à quatre kilomètres environ du bourg de Saint-Laurent non loin de la route de la Jumellière au sommet d'un plateau formé par les coteaux qui bordent la rivière du Jeu. C'était autrefois une maison noble avec enceinte de douves vives, pont-levis, étang, bois taillis et marmantaux, dont le nom lui vient de la famille Beuvereau (4) probablement originaire de Thouarcé qui le possédait au commencement du treizième siècle.

On ne trouve aucune indication sur le manoir primitif. Il occupait un large terre-plein en forme de fer à cheval entouré de douves larges et profondes qui lui servaient de remparts. Le château actuel fut probablement construit, en partie du moins, sur les ruines de l'ancien, dans le cours du

---

Vauboisseau et autres lieux laissa 100 boisseaux de blé, moitié seigle, moitié orge pour être distribués aux pauvres les plus nécessiteux de Saint-Laurent par le curé et deux des plus notables de la paroisse. (*Archives dép.* F. 3088-3090).

(1) Voici les noms des régisseurs ou gardes du Pineau :

Pascal Gentil, 1652.
François Coustard, 1787.
Letessier-Taveau, 1792
Pierre Piron, 1794.
Simon.
Pierre Merlet, décédé à Rochefort-s-Loire.

Pierre Beudin.
Auguste Beudin.
Pierre Boulestreau, décédé le 30 mars 1906.
Victor Cesbron.

(2) Jacques-Charles Lefebvre de Chasles eut six enfants : Jacques-Charles, Marie-Anne, Charlotte, Thérèse, Louise, Marie-Anne, Elisabeth, morte le 4 janvier 1790 âgée de 22 ans. Jacques l'aîné abandonna la terre de la Lande-Chasles au profit de ses sœurs et conserva celle de Maurepart et du Pineau. Il épousa le 20 avril 1790 dans l'église de Saint-Denis à Angers, Mélanie-Floriane-Marie Roger de Campagnolle.

(3) De la Planche de Ruillé dont Geoffroy combattant à Arc en 1190, Jean député de la noblesse d'Anjou en 1789, maire d'Angers en 1793 et fusillé en 1794 porte comme armoiries : D'azur à 5 fasces ondées d'argent. (*Armorial d'Anjou*, par Denais).

(4) La famille Beuvereau portait dans ses armoiries : D'argent à un sautoir de gueules: cantonné de 4 aigles à 2 têtes éployées d'azur, armées et becquées de sable avec la devise *Potius mori quam fædari*. Plutôt la mort que la souillure.

seizième siècle et restauré plus tard par les Boislèsve. Il se compose d'un vaste corps de logis flanqué seulement sur la façade d'une tour octogonale avec toiture couronnée d'une lanterne et d'une girouette (1). Sur un des côtés de la tour au-dessus de la porte d'entrée est un écusson sculpté aux armes des Boylèsve et surmonté d'un casque de chevalier (2).

Une avenue bordée d'ormes conduit au château ; un pont de pierre jeté sur les douves a remplacé le pont levis et donne accès dans une petite cour d'honneur plantée d'une charmille et de grands arbres, et entourée d'un côté par les dépendances et servitudes du château. Au dessous des douves est un étang à moitié envahi par les hautes herbes et entre l'étang et l'avenue un jardin potager. A droite en entrant se trouvait autrefois une chapelle aujourd'hui détruite.

Le château du Plessis dans la hiérarchie féodale relevait à foi et hommage de la baronnie de Rochefort-sur-Loire (3). Il était presque en ruine à l'époque de la Révolution et ne fut pas brûlé mais le domaine fut confisqué comme bien national sur M. de Boyslèsve émigré (4). Il comprenait alors :

1º Le logis ou maison principale du Plessis avec jardin contenant environ 5 boisselées, cours, douves, un étang de 2 hectares 1/2, une avenue contenant environ une boisselée et demie, 3 boisselées de terres labourables, 3 quartiers de vigne près de l'étang, le tout estimé d'un revenu annuel de 26 livres et exploité par Jean Branchereau.

2º La métairie de la cour du Plessis consistant en maisons et taitteries brulées, jardin, airaux, issues, environ 30 setiers de terres partie en coteaux labourables et non labourables, 19 quartiers de pré au dessous de la moyenne qualité d'un revenu annuel de 628 livres et exploitée par René Maugeais et Jacques Parent.

3º La Grande Braudière consistant en maisons, toits, taitteries, granges, aires, airaux, rues, issues, jardins, 42 setiers de terres, partie en coteaux labourables et non labourables, 6 boisselées de bois taillis en mauvais rapport et environ 19 quartiers de pré, le tout exploité par François Giraud, Jacques Belliard et Jean Beduneau et d'un revenu annuel de 810 livres.

4º La Michellerie consistant en maisons, toits, taitteries, aire, airaux, rues, issues, jardins, environ 15 setiers de terres labourables et non labourables, 3 boisselées de bois taillis, 9 quartiers de pré, le tout exploité par la

---

(1) La girouette représente l'aigle à 2 têtes qui fait partie des armoiries de la famille de Romain.

(2) Les armes de la famille Boylèsve sont : D'azur à 3 sautoirs d'or posés 2 et 1.

(3) Aveu du 13 février 1436.

(4) Procès-verbal d'estimation de la terre du Plessis dressé par Antoine-Remy Radigon, notaire à la Pommeraye et Pierre Antier cultivateur à la Jarryais dans la même commune (aujourd'hui, de Bourgneuf), et Jean Belliard, adjoint de Saint-Laurent, décembre 1797 et janvier 1798.

veuve Louis Oger, Jean Oger et Jacques Cailleau et d'un revenu annuel de 318 livres.

5° La Piffarderie consistant en maisons incendiées, granges, toits, taitteries en ruine, 19 setiers de terre en coteaux labourables, 8 quartiers et demi de pré de moyenne qualité, le tout exploité par Louis Brunet et les enfants Petiteau et d'un revenu annuel de 421 livres.

6° La Fumoire consistant en maisons, toits, taitteries entièrement brûlées, aire, airaux, rues, issues, puits, 22 setiers de terre tant bonnes que mauvaises, 12 quartiers de pré, la plus grande partie au dessous de la moyenne qualité. Le tout exploité par Joseph et Pierre Aligon et d'un revenu annuel de 433 livres.

7° La Douarderie consistant en maisons, taitteries incendiées, aire, airaux, issues, jardin, 12 setiers et demi de terres labourables et non labourables, 6 quartiers de pré, partie au dessous de la moyenne qualité y compris ce qui est situé au Pont de Palais, commune de Chalonnes, le tout exploité par Jean Frémondière et d'un revenu annuel de 321 livres.

8° Le moulin de Frossanger consistant en maisons incendiées, 12 boisselées de terre dont une grande partie en coteaux incultes, 5 quartiers et demi environ de pré à moitié bons, le tout exploité par les Gaslard meuniers et d'un revenu annuel de 85 livres 10 sols.

9° Le moulin de Rochard consistant en maisons, écuries, taitteries incendiées, 2 setiers de terre eu coteaux labourables et non labourables, 4 quartiers de pré, le tout exploité par la veuve Humeau et son fils et d'un revenu annuel de 96 livres.

10° Le moulin de la Dellière consistant en maisons, moulins à eau et à vent, toits, taitteries incendiés, 5 setiers de terre en coteaux labourables et non labourables, environ 5 quartiers de pré, moitié au dessous de la moyenne qualité le tout d'un revenu annuel de 126 livres et exploité par les veuves Humeau et Gaslard.

Ces trois moulins de Frossanger, de Rochard et de la Dellière furent donnés à rente foncière par les propriétaires du Plessis par actes passés devant Benoist et Tricoire notaires le 19 décembre 1701, le   août 1709 et le 19 décembre 1712 (1).

Après la Révolution la terre du Plessis-Beuvereau retourna à ses légitimes propriétaires. Elle comprend aujourd'hui 7 métairies : Le Plessis-Beuvereau ou Grand-Plessis, le Petit Plessis, la Piffarderie, la Michellerie, la Caillerie, la Braudière, la Fumoire et le moulin à eau de Frossanger. Voici les noms des propriétaires qui l'ont possédée depuis le commencement du treizième siècle :

(1) Le revenu de la terre du Plessis-Beuvereau en 1744 se montait à la somme de 6.893 livres 16 sols 9 deniers non compris les redevances en nature comme : poulets, chapons, beurre, noix, lin, journées d'hommes et de chevaux pour les vendanges.

Cristophe Beuvereau, en 1215.

Pierre Beuvereau, époux de Louise **Belossac,** mort **vers 1396.**

Charles Beuvereau, écuyer, 1403 et 1416.

Jean Beuvereau, en 1436.

Bertrand Beuvereau, 1487 et 1510.

René Beuvereau, écuyer, en 1510.

Jacques Beuvereau, écuyer, en 1567.

Marie Beuvereau, femme d'Isaac de Scolin, sieur du Plessis de Cherré. 1612 et 1634 (1).

Prégente Beuvereau, femme d'Hector Lepannetier, sieur de la Planche en 1634 (2).

Charles Boylèsve, sieur des Aulnays, en 1646.

Gabriel Boylèsve, chevalier, vers 1684.

Haute et puissante dame Marie-Claude-Héron, veuve de messire Louis-César de Crémeaux chevalier, marquis d'Entrangues, comte de Saint-Triviers et autres lieux, ancien lieutenant général de Bourgogne et maître du camp de dragons, en 1744 (3).

Antoine-Louis-Claude Dapchon (4), marquis de Montrond, baron de Boissel, comte de Saint-Triviers et de Crémaux, lieutenant général de la province de Bourgogne, maître de camp, commandant du régiment d'Aunis infanterie, brigadier des armées du Roi, demeurant à Paris, rue du Grand-Chantier, paroisse de Saint-Nicolas des Champs

Jacques Boulay du Martray, écuyer, ancien maire d'Angers et y demeurant rue Basse et paroisse Saint Julien, par acquêt du 21 novembre 1785 (5).

Marin de Boylèsve, époux de Félicité Françoise du Vau (6).

Augustin Pocquet de Livonnières (7).

Félix, comte de Romain (8) par acquêt du 13 mai 1811. Il laisse la terre à sa fille mariée au comte de Beaurepos (8).

---

(1) De Scolin portait dans ses armes : D'argent au griffon de gueules.

(2) Ils avaient deux enfants jumeaux, André et Gabriel, baptisés le 25 août 1613, dans l'église de Lézigné.

(3) Les Balzac, marquis d'Entrangues portaient : d'azur à 3 flanchis d'argent au chef d'or chargé de 3 flanchis d'azur. Cette famille possédait le marquisat de Clermont-l'Hérault, chef lieu de canton de l'arrondissement de Lodève.

(4) La famille Dapchon portait dans ses armes : De gueules à 2 léopards d'or l'un sur l'autre.

(5) Jacques Boulay, né à Angers, le 31 mars 1731, portait : D'azur à la fasce d'or accompagnée en chef de 3 roses de même rangées et en pointe d'un croissant montant d'argent. — Il acheta le Plessis pour la somme de 91.700 livres par acte passé le 21 novembre 1785 devant Mes Bourcier et Buchault, notaires au Châtelet de Paris.

(6) Il habitait ordinairement le château de la Colletterie, commune de Saint-Lambert-la-Potherie, dont il fut nommé maire le 2 janvier 1808. Il mourut en 1810.

(7) La famille de Livonnières porte dans ses armes : De gueules à la fasce d'argent chargée de trois croix de Malte du champ avec la devise : *Jus et virtus.*

(8) Félix, comte de Romain, fils de René de Romain, sieur de la Possonnière, né à Angers le 15 juin 1766, épousa à Poitiers le 12 janvier 1802 Anne-Amélie-Dominique du

Vicomte Léopold de Beaurepos, fils du comte Henri de la Croix de Beaurepos, marié à Béatrix de l'Étoile (1).

Henri de Toulgoët-Tréanna, fils du comte et de la comtesse née de Gautret, marié à Marie de Beaurepos (2).

IV

Le Plessis-Raymond

Le Plessis-Raymond, ainsi nommé probablement du nom de son fondateur, est situé à 1.500 mètres environ du bourg de Saint-Laurent-de-la-Plaine et à 1.300 mètres de Bourgneuf, près du chemin rural de Saint Laurent à Sainte-Christine.

C'était autrefois une maison seigneuriale ou maison noble, avec chapelle, *foussés* ou douves alentour, *fuye*, garenne à *conils*, bois taillis et marmenteaux et un vieil étang » (3).

On ne trouve aucune indication concernant le manoir primitif, si ce n'est qu'il tombait en ruines en 1649. Des quatre tours qui existaient autrefois il n'en reste plus que deux. L'une d'elles servait de chapelle et était dédiée à Sainte-Marguerite. Les douves, jadis pleines d'eau et alimentées par des conduits aujourd'hui détruits sont antérieures au seizième siècle, car il en est fait mention en 1498, mais il est probable que les murs de soutènement furent refaits à neuf en même temps que les tourelles actuelles qui accusent le style du dix-huitième siècles. Ce fut probablement aussi à cette époque que le château fut reconstruit, soit par René Moreau qui paraît s'être occupé beaucoup du domaine, soit par sa fille Louise et Jean Gilles de la Grue, son gendre, qui habitaient le Plessis en 1685 (4).

Les douves du château joignaient, à l'est, une cour d'honneur, au nord, une autre cour entourée de servitudes, au sud et à l'ouest, des jardins et des vergers dont il reste encore aujourd'hui des poiriers et des pommiers. Ces cours, jardins et vergers étaient clos de toutes parts de murs qui aboutissaient vers le nord-ouest à une terrasse sur le bord du vieux chemin

Chilleau. Il mourut à Angers le 8 mars 1858, âgé de 92 ans. Il a écrit des mémoires sous le titre de : *Souvenirs d'un officier royaliste.*

Les armes de la famille de Romain sont : D'argent à l'aigle à deux têtes éployé de sable.

(1) Les armes de la famille de Beaurepos sont : D'or à trois fasces ondées d'azur, celle du chef surmontée d'un lion de gueules issant armé et lampassé de même.

(2) Les armes de la famille de Toulgoët sont : D'argent à la croix pattée de sinople cantonnée de 4 molettes d'éperon de sable avec la devise : *A la grâce de Dieu!*

La famille de Toulgoët est une famille originaire d'Écosse venue en France avec la duchesse Isabeau et établie en Bretagne. Elle figure dans les « montres » ou revues de la noblesse depuis le quinzième siècle et a sa filiation suivie depuis cette époque.

(3) *Chartrier du Plessis-Raymond,* aveu de 1498, sentence de 1599 ; acte d'acquêt de 1649. — On trouva un valet de pied du château noyé dans l'étang, le 11 août 1708. (*Registres paroissiaux.*)

(4) Aveu de 1498. — *Bibliothèque d'Angers,* manuscrit 1002 ; notes sur la famille Gilles.

de Saint-Laurent à Sainte-Christine aujourd'hui déplacé. Ces murs ont été peu à peu détruits et les matériaux qui en provenaient ont servi à construire ou à réparer les bâtiments des métairies. L'étang est depuis longtemps desséché et transformé en prairie.

A l'est, une belle avenue de châtaigniers conduit au château. Cette avenue est très ancienne et plusieurs arbres doivent avoir 150 à 200 ans d'existence. Elle s'arrêtait autrefois à la queue de l'étang et aboutissait à un chemin qui allait du Gâs à Saint-Laurent en longeant le bord oriental de l'étang. Il restait encore jusqu'à ces dernières années un tronçon de ce chemin dont la destruction remonte à près d'un siècle. La seconde partie de l'avenue qui monte à la métairie du Chêne est plus récente. Elle fut faite probablement depuis l'acquisition du Chêne par le seigneur du Plessis-Raymond, en 1649. Les arbres, greffés en bonnes espèces de châtaigniers, sont beaucoup plus jeunes que les autres et il y a lieu de croire qu'ils ont été plantés lorsqu'on creusait les fossés de l'avenue, c'est-à-dire, à la fin du dix-septième ou au commencement du dix-huitième siècle. Enfin la portion d'avenue qui mène du Chêne au chemin de Neuvy est toute récente et date de 1845 (1).

Le Plessis-Raymond fut un des premiers châteaux du pays incendiés pendant la guerre de Vendée. Les servitudes seules furent épargnées grâce à l'abondante provision de froment que l'on avait entassé dans les greniers. Un détachement républicain qui traversait la *grande pré* fut surpris et exterminé par des habitants de Saint-Laurent qui s'étaient cachés en embuscade derrière les haies du vieux chemin de Sainte-Christine.

En 1832, 700 royalistes environ traversèrent la cour du Plessis Raymond se rendant au Pineau et furent suivis de près par un régiment d'infanterie de ligne. Un armistice étant survenu, il n'y eut pas d'engagement.. Peu de temps après, M. Emmanuel de la Rue du Can qui avait été blessé à l'attaque de Montjean (2) et condamné à mort par contumace pour avoir pris part à l'insurrection royaliste, resta plusieurs mois caché chez le fermier Gallard.

Le fief du Plessis-Raymond dans la hiérarchie féodale relevait de la baronnie de Chalonnes. En 1498, le seigneur dudit lieu rendait aveu à l'Évêque d'Angers, baron de Chalonnes, pour son *hostel*, terre et dépendance du Plessis-Raymond, maison seigneuriale, chapelle, bois et étang. Il avait la propriété de la chapelle Sainte-Marguerite desservie en l'église et droit de présentation pour le service de ladite chapelle (3). Celle-ci fut bâtie, comme on l'a vu, à la suite d'un procès survenu entre Jean de Sanzay, seigneur de

(1) Voir le cadastre.

(2) Le lundi 5 juin 1832, une troupe de royalistes sous la conduite de Camille Leleu et de Auguste de la Bérardière vint attaquer les gardes nationaux retranchés dans le château de Montjean et fut forcée de se retirer à la nuit après quatre heures de fusillade (*Dictionnaire historique* de M. C. Port).

(3) Acquet de 1649.

la Jaltière. et François Blénouveau (1) seigneur du Plessis-Raymond. Ce dernier ayant fait placer. en l'année 1487, ses armoiries dans le chœur de l'église paroissiale fut condamné. le 12 janvier 1490, à les enlever, mais en même temps autorisé à faire construire à droite du chœur une chapelle de 20 pieds de large avec vue sur le grand autel. Cette chapelle brulée en même temps que l'église fut reconstruite après la Révolution et portait le nom de « chapelle du Plessis-Raymond ».

Le plus ancien document connu concernant la terre et seigneurie du Plessis-Raymond est un aveu rendu pour ledit lieu en 1498 à l'Évêque d'Angers, baron de Chalonnes, par François Blénouveau. Après lui en est dit seigneur, Jacques Legay, sieur de la Fautrière (2) ; en 1561 François Legay, écuyer. Louis Legay, son fils, à la suite d'une saisie faite contre lui et dame Marguerite Dubois, sa mère, vendit par adjudication le 29 juillet 1599 pour la somme de 4 200 écus à messire Georges Louet (3), conseiller au Parlement, la terre et seigneurie du Plessis-Raymond qui comprenait alors outre les réserves et la métairie de ce nom les métairies des Landes Chiron, du Châtelier et un bordage à Bourgneuf. Dans le prix de vente étaient compris aussi les domaine de l'Echelle des Ruaux et autres situés dans la commune de Chalonnes.

Après la mort de Georges Louet la terre passa successivement à René Louet son frère aîné, lieutenant particulier au Présidial d'Angers (4), à

---

1) Blénouveau : Ancienne famille angevine qui portait comme armoiries : D'azur à 3 gerbes d'or 2 et 1 (*Armorial d'Anjou*, par J. Denais).

(2) Legay. Ancienne famille répandue en Anjou et en Tourraine au xvie et au xviie siècle. Ses armoiries étaient : D'argent à 3 quintefeuilles de gueules (*Armorial d'Anjou*, page 270). — François Legay, époux de Marguerite Dubois, fut fait prisonnier à la bataille de Coutras en 1587.

(3) La famille Louet était une ancienne famille qui se prétendait originaire de la Provence et établie en 1426 en Anjou avec Pierre Louet, maître d'hôtel de René roi de Sicile. Elle a fourni des hommes distingués dans le clergé. la magistrature, l'échevinage et l'Université d'Angers. Ses armoiries étaient : D'azur a 3 coquilles d'or 2 et 1.
Georges Louet, sieur de la Motte d'Orvaux et du Plessis-Raymond, fils de Clément Louet et de Marguerite Querlavoine naquit à Angers vers l'année 1540. Chanoine de Saint-Maurice d'Angers le 18 juin 1571. doyen de Saint-Jean-Baptiste d'Angers en 1575, archidiacre d'Outre-Maine le 30 octobre 1581, archidiacre de Tours, il échangea ce dernier titre contre l'abbaye de Toussaint où il fut nommé le 9 juillet 1598. Ce fut lui qui porta la sainte ampoule de Tours à Chartres pour le sacre du roi Henri IV. Le roi, en reconnaissance, le gratifia par brevet du 24 février 1600 de la première charge vacante de conseiller aux enquêtes du Parlement de Paris. Déjà il avait reçu un canonicat de Notre Dame de Paris et le prieuré de Courgains (Courgains est une petite bourgade de 800 habitants, canton de Marolles, Sarthe). Grand archidiacre d'Angers depuis le 13 mai 1599, doyen en 1601. il était nommé à l'évêché de Tréguier quand il mourut à la Rochelle le 4 octobre 1608. Il fut inhumé dans la chapelle des évêques à Saint-Maurice d'Angers (C. *Diction. hist.* de M. Port)

(4) René Louet, sieur de la Souche, fils aîné de Clément Louet, licentié ès droits, lieutenant particulier du sénéchal d'Anjou, 1581. — Un jugement de séparation de biens obtenu par sa femme, Jeanne de Lesrat, le 15 mai 1589, l'accusait de se ruiner en achats d'armes et de chevaux. Demeuré veuf, il se remaria en 1591 avec Lucrèce Thévin et mourut le 24 décembre 1616 (C. Port.

Cristophe Louet, époux de Marie de Saint-Denis, à leur fille aînée. Renée Louet, femme de Jacques de Vallée qui était tuteur de ses enfants mineurs en 1632, (1) puis par indivis à Cristophe et Jacques de Vallée, chevaliers, René de la Dufferie (2), chevalier, et Charles des Vaux, seigneur de Bois-Garnier, lesquels, par acte passé devant Charon, notaire à Angers le 26 janvier 1649, vendirent le domaine à René Moreau (3), notaire à Angers pour la somme de 18.000 livres tournois payées comptant.

René Moreau réunit à sa nouvelle propriété une partie de la métairie du Gât et la Lançonnière par divers actes passés en 1651, 1652, 1657 et le Chêne qu'il acquit de Jean Bourigault par acte passé devant Guillaume Charbonnier, notaire à Chalonnes, le 18 mai 1659 Après la mort de René Moreau survenue en 1680, la terre passa à sa fille Louise, épouse de Jean Gilles de la Grue qui habitait le Plessis-Raymond en 1685.

Jean Gilles mourut en 1698. Par un acte de partage, passé devant Legay, notaire à Neuvy, le 10 janvier 1711, le Plessis-Raymond échut à leur fils François Gilles de la Bérardière et à leur fille Anne Gilles de la Grue, tous les deux célibataires. Ceux-ci passèrent acte de société devant Lehoreau, notaire à Angers, le 10 mars 1723 et résidèrent ensemble au Plessis-Raymond.

Le 2 juillet 1723, par devant Mᵉ Lehoreau, notaire à Angers, Anne Gilles de la Grue annexa à la terre du Plessis, partie de la métairie du Gâs et des terre du Châtelier. De concert avec son frère, elle acquit également de Louis-Henri de Meaussé, seigneur du Pineau, la métairie de la Greneraie, par acte passé devant Deville notaire à Angers, le 26 février 1743, ainsi que divers immeubles situés à Bourgneuf, Saint-Laurent-de-la-Plaine et Chalonnes. François et Anne Gilles moururent tous les deux la même année, en 1761 (4).

Après eux, la terre fut par acte de partage passé, le 10 juillet 1762, devant Mᵉ Deville, notaire à Angers, divisée en deux lots. Le premier, composé des métairies du Gâs, de la Lansonnière, du Châtelier et de la Gueneraie et des immeubles épars, fut attribué aux enfants de messire Hercule Victor de Berziau, sieur de la Mazillière et de feu Louise Gilles de la Grue, sa femme, sœur des propriétaires défunts. Ces enfants étaient dame Victoire de Berziau, femme de messire Joseph-Alexis Levacher, chevalier, sieur de la Chèze et

---

(1) Vallée. Famille de Touraine qui portait comme armoiries : De sable au lion couronné d'or (*Armorial de Touraine,* par Carré de Busserolle).

(2) De la Dufferie portait : De sable accosté d'un cheveron d'or accompagné en pointe d'un trèfle d'or (*Armorial d'Anjou,* page 487).

(3) René Moreau fut anobli par l'échevinage. Il est dit écuyer en 1680. (Aveu de 1680.) — Il était fils de René Moreau et de Suzanne Nouteau. Il épousa vers 1646 Louize Noulleaux. De ce mariage naquirent deux enfants; Louize, née en 1647, et André Moreau, plus tard prêtre, chantre et chanoine de Saint-Léonard de Chemillé.

(4) Titres de propriété. Inventaire de 1761.

dame Eugénie de Berziau, femme de M de Courtour, chevalier. Ces domaines passèrent ensuite par voie d'héritage à la famille du Boberil qui les vendit en détail, vers 1830 (1).

Le second lot composé du château. des Réserves et des métairies du Plessis-Raymond, des Landes-Chiron et du Chêne, échut à messire Hercule-Victor Gilles, chevalier, seigneur de Fontenailles et de Louestaux, neveu des défunts, qui y résidait en 1782, puis à Alexandre-Victor Gilles de Fontenailles et à sa femme, dame Amélie-Charlotte de la Rue du Can, lesquels, par acte passé. le 22 décembre 1812. devant M⁰ Jousse, notaire à Château-du-Loir, cédèrent le Plessis-Raymond à leur fille, dame Charlotte-Victorine Gilles de Fontenailles, femme de M. Jacques-Marie Drouet d'Aubigny. Enfin, ces derniers par acte passé devant Mʳ Pierre Rousseau, notaire à Chalonnes, le 28 octobre 1841. vendirent à M. Jacques-Alexandre Garreau (2) et à dame Marie-Louise Giraud du Plessis, sa femme, la terre du Plessis-Raymond qui avait alors une contenance cadastrale de 136 hect. 67 a. 20 c., et se composait des Réserves, pied à terre, bois taillis, de deux métatries dans la cour du Plessis, celle du Chêne et des Landes-Chiron. Dans cette vente étaient compris quelques meubles garnissant le pied à terre de M et Mᵐᵉ d'Aubigny, le droit d'extraire de la pierre à la carrière du Grand Gât et le droit (sans garantie) à un banc dans la chapelle du Plessis-Raymond en l'ancienne église de Saint-Laurent.

Déjà propriétaire antérieurement à 1841, du chef de sa femme, de plusieurs métairies en Neuvy, et, de son chef, de celle de Saint-Denis-du-Theil dont il fit une annexe du Plessis-Raymond, M. Jacques Garreau réunit à cette terre, en 1847, la Bassenardière; en 1864. le Ronceray et en 1865, Bellenoue neuf. Il fit exécuter de grands travaux d'amélioration et construire sur les fondations de l'ancien manoir le château actuel de 1862 à 1864 (3).

La terre du Plessis appartient aujourd'hui à M. Jacques-Alexandre-Raymond Garreau son fils par acte de donation et partage passé devant Mᵉ Loriol de Barny. notaire à Angers, le 6 juillet 1874.

---

(1) La métairie de la Gueneraie fut vendue le 15 janvier 1836. De Berziau, ancienne famille de Touraine qui portait : D'azur à 3 trèfles d'or, 2 et 1.

(2) Garreau, de la Vallière, des Terriers, de la Barre. Ancienne famille originaire de Brissac dont : Michel, sommelier du gobelet du roi Henri III, 1575, Marie, morte en odeur de sainteté à Brissac, le 1ᵉʳ septembre 1681, plusieurs conseillers du roi et présidents au grenier à sel, au xviiiᵉ siècle. Elle portait : D'argent au chevron de gueules accosté de deux croix pattées de même, en chef, et d'une rose de même, en pointe. Ces armoiries figurent dans un vitrail de la chapelle de Notre-Dame-de-Charité.

(3) Au sommet des murs du vestibule d'entrée est une galerie de tableaux représentant les douze Césars placés dans des cadres en noyer alternant avec des panneaux de même bois taillés en pointes de diamant. Cette galerie qui date du xviiᵉ siècle et dont l'auteur est inconnu, ornait autrefois une chambre d'un manoir à Brissac.

La famille Gilles

La famille Gilles est une ancienne famille de Tourraine où elle réside encore annoblie en 1558 par une charge de secrétaire du roi Elle a fourni un maire d'Angers et plusieurs trésoriers généraux des finances Ses armoiries sont : D'argent à trois biches passantes de gueules deux et une, chacune dardée d'une flèche de sable, traversante par le milieu en barre (1).

Jean Gilles était président trésorier de France au Bureau des finances à Tours. Il eut deux enfants Jean et François (2).

Jean Gilles, sieur de la Grue, de la Bérardière et de Saint-Péan, fils aîné du précédent. né en 1603 fut nommé échevin le 1er mai 1642, puis maire d'Angers le 1er mai 1643 et reçut du maire sortant, Eveillard le don d'une épée d'honneur. Il mourut en 1669, agé de 66 ans à la Bérardière, paroisse de Méral (3) et fut inhumé dans la chapelle du château Il avait épousé le 25 janvier 1638 Marie Chotard dont il eut plusieurs enfants : Renée qui épousa François Dupont, écuyer, sieur d'Ouilles, Guillaume, capitaine au régiment de cavalerie Châtillon qui épousa, le 1er février 1685. Françoise Eveillard, en l'église Saint-Michel-du-Tertre, à Angers, Nicolas 4), baptisé en l'église Saint-Maurille d'Angers. le 28 avril 1644, et Jean.

Jean Gilles, sieur de la Grue et de la Bérardière, épousa le 19 octobre 1667 Louise Moreau, fille de René Moreau, écuyer, sieur du Plessis-Raymond, et de Louise Nouilleaux De ce mariage naquirent plusieurs enfants dont quelques-uns moururent en bas-âge

1° René né à Angers et baptisé en l'église Saint Maurille le 18 juin 1671. Il acheta à la mort de son père la terre de Fontenailles, paroisse de Louestault en Tourraine. Il épousa à Tours le 13 janvier 1711 Marie-Marguerite Duchamp de la Frillière. Dont : Hercule-Victor Gilles de Fontenailles, né le 13 février 1713 au château de Fontenailles et marié le 17 février 1744, à Tours, avec Louise-Françoise Roujou de Beauvais. Dont Alexandre-Victor Gilles de Fontenailles né au château de Fontenailles le 4 octobre 1766 et marié le 28 décembre 1786 en la paroisse de Souvigné (Indre-et-Loire) avec Amélie-Charlotte de la Rue du Can de Champchevrier. Dont Charles-Armand Gilles de Fontenailles né le 16 juillet 1791 au château de Fontenailles et marié le 25 septembre 1820 en la paroisse Saint Etienne de Chigny (Indre-et-Loire) avec sa cousine Pulchérie-Agathe-Hélène de la

---

(1) *Armorial d'Anjou,* page 106 *et Dictionnaire historique* de M. C. Port.

(2) François Gilles, écuyer, sieur de la Bérardière, épousa le 8 février 1638, en l'église Saint-Pierre d'Angers Charlotte de Sorhœtte, fille de Pierre de Sorhoette, écuyer, sieur de Beaumont, commissaire ordinaire et provincial de l'artillerie. (*Inventaire des archives* par M. Port.)

(3) Méral, 1.290 habitants, canton de Cossé-le-Vivien, arrondissement de Chateaugontier (Mayenne).

(4) Prieur, curé de Chaumont en 1680, mort le 27 avril 1685, âgé de 41 ans.

Béraudière. Dont Mme de Beaufort, née de Fontenailles le 19 mars 1825. Dont M. de Beaufort ancien lieutenant-colonel à Nancy (1).

2° Henri, né en 1672, mort âgé de 8 ans, le 27 août 1680 et inhumé dans la chapelle Sainte-Marguerite en l'église de Saint-Laurent-de-la-Plaine (2).

3° François, sieur de la Bérardière, né en 1674, décédé célibataire, le 6 janvier 1761, âgé de 87 ans.

4° Anne, dame de la Bérardière et du Plessis-Raymond, née en 1678, décédée le 20 juillet 1761 et inhumée dans l'église de Saint-Laurent-de-la-Plaine (3).

5° Renée-Françoise, née en 1682 (4).

6° Françoise, née et baptisée le 15 novembre 1683 (5).

7° Louise épousa messire Hercule-Victor de Berziau, sieur de la Mazillière.

Jean Gilles de la Grue mourut en 1698 et sa femme (6) le 26 septembre 1726.

(1) Aujourd'hui retraité à Tours, 13, rue de la Préfecture.

(2) Le 28 août 1680 a été inhumé par moi curé soussigné le corps de défunt Henri, fils de Jean Gilles de la Grue sieur de la Grue et du Plessis-Raymond et de dame Louise Moreau, demeurant au Plessis-Raymond. Le dit enfant âgé de 8 ans a été enterré dans la chapelle Sainte-Marguerite.

(3) Le 21 juillet 1761 a été inhumé dans l'église de ce lieu par nous soussigné le corps de demoiselle Anne Gilles de la Grue, âgée de 83 ans. Etaient présents : Anne-Gilles de Berziau veuve de messire Alexis Levacher, seigneur de Saint-Germain-d'Arcé (canton du Lude, Sarthe) y demeurant, chevalier de Saint-Jean de Jérusalem, lieutenant des maréchaux de France de la province du haut Anjou ; Jacques Gaudineau prêtre, vicaire de Sainte-Christine ; Joseph Guilbaut, notaire royal; Louis Lusson, marchand cirier. Signé : Berziau, Gaudineau, Guilbaut, Lusson, P. Gaudineau, prêtre vicaire de la Pommeraye.

(4) Elle fut ondoyée en la chapelle du Plessis-Raymond, le 1er mai 1682. Les cérémonies du baptême furent célébrées le 7 octobre suivant :

Le 7 octobre 1682 ont été administrées les cérémonies du baptême à une fille, nommée Renée Françoise, née du légitime mariage de Jean Gilles de la Grue, écuyer, seigneur de la Grue, et de dame Louise Moreau son épouse, demeurant à la maison du Plessis-Raymond. A été parrain François Dupont, écuyer, sieur d'Ouilles, conseiller du roi, juge-magistrat en la sénéchaussée et siège présidial d'Angers, et marraine, dame Renée Gilles de la Grue, femme dudit sieur d'Ouilles. Ladite fille a été baptisée aussi par moi curé soussigné en la chapelle dudit Plessis-Raymond, suivant la permission de Monseigneur l'Evêque d'Angers, le 1er jour de mai de la présente année. Signé : Gilles de la Grue, Louise Moreau, Renée Gilles de la Grue.   H. Houstin, curé.

(5) Elle eut pour parrain son frère François Gilles et pour marraine sa sœur Anne Gilles.

(6) Celle-ci fut inhumée dans l'église de Saint-Laurent : Le 27 septembre 1726 a été inhumé dans la chapelle du Plessis en l'église de Saint-Laurent par nous prêtre, curé de Bourgneuf soussigné, du consentement du curé de la paroisse, le corps de dame Louise Moreau, veuve de messire Jean Gilles, chevalier, seigneur de la Grue, décédée d'hier, âgée de 79 ans, en présence de messire François Gilles, chevalier seigneur de la Bérardière, et de demoiselle Anne Gilles de la Grue ses enfants et de vénérable et discret André Moreau prêtre, chantre et chanoine de Saint-Léonard de Chemillé, frère de la défunte et des soussignés : Anne Gilles de la Grue, Fr. Gilles de la Bérardière, Bouchard, curé de Saint-Maurille de Chalonnes, F. Fradin, curé de Sainte Christine, Thomas, prêtre, chanoine, Martin, prêtre, chapelain de Saint-Maurille de Chalonnes, Guillet, curé de Bourgneuf, Marie-Gabrielle de Villeneuve, Marie-Gabrielle Du Bois de la Bizolière, Levacher, curé de Saint-Laurent.

CHAPITRE IV

LA COMMUNE

Topographie, culture, métairies, closeries, moulins — Moyens de communication: routes, chemin de fer, postes et télégraphe. — Origine des communes, syndics, maires, conseillers municipaux, secrétaires de mairie, assemblées communales. — Population — Industries et professions — Impôts — Institutions communales : compagnie de pompiers, société de musique.

I

Le relief du sol dans la commune de Saint Laurent-de-la-Plaine ne s'accuse en général que par de légères ondulations. Les points les plus élevés sont : La Lansonnière, 109 mètres, le Pineau, 106, le Chêne, 105, la chapelle de Notre-Dame-de Charité, 100 mètres au dessus du niveau de la mer.

La commune de Saint-Laurent comptait jadis 2196 hectares 25 centiares environ. Mais depuis l'établissement de la commune de Bourgneuf, en 1865, elle n'a plus que 1789 hectares 25 centiares, ainsi répartis : 1350 hectares en terres labourables, 280 hectares en prés et herbages, 40 hectares en coteaux et terrains incultes, 4 hectares en vignes, 75 hectares 25 centiares en cultures diverses.

Elle a pour limite naturelle au sud-est et à l'est la petite rivière du Jeu qui la sépare de Neuvy et de la Jumellière sur une longueur de quatre kilomètres. Le Jeu ou le *Juz* (1) prend sa source dans l'étang de la Gilière, commune de Saint-Quentin en-Mauges, et se jette dans le Layon à l'extrémité nord-ouest de la commune de Chaudefonds, non loin de la gare des Fourneaux. Il fait mouvoir sur sa rive gauche les moulins de la Dellière, Rochard, Frossanger, la Vieille-Chaussée, Clandy dans la commune de Saint-Laurent. Souvent à sec en été il devient parfois dans la saison des pluies, ou par suite des orages, un véritable torrent et ses inondations ont causé à plusieurs reprises d'importants dégâts.

Le paysage des bords du Jeu offre les sites les plus variés et les plus pittoresques. Sur les deux rives se dressent de hautes collines couvertes de verdure, de genêts ou de bruyères : çà et là des rochers présentent leur tête grisâtre et dénudée ; ailleurs quelques arbres surgissent d'à travers les

(1) **Aveu de 1403.**

escarpements. Du moulin de Frossanger au moulin de Clandy le paysage accentue sa note sauvage, les deux rives se resserrent laissant voir par échappées sous l'ombre des ormeaux et des aulnes la petite rivière qui semble dormir et déroule lentement ses flots limpides en décrivant de nombreuses sinuosités. Aucun bruit, si ce n'est le tic-tac du moulin voisin ou le murmure de l'eau qui tombe en cascade écumante de la chaussée, ne trouble le silence de ce coin de terre calme et reposé.

Un affluent du Jeu, le ruisseau du Juret, sépare, au sud-ouest, Saint-Laurent-de-la Plaine de Sainte-Christine. Il prend sa source dans cette dernière commune tout près de la métairie des Landes-Chiron dont il prend souvent le nom, coule du nord-ouest au sud et se jette dans le Jeu au dessus du moulin de Jumeau dans la commune de Sainte-Christine après un parcours de 4800 mètres.

Au nord-ouest, entre Saint-Laurent-de-la-Plaine et la Pommeraye la limite naturelle est formée par le ruisseau de Saint-Denis grossi par celui de la Chapelle ou du Pont de la Trée. Ce ruisseau prend sa source dans une fontaine de la métairie de Saint-Denis-du-Teil sur le territoire de Bourgneuf. Partout ailleurs c'est un tracé conventionnel, un chemin ou un ruisselet, qui sépare Saint-Laurent des communes voisines.

Il existe encore un autre cours d'eau de peu d'importance qu'on appelle le ruisseau de Saint-Laurent ou du Pont-de-Palais. Ce ruisseau, formé par la jonction dans le bourg même de deux ruisselets venant des prairies de la Borde et du Groisellier, coule du sud au nord et va se jeter dans le Layon à Chalonnes près de la gare du chemin de fer de l'Aujou.

La commune de Saint Laurent possédait autrefois de nombreux étangs. On en voyait trois à la Jaltière, trois au Pineau, un au Mirandeau, (1) au Plessis Beuvereau et au Plessis-Raymond. Il ne reste plus que celui du Plessis-Beuvereau.

Son territoire était encore à la fin du dix-huitième siècle couvert en *partie de bois* (2), hautes futaies, taillis, refuge du gibier seigneurial. Aujourd'hui outre le bois du Pineau, d'une étendue de 45 hectares, et les petites futaies du Plessis-Beuvereau et du Plessis-Raymond quelques bouquets d'arbres coupent seuls çà et là le paysage de leur sombre verdure, les taillis de la chapelle de Charité, de la Braudière, de la Michellerie. Les vastes champs d'ajoncs et de genêts ont été défrichés et le sol transformé par la culture.

De tout temps la culture du sol occupe et fait vivre plus de la moitié de

(1) Mathurin Rifier, laboureur, se noya dans l'étang du Mirandeau, le 10 janvier 1694.

(2) Les bois du Plessis-Raymond couvraient une partie du territoire compris entre Saint-Laurent et Bourgneuf. Il existait aussi près du Mirandeau un petit bois de 26 boisselées dont on voit encore les souches le long de la route de Saint-Lambert.

la population de Saint Laurent. On y comptait avant la Révolution, 72 métairies ou closeries dont l'étendue variait de 5 à 30 hectares. Dans les bonnes terres de labour on semait du froment, du seigle, de l'avoine, du lin. on y plantait des choux et des betteraves qui servaient à nourrir et à engraisser les bestiaux pendant l'hiver.

Les procédés de culture étaient moins perfectionnés qu'aujourd'hui. De temps immémorial les métayers labouraient, ensemençaient leurs terres, battaient leur blé et nourrissaient leurs bestiaux comme ils l'avaient vu faire à leurs pères. Les engrais faisaient souvent défaut dans leurs champs, car il leur était difficile de s'en procurer à cause du mauvais état des chemins. Les pâturages étaient sans valeur, d'où l'impossibilité de faire de l'élevage, les prairies artificielles inconnues et si on se rappelle qu'à cette époque les bestiaux et les denrées se vendaient à très bas prix on comprendra que les fermiers faisaient peu d'argent de leurs produits. Cependant, avec de l'ordre et de l'économie ils arrivaient pour la plupart à jouir d'une modeste aisance, car ils affermaient leurs terres et gageaient leurs domestiques à des prix très modiques.

De nos jours la culture a fait de notables progrès, les denrées ont augmenté, mais aussi le fermage et le salaire des domestiques qui deviennent de plus en plus difficiles à trouver. De là la nécessité pour les fermiers de recourir aux machines agricoles telles que charrues perfectionnées, faucheuses, moissonneuses, manèges à battre le blé qui remplacent la main d'homme et réalisent une économie de temps et d'argent.

Selon son importance l'exploitation se distinguait en métairie, borderie ou bordage et quarteron. Les terres non cultivées prenaient le nom de gâts, noues, brandes, landes, chirons, d'où les métairies du Gâs, de Bellenoue, de la Grande et de la Petite-Lande, des Landes-Chiron. C'est au quatorzième et au quinzième siècle que se fixent aussi un grand nombre de noms. Souvent on fait précéder le nom du propriétaire du lieu de la particule *la* et suivre de la terminaison *ère ou ière*. Exemple : La Philippière ou Philippière-Juret fut à l'origine la propriété de Philippe Juret.

Outre la maison d'habitation la ferme possédait toits, taiteries, grange, cellier, cour ou *placitre*, jardin, *ouche* ou pré clos pour parquer les bestiaux. Plusieurs habitations rurales formaient une cour (1). Ainsi l'on disait la cour du Pineau, du Plessis-Beuvereau, du Plessis-Raymond.

L'établissement de la commune de Bourgneuf en 1865 a enlevé 6 métairies (2) à Saint-Laurent-de-la-Plaine qui n'en compte plus aujourd'hui

---

(1) Cour ou courtille du mot latin *curtis ou curtilis*.
(2) Les Landes-Chiron ; La Grande et la Petite-Marotière, le Ronceray, la Saulaie, le Teil.

que 66 et 5 moulins à eau. En voici la liste avec quelques détails particuliers
que nous avons pu recueillir :

L'Aunay.	La Chesnaie.	La Philippière.
L'Aveneau.	La Douarderie.	La Philippière (Caillau).
La Bassenardière.	L'Ecorchebœuf.	La Pièce.
Baudry.	L'Epinay.	La Piffarderie.
Le Beaujour.	L'Epine.	Le Pineau.
Bellenoue neuf.	La Fumoire.	Le Pinellier neuf.
Bellenoue vieux.	Le Gâs.	Le Pinellier vieux.
La Grande Bohardière.	La Gaudinière.	Le Plessis-Beuvereau.
La Petite Bohardière.	La Grande Gourdonnière.	Le Plessis-Raymond.
Le Petit Bois.	La Petite Gourdonnière.	Le Petit-Plessis.
La Boissière.	La Gueneraie.	Le Puy (1).
La Borde.	Le Grand Groisellier.	La Grande Rogerie.
La Boucherie.	Le Petit Groisellier.	La Petite Rogerie.
La Braudière.	La Grotte.	La Roulonnière.
La Brunetière.	La Hutte.	La Grande Roussière.
La Caillerie.	La Basse Jaltière.	La Petite Roussière.
Le Carrefour.	La Grande Jaltière.	
La Cave.	La Petite Jaltière.	
Le Cerisier.	La Grande Lande.	Moulins à eau.
La Basse Charpentraie.	La Petite Lande.	
La Haute Charpentraie.	La Lansonnière.	La Vieille-Chaussée.
La Petite Charpentraie.	La Maison-Neuve.	Clandy
Le Châtelier.	Le Massé.	La Dellière.
Le Chêne.	La Michellerie.	Frossuanger.
La Chênebaudière.	Le Mirandeau.	Rochard.

La Bassenardière

Cette métairie faisait partie au seizième siècle du domaine de la Jaltière,
au dix septième siècle de celui du Planti. Elle appartenait en 1542 à René
Erreau, sieur de la Névoire et de la Jaltière, en 1639 à Louis Boylèsve, sieur
du Planti, qui vendit en cette même année la terre à noble homme Tristan
d'Artois, écuyer, sieur de la Gagnerie qui faisait partie de la suite de
l'Evêque d'Alby. Elle appartenait au dix-huitième siècle à dame Françoise
Volaige de Vaugirault, femme du chevalier de Champagné, d'où elle passa
par voie d'héritage à M. Armand-René Volaige de Vaugirault et à sa sœur
Mme Fleuriot de la Fleurière. Après partage sous seing privé, enregistré,
à Saint-Mars-la-Jaille, le 22 novembre 1634, la Bassenardière échut à dame
Louise Volaige de Vaugirault, épouse du marquis Robineau de Rochequairie,
puis à leur fils le comte de Rochequairie mari de dame Cécile-Marcelline
Coufex-Lachambre. Ceux-ci, par acte passé les 14 et 20 janvier 1847 devant

(1) Le Puy, du mot latin *podium* qui signifie éminence, lieu élevé.

M⁰ Pelon, notaire à Angers, ont vendu cette métairie à **M. Jacques-Alexandre Garreau**. Sa contenance est de 25 hectares 89 ares.

Baudry

C'était au dix-septième siècle un moulin à eau sur le Jeu. Il était habité en 1690 par René Galard, meunier et Mathurine Legros, sa femme. On y établit vers 1840 une fabrique de pelles longtemps dirigée par la famille Lenoir. Cette fabrique n'existe plus, les bâtiments ont été démolis en 1900, et il ne reste à côté qu'une petite closerie qui a gardé le nom de Baudry.

Le Beaujour

Cette métairie, de fondation récente, a été formée des terres et prés distraits du Plessis-Raymond. Les bâtiments ont été construits en 1855. Le nom de Beaujour lui a été donné par M. Alexandre Garreau en souvenir de son aïeul, Louis-Etienne Brevet de Beaujour (1).

La Braudière

Cette métairie appartenait au quinzième siècle à la famille Gaisdon et relevait de la baronnie de Rochefort. Le 16 mai 1498, Jean Gaisdon rend aveu à messire Loys de la Trémoille, baron de Rochefort, pour *l'hostel* et métairie de la Grande-Braudière. En est sieur René du Vau en 1583 qui vend la terre à noble homme Claude Chenu (2), seigneur du Bas-Plessis, paroisse de Chaudron ; après lui, Pierre Chenu, mari de Suzanne de Chasteautrot. Louis Legay, écuyer, sieur de Vaugirault par sa femme Renée Chenu. En rend aveu, le 5 août 1634, Gilbert Chenu, seigneur du Bas-Plessis, comme tuteur de René et Marthe Legay ses neveux. La terre échut en partage à René Legay, écuyer, sieur du Verger, qui la vendit vers 1658 à Charles Boylesve, seigneur du Plessis-Beuvereau.

(1) Louis-Etienne Brevet de Beaujour, fils d'un avocat renommé, naquit à Angers le 25 juillet 1763. Successivement docteur de l'Université en 1784, avocat au Présidial d'Angers, le 21 juillet 1786, échevin en 1789, député aux Etats Généraux, secrétaire de l'Assemblée nationale, le 27 mars 1790, puis membre du Conseil général du Département, il comparut devant le comité révolutionnaire et la commission militaire et fut interné à Amboise, à Angers, puis à Paris. Il fut condamné à mort le 15 avril 1794 et exécuté le jour même, à 'âge de 38 ans. Il avait épousé à Brissarthe, le 12 décembre 1786, Marie-Louise-Charlotte Violas (C. Port. *Dict. hist.*, tome Iᵉʳ).
(2) Claude Chenu avait épousé Marguerite de l'Eperonnière. — Pierre Chenu et Suzanne de Chasteautrot avaient trois enfants : Gilbert, né le 11 février 1598, épousa en premières noces Jeanne Charette dont il eut un fils Pierre baptisté le 12 novembre 1628, en secondes noces Françoise de Hiret dont il eut une fille, Marie, baptisée le 20 juillet 1649 ; Renée Chenu, née le 20 juillet 1599, épousa le 4 novembre 1619 Louis Legay, sieur de Vaugirault et du Tilleul, commandant du château de Champtocé et fils d'Antoine Legay et de Marguerite du Tilleul ; Louise, née le 14 août 1605.
La famille Chenu portait : d'Hermines au chef d'or chargé de 5 losanges de gueules.

Bellenoue

La mérairie de Bellenoue faisait partie au dix-septième et au dix-huitième siècles du domaine du Pineau. Elle appartenait après la Révolution à M. Pierre-Charles Frémond de la Merveillière, décédé en 1840 à Orléans. Après lui elle échut par acte de partage passé devant M° Champagny, notaire à Châtellerault, le 15 avril 1846, à son fils Charles-Michel Frémond, capitaine de cavalerie. Celui-ci dédoubla la métairie et fit construire vers 1855 Bellenoue neuf qu'il vendit à M. Jacques-Alexandre Garreau, le 24 novembre 1865. La contenance est de 18 hectares, 86 ares 77 centiares. L'ancienne métairie de Bellenoue fut en même temps achetée par M. Gayot. de Chalonnes. Elle appartient aujourd'hui à l'hospice de cette ville.

La Caillerie

La Caillerie, longtemps appelée la Petite-Braudière, appartenait dès l'année 1403 à la famille Avrillon. Elle passa en 1537 à Jean de Gabory, seigneur du Pineau, puis à Louis Legay déjà propriétaire de la Grande-Braudière. Son fils René Legay vendit la Caillerie en 1658 à Charles Boylesve, seigneur du Plessis-Beuvereau. Elle appartient aujourd'hui à Mme de Beaurepos.

La Haute-Charpentraie

Elle appartenait en 1589 à René Binault, en 1615 à Jean Lehoreau qui en rendait aveu au seigneur du Grand Grassigny en 1787, au seigneur du Pineau.

La Basse-Charpentraie

Cette métairie appartenait dès le commencement du dix-septième siècle aux seigneurs du Pineau. Jean Gabory en rendait aveu en 1625 à la baronie de Chalonnes.

Le Chêne

Le Chêne relevait autrefois de la Lionnière, annexe du Planti dont était seigneur, en 1610, Charles comte de Sanzay, héritier de défunt René de Sanzay, son père. Cette métairie fut achetée à la fin du seizième ou au commencement du dix-septième siècle de Guillaume Mondière par René Bourigault. Elle passa ensuite à Jean Bourigault qui la possédait en 1610, puis à Jacques Bourigault. Celui-ci, par acte passé devant Guillaume Charbonnier le 18 mai 1659, vendit le domaine à René Moreau, seigneur du Plessis-Raymond.

La Douarderie

Le bordage de la Douarderie appartenait au commencement du quinzième siècle à la famille Oger, de Montjean. En rendaient aveu, le 14 février 1436, les héritiers de feu Jean Oger ; en 1510, Jean Oger et Jean Gallard ; en 1619, honorable homme Louis Lefebvre, marchand à Ingrandes ; le 8 mai 1634, Jacques Lefebvre, grainetier au grenier à sel de cette ville (1). Ce dernier vendit la terre en 1684 à Jean Thomas de la Baudrairie et à Louise Benoist sa femme qui la vendirent à leur tour après séparation de biens, le 25 novembre 1717, à Gabriel Boylesve, seigneur du Saulay et du Plessis-Beuvereau. La Douarderie a fait partie du domaine du Plessis jusqu'en 1897, époque où elle a été vendue par Mme de Beaurepos.

La terre de la Douarderie comprenait en 1436 cinq setiers de terres labourables et trois journaux de pré pour lesquels le propriétaire devait payer chaque année, la veille de la mi août, six setiers de seigle. mesure de Chalonnes, rendus en *l'houstel* du seigneur du Plessis, plus trois sols et trois deniers de cens et devoir féodal au terme de la Saint-Nicolas d'hiver. Elle comprenait, en outre une maison d'habitation couverte d'ardoises, des étables couvertes de chaume, aire, aireau, four, puits, deux jardins de quatre boisselées environ chacun, le tout joignant les terres, prés et dépendances des métairies du Pinellier de la Chênebaudière, de la Fumoire, les terres et prés de la cure et le ruisseau qui descend des font ines du Groisellier aux étangs de la Chauvière. La métairie de la Douarderie fut incendiée et la terre confisquée pendant la Révolution.

La Dellière

Le moulin de la Dellière appartenait au commencement du dix-huitième siècle aux seigneurs du Plessis-Beuvereau. Gabriel Boylesve, seigneur dudit lieu, par acte passé devant Mes Benoit et Tricoire notaires à Angers, le 19 décembre 1712, l'arrenta à Joseph Humeau, meunier, (2) dont la famille l'a toujours occupé depuis. Il appartient aujourd'hui à la veuve Pierre Humeau et à son fils Pierre Humeau, de Thouarcé.

L'Epinay

Le lieu, terre et fief de l'Epinay relevait au quinzième siècle partie du Vau et partie du Lavouer. Il appartenait à Jean Avrillon, en 1445 ; à Jean Gabory seigneur du Pineau en 1526 et 1540, à Claude de Montours en 1635, à Henri de Samson de l'Orchère en 1696, à Françoise et à Louis-Henri de Meaussé, à la fin du dix-huitième siècle.

---

(1) Sénéchal d'Ingrandes et de Champtocé, mort à Ingrandes le 3 mars 1671.

(2) Joseph Humeau, fils de René Humeau et de Jeanne Morin, né le 12 octobre 1680, mort le 16 mai 1733 avait épousé Françoise Piffard, fille de Jean Piffard et de Françoise Boulestreau.

La Fumiore

Cette métairie appartenait au commencement du dix-septième siècle à Mathurin Bordereau qui la vendit vers 1629 à Marie Beuvereau, dame du Plessis-Beuvereau.

La Gaudinière

Cette terre appartenait avant la Révolution aux seigneurs du Pineau. Elle fut vendue comme bien national le 4 thermidor an IV (22 juillet 1796) à Coquille, curé constitutionnel de Notre-Dame de Beaupréau.

La Gueneraie ou Greneraie

Cette métairie faisait partie au seizième et au dix-septième siècle du domaine du Pineau. Louis-Henri de Meaussé la vendit à François-Gilles de la Bérardière et à sa sœur Anne-Gille de la Grue, le 26 février 1743. La Greneraie échut dans la suite, par voie d'héritage, à René-Marie-Fortuné, comte du Boberil, demeurant au château de Beauchêne, commune de Saint-Saturnin (Mayenne) qui la vendit aux familles Huchet, Lehoreau, Boulestreau et Gourdon, par acte du 15 janvier 1836, passé devant Me Senil, notaire à la Pommeraye (1).

Le Grand Groisellier

La terre du Grand-Groisellier relevait au dix-septième siècle de la seigneurie du Planti. Elle appartenait à Claude Fournier par acquêt de 1618, à Jean Boulestreau, époux de Mathurine Menard et à Jean Bompois, à Mathurin Menard en 1638, à Étienne Renoul, notaire royal, en 1684, à Alexandre Chauvière et autres ayant droit qui la vendent, en 1725, à Charles-Henri-François de Meaussé, seigneur du Pineau. Elle appartient aujourd'hui à Mme veuve Joubert.

La Lansonnière

Cette métairie fut achetée au milieu du dix-septième siècle par René Moreau, seigneur du Plessis-Raymond. Elle passa par voie d'héritage à la famille de Boberil qui la vendit vers 1830. Elle appartient aujourd'hui à M. Bouet, marchand de bois à Chalonnes.

Dans la nuit du 13 au 14 nivôse an IV (2 au 3 janvier 1797) la Lansonnière fut envahie par une bande de 15 chauffeurs qui brûlèrent les pieds du fermier Gourdon et pillèrent la maison. Pour découvrir les coupables, le chirurgien Cady usa d'un stratagème blâmable en soi, mais qui lui réussit à merveille. Il fit enivrer plusieurs hommes qu'il soupçonnait être les auteurs du crime et du pillage et leur arracha des aveux.

(1) *Petites Affiches de l'arrondissement de Beaupréau* du 24 mai 1838.

La Piffardèrie

C'était au seizième siècle un domaine noble qui relevait de la seigneurie de Montaigu. Il appartenait en 1539, à noble homme René Pillet et en 1748 au seigneur du Plessis-Beuvereau.

Le Pinellier

Il appartenait en 1579 à Mathieu Langevin, en 1701 à Louis Defois. Il est aujourd'hui la propriété de Mme du Buat. La métairie a été partagée pour former le Pinellier neuf dont les bâtiments ont été construits en 1866.

Rochard

Le moulin de Rochard ou des Hautes Roches, ainsi nommé des coteaux abrupts qui l'environnent, appartenait au quinzième siècle à la famille Beuvereau. En est sieur Charles Beuvereau, écuyer, en 1403 ; Bertrand Beuvereau en 1436 et 1487 ; puis, par acquêt de René Beuvereau écuyer, le 8 août 1529, Jacques Legay, seigneur de la Fautrière et du Plessis-Raymond ; Gabriel Boylesve, sieur du Plessis-Beuvereau, qui, par acte passé devant Mes Benoist et Tricoire, notaires à Angers, au mois d'août 1709, arrenta le moulin à René Humeau, meunier (1). Il appartient aujourd'hui à M. Henri Humeau, de Chalonnes.

II

Plusieurs voies de communication sillonnaient autrefois la commune de Saint-Laurent-de-la-Plaine et la reliaient aux localités voisines. Le grand chemin de Chalonnes appelé le « *chemin des Mauges* » se divisait près de la métairie du Bignon en deux embranchements : l'un passait entre la Petite et la Grande Chauvière, près de la Ravardière, la Philippière et la Varenne, traversait le bourg et se continuait par le chemin de la Gueneraie jusqu'à Neuvy, Jallais et Cholet ; l'autre conduisait à Beaupréau en passant par la Chapelle de Notre-Dame-de-Charité, Bourgneuf, Sainte-Christine et le Pin-en-Mauges. Il y avait le chemin de Chaudefonds par les villages des Riraies et de la Bourgonnière, le chemin de la Jumellière et de Chemillé par le Pineau et le Plessis-Beuvereau, le chemin de Bourgneuf entre le Plessis-Raymond et Bellenoue, celui de la Pommeraye et de Saint-Florent-le-Vieil par la Chapelle de Notre-Dame-de-Charité. Sur ces grandes voies venaient

(1) Marié à Marie Pouplard.

se greffer d'autres chemins plus petits conduisant dans les métairies et dans les champs.

Il est difficile de se faire une idée exacte de ce qu'étaient, il y a cent ans, ces voies de communications. C'étaient le plus souvent des chemins creux, encaissés parfois jusqu'à trois ou quatre mètres au-dessous du niveau des terres avec de hauts talus hérissés de haies épaisses, de buissons, de ronces et d'ajoncs que dominaient deux longues rangées de chênes au tronc séculaire et aux branches touffues. Ils s'élargissaient dans certains endroits et se couvraient d'un épais tapis de verdure qu'émaillaient au printemps des pâquerettes blanches et roses ; plus loin, au contraire, ils se resserraient à tel point que deux charrettes ne pouvaient passer de front. Les pluies d'automne et d'hiver y creusaient de nombreuses ravines et formaient de distance en distance des remous et des mares infranchissables. L'idée n'était pas encore venue d'empierrer ces chemins ; on y jetait seulement quelques fagots d'ajoncs et quelques grosses pierres dans les passages les plus difficiles. Aussi voyageait-on le plus souvent à cheval ou en charrettes ; les piétons pour ne pas s'embourber étaient obligés de se frayer d'étroits sentiers par les champs, le long des haies et d'enjamber à chaque clôture des échaliers.

Ces chemins larges et creux, ombragés par les branches horizontales des vieux chênes ont connu des jours bien différents. Ils ont entendu psalmodier les cantiques des premières processions contre-révolutionnaires ; ils ont vu passer, armés de fourches et de bâtons les compagnons de Cathelineau allant conquérir des fusils et des canons. Ils ont été le théâtre de plus d'une embuscade ; bien des proscrits, bien des blessés des deux partis s'y sont aventurés sous la menace des dangers que récelait pour eux l'épaisseur des haies voisines. Beaucoup y ont passé, morts ou vivants, pour la dernière fois.

Des routes larges et bien entretenues remplacent les chemins creux d'autrefois. La route départementale de Champtoceaux à Saint-Laurent-du-Lattay traverse le bourg de Saint-Laurent dans toute sa longueur avec bifurcation sur Chalonnes. De cette route partent les chemins vicinaux de la Jumellière et de la Pommeraye et les chemins communaux de la Riraie, du Puy et de la Gueneraie.

Depuis le 1ᵉʳ octobre 1899 une ligne de chemin de fer de Beaupréau à la Possonnière et à Angers dessert Saint-Laurent-de la-Plaine. Point n'est besoin de se déranger beaucoup, la gare est en plein bourg et les petits trains de la Compagnie d'Anjou qu'on a qualifié avec exagération de « *déraillards* » vous transportent lentement par mille courbes savantes sur le flanc des coteaux, au fond des frais vallons et à travers les champs de blé.

Jusqu'en 1841 Saint-Laurent dépendait de la perception de la Jumellière et du bureau de poste de Chemillé. Il est rattaché aujourd'hui à la perception de Montjean, au bureau des Postes et Télégraphes de Chalonnes.

III

On donnait au moyen âge le nom de commune à une agglomération ville ou village, à l'administration de laquelle prenaient part les habitants. En France. c'est au onzième siècle que prirent naissance ces associations. Quelquefois elles étaient dues à l'initiative des seigneurs, surtout des seigneurs ecclésiastiques mais le plus souvent elles s'obtinrent par la force de l'insurrection ou même à prix d'or. Cette émancipation fut favorisée aussi par les rois ; ainsi fit Louis VI le Gros qui y voyait un moyen de combattre la féodalité.

A la tête de la commune était un agent nommé syndic ou maire, chargé de prendre soin des affaires de la communauté comme la gestion des comptes et les ordonnances relatives aux corvées ou à la milice. Au temps de la féodalité, il était presque toujours élu par les principaux bourgeois. Quand le pouvoir royal devint plus fort il chercha à se réserver la nomination des maires. Charles IX généralisa la règle de l'élection des maires par le roi ; Louis XIV en fit une des charges vénales à vie en 1692. En 1717, on permit de nouveau aux habitants de nommer leurs magistrats. Cinq ans après la vénalité des charges fut rétablie, supprimée en 1724, rétablie de nouveau en 1733. L'Assemblée constituante rendit aux communes le soin d'élire leurs maires. mais la Constitution de l'an VIII substitua à la nomination élective le choix direct du Gouvernement, situation qui dura sous le Consulat, l'Empire et la Restauration jusqu'à la loi du 20 mars 1831 qui laissait encore au pouvoir suprême la nomination du maire. De nos jours ce dernier est nommé par les conseillers municipaux (1).

A l'origine tout le monde était consulté sur l'administration de la commune.

Pendant le dix-septième et le dix-huitième siècle avaient le droit d'assister aux assemblées communales les chefs de ménage, les biens tenants (possesseurs de biens) même les veuves. Vers 1775, on remplaça l'assemblée des chefs de famille par un conseil de notables. Le curé et le seigneur en faisaient partie de droit. Les autres membres étaient nommés en nombre plus ou moins grand selon la population par les personnes payant au moins 10 livres d'impôts personnel et foncier.

La loi du 14 décembre 1789 institua un conseil général de la commune compose du maire, de deux officiers municipaux tous trois formant le corps municipal, de six notables qui ne devaient être convoqués que pour les

---

(1) La commune de Saint-Laurent compte 12 conseillers municipaux et 345 électeurs.

affaires importantes, du procureur de la commune sans voix délibérative, chargé de défendre les intérêts et de poursuivre les affaires de la commune, enfin du secrétaire greffier, tous élus par les citoyens âgés de 25 ans et payant une contribution égale à trois journées de travail, au moins.

La Convention supprima les conseils municipaux et les remplaça par un conseil unique pour chaque canton appelé administration municipale du canton, composé des agents nationaux et des adjoints de chaque commune et ayant à sa tête un président. Tous étaient élus au canton.

Les conseils municipaux furent rétablis en 1800, mais la nomination des conseillers réservée à l'administration jusqu'en 1831 où la loi du 28 mars rendit aux habitants le droit d'élire les conseillers en maintenant l'obligation de consulter les plus imposés pour établir des charges nouvelles. La loi municipale du 5 avril 1884 a fait disparaître cette obligation.

Voici les noms des syndics, maires, adjoints, conseillers municipaux et secrétaires de mairie de la commune de Saint-Laurent-de-la-Plaine:

Syndics

Jacques Leroy, marchand serger, mort le 9 juillet 1733 (1).
Charles Cady, chirurgien, 1787-1789 (2).
Jean-Joseph Gilbert, 1789-1793 (3).

Maires

Sébastien-Jacques Cady, chirurgien, chevalier de Saint-Louis, conseiller général, 1er messidor, an VIII (20 juin 1800), révoqué le 21 juillet 1817.
Louis Baraut, de Bellenoue, 23 février 1818 à 1826.
Jacques-Charles Lefebvre, comte de Maurepart, 3 mars 1826 à 1830 (4).

(1) Mort le 9 juillet 1733. Voici l'acte de sa sépulture :

« Le 10 juillet 1733 a été inhumé dans le cimetière de ce lieu le corps d'honorable personne Jacques Leray marchand serger, en son vivant syndic de la paroisse et procureur de la « boëte des trépassés » décédé d'hier, âgé de 40 ans, en présence de Jeanne Humeau, sa femme. Marie-Perrine Leroy sa sœur et Gabrielle Hudon son beau-frère. Pierre Levacher, curé. »

(2) Charles-Louis Cady, fils de Charles Cady et de Jacquine-Gabrielle Lusson, né le 7 janvier 1749, mourut le 1er janvier 1789.

Il avait été élu, avec 5 conseillers municipaux, par l'assemblée communale le dimanche 30 septembre 1787 « *avec douceur* », dit le procès-verbal.

(3) Jean-Joseph Gilbert, praticien de Saint-Maurille de Chalonnes, était fils de Jean-René Gilbert, notaire et procureur de la baronie de Mortagne et d'Anne Baudry, de Saint-Laurent-sur-Sèvre. Il épousa le 7 novembre 1781, à Saint-Laurent-de-la-Plaine, Perrine-Charlotte Guilbault, fille de maître Joseph-Jacques Guilbault, notaire royal, et de Renée Coustard.

(4) Jacques-Charles Lefebvre de Maurepart était le fils aîné de Jacques-Charles Lefebvre de Chasles et de Marie-Anne Du Clos de Kerpont.

Jacques Gabory, 11 octobre 1830, mort le 24 juillet 1872, âgé de 73 ans

Pierre Humeau, meunier à la Dellière, 8 octobre 1876, mort le 10 mars 1894, âgé de 76 ans.

Léopold-Marie-Ferdinand, vicomte de la Croix de Beaurepos, 21 janvier 1878, mort le 10 août 1884, âgé de 49 ans (1).

François-Henri Humeau, de Rochard, 14 novembre 1884, mort le 7 mars 1905, âgé de 71 ans (2).

Pierre Davy, de la Chênebaudière, 16 avril 1905, mort le 24 août 1907.

Henri de Toulgoët, 29 septembre 1907.

Adjoints

1787. Alexandre Secher.	1871-1876. Pierre Humeau.
1809-1826. Mathurin Leger.	1876-1895. René Leduc.
1826 1830. Louis Baraut.	1895-1905. Stanislas Secher.
1830-1843. René Sécher.	1905. Constant Perraut.
1843-1871. Joseph Humeau.	

Conseillers municipaux

1787. Louis Bretault.	1815. Pierre Secher.
— Michel Gauffriau.	— Pierre Onillon.
— Pierre Rorteau.	— Joseph Humeau.
— Mathurin Seicher.	— Etienne Bondu.
Louis Baraut, Vincent Beduneau.	1820. Mathurin Janneteau.
René Belliard, Jean Léger, agents municipaux (1792-1800).	— Louis Neau.
1800. Jean Gourdon.	1822. René Gallard.
— Mathurin Secher.	1826. Louis Baraut.
— Jean Jolivet.	— Jean Janneteau.
— Jacques Caillaut.	1827. Jean Giraut.
1809. Mathurin Leger.	— Mathurin Secher.
	1830. René Leduc.

(1) M. de Beaurepos, par sa charité et son affabilité, s'était rendu très populaire à Saint-Laurent et sa mort fut vivement regrettée de toute la population.

(2) M. Humeau, né le 17 juillet 1833, était fils de Joseph Humeau, meunier au moulin de Rochard, et de Madeleine Dauneau Sa famille était une des plus anciennes et des plus notables de la localité Son bisaïeul, Joseph Humeau, décédé le 17 février 1796, fut délégué en 1789 pour porter à Angers le fameux cahier des doléances de la paroisse. Son grand-père, Joseph-Serge Humeau, mort le 11 juillet 1820, était capitaine de cavalerie dans l'armée vendéenne. Bon et charitable envers tous il a laissé à ses collègues du Conseil municipal l'exemple du dévouement et à la paroisse tout entière celui d'une vie honorable et solidement chrétienne. — La *Croix Angevine*, dans son numéro du 25 mars 1905, a consacré un article à la mémoire de M. Humeau.

1830. Etienne Cailleau.
— Mathurin Bouyer.
— Jacques Brechet.
— Jean Bastard.
— Mathurin Beduneau.
— Alexandre Bidet.
— Jean Blourdier.
— Georges Fremondière.
— Joseph Humeau.
1833. Jean Delaunay.
— Antoine Menard.
1834. Pierre Secher.
— Jean Humeau.
1837. Mathurin Davy.
— Louis Jarry.
— Jean Lenoir aîné.
— Pierre Montaillé.
1843. Pierre Malinge.
— René Renou.
— René Lehoreau.
— Mathurin Lefort.
— Jean Martin.
— Jacques Gourdon.
— Jean Berthelot.
1846. Louis Beduneau.
— Drouet d'Aubigny.
— Michel Courant.
— René Secher.
  François Forestier.
1848. Noyère.
— Cogné.
— Pierre Merlet.
— Gallard.
— Gilles Latourette.
— Jean Boumier.
1849. François Belliard.
— Joseph Rousseau.
— Jean Humeau.
— Jacques Ménard.

1852. Laurent Montaillé.
— Joseph Piffard.
1855. Joseph Oger.
— Blourdier.
— Boitaut
— Pierre Humeau.
1866. Alexis Binet.
— Maillet.
1870. René Oger.
— Louis Giraut.
— Henri Humeau.
— Jean Perraut.
1871. Jean Oger.
1872. De Beaurepos Vicomte.
1875. Jean Maquin.
— Jean Malinge.
1878. Louis Oger.
— Paul Léger.
— Toussaint Aligon.
— Jacques Augereau.
— Constant Perraut.
1884. Victor Boulestreau.
1888. François Albert.
— Pierre Davy.
— Louis Neau.
1889. Stanislas Secher.
— Jean Simon.
— René Vaslin.
1896. Pierre Humeau.
— Auguste Malinge.
— Arthur Chupin.
— Arthur Fremondière.
1904. Jean Giraut.
— Joseph Oger.
— Jean Blourdier.
— Louis Pioneau.
1907. Henri de Toulgoët.
— Louis Bidet.

Secrétaires de mairie (1)

1787. Joseph Guilbaut, notaire.
1790. Louis Lusson, cirier.
— Mathurin Leger, serger.

1790. Antoine Menard, cordonnier.
— René Rayneau, instituteur.
— René Belliard, instituteur.

Pendant de longues années, le droit de convocation appartint au seigneur ou à son représentant. Un édit de 1702 donna au syndic le droit de convoquer l'assemblée municipale sans être obligé de demander la permission au seigneur.

Jusqu'en 1695, époque où ils en furent dispensés, les curés annonçaient l'assemblée au prône de la grand'messe (2). Dans les circonstances importantes réclamant la présence de tous les habitants, la convocation était faite au moins la veille par le sergent ou huissier, de maison en maison. Le son de la cloche et la voix du sergent à la sortie de l'église, annonçaient que la réunion allait avoir lieu.

A Saint-Laurent, l'assemblée municipale se tenait dans l'étude du notaire ou dans la maison commune. C'était une grande chambre que la municipalité louait à des particuliers pour y tenir ses séances.

Voici le compte rendu d'une délibération de la municipalité de Saint-Laurent en date du 21 février 1788 :

L'assemblée communale de Saint-Laurent-de-la-Plaine fut convoquée le 30 septembre 1787 pour élire les membres de la municipalité. Les membres furent élus avec douceur.

Le seigneur de Saint-Laurent-de-la Plaine est M. de Chasles (3), le seigneur de Bourganeuf, M. Baillif de Calan.

Les rôles d'imposition coûtent aux collecteurs 40 livres, le fort de l'argent, 10 livres pour le sel et même davantage parce qu'ils sont très éloignés du grenier à sel. Il leur coûte tant pour le transport du sel que de l'argent 72 livres.

Les frais de contrainte occasionnent 30 livres de dépense suivant que les cotisés se mettent plus ou moins en devoir de payer. Ils ne sont pas si considérables quand il se trouve des collecteurs aisés pour faire les paiements dans leur temps.

Nous n'avons point de taxe d'office dans notre paroisse. Le presbytère est en bon état (4) ; l'église *très bien* n'a pas besoin de réparations ; elle ne renferme qu'une chapelle appelée : Chapelle du Pineau.

(1) Les gages du secrétaire de mairie ont passé de 120 francs en 1838 à 200 francs en 1858, à 300 francs vers 1880, à 400 francs environ depuis plusieurs années.

(2) C'était la coutume avant la Révolution d'annoncer au prône des églises paroissiales non seulement les offices religieux mais toutes les décisions administratives qui intéressaient les citoyens.

(3) Jacques-Charles Lefebvre de Chasles, de Maurepart et du Pineau, est mort à Angers, le 25 octobre 1788, âgé de 58 ans.

(4) Il avait été restauré en 1779 par M. Marchandye, curé de la paroisse.

Dans la paroisse il n'y a ni usine, ni four à chaux, ni manufacture et il n'est pas possible d'en établir.

Il n'y a ni haras ni étalons ; il n'est pas possible d'élever des chevaux, les pâturages n'étant pas convenables.

Les bêtes à laine de très peu de valeur ressemblent à celles des pays voisins.

Il n'y a pas d'atelier de charité ; il serait facile de nous en procurer à Chalonnes, à Beaupréau, à Montrevault.

La brigade de maréchaussée de Chemillé est celle qui fait des visites dans notre paroisse.

Il n'y a pas d'employés des fermes du roi, il en vient d'ailleurs.

Nous avons une sage-femme (1) et un chirurgien très habile (2), mais pas d'artiste ni vétérinaire expérimenté, c'est pourquoi il périt beaucoup de bestiaux.

La paroisse est imposée pour 62 minots de sel à 6 livres, 12 sols, 3 deniers le minot, plus 72 livres pour frais de transport, ce qui fait un total de 3891 livres, 19 sols, 6 deniers

L'Ordre de Malte dans Bourgneuf peut posséder en biens-fonds, dîmes et rentes environ 400 livres.

Il n'y a point de mendiants, mais beaucoup de nécessiteux. Notre paroisse n'ayant ni commerce, ni manufacture, nous n'avons pour les soulager que des aumônes insuffisantes.

Il n'y a point dans notre paroisse de biens d'hôpitaux ni de possessions appartenant au roi.

Délibéré à Saint-Laurent, le 21 février 1788.

Ont signé : Bourdais, curé ; Joseph Humeau, Jean Baraut, Jean Thomas, Cady, syndic.

Guilbaut, greffier.

IV

Nous classons dans la population le chiffre total des habitants aux diverses époques, le nombre des naissances, mariages et décès, les familles de la localité. Il ne sera pas sans intérêt pour le lecteur de voir comment les naissances l'emportent sur les décès ou *vice versa* et de comparer les noms de famille d'autrefois avec ceux d'aujourd'hui.

Population totale

Années		Habitants
1720-1726	181 feux (3)	816
1790	183 —	1620 (4)
1821	185 —	1614

(1) Marie-Jeanne Gasté, femme de Jacques-Noël Herbet, morte le 19 avril 1825.
(2) Sébastien Cady.
(3) Jusqu'au milieu du dix-septième siècle on ne comptait que par feux.
(4) Dont 320 pour Bourgneuf rattaché à la paroisse de Saint-Laurent.

Années					Habitants
—					—
1826					1538
1831					1497
1836					1533
1841					1593
1846					1598
1851					1711
1856					1777
1861					1729
1866					1225
1872					1167
1876					1121
1881	273 maisons.	ménages,	282		1108
1886	250	— —	—	265	1060
1891	252	—	—	268	1035
1896					1038
1901					1032
1906					1026

Plusieurs épidémies de dyssenterie ont décimé la population de Saint-Laurent-de la-Plaine. Celle de l'année 1707 fut la plus terrible (1). Elle commença vers le milieu du mois de mai et enleva 16 personnes dans l'espace de quelques semaines. Le mal un moment conjuré reparut de nouveau à la fin de juillet et fit en trois mois 102 victimes, parmi lesquelles, 68 enfants en bas âge. Par suite du même fléau, on compta en 1768 et en 1785 75 décès et 69 en 1834.

Baptêmes, mariages, sépultures (2)

Années	Baptêmes	Mariages	Sépultures
—	—	—	—
1594	14 registre incomplet	Manquent	Manquent
1600	30		—
1608	30	—	—
1618	10 registre incomplet	—	—
1628	35	—	—
1638	42	—	—
1648	32	—	—
1658	43	—	—
1668	45	—	—

(1) Il y eut 21 décès dans le mois d'août, 45 dans le mois de septembre, 36 dans le mois d'octobre et 141 dans toute l'année.

(2) Les registres des baptêmes, mariages et sépultures servaient avant la Révolution à établir l'état civil des citoyens. Ils étaient payés par la fabrique et rédigés en double par le clergé. Un décret du 20 septembre 1792 a confié l'état civil aux secrétaires de mairie.

Années	Baptêmes	Mariages	Sépultures
1678	53	9	33
1686	51	13	37
1691	49	Manquent	Manquent
1698	59	12	20
1708	57	20	23
1718	42	12	22
1726	46	4	29
1738	36	8	24
1751	29	13	Manquent
1773	45	7	41
1781	35	9	39
1788	48	11	37
1792	33	1	9 reg. incomplet
1801	41	16	37
1810	53	12	17
1820	47	11	31
1830	30	22	30
1840	42	12	Registre incomplet
1850	29	6	22
1860	27	9	27
1870	23	5	16
1880	21	9	19
1890	19	7	14
1900	15	4	7
1905	11	6	16

Liste des familles de Saint-Laurent en 1787 (1)

Abellard Joseph, au Châtelier.
Aligon Louis, à la Borde.
Avrillon Henri, à la Lande.
Babin Pierre, tailleur.
Banchereau Jean.
Banchereau Pierre.
Baraut Jean, au Châtelier.
Baraut Pierre, à la Behardière.
Baudouin Pierre, filassier.
Bazanté Pierre, à la Grande-Bohardière.
Beduneau, au Mirandeau
Beduneau Mathurin, a la Petite-Marotière.

Beduneau Vincent, à la Boucherie.
Belliard Jacques, aux Landes-Chiron.
Bernier Auguste.
Bernier François, filassier.
Bernier François, le jeune, serger.
Besnard Jean, au bourg.
Bidet Alexandre, serger.
Billet Jacques, aux Landes-Chiron.
Bigot Jean, jardinier, au Pineau.
Biuet Jean, cordonnier.
Blanvilain Pierre, fileur de laine.
Blanvilain, à la Fumoire.
Blesteau Jean, serger.
Blond Jacques, serger.

(1) Elle a été faite d'après un registre d'impôts de l'année 1787.

Blouin Louis, à la Rogerie.
Blourdier Jean, veuve, au Petit-Groi-
  sellier.
Blourdier Jean, à la Basse-Nardière.
Blourdier Mathurin, à la Basse-Nar-
  dière.
Blourdier Michel, au Petit-Groisellier.
Blourdier René, à la Grande-Lande.
Boisneau, tisserand.
Boitaut Pierre, à la Borde.
Bondu Etienne, colporteur.
Bondu Mathurin, à l'Aveneau.
Boulestreau Charles, au Mirandeau.
Boulestreau Louis, sabotier.
Boulestreau, serger.
Boulestreau René, à la Greneraie.
Boumier Louis, veuve, à la Gaudinière.
Boumier Mathurin, à la Barillerie.
Boumier Pierre, à la Gaudinière.
Boumier René, à la Braudière.
Boureau Renée, fille.
Bourget Pierre.
Bouteiller Jacques, à la Piffarderie.
Boutin René, à la Douarderie.
Brault Pierre, à la Bohardière.
Bréchet veuve.
Bréchet François.
Bregeon Michel.
Breheret Jacques.
Bretaut Denis, à Baudry.
Bretaut Louis, serger.
Bretaut René, à Baudry.
Brevet Etienne, à l'Epine.
Brevet Pierre, au bourg.
Brevet Pierre, au Petit-Bois.
Brevet Pierre, au Petit-Groisellier.
Brevet René, au bourg.
Brevet Toussaint, à la Philippière.
Bricheteau Antoine.
Brunet, à la Grande-Roussière.
Brunsard Jacques, veuve.
Cady Charles, chirurgien.
Cady Jean, tailleur de pierre.
Cady Sébastien, chirurgien.
Caillaut Etienne, à la Petite-Rous-
  sière.
Cassin Augustin, maréchal.
Cesbron Jean, à la Petite-Jaltière.
Cesbron Michel, au Plessis-Raymond.
Chaillerie François, serger.
Chauvigné Jean, veuve.

Chauvigné Pierre, au Plessis-Raymond.
Chebreun.
Chesné François, serger.
Coulon Joseph, veuve, à Bellenoue.
Courant Jean.
Coustard, régisseur, au Pineau.
Davy Gabriel, au Gât.
Davy Mathurin, veuve, au Petit-Mou-
  lin.
Davy Pierre, au Gât.
Davy Pierre, au bourg.
Davy Pierre, à la Marotière.
Davy Pierre, au Puy.
Davy René, à la Lansonnière.
Delaunay Blaise, à la Basse-Charpen-
  traie.
Delaunay Mathurin, à la Philippière-
  Juret.
Denéchau, fille.
Denéchau François, cardeur.
Denéchau Jacques, au bourg.
Denéchau Jacques, au Pineau.
Denéchau Jean, au Pineau.
Denéchau Pierre, au Pineau.
Drapeau Jean.
Dupé, veuve, au Cerisier.
Farion, veuve, au bourg.
Farion Jean, au Petit-Moulin.
Frémondière François, à la Philip-
  pière.
Frémondière Jacques, à l'Ecorche-
  bœuf.
Frémondière, au Pinelier.
Fromajeau Jean, tailleur.
Gaslard André.
Gaslard, veuve, au bourg.
Gaslard François, à la Vieille-Chaussée.
Gaslard Jacques, veuve.
Gaslard Jean, à Frossanger.
Gaslard Jean, serger.
Gaslard Jean, veuve, à la Dellière.
Gaslard Pierre, à Baudry.
Gaslard Pierre, à Claudy.
Gaslard René, serger.
Gasté Jean, tailleur.
Gasté Pierre, à la Grande-Braudière.
Gauffriau François, veuve.
Gauffriau François, fils.
Gauffriau, à la Grande-Lande.
Gauffriau Michel, cabarettier.
Gazeau Pierre, à la Barillerie.

Gilbert Jean-Joseph.
Girard Pierre, charpentier.
Gourdon, veuve, à la Lansonnière.
Guérin, veuve.
Guilbault Joseph, notaire royal.
Guillet Mathurin.
Guillopé Jean, cabarettier.
Guillou Henri, menuisier.
Hérin Joseph, maréchal.
Hilaire Vincent, cabarettier.
Huet Jean, serger.
Humeau Joseph, à Rochard.
Janneteau Jacques, serger.
Janneteau Jean, au bourg.
Jolivet Jean.
Jolivet Mathurin, à la Petite-Lande.
Juteau Mathurin, au Puy.
Juteau Michel, à la Grande-Gourdon-
nière.
Lefort.
Leger François, à la Grande-Lande.
Leger Jean, serger.
Lehoreau Charles, à la Greneraie.
Lehoreau Jean, à la Greneraie.
Lemeunier Jean, à la Bohardière.
Letheul François.
Lusson Louis, cirier.
Macé Etienne, à l'Epinay.
Macé Pierre, serger.
Malinge François, à la Maison-Neuve
Maquin Jean, veuve.
Maquin Nicolas, closier.
Marsais Mathurin, au bourg.
Martin Joseph, à la Saulaie.
Martin Louis, filassier.
Martin Mathurin, charpentier.
Martineau Jacques, au Teil.
Martineau Louis
Maugeais Jacques, serger.
Maugeais René, au Plessis-Beuvereau.
Ménard Jean, serger.
Ménard Jean, à Bellenoue.
Ménard Jean, à l Ecorchebœuf.
Mercerolle, veuve, à la Saulaie.
Métayer Jean, tailleur.
Montaillé Marin.
Montaillé Mathurin, au Teil.
Montaillé Mathurin, à la Petite-Jal-
tière.
Moreau François, à la Haute-Charpen-
traie.

Moreau Jean, au Cerisier.
Moreau Jean, à la Haute-Charpen-
traie.
Moreau Louis, à la Haute-Charpen-
traie.
Moreau Mathurin, à l'Epinay.
Moreau Vincent.
Mousseau René, tisserand.
Mousseau René, à l'Epinay.
Nau Alexandre, à la Roulonnière.
Neau Jean, à la Philippière.
Neau Julien, à la Basse-Charpentraie.
Oger Joseph, serger.
Oger Louis, à la Michellerie.
Oger Mathurin, charpentier.
Oger René, serger au bourg.
Onillon Pierre, sabottier.
Parent, au Plessis-Beuvereau.
Petit Jean, à l'Epinay.
Petiteau René, à la Grande-Jaltière.
Picherit Louis, au Pinelier.
Picherit Louis, au bourg.
Picherit René, à la Boissière.
Pineau René, à la Bretagne.
Poilierre François, charpentier.
Poilierre Mathurin, à la Braudière.
Poissoneau, tailleur au bourg.
Quesson Jean, serger.
Quesson Michel, au bourg.
Quesson Michel, au Cormier.
Quesson Pierre, boucher.
Quesson Pierre, à la Rogerie.
Raby Pierre, à la Grande-Lande.
Ragueneau Pierre, à la Gourdonnière.
Raimbaut René, à la Grande Lande.
Renou Jacques, au bourg.
Renou Jean, tisserand.
Renou Jean, sacristain.
Renou René, au Chêne.
Robineau Pierre, tailleur.
Rochard François, veuve.
Rochard François, charpentier.
Rochard Jean.
Rochard Mathurin, au bourg.
Rorteau Jacques, père.
Rorteau Jacques, fils.
Rorteau Joseph, serger.
Rorteau Pierre.
Rorteau René, serger.
Roullier Jacques, au Pinelier.
Roullier René, au bourg.

Roussier François, veuve et son fils.
Secher Jean, à Bellenoue.
Secher Louis, à Bellenoue.
Secher Alexandre, à la Brunetière.
Secher Mathurin, à la Brunetière.
Secher René, à la Chenebaudière.

Sourice, serger, au bourg.
Thomas René, à la Petite-Rogerie.
Tresnau Mathurin, à la Grande-Jaltière
Turquais Michel.
Viau Charles, serger.
Viau Jean, au bourg.

V

Il existait une tannerie à Saint-Laurent-de-la-Plaine au commencement du dix-septième siècle. Elle était située sur le chemin de la Pommeraye, le long du ruisseau de Saint-Laurent et exploitée en 1622 par Jean Drouet, en 1625 par Jean Jolivet, vers 1670 par Étienne Jolivet, en 1684 par Louis Lehoreau, en 1714 par Maurille Jolivet et Joseph Hériaut, en 1724 par Louis Mérand. Elle se composait d'une maison d'habitation couverte en ardoises, d'une autre couverte de chaume dans laquelle se trouvaient deux moulins et d'un appentis couvert de tuiles (1).

Mais l'industrie principale était dans la campagne l'engraissement du bétail et la culture des céréales ; dans le bourg, le tissage du lin et de la laine et la confection des serges, flanelles, tiretaines, coutils destinés à l'usage des habitants et qui occupait un grand nombre de sergers, tissiers, fileurs de laine, filassiers. On comptait aussi divers corps d'états : hôteliers et cabaretiers, ciriers, charpentiers, marchands sergers, menuisiers, sabottiers, cordonniers, tailleurs d'habits, un chirurgien, un apothicaire, plusieurs employés de gabelle, un archer de la maréchaussée, un sergent ou huissier, un notaire royal.

Notaires royaux

Étienne Renoul, 1682 (2).
Étienne Benoîst, 1695 (3).
François Marchais, 1700.

Jean Perrois, 1736 (4).
Jean-Joseph Guilbaut, 1750-1789.
Joseph-Jacques Guilbaut (5).

Sergents ou huissiers

Noël Drouet, 1644.

Jean Jollivet, 1705.

Archer de la maréchaussée

André Epiard (6).

(1) *Archives du Plessis-Beuvereau : Déclaration du 9 décembre 1705.*
La fabrique de pelles établie au moulin de Baudry sur le ruisseau du Jeu par la famille Lenoir n'existe plus depuis 25 ou 30 ans.
(2) Décédé le 8 février 1700, 63 ans.
(3) Décédé le 20 février 1700.
(4) Il avait épousé Marie Erreau.
(5) Il avait épousé Renée Coustard, décédée le 16 août 1784.
(6) Il avait épousé Catherine Leduc.

Employé de gabelle

Jacques Haye, 1700 (1).

Chirurgiens, officiers de santé

Pierre Guybelès (2).
Charles Cady, 1740 (3).
Charles Cady, fils, 1770-1789.
Sébastien Cady, 1789-1820.
Louis Ganne, 1802-18:0.
François Fleury, 1820-1837.

Gabriel-Félix Binsse, 1830-1834.
Gilles Latourette, vers 1850.
Jules Wilvoët, en 1858.
Adolphe Bory.
Guillaume Guy (4).

Apothicaires

Gilbert Léauté, 1680 (5).
Gabriel Léauté. 1691 (6).

Gabriel Léauté 1694 (7).
Gabriel Léauté, 1736 (8).

Tanneurs et corroyeurs

Jean Drouet, 1622.
Jean Jollivet, 1625.
Étienne Jollivet, 1670.
Louis Lehoreau, 1684 (9).

Joseph Hériaut, 1714-1733 (10).
Maurille Jolivet, 1714.
Louis Mérand, 1724.

Taillandiers

Pierre Brulé, 1573.
Étienne Marchais, 1621 (11).
René Courandin, 1682.
Louis Brunsard, 1709.

Jacques Brunsard, 1780.
Augustin Cassin, 1787.
Joseph Herin, 1787.

Tailleurs

Jacques Pionneau, 1682.
René Brunsard, 1709.
Pierre Babin.
Jean Fromageau.

Jean Gasté.
Jean Métayer.
Poissoneau.
Pierre Robineau, 1787.

(1) Il avait épousé Marie Marin le 16 mai 1700. Il était originaire de Saint-Aubin des Ponts-de-Cé.

(2) Epoux de Jeanne Seicher.

(3) Epoux de Jacquine Lusson, décédée le 13 juin 1763.

(4) Décédé le 11 septembre 1902.

(5) Il eut une fille baptisée le 15 mars 1692. Le parrain fut maître Augustin Landreau prêtre habitué à Chalonnes, la marraine Marie Madeleine Dubois de la Bizollière.

(6) Epoux de Barbe Grellier.

(7) Epouse le 14 février 1695 à Neuvy Jacquine Benoist, fille d'honorable homme Maurice Benoist, marchand.

(8) Epoux de Marthe-Hyacinthe Bory.

(9) Epoux de Perrine Jollivet, mort vers 1704.

(10) Décédé le 13 février 1733, âgé de 59 ans.

(11) Epoux de Jeanne-Renée Drouet.

Cordonniers

René Delahaye, 1660.
Pierre Lusson, 1709.

Jean Binet, 1787.

Sabottiers

Louis Boulestreau.

Pierre Onillon, 1787.

Menuisiers

Henri Guillou, 1787.

Marchands sergers

Pierre Defois, 1667.
Charles Jacob, 1709.
Jacques Bodet, 1709.

Jacques Leroy, 1730 (1).
Étienne Bondu, 1789.

Charpentiers

François Oger, 1730 (2).
Pierre Girard.
Mathurin Oger.

Mathurin Martin, 1781.
François Poilierre.
François Rochard, 1787.

Ciriers

Louis-Maurice Lusson, 1691 (3).
Louis-Léonard Lusson (4).

Louis-Maurice Lusson, 1745-1793 (5).

Bouchers

Pierre Quesson, 1787.

Hôteliers. cabaretiers

Nicolas Barbôt, 1738 (6).
Louis-Maurice Lusson, 1745.
François Gauffriau, 1784.

Vincent Hilaire, 1787.
Jean Guillopé, 1787.

Sergers

Charles Viau.
René Rorteau.
Joseph Rorteau.
Jean Quesson.
Joseph Oger.
René Mousseau.

Jean Menard.
Jean Leger.
Jacques Mangeais.
Louis Martin.
Jacques Janneteau.
Jean Janneteau.

(1) Epoux de Jeanne Humeau, de la Dellière, décédé le 9 juillet 1733.
(2) Epoux de Renée Jacob.
(3) Epoux de Françoise Cosnu Desaunay.
(4) Epoux de Françoise Challain.
(5) Epoux de Jacquine Jacob.
(6) Epouse le 17 février 1738, Perrine Delaunay.

Jean Huet.	François Chesné.
Pierre Macé.	Pierre Baudouin.
René Gaslard.	François Bernier.
François Chaillerit.	

Dans le but de favoriser le commerce et l'indusdrie locale, le maire et son Conseil (1) demanda en 1819, l'autorisation d'établir un marché de menues denrées, le jeudi de chaque semaine. Le premier marché eut lieu le jeudi 5 juillet 1821 (2).

Pour la même raison, la municipalité demanda (3) et obtint en 1837 l'établissement d'une assemblée, le jour de la fête patronale de Saint-Laurent, qui est fixée au dimanche qui suit le 10 août.

VI

IMPÔTS

Il y avait sous l'Ancien Régime, comme aujourd'hui, plusieurs sortes d'impôts : la taille, la capitation, les vingtièmes, la gabelle, les aides, le centième denier, la corvée royale, la milice.

La taille était l'impôt principal calculé sur la nature, la valeur et le revenu des biens immeubles, terres labourables, prés, vignes, bois et autres exploités en propre ou à loyer : c'était la taille réelle qui est encore perçue aujourd'hui sous le nom d'impôt foncier, depuis le 1er janvier 1793. La taille personnelle imposait le produit de la propriété, du travail et de l'industrie de chaque individu. Il n'y a que les noms de changés car une foule d'impôts indirects ont remplacé la taille personnelle. Étaient exempts de la taille ou *privilégiés* les nobles et le clergé ; mais ils avaient d'autres charges. La taille était due par quartier ou trimestre : au premier des mois de décembre, de mars, de mai et d'octobre. Elle était perçue par des collecteurs choisis parmi les habitants par l'assemblée des habitants elle-même, moyennant le prélèvement à leur profit de six deniers par livre. La responsabilité du collecteur rendait cette charge très pénible. Tous étaient tenus de l'accepter, sauf le syndic, le marguillier, le maître d'école, le receveur des aydes et le père de dix enfants.

La capitation était la contribution personnelle. Établie par Louis XIV, en 1695, et suspendue en 1698 à cause de son impopularité, elle fut peu après perçue sur tous les Français, excepté les pauvres, c'est-à-dire ceux dont la

---

(1) *Délibération du 26 juillet 1819* — Le Conseil municipal d'Ancenis, par une délibération du 1 juillet 1820, s'opposa à l'établissement de ce marché.

(2) Il se tenait au milieu du bourg en face de l'église. Il ne dura que quelques mois et les relations commerciales reprirent de nouveau à Chalonnes et ont toujours continué depuis.

(3) *Délibération du 1er mai 1837.*

contribution foncière n'atteignait pas 40 sous. Le clergé s'en racheta par un don gratuit.

Les vingtièmes furent établis vers 1720 pour remplacer les dixièmes et pour une période déterminée ; mais ils se perpétuèrent. C'était la vingtième partie du revenu. Cet impôt frappait tout le monde, nobles et roturiers. Il était perçu par un collecteur spécial élu chaque année comme les autres et sur un rôle spécial.

La gabelle était l'impôt sur le sel. Cet impôt n'était pas uniforme ; il y avait les provinces de grande et de petite gabelle. L'Anjou était pays de grande gabelle. Il y avait dans certaines villes un entrepôt de sel pour la région appelé magasin ou grenier à sel. L'administration y ramassait le sel et à une date déterminée qui était annoncée au prône de la grand'messe on le transportait dans les paroisses. Chaque chef de famille était obligé de venir chercher sans retard la provision qui lui était assignée. Pour juger les contraventions, il existait un tribunal composé d'un président, un procureur du roi, un greffier, un receveur et un contrôleur. Pour empêcher la contrebande il y avait aussi toute une armée d'employés appelés archers de gabelle établis dans les campagnes. Quand ils soupçonnaient qu'il y avait du sel de contrebande dans les maisons ils s'y introduisaient, fouillaient les meubles, défonçaient même les portes. Aussi, ces agents étaient détestés des populations et il y en avait souvent d'assassinés.

Deux habitants élus chaque année repartissaient le sel et percevaient le prix de chaque cote. Il valait de 13 à 14 sous la livre. Le système actuel fut mis en vigueur le 1ᵉʳ janvier 1790. Aujourd'hui l'État prélève un impôt de 9 fr. 60 par cent kilogs.

Les aides. On comprenait sous ce nom beaucoup de droits différents : huitième et subvention, jauge et courtage, octrois annuels au détail, anciens cinq sous, nouveaux cinq sous, droits de gros annuels à la vente en gros, inspecteurs aux boissons, inspecteurs aux boucheries courtiers et jaugeurs.

Le centième denier était un droit d'enregistrement à payer au roi proportionnellement à la valeur d'un immeuble sur tout acte conférant propriété ou jouissance. Ce droit fut créé en 1703. Il était assez minime et a été remplacé par les droits d'enregistrement et les droits de succession autrement onéreux.

La corvée royale. Les routes étaient entretenues par le travail des habitants. C'était la corvée. qui demandait probablement comme aujourd'hui trois journées de travail.

La milice. L'armée permanente était à la charge des nobles, chacun ayant ses hommes. Il n'en était pas de même de la milice. Établie en 1688, elle fut recrutée pour deux, puis pour quatre, enfin pour six ans. Chaque milicien était choisi par l'élection de la commune, après l'ordonnance du 10 décembre 1691 par le tirage au sort. Pendant la paix ces hommes étaient assujettis à de courtes périodes d'instruction. En temps de guerre ils étaient envoyés dans les places fortes. La commune pourvoyait à leur équipement et à leur entretien. Ils pouvaient se faire remplacer.

En 1787, Saint-Laurent-de-la-Plaine était imposé comme il suit (1) :

Pour le principal de la Taille	3690 livres		»
Pour les six deniers pour livre de ladite somme . .	92	5 sous	
Pour le droit de quittance	2	6 s.	»
	3784 l.	11 s.	»
Pour les impositions accessoires à la Taille égaillées à 12 sous 9 s. 3/4 pour livre de la Taille	2419	»	»
Pour la capitation.	2459	»	»
Plus pour frais et équipement de milice, payable à ceux qui en ont fait l'avance, après la partie du Roi acquittée	3	6	8
	2462	6	8
Total. . . .	8662 l. 17 s. 5 d.		

La paroisse de Saint-Laurent dépendait du grenier à sel d'Ingrandes (2). Elle était imposée à 62 minots (3) de sel, à raison de 6 livres, 12 sols, 3 deniers le minot, plus 72 livres pour frais de transport, total : 3894 livres, 19 sols, 6 deniers.

Plusieurs employés de gabelle y résidaient à la fin du dix-septième et au commencement du dix-huitième siècle, entre autres Jacques Haye en 1700.

En 1800, la commune de Saint-Laurent-de-la-Plaine très appauvrie par suite des guerres de la Vendée, refusa de payer l'impôt. Le préfet de Maine-et-Loire, M. Montault-des-Isles, écrivait en effet le 4 octobre au Ministre des Finances :

..... A mon passage à Beaupréau, j'ai fait envoyer les garnisaires dans la commune de Saint-Laurent-de-la-Plaine dont les percepteurs et habitants

---

(1) Rolle et répartition faits de la somme de 8.662 livres, 17 sous, 5 deniers pour Taille, impositions accessoires à la Taille et Capitation ordonnée être imposée sur tous les contribuables de la paroisse de Saint-Laurent-de-la-Plaine pour l'année 1787 suivant le mandement de M⁣ˢʳ l'Intendant de la Généralité de Tours, adressé aux collecteurs de ladite paroisse. — Les collecteurs nommés pour cette année étaient : Jean Viau, serger, Charles Lehoreau, Pierre Boumier, Mathurin Beduneau.

(2) Le grenier à sel d'Ingrandes faisait partie de la direction d'Angers et comprenait dans son ressort 16 paroisses dont 7 sur la rive gauche de la Loire : Chalonnes, Chateaupanne, Chaudefonds, la Jumellière, Saint-Lambert-du-Lattay, Saint-Laurent-de-la-Plaine et la Pommeraye (C. Port).

(3) *Minot.* Ancienne mesure de capacité qui contenait la moitié d'une mine ou 39 litres 36

paraissaient opposer le plus de résistance au recouvrement. Je suis informé que les redevables demandent le renvoi des garnisaires et paient un acompte sur les contributions de l'an VIII (1).

VII

La commune de Saint-Laurent possède depuis l'année 1850 une subdivision de compagnie de sapeurs-pompiers. Cette compagnie, commandée par un sous-lieutenant, comprenait au début une soixantaine d'hommes, plus tard une trentaine, sans uniforme. La pompe achetée en 1850 a coûté 1.700 francs. La compagnie réorganisée il y a une quinzaine d'années par M. Victor Boulestreau, garde du Plessis-Beuvereau, ne compte plus aujourd'hui que 16 hommes commandés par A. Pasquet, couvreur. Les pompiers ont pour costume un pantalon et une veste de toile blanche avec large ceinture et un képi. Ils possèdent une bannière et célèbrent leur fête patronale le dimanche qui suit la fête de Sainte-Barbe.

En 1858, l'instituteur M. Ménard, fonda à Saint-Laurent une société de musique (2). M. l'abbé Théodore Delaunay, alors séminariste et excellent musicien, lui prêta son concours en donnant des répétitions chez M. Ménard ou dans la cour de l'école. M. Rayneau prit plus tard le commandement de la musique jusqu'en 1870, où elle fut supprimée. Chaque musicien devait se procurer un instrument à ses frais ; il pouvait se faire rembourser par la commune ou par la fabrique. M. de Beaurepos vendit une bonne partie des instruments à la musique de Chalonnes ; la fabrique en garda quelques-uns des siens entre autres 2 ophycléïdes, un alto et un cornet à piston.

(I) *Le recouvrement des impôts dans l'arrondissement de Beaupréau en 1800* (Voir *Anjou historique*, numéro de juin 1901.

(2) Dans sa séance du 30 septembre 1858 le Conseil municipal vota une somme de 100 francs pour l'achat d'instruments de musique.

CHAPITRE V

LA PAROISSE DE SAINT-LAURENT-DE-LA-PLAINE
PENDANT LA RÉVOLUTION

Préliminaires de la Révolution ; les États Généraux ; cahiers des doléances de la paroisse de Saint-Laurent, en 1789 ; réformes administratives. — Constitution civile du clergé ; premières élections des curés constitutionnels dans le district de Saint-Florent-le-Vieil ; arrêtés du 24 mai, du 24 juin 1791 et du 1ᵉʳ février 1792 contre les prêtres insermentés ; conduite des patriotes.

I

Le 24 janvier 1789, parut la lettre royale pour la convocation des États Généraux. Louis XVI y avait annexé un règlement, qui entrait dans tous les détails des élections pour les trois ordres (1).

Le 14 février, une ordonnance du lieutenant particulier de la sénéchaussée d'Anjou, M. Milscent, enjoignit au procureur du roi de publier la lettre et le règlement du souverain en même temps que son ordonnance, dans les villes, bourgs et villages du ressort de la sénéchaussée.

Voici les dispositions relatives au tiers état.

Les maires et autres officiers municipaux des villes, bourgs, villages et communautés, devaient être sommés par un huissier royal de faire lire et publier au prône de la messe paroissiale et aussi à la porte de l'église, après la messe, au premier jour de dimanche qui suivrait cette notification, la lettre du roi le règlement y annexé et l ordonnance. Au plus tard, huit jours après ces publications, tous les habitants du tiers état, nés français ou naturalisés, âgés de 25 ans, domiciliés et compris au rôle des impositions, étaient tenus de s'assembler au lieu accoutumé ou à un autre indiqué par les officiers municipaux On y devait d'abord procéder à la rédaction du cahier des plaintes, doléances et remontrances qu'ils entendaient faire au roi, et présenter les moyens de subvenir aux besoins de l'État ainsi qu'à tout ce qui pouvait intéresser la prospérité du royaume et des sujets. Cette opération faite, les membres du tiers devaient élire à haute voix parmi les

(1) *Les élections du Tiers État et sénéchaussée d'Angers (1789)* publiées par *l'Anjou historique* dans son numéro de septembre 1903.

plus notables de la ville, du bourg ou de la communauté, un nombre de députés déterminé par l'article 31 du règlement. Chaque paroisse devait avoir au moins deux députés, 3 au-dessus de 200 feux, 4 au-dessus de 300 feux et ainsi de suite. Les députés étaient chargés de porter le cahier de plaintes et de doléances à une assemblée préliminaire tenue au chef-lieu des sénéchaussées. A cette assemblée les députés des villes, bourgs et villages, réunis sous la présidence de l'officier principal de la sénéchaussée devaient fondre tous les cahiers en un seul, puis désigner le quart d'entre eux pour faire partie de l'assemblée générale. Ces nouveaux élus étaient chargés de porter le cahier de la sénéchaussée en même temps que le procès-verbal constatant leur nomination à l'assemblée générale des trois États, qui avait été fixée, à Angers, le 16 mars. L'ordre du Tiers, réuni en séance particulière, procéderait ensuite à la rédaction d'un seul cahier pour les cinq sénéchaussées, et élirait enfin les députés aux États Généraux.

En conséquence, par ordre du procureur du roi, des huissiers royaux signifièrent leurs exploits à qui de droit dans les derniers jours de février et les premiers du mois suivant.

La lettre royale fut publiée à Saint-Laurent, le dimanche 1er mars, au prône de la grand'messe, par M. Plard, vicaire de la paroisse, et le vendredi suivant, vers 9 heures, les électeurs avertis par le son de la cloche se réunirent au nombre de 90 en la chambre du greffe pour rédiger leur cahier de doléances et nommer leurs députés. Furent élus Jean-Joseph Gilbert, syndic, et Joseph Humeau, meunier à Rochard, (1) qui se chargèrent de porter ledit cahier à Angers au palais royal (2) où devait se tenir l'assemblée.

La convocation des États Généraux fut accueillie partout avec joie : Suppression des privilèges, proportionnalité de l'impôt, respect de la propriété et des individus, unité de législation, élection des magistrats, gratuité de la justice, assemblées régulières d'États Généraux, responsabilité des ministres et surtout suppression de la gabelle, tels sont les vœux en matière civile des habitants de Saint-Laurent. En matière religieuse, ils réclament l'abolissement des rentes féodales, un traitement fixe et convenable pour les prêtres, un avancement régulier dans le clergé, etc. Ils se plaignent des vexations des employés de la gabelle, du mauvais état des chemins, des dégâts causés par le gibier seigneurial. On en jugera par la lecture du cahier lui-même conservé aux archives départementales (3). Le voici en entier.

(1) Joseph Humeau né en 1738 ; fils de René Humeau et de Marie Pouplard, époux de Catherine Boistaut, est mort le 17 février 1796.
(2) Aujourd'hui la Préfecture.
(3) *Archives dép.*, n° 234, série B.

Procès-verbal de l'Assemblée du tiers état du bourg et paroisse de Saint-Laurent-de-la-Plaine pour la nomination des députés (1).

Aujourd'hui vendredi, six mars mil sept cent quatre-vingt-neuf, sur les neuf heures du matin, l'Assemblée convoquée au son de la cloche en la manière accoutumée, sont comparus au bureau de ce lieu par devant nous Joseph-Jacques Guilbaut, notaire de la sénéchaussée d'Angers, résidant audit lieu de Saint-Laurent depuis l'année 1750, les nommés Mathurin Oger, Mathurin Martin, Joseph Humeau, Jacques Rorteau l'aîné, Jacques Rorteau le jeune, Joseph Humeau le jeune, Jacques Renou, Alexandre Secher, Pierre Blanvilain, Pierre Galard, René Boumier, Jean Guillopé, Pierre Rorteau, Michel Quesson, François Martin, Mathurin Montaillé, René Roullier, Jean Thomas, Pierre Quesson, René Maugeais, Jean Jolivet, Pierre Jolivet, Antoine Bricheteau, Jean Huet, Jean Viau, Pierre Denéchau, Pierre Gourdon, René Davy, François Boumier, Jacques Oger, Pierre Picherit, Jean Lucas, Mathurin Lefort, Pierre Davy, Gabriel Davy, Étienne Brunet, René Lefort, René Bretaut, Pierre Boistaut, Louis Moreau, Mathurin Bondu, François Frémond, Jean Baraut, François Poilierre, Louis Baraut, Mathurin Marsais, Jean Menard, Louis Martineau, Jean Binet, Louis Bretault, Nicolas Boisneau, René Oger, François Moreau, Jean Moreau, Mathurin Beduneau, Vincent Beduneau, Pierre Drapeau, Pierre Chauvigné, Jacques Moreau, Pierre Bourget, Jean Leger, Laurent Galard, Pierre Galard, Jean Menard, Pierre Raby, Pierre Quesson, Jean Quesson, Michel Quesson, René Renou, René Boulestreau, Blaise Delaunay, Etienne Bondu, Gilbert Chebrenx, Mathurin Blourdier, Michel Justeau, Marin Montaillé, Jean Galard, Pierre Bidet, Michel Gauffriau, Mathurin Jolivet, René Lehoreau, René Boutin, Jacques Conrant, Pierre Brunet, Jean-Joseph Gilbert, Pierre Bazantay, Alexandre Bidet, Alexandre Neau, Louis Blouin, Jean Verger,

Tous nés français et naturalisés, âgés de 25 ans, compris dans les rôles des impositions, habitant ce dit bourg et paroisse de Saint-Laurent, composé de 180 feux, lesquels, pour obéir aux ordres de sa Majesté, portées par les lettres données à Versailles, le 24 janvier 1789, pour la convocation et tenue des États-Généraux de ce royaume et satisfaire aux dispositions du règlement ci-annexé ainsi qu'à l'ordonnance de M. le lieutenant particulier (2) de la sénéchaussée d'Angers pour la vacance du sénéchal et du lieutenant général du 14 février 1789 dont ils nous ont déclaré avoir une parfaite connaissance, tant par la lecture qui vient d'en être faite que par la lecture et publication ci-devant faites au prône de la messe de paroisse par M. Plard, vicaire, le premier du présent mois, et par la lecture et publication et affiche pareillement faites le même jour à l'issue de ladite messe de paroisse au devant de la porte principale de l'église, nous ont déclaré qu'ils allaient d'abord s'occuper de la rédaction de leur cahier de doléances, plaintes et remontrances, et, en effet, y ayant vaqué, ils nous ont présenté ledit cahier qui a été signé par cesdits habitants qui savent signer et par nous, après l'avoir coté par première et dernière page et paraphé au bas d'icelle, et, de suite, lesdits habitants après avoir mûrement délibéré sur le choix des députés qu'ils sont tenus de nommer en conformité desdites lettres du roi et règlement y annexé et les voix ayant été par nous recueillies en la manière accoutumée, la pluralité des suffrages s'est réunie en faveur desdits sieurs Jean Gilbert, syndic, et Joseph Humeau qui ont accepté ladite commission et promis de s'en acquitter fidèlement.

(1) Il s'agit des deux délégués qui devaient porter le cahier des doléances.
(2) M. Milscent.

Ladite nomination des députés ainsi faite, lesdits habitants ont en notre présence remis auxdits sieurs Gilbert, syndic, et Joseph Humeau, leurs députés, le cahier afin de le porter à l'Assemblée qui se tiendra à Angers, le 16 de ce mo's de mars, au palais royal, devant M. le Lieutenant particulier audit siège et leur ont donné tous pouvoirs requis et nécessaires à l'effet de les représenter à ladite Assemblée pour toutes les opérations prescrites par l'ordonnance susdite de M. le Lieutenant particulier, comme aussi de donner pouvoirs généraux et suffisants de proposer, remontrer, aviser et consentir tout ce qui peut concerner les besoins de l'Etat, la réforme des abus, l'établissement d'un ordre fixe et durable dans toutes les parties de l'administration, la prospérité générale du royaume et le bien de tous et de chacun nes sujets de sa Majesté.

Et de leur part, lesdits députés se sont présentement chargés du cahier des doléances dudit bourg et paroisse de Saint-Laurent et ont promis de le porter à ladite Assemblée et de se conformer à tout ce qui est prescrit et ordonné par lesdites lettre et ordonnance, règlement y annexé et ordonnance susdattée ; desquelles nomination de députés, remise de cahier, pouvoirs et déclaration, nous avons à tous les susdits comparants donné acte et avons signé avec ceux desdits habitants qui savent signer et avec lesdits députés notre présent procès-verbal ainsi que le duplicata que nous avons présentement remis auxdits députés pour constater leurs pouvoirs, lesdits jour et an que dessus (1).

Cahier et état des plaintes, doléances et remontrances du tiers état de la paroisse de Saint-Laurent-de-la-Plaine, généralité de Tours (2), subdélégation d'Angers.

1° Nous nous plaignons des exactions, (pour ne pas dire des barbaries), des employés de la gabelle qui souvent nous attaquent dans les chemins, entrent dans nos maisons et, comme des voleurs, ouvrent coffres et armoires, soit que le maître y soit ou non, usent de menaces et, quoiqu'on soit en règle, emportent toujours quelque chose.

Si nous entrions dans le détail de leurs malversations que de plaintes nous aurions à faire ! Les uns tendent la nuit, dans les chemins, des cordes qui font casser les jambes aux chevaux et le cou aux cavaliers ; d'autres commencent par vous frapper au lieu de parler. Quelques-uns portent du faux sel qu'ils

---

(1) Ont signé le procès-verbal : Pierre Davy, procureur de fabrique ; M. Martin, J. Gallard, préposé, J. Rorteau, J. Menard, J. Baraut, Bretaut, A. Neau, P. Rorteau, A. Seicher, R. Roullier, Baraut, B. Delaunay, J. Courant, P. Quesson, M. Beduneau, J. Thomas, J. Jolivét, M. Montaillé, M. Blourdier, J. Huet, J. Boistaut, M. Gauffriau, Boisneau, J. Viau, J. Hérin, J. Guillopé, P. Boistaut, F. Poillierre, M. Thomas, J. Thomas, J. Quesson, J. Renou, J Binet, Étienne Brunet, Joseph Humeau, P. Denécheau, R. Brevet, J. Denécheau, Cady, chirurgien, M. Quesson, Lucas, H. Humeau, Gilbert, syndic de l'Assemblée municipale, Lusson, greffier de l'Assemblée municipale, Guilbaut, notaire royal.

(2) La France, avant 1789, était divisée en généralités, sorte de circonscriptions financières ainsi nommées à cause des trésoriers généraux des Finances. La Généralité était comme la préfecture d'aujourd'hui, elle avait à sa tête un intendant qui résidait au chef-lieu de la Généralité. La Généralité était divisée en Élections à la tête desquelles étaient des élus ou subdélégués, administrateurs subordonnés aux intendants. Ils remplissaient les fonctions de nos sous-préfets et résidaient au chef-lieu de l'Élection

Tours, siège d'une Généralité comprenait les trois provinces de Touraine, d'Anjou et du Maine. La province d'Anjou était composée de six Élections : Angers, Baugé, Saumur, Montreuil-Bellay, Châteaugontier et la Flèche qui contenaient ensemble 637 paroisses. *Tableau de la paroisse d'Anjou*, par l'abbé Uzureau).

déposent dans les maisons et y font des procès-verbaux ; d'autres le vendent à leur profit. Par ces considérations nous supplions sa Majesté de supprimer la gabelle aux offres de lui payer sous une autre dénomination les mêmes sommes qu'elle en retire pourvu que le sel soit libre et nous fasse une branche de commerce ainsi que les autres denrées nécessaires à la vie.

2º Nous demandons aussi la suppression des Bureaux dans l'intérieur du royaume pour ne point trouver d'obstacles dans nos commerces et voyages.

3º Nous nous plaignons de ce que les charges de jurés priseurs sont vendues à des particuliers sans connaissance pour les prisages et qui néanmoins exigent des sommes exhorbitantes qui ruinent la veuve et l'orphelin et portent un préjudice considérable aux autres. Pour à quoi obvier nous demandons la liberté de choisir dans le canton, comme ci-devant, des experts ordinaires et au fait des appréciations.

4ᵉ Nous nous plaignons de ce que les seigneurs en abusant de leurs privilèges se plaisent à tenir toujours leurs fiefs peuplés d'une trop grande quantité de lapins qui dévorent tous les ensemencés et privent le laboureur des produits de son travail et tous autres habitants des secours qu'ils en recevaient.

5º Lesdits seigneurs ayant droit d'épaves prétendent que les arbres qui sont dans les grands chemins leur appartiennent, ils devraient donc entretenir lesdits chemins. On nous fait payer pour les grandes routes qui ne nous sont d'aucune utilité pendant que dans l'intérieur ces chemins sont si mauvais que nous ne pouvons nous procurer les secours nécessaires et ceux mêmes qui sont les plus utiles à l'humanité tels que Messieurs les prêtres, médecins et chirurgiens qui ne peuvent nous secourir sans encourir quelque danger. Les sieurs voyers qui sont chargés de cette partie ferment souvent les yeux à la faveur de quelques louis d'or qu'on leur donne. Nous demandons que lesdits seigneurs et tou propriétaires tiennent les chemins viables dans leur terrain.

6º Lesdits seigneurs et autres ne payent pas à proportion de leurs revenus n'étant point imposés sur les rôles, ce qui fait que nous sommes surchargés d'impositions.

7º Nous nous plaignons des trop fréquentes exactions des commis au contrôle des actes qui ne se conforment aucunement aux edits et déclarations du Roi. Ils donnent à leur gré les qualités aux parties contractantes sans avoir égard à celles prises dans les actes. Tous ceux qui composent le tiers état sont bourgeois, gros laboureurs ou marchands ; il n'y a point suivant eux de distinction de classe et ils exigent impitoyablement des simples vignerons et journaliers les mêmes droits que pour les gros laboureurs, fermiers ou marchands. En un mot, les droits sont arbitraires chez eux et si quelqu'un veut se pourvoir en restitution contre ces commis leur supérieur dédaigne leurs requêtes à moins que quelque seigneur n'y emploie son crédit.

Pour arrêter de tels abus et vexations nous demandons un nouveau tarif pour les droits de contrôle et diminution ou, du moins, qu'il soit enjoint à tout commis contrôleur des actes de se conformer à l'avenir à celui du 29 septembre 1722 en distinguant clairement les classes où chacun doit être compris. Cette conduite des contrôleurs est d'autant plus blâmable qu'elle est préjudiciable au Roi, en détournant la plupart de ses sujets de passer des actes qui produiraient des droits certains à Sa Majesté.

8º Nous demandons que l'égail des impôts soit fait dans les paroisses par le syndic et un nombre de notables suffisant et proportionné à chaque paroisse.

9º Nous supplions Sa Majesté d'augmenter le nombre de cavaliers de maréchaussée vu que les brigades sont trop éloignées les unes des autres pour porter assez promptement le secours nécessaire.

10° Nous nous plaignons de ce que les commis aux entrepôts ne nous envoient que de très mauvais tabac plus capable d'incommoder que de soulager tandis que, par préférence mal placée, ils en envoient de très bon en poudre dans quelques autres paroisses. Nous demandons qu'ils en donnent de pareil en carottes à nos débitants pour le réduire eux-mêmes en poudre et l'accomoder tel qu'il doit être pour ne pas faire mal.

11° Nous demandons un même poids et une même mesure en France pour tous les grains et autres marchandises à vendre ou à acheter.

12° Nous demandons une même loi pour et sur la jurisprudence.

13° Nous demandons que les notaires des seigneurs soient restreints à ne passer d'actes que dans leur juridiction ainsi que pour les personnes qui y résident et les biens qui y sont situés, relativement aux anciens édits et déclarations de Sa Majesté. Cependant on les autorise dans plusieurs tribunaux à lier et engager toutes sortes de personnes et de biens hors leur juridiction et on veut que les notaires du roi résidant dans les campagnes ne puissent passer d'actes que dans l'étendue de la paroisse où ils résident et leur ôter le pouvoir qu'ils ont reçu de Sa Majesté pour travailler dans toute l'étendue de la juridiction où ils ont été reçus. C'est une injure criante tendant à vouloir détruire le pouvoir du législateur qui est supplié d'y avoir égard et de maintenir ces notaires dans leurs droits légitimes.

14° Nous nous plaignons de ce que la plupart des seigneurs exigent et font payer a leurs sujets les ventes et issues, c'est-à-dire un sixième de leur acquisition, tandis que Sa Majesté ne perçoit qu'un douzième.

15° Dans le principe le droit de franc fief n'était qu'une année de revenu que les roturiers payaient au Roi tous les vingt ans à raison de leurs héritages nobles Aujourd'hui on nous fait payer et à chaque mutation, non pas une seule année de revenus, mais souvent deux ou trois, sans aucune déduction des charges annuelles comme vingtièmes et grosses réparations. Par exemple, je possède une métairie que j'afferme par chacun an 300 francs en argent, outre la rente foncière et annuelle de pareille somme de 300 francs à laquelle elle est sujette et que mon fermier est aussi chargé de payer, en pareil cas on me fait payer 900 livres savoir 450 livres pour le franc fief et les dix sols pour livre de ladite rente foncière de 300 livres qui ne m'appartient pas et si le créancier de cette rente n'est pas privilégié, on lui fait aussi payer 450 livres de façon que dans une seule année on en paie plus de deux du produit total et annuel de ladite métairie, et encore, si je meurs dans un an ou deux après mon paiement fait, quoique pour 21 ans, on exige et fait payer les mêmes droits à mes héritiers. Est-ce l'intention de notre bon Roi? C'est ce que nous ignorons et ce qui nous fait recourir à la justice ordinaire.

16° Nous supplions Sa Majesté pour le soulagement des pauvres qui sont en grand nombre dans notre paroisse de vouloir bien établir dans chaque district un Bureau de Charité pour l'entretien et soutien duquel il conviendrait d'y joindre les bénéfices simples qui trop souvent sont présentés à des ecclésiastiques étrangers qui pour la plupart ne rendent aucun service aux habitants des paroisses où leurs bénéfices sont situés et desservis.

17° Se plaint ladite paroisse de ce que les ministres de notre bon Roi s'ingèrent toujours de faire les lois tandis qu'ils ne doivent que les faire exécuter, car ces lois sont faites pour tout le monde et contre tout le monde, elles doivent être faites par tous ou par leurs représentants.

18° Désire ladite paroisse qu'il y ait de cinq ans en cinq ans, au plus tard, des États-généraux composés de députés librement choisis par la nation pour lesdites lois ; que dans lesdits États il y ait autant de roturiers, pour le moins, qu'il y aura de privilégiés, nobles ou ecclésiastiques, tous pris ensemble, parcequ'il y a en France 23 fois plus de roturiers que de privilégiés;

19° Que chacun y donne absolument sa voix, hautement et par tête, afin qu'on connaisse les amis du peuple et ses ennemis, prêtres, nobles ou roturiers ;

20° Qu'il soit d'abord statué dans lesdits États qu'on ne pourra arrêter personne sans les formalités de justice et que chacun dira et écrira tout ce qu'il voudra sur les affaires de l'Etat parce qu'elles sont les affaires de chacun.

21° Que les intendants soient tous supprimés et qu'en place on établisse des États provinciaux qui soient formés sur le plan des États-généraux et dont tous les membres seront librement choisis par les ecclésiastiques, nobles et roturiers de la province ;

22° Qu'on établisse des États particuliers à notre province et parfaitement indépendants de ceux du Maine et de la Tourraine ;

23° Que les Etats-généraux statuent seuls sur la quantité et qualité des impôts et qu'ils ne puissent les accorder pour plus de cinq ans.

24° Qu'on ne puisse forcer personne de payer lesdits impôts au bout desdites cinq années si les États-généraux n'en ont consenti la prolongation ;

25° Que les Ministres commencent par rendre compte de l'emploi des impôts à l'ouverture de chaque tenue des États et qu'ils soient poursuivis s'ils ne peuvent le justifier.

26° Qu'il soit établi une cour de justice dans toute la province et en particulier dans la ville d'Angers qui juge sans appel toutes les affaires civiles et criminelles, parce qu'il est impossible aux pauvres gens d'aller hors de leur province chercher la justice et que par ce moyen les riches les écrasent.

27° Que toutes les juridictions des seigneurs soient supprimées parce qu'on y est toujours condamné quand on plaide contre les seigneurs ou contre ceux qu'ils protègent;

28° Qu'en place il y ait des juridictions royales de distance en distance, dans les provinces pour juger toutes les affaires, à charge d'appel à la cour souveraine.

29° Que les ecclésiastiques soient jugés par les ecclésiastiques, les nobles et les roturiers par les roturiers;

30° Que dans chaque paroisse un juge présenté par elle et nommé par le Roi soit établi pour y juger tous les petits débats qui peuvent naître dans ladite paroisse;

31° Que les droits de rachat soient supprimés parce qu'ils nuisent à tout le peuple sans que les seigneurs puissent prétendre à des dédommagements, parce que la suppression desdits droits ne peut porter en définitive préjudice qu'aux revenus du Roi et que la nation l'en dédommagera ;

32° Que les nobles puissent exercer toutes professions utiles sans déroger et qu'aucune charge ni emploi ne puisse être interdit aux roturiers parce qu'autrement ce serait avilir les roturiers sans utilité pour les nobles;

33° Qu'il y ait des archevêques, des évêques des chanoines de cathédrale, choisis parmi les anciens curés ; des curés et des vicaires, parce qu'on n'a besoin que de ceux-là.

34° Que les États donnent des revenus honnêtes et suffisants aux curés et aux vicaires, parce que rien n'est plus nécessaire qu'un bon curé et un bon vicaire. (1)

35° Que toutes les rentes féodales ou autres soient remboursables à volonté afin que chacun puisse libérer son champ quand il voudra ;

36° Et enfin que tout le monde soit obligé de loger des soldats dans tous les endroits où il en passe, sans distinction de personne, parce qu'ils sont au service de tout le monde.

Vu la bonté et justice ordinaires du Roi, le tiers état de ladite paroisse de Saint-Laurent-de-la-Plaine espère avec toute confiance qu'il lui plaira de l'écouter favorablement, protestant de son côté de continuer et de ne jamais cesser d'adresser au Ciel ses prières ordinaires en disant et répétant tous les jours : *Domine salvum fac regem.*

Fait et arrêté le présent cahier coté et paraphé par *première* et *dernière* page et signé au Bureau ordinaire de ladite paroisse de Saint-Laurent, ce vendredi six mars mil sept-cent quatre-vingt neuf. (2)

La faveur que rencontraient les projets de réforme fit accueillir sans difficulté la nouvelle organisation départementale quoiqu'elle lésât des intérêts et des traditions de plusieurs siècles. Dans sa séance du 19 janvier 1790 l'Assemblée Constituante divisa le département de Maine-et-Loire en huit districts et en 99 cantons. L'antique doyenné des Mauges fut supprimé et son territoire forma le district de Saint-Florent-le-Vieil qui devint le chef-lieu administratif. Le district lui-même était subdivisé en 9 cantons (3), Saint-Laurent-de-la-Plaine, auparavant du district de Beaupréau, fut érigé en canton et rattaché au district de Saint-Florent (4).

(1) Belle réponse aux partisans de la Séparation de l'Église et de l'État.

(2) Suivent les noms des soussignés : Pierre Davy, procureur de la fabrique, M. Martin, J. Galard, préposé, J. Rorteau, J. Menard, J. Baraut, Bretaut, A. Neau, P. Rorteau, Roullier, A. Seicher, J. Baraut, P. Denéchau, B. Delaunay, Courant, Quesson, Beduneau, J. Thomas, J. Huet, M. Gauffriau, J. Roistaut, J. Viau, Boineau, J. Hérin, J. Guillopé, R. Brevet, P. Bretaut, E. Brunet, F. Poilierre, J. Thomas, J Renou, J. Binet, J. Quesson, Lucas, M. Quesson, V. Beduneau, Gilbert, syndic municipal, L. Lusson, greffier de l'Assemblée municipale.

Guilbault, notaire royal.

(3) C'étaient : Champtoceaux (3 communes) ; Saint-Christophe-la-Couperie (5) ; Bouzillé (3), Montrevault (5) ; Beaupréau (5) ; la Chapelle-Aubry (5) ; Saint-Laurent-de-la-Plaine (5) ; la Pommeraye (3) ; Saint-Florent (6).

(4) La constitution de l'an III (12 août 1793) ayant supprimé les districts et réduit à 72 le nombre des cantons, Saint-Laurent fit partie du canton de la Pommeraye ; de l'arrondissement de Beaupréau (loi du 28 pluviôse, an VIII, 17 février 1800) ; du canton de Saint-Florent-le-Vieil (arrêté du 27 brumaire, an X, 18 novembre 1801).

Au mois de juin 1790 les habitants de Chalonnes demandèrent la création d'un neuvième district dont Chalonnes serait le chef-lieu. Si la chose était impossible ils désiraient être rattachés au district de Saint-Florent à la condition d'avoir chez eux le tribunal de ce district. Vial fut chargé de porter la pétition à l'Assemblée nationale à Paris (*Anjou Historique*, n° de juillet-août 1907.)

L'adhésion des communes ayant été demandée, Saint-Laurent-de-la-Plaine préféra pour des motifs politiques être rattaché à Saint-Florent.

La suppression des ordres religieux ne souleva presque aucune émotion. Le peuple aimait et vénérait surtout le clergé paroissial et il vit avec indifférence le départ des Bénédictins de Saint-Florent et des Cordeliers de Montjean. D'ailleurs, l'engagement formel de l'Assemblée de subvenir aux besoins du culte semblait légitimer l'expropriation de leurs biens. Mais toutes ces réformes matérielles ne satisfaisaient pas encore les idées anticatholiques de la majorité des membres de l'Assemblée Constituante. L'ennemi contre lequel luttait depuis 50 ans le parti voltairien, l'Église catholique, était encore debout et, non contente de l'avoir affaibli en lui enlevant ses biens et en abolissant les ordres religieux, l'Assemblée résolut de la saper par la base et dans le cours des mois de juillet, d'août et de novembre 1790 vota la trop fameuse constitution civile du clergé.

II

La constitution civile du clergé n'apportait pas seulement une modification aux formes extérieures du catholicisme, elle attaquait le principe même sur lequel il est fondé. Elle substituait l'État à l'Église, l'autorité civile à l'autorité ecclésiastique, formait une Église nationale schismatique et imposait au clergé un servilisme honteux sous le prétexte trompeur de le rendre indépendant de l'autorité du Pape. L'Assemblée départementale nommait les évêques, celle du district les curés ; la volonté du peuple devenait le seul titre des uns et des autres aux fonctions sacerdotales. Le métropolitain avait bien sans doute le droit d'examiner la doctrine et les mœurs de l'élu, mais les tribunaux civils avaient la faculté d'annuler sa décision ; le dernier mot appartenait donc à l'autorité civile qui était libre de maintenir le curé malgré l'évêque et l'évêque malgré le métropolitain. Cette réforme spirituelle s'aggravait d'un remaniement territorial. Cinquante trois diocèses étaient supprimés, nombre d'autres avaient leurs circonscriptions modifiées.

En vain Louis XVI sagement conseillé avait essayé de sauver la paix religieuse par des négociations avec le Saint-Siège ; les sectaires qui dominaient l'Assemblée et qui ne désiraient qu'une chose, rompre avec le Pape, satisfaire leur haine et faire triompher leurs idées s'empressèrent de faire échec à la diplomatie du roi. Le 27 novembre, un décret de l'Assemblée mettait le pouvoir exécutif en demeure de faire exécuter la constitution civile et le 26 décembre le roi contraint et forcé lui accordait sa sanction.

La publication de la constitution civile du clergé eut lieu dans les Mauges vers la fin de janvier et au commencement de février. Elle y jeta la consternation. Le décret plaçait les curés des paroisses dans une alternative cruelle : pasteurs dévoués, mais catholiques convaincus, il leur fallait renoncer à leur foi ou se séparer de leur troupeau. Se soumettre, c'était l'apostasie ; ne pas se soumettre, c'était la prison, l'exil, la mort. Cette lutte intérieure entre la conscience et l'affection se termina dignement. Les défaillances furent rares ; les hésitations, s'il y en eut. ne furent pas longues. Le premier l'évêque d'Angers, Mgr de Lorry (1) avait donné l'exemple du renoncement, le doyenné des Mauges qui comptait un clergé très éclairé et très édifiant l'imita et dans les 40 paroisses du district de Saint-Florent, 8 ecclésiastiques seulement jurèrent la constitution. L'attitude de ceux qui ne s'y soumirent pas fut presque partout irréprochable : pas de récriminations, aucune plainte ; la plupart se taisaient et ne manifestaient leur refus que par leur silence. Quelques-uns prirent la parole pour expliquer leur décision ; ils protestèrent de leur respect aux lois et affirmèrent que s'ils ne prêtaient pas le serment c'était uniquement parce qu'il était contraire à leur conscience.

La population des Mauges avait attendu avec anxiété la décision de son clergé. Egalement attachée à sa foi et à ses prêtres, elle craignait qu'ils ne fissent un parjure et ne pouvait se résigner à les perdre. Leur sacrifice augmenta sa confiance et son attachement. Néanmoins pendant les premiers jours d'épreuves aucune émeute n'éclata. La constitution était bien décrétée, mais n'était pas encore mise en pratique et jusqu'à l'installation du nouveau clergé constitutionnel les « *bons prêtres* » comme les appelaient les Vendéens, continuèrent de résider dans leur paroisse et d'administrer les sacrements. L'exercice du culte catholique restait libre ; l'avenir seul restait inquiétant. A part quelques municipalités qui protestèrent, la masse du peuple resta paisible et attendit les événements. L'attente ne pouvait être de longue durée.

Le procureur syndic du district de Saint-Florent-le-Vieil convoqua tous les électeurs de son arrondissement pour le dimanche 10 avril, en vertu des ordres qu'il avait reçus du département. Ils se réunirent tous dans l'église des religieux Bénédictins qui était destinée à être l'église paroissiale du lieu en place de l'ancienne qu'on voulait abandonner pour en faire des halles pour des foires qu'ils voulaient établir à Saint-Florent. M. Gruget, frère des curés du Fief-Sauvin et de la Trinité, y était curé depuis huit ans et y avait été vicaire autant de temps avant d'en être curé. Il était aimé de ses paroissiens et dans toutes les occasions il s'était toujours prêté à leur rendre les services qui étaient en son pouvoir. Il y avait dans sa paroisse quelques personnes très attachées à la Révolution et qui se donnaient tous les mouvements possibles pour entraîner les autres dans leur parti. Le sieur Houdet,

---

(1) Mgr Couet du Vivier de Lorry évêque d'Angers quitta son siège le 18 avril 1791 laissant l'administration de son diocèse à ses deux vicaires généraux MM. Meilloc et Courtin. Le prélat était né en 1730 à Metz dont son père était gouverneur ; nommé évêque de la Rochelle le 9 avril 1802 et préconisé le 17 du même mois Mgr de Lorry donna sa démission à cause de sa mauvaise santé ; il mourut à Paris, le 14 mars 1803.

chirurgien à Saint-Florent, fut un des plus ardents, malgré les conseils de son frère, vicaire à la Trinité, mais il avait pris son parti et ne voulait écouter personne; il était malheureusement imbu des principes de la nouvelle philosophie, car où n'avait-elle pas pénétré? Il avait fait tout son possible pour engager son frère, le vicaire, à faire le serment, lui assurant qu'il ne manquerait pas d'être placé très avantageusement. Son frère était trop instruit pour se laisser aller à ses conseils et le refusa constamment. Les soins qu'il se donnait pour engager son frère à se prêter à ses désirs ne l'empêchaient pas d'en faire autant auprès du curé de Saint-Florent ; il ne négligea rien pour l'y déterminer, mais il fut toujours insensible à tout ce qu'il put lui dire ainsi que quelques autres de son parti. Il ne s'était pas borné à engager le curé de Saint Florent, il y avait aussi engagé M. Gendron vicaire de la paroisse (1), et plusieurs des curés et vicaires des paroisses voisines, mais partout ses soins et ses démarches avaient été inutiles.

Il fallut donc procéder à la nomination des nouveaux curés. Déjà, ils étaient tous assemblés. Le plus grand nombre y était opposé. Plusieurs avaient refusé de s'y trouver sachant bien qu'ils n'avaient aucun droit pour nommer des curés à la place de ceux qui vivaient encore. D'autres s'y étaient rendus, bien décidés à nommer les mêmes ou des prêtres qui ne voudraient point accepter ; cette façon d'agir n'était pas trop conforme à la religion ; ils eussent bien mieux fait de se retirer, comme plusieurs avaient fait, ou de s'opposer à la nomination, mais soit faiblesse, soit défaut de science, ils prirent le parti de s'y trouver, bien décidés à ne point contribuer à chasser les curés légitimes. D'autres étaient décidés à suivre les décrets de point en point, tels que les prêtres jureurs du canton, et, heureusement, ils se bornaient à deux seulement, les vicaires de Montjean ayant à leur tête le sieur Houdet qui était très fort de leur serment. Déja, ils avaient chanté une messe du Saint-Esprit, insultant ainsi à Dieu dans les choses les plus saintes (2), et ils se disposaient à nommer lorsque M. Gruget qui avait dit sa messe de paroisse comme à l'ordinaire dans son église, y avait même fait le prône, les publications de mariage et généralement tout ce qu'un curé a le pouvoir de faire, se rendit dans l'église des religieux Bénédictins où tous les électeurs étaient assemblés, pour protester contre les élections faites et à faire :

Messieurs, leur dit-il, je viens protester contre la nomination que vous avez faite et que vous pourriez faire de nouveaux curés en place des légitimes. J'y suis autorisé d'après la teneur même des décrets que vous avez juré d'observer : ils portent que l'élection des curés constitutionnels doit se faire dans l'église paroissiale du chef-lieu de district et à l'issue de la messe de paroisse en pré-

(1) Déporté à l'île de Ré en 1798, mort curé du May, le 18 mars 1812.
(2) La messe fut célébrée par M. Piou, vicaire à Montjean.

sence des paroissiens. Ou la messe que vous avez fait dire dans cette église est la messe de paroisse, ou c'est celle que je viens de dire à mes paroissiens. Si celle que j'ai dite est la messe paroissiale, c'est dans mon église et à l'issue de la messe que je viens de dire que vous auriez dû faire votre élection. Si c'est celle que vous avez fait dire qui est la messe de paroisse vous avez eu tort de me laisser dire celle que j'ai dite et de me laisser faire les publications de bans de mariage qui ne doivent être faites que pendant la messe de paroisse. Je proteste donc contre ce que vous avez fait et ce que vous pouvez faire. Je vous demande même acte de ma protestation et je vous somme de ne point passer outre jusqu'à ce que l'Assemblée en ait jugé autrement. »

Plusieurs des électeurs qui n'approuvaient pas ces sortes de nominations, appuyèrent fortement le curé et malgré les réclamations du sieur Houdet, du sieur Piou, vicaire à Montjean, et quelques autres qui voulaient que celles qui avaient déjà été faites fussent bonnes et qui disaient qu'on devait continuer de nommer, il fut convenu qu'on ne passerait pas outre, qu'on en écrirait à l'Assemblée pour savoir si celles qui étaient déjà faites étaient bonnes et si on devait avoir égard à la protestation que venait de faire M. Gruget, curé de Saint-Florent-le-Vieil.

Le but du curé n'était pas d'empêcher les élections ; il savait qu'il n'y pourrait pas réussir ; les impies s'étaient trop avancés pour penser à revenir sur leurs pas ; on sait assez que ce n'est pas leur ordinaire ; la force seule pouvait les arrêter. Mais il voulait par là les retarder pour pouvoir conserver la religion dans son pays et être lui-même dans le cas de rendre plus longtemps à ses paroissiens les secours dont ils avaient besoin.

Les électeurs se bornèrent donc pour cette fois à ceux qu'ils avaient nommés, savoir : le P. Coquille, religieux recollet de Beaufort, actuellement vicaire chez le sieur Renou, intrus de Saint-Maurille-de-Chalonnes, en la place de M. Trottier, curé de Notre-Dame-de-Beaupréau, pour se venger des électeurs du pays qui, par principe de conscience, n'avaient pas voulu s'y trouver, et pour se venger aussi des habitants de Beaupréau qui avaient frustré Saint-Florent, chef-lieu du district, du tribunal qui y aurait dû être établi ; c'était en effet punir le pays que de nommer le sieur Coquille en place d'un respectable pasteur tel qu'était M. Trottier, curé de Beaupréau ; il fut le fléau du pays et il semblait que la divine Providence l'avait permis pour éprouver la religion des habitants du canton ; le sieur Piou, vicaire à Montjean, en place de M. Soreau, curé de Montjean, qu'il eut la cruauté de chasser de sa place après avoir été son vicaire pendant plusieurs années et avoir reçu de lui mille témoignages d'amitié (1) ; le sieur Lebreton, vicaire à Montjean en place de M. Dubois, curé de la Pommeraye, qu'il eut aussi la

---

(1) Michel Piou né à Gesté le 13 mai 1756 avait fait le serment le 13 février 1791. — M. Soreau, ancien vicaire de la Pommeraye, avait été nommé à la cure de Montjean le 15 novembre 1783. Il mourut le 13 janvier 1813 prêtre habitué à Chalonnes-sur-Loire.

témérité de chasser de sa place (1) ; enfin M. Cailleau (2), ancien préfet du collège de Baugé, qui s'était retiré à la Jumellière, sa paroisse, en place de M. Aurange qui l'avait élevé et qu'il eut la cruauté de chasser de sa place malgré tout ce que put lui dire de plus attendrissant sa respectable mère qui ne cessa de lui représenter ce qu'il lui devait, ce qu'elle lui devait elle-même et toute sa famille.

Il se passa près de deux mois avant qu'on rassemblât les électeurs pour nommer aux cures. Cette nouvelle réunion eut lieu le 22 mai, mais dans l'intervalle, tous les sujets qui avaient été destinés pour le district de Saint-Florent furent nommés dans d'autres districts. On désigna pour Saint-Laurent-de-la-Plaine un sieur Gilbert qui n'accepta pas. En juin, les trois curés constitutionnels de Montjean, la Pommeraye, la Jumellière, étaient seuls en fonction dans toute l'étendue du district.

L'attitude des populations de la Vendée décourageait les plus résolus. Leur hostilité ne se traduisait ni par des violences ni par des injures, mais une réprobation muette et sourde mille fois plus redoutable s'attachait à l'intrus. Il était, pour ainsi dire, excommunié. Il ne trouvait ni un sacristain ni un enfant de chœur, ni une servante, ni un compagnon ou bien il était obligé d'avoir recours aux patriotes. Les enfants le fuyaient ou bien l'escortaient en chantant, les hommes le regardaient avec dédain, les femmes faisaient le signe de la croix. Semblable aux lépreux du moyen âge, l'intrus était exclu de la société.

La colère qu'excita parmi les partisans de la constitution cette constatation de leur impuissance les jeta aussitôt dans l'arbitraire et dans les violences. Le 24 mai 1791, le Département, par un simple arrêté administratif, plaça sous la surveillance des autorités municipales tout ecclésiastique qui n'avait pas juré la Constitution. Un nouvel arrêté du 24 juin ordonnait d'emprisonner au Petit-Séminaire d'Angers les insermentés dénoncés par les municipalités. Enfin, le 1er février 1792 les administrateurs de Maine-et-Loire enjoignirent à tous les prêtres qui n'avaient pas prêté serment de se rendre dans la huitaine au chef-lieu du département et d'y fixer leur demeure, sous peine d'être recherchés et emprisonnés au Séminaire (3).

L'arrêté tyrannique du 1er février 1792 fut envoyé par le procureur général syndic aux huit districts et ceux-ci le transmirent aux municipalités de leur ressort. Il déchaîna toutes les mauvaises passions qui fomentaient dans les populations des villes. Les gardes nationaux chargés de le faire exé-

---

(1) M. Lebreton était né le 4 juin 1761. Il fut installé le dimanche 26 juin 1791. — M. Dubois, né à Angers le 1er août 1750, avait été pourvu de la cure de la Pommeraye, en 1783. Il se réfugia sous la Terreur en Portugal, revint en 1801 et reçut le titre de chanoine honoraire d'Angers, où il est mort le 3 septembre 1821.

(2) M. Cailleau est mort le 1er octobre 1806, prêtre habitué à Baugé.

(3) *Anjou Historique*, mars 1905.

cuter se recrutaient surtout parmi cette classe de la petite bourgeoisie à la fois orgueilleuse et jalouse, envieuse des grands, dédaigneuse des petits qui ne poursuivait qu'un but dans son dévouement à la Révolution, la satisfaction de ses idées et de ses rancunes. Remplis de haine pour les nobles et les prêtres, ils saisirent avec enthousiasme l'occasion d'abaisser et de vexer les uns, d'opprimer et de terroriser les autres.

Les gardes nationaux et les patriotes de Chalonnes n'avaient pas attendu ce jour pour se mettre en campagne (1). Déjà, comme on le verra plus loin, ils avaient signalé leur zèle contre le pèlerinage de la chapelle de Notre-Dame-de Charité. Ces expéditions étaient un divertissement pour eux : ils allaient à la poursuite des réfractaires comme à une chasse, procédant tantôt par battue, tantôt par embuscade. A chaque instant, ils arrivaient au milieu de la nuit à Saint-Laurent, réveillaient les habitants en sursaut, forçaient l'entrée des maisons, faisaient mille menaces, renversaient les lits, maltraitaient les gens et terminaient leur visite par une ripaille gratuite dans les cabarets (2). D'autres fois, leurs patrouilles se répandaient dans la campagne, battaient les fourrés et fouillaient les fermes. Les portes qui ne s'ouvraient pas assez vite étaient brisées à coup de crosse. On détruisait les objets de piété, on cassait le mobilier, on défonçait les tonneaux de la cave sous prétexte d'y découvrir des fugitifs Les femmes étaient insultées, les hommes malmenés; ceux qui résistaient étaient frappés Toute la contrée était à la discrétion de bandes armées, sans discipline, sans honneur et sans pitié. A Saint-Laurent, comme partout, la population se désespérait, la municipalité protestait (3). Mais quelle justice espérer du Département? Il était lui-même

(1) La garde nationale de Chalonnes comprenait 6 bataillons dont voici les noms : les bataillons de l'Intrépidité, de Grenadiers, de la Fidélité ; les bataillons Ça ira (vivre libre ou mourir, vaincre ou mourir) en tout 354 officiers, sous-officiers et soldats. Les capitaines de ces bataillons étaient en 1793 : Mathurin Fromageau, Luc Guichet, Jean Leduc, Pierre Marchais, Jean Perrault, Jean Juret, René Trottier.

(2) Voir le rapport envoyé par la municipalité de Saint-Laurent au Département le 26 décembre 1.91, page.

(3) Le 30 avril 1792, une trentaine de maires et officiers municipaux se trouvaient réunis chez Pierre Courbet, aubergiste et procureur de la commune de la Poitevinière, dans le but de fixer une réunion plénière où serait débattue et adoptée la rédaction d'une pétition qui devait être envoyée au Département La réunion fut fixée au 8 mai. Le programme adopté en principe était de réclamer : 1º l'éloignement des prêtres constitutionnels ; 2º le retour ou la conservation des prêtres insermentés ; 3º la dissolution des sociétés des Amis de la Constitution établies par La Révellière-Lépeaux. Malheureusement, la réunion fut dénoncée au Département par un patriote de Chemillé. Le 8 mai, à midi, le lieutenant de gendarmerie Boissard arrivait à la Poitevinière à la tête d'un détachement de gendarmes et de cavaliers du 11ᵉ régiment et investissait l'auberge de Courbet. Parmi les maires et officiers municipaux étaient présents : Jean, Joseph Gilbert, Mathurin Sech-r et Louis Lusson maire, officier municipal et secrétaire-greffier de la paroisse de Saint-Laurent-de-la-Plaine. Le sieur Gilbert mis en état d'arrestation fut subitement atteint de folie et rendu à sa femme. (*Histoire de la Vendée militaire*).

le serviteur des brutalités des patriotes et il tolérait dans la ville même où il siégeait les indignités dont on demandait la répression.

Quant aux prêtres qui avaient mieux aimé être chassés de leurs cures que de trahir la religion, contribuer à sa perte et entraîner celle des fidèles confiés à leurs soins, ils furent dans la consternation : dans un avenir prochain ils se voyaient emprisonnés, bannis, privés de tout traitement et même de leurs biens et, pour prix de longs travaux dans le saint ministère, exposés à tous les maux que de lâches persécuteurs pouvaient faire souffrir à la vertu sans défense. 498 ecclésiastiques obéirent à l'arrêté du 1er février et se retirèrent à Angers. Un grand nombre d'autres parmi lesquels le curé de Saint-Laurent et ses deux vicaires, devinant un piège (1), aimèrent mieux se cacher paisiblement dans leurs paroisses.

(1) Les événements ne tardèrent pas à leur donner raison.

CHAPITRE VI

LA CHAPELLE DE NOTRE-DAME-DE-CHARITÉ

Origine de la chapelle de Notre-Dame-de-Charité. — Dénonciations des révolutionnaires de Chalonnes et de Saint-Florent, démolition de la chapelle (29 août 1791). — Apparitions de la Sainte Vierge; Cathelineau à Notre-Dame-de-Charité, nombreux pèlerinages.

I

La propagande révolutionnaire n'eut d'autre résultat que de raviver la foi et le courage des populations. Mais le salut ne pouvait venir que d'en Haut et à qui le demander sinon à la Sainte Vierge, toujours si charitable envers ses enfants, toujours si puissante et qui ne craint pas les armées rangées en bataille ?

A un kilomètre et demi du bourg de Saint-Laurent-de-la-Plaine, près d'un carrefour sauvage où se croisaient les deux grands chemins qui reliaient autrefois Chalonnes et Beaupréau, Saint-Laurent-de-la-Plaine et la Pommeraye, s'élevait au sommet d'une petite éminence une modeste chapelle dédiée à la Sainte Vierge sous le vocable de Notre-Dame-de-Charité. De vieux chênes plusieurs fois séculaires, plantés de chaque côté du talus, formaient comme une longue avenue au petit sanctuaire; d'autres, placés derrière le chœur, dans le champ de la Petite-Lande, étendaient jusque sur la toiture leurs longues branches touffues et lui faisaient un abri de feuillage et de verdure. Devant s'étendait une petite place (1), un *placitre*, comme on disait à cette époque, où les jours de procession, lorsque l'affluence était plus considérable les personnes à qui il était impossible d'entrer dans la chapelle pouvaient se placer commodément et entendre la messe.

A l'intérieur, dans la nef, quelques chaises ; au fond, un autel avec plusieurs chandeliers et quelques brûle-cierges composaient l'ameublement. Au dessus de l'autel, dans une niche, une madone et de chaque côté des

(1) Déposition de Jacques Rorteau, serger, et de Pierre Brevet, filassier, de Saint-Laurent-de-la-Plaine devant le juge de paix de Chalonnes (13 et 14 avril 1792). (*Archives dép.*, L. 368).

bouquets de fleurs champêtres, des genêts, des boutons d'or, des lilas et des roses que les paysannes du voisinage venaient renouveler de temps en temps formaient toute l'ornementation.

L'origine de cette chapelle est inconnue (1). Une légende accréditée dans le pays rapporte qu'un paysan qui avait coutume de mener paître son troupeau dans le champ qui touche la chapelle avait remarqué qu'un bœuf allait chaque soir lécher un chêne et qu'au lieu de paître, il demeurait des heures entières auprès de l'arbre. Curieux de connaître un fait si étrange, le paysan s'approcha un jour du chêne mystérieux. La Sainte Vierge lui apparut-elle alors et lui exprima-t-elle le désir d'être honorée et priée en ce lieu ?... Toujours est-il qu'on bâtit un oratoire et qu'on y vint prier (2). Bientôt même il parut insuffisant et à la suite de l'épidémie de 1768, on remplaça l'ancien monument par une vraie chapelle (3). On n'a ni titres ni renseignements relatifs à cette fondation ; néanmoins une tradition sûre a conservé le nom de celui qui fit les frais de la construction, Alexandre Secher, fermier à la Brunetière. (4)

La modeste chapelle a connu des jours bien différents. Elle a compté des jours de joie et des jours de tristesse, et si les pierres pouvaient parler que de choses intéressantes elles auraient à raconter sur les pieux pèlerinages qui se sont faits à ce sanctuaire vénéré, surtout au commencement de la Révolution (5). De toutes parts, de Saint-Laurent-de-la-Plaine et des bourgs

(1) M. Grandet, curé de Sainte-Croix d'Angers, qui a décrit avec tant de soin les sanctuaires de la Sainte Vierge en Anjou n'en parle pas dans son ouvrage : *Notre-Dame Angevine*. Cet auteur est mort le 1er décembre 1724.

M. l'abbé Grellier, curé de Saint Laurent-de-la-Plaine, écrivait en 1817 que les anciens propriétaires avaient fait l'abandon du terrain de la chapelle depuis plus de cent ans et que la fabrique de Saint-Laurent jouissait de ladite chapelle avant la Révolution.

(2) Cette légende se retrouve aux Gardes et sur une foule d'autres points de l'Anjou. de la France et de l'étranger, à Notre-Dame-de-Romigrer (Basses-Alpes) ; à Villa-Nueva-de-Cordova en Espagne, etc...

(3) Cette épidémie fit périr 75 personnes. Une femme de Saint-Laurent, Marie Binier, femme Toussaint Brevet, a raconté qu'il y eut en effet une grande mortalité dans la paroisse et que les habitants pour conjurer le fléau firent vœu de construire une chapelle à la Sainte Vierge (*Récit de la veuve Neau, de la Jaltière*).

(4) Voici l'acte de baptème de ce généreux chrétien dont le nom mérite de passer à la postérité : « Le 28 octobre mil sept cent trente et trois a été baptisé par nous, prêtre chapelain soussigné. Alexandre, né de ce jour, fils de Jean Secher, laboureur, et de Renée Pioneau, sa femme. Ont été parrain Alexandre Neau, laboureur, oncle de l'enfant, et marraine Jeanne Leger, non mariée, tous deux de cette paroisse qui nous ont déclaré ne savoir signer for le soussigné avec nous en la minute :

Alexandre NEAU.   JOUBERT, prêtre. »

Il épousa Marie Airaut et mourut le 5 février 1801, âgé de 68 ans.

(5 Un acte notarié, trouvé dans les archives du Plessis-Beuvereau fait mention d'une maison « sise sur le chemin comme l'on va du bourg de Saint-Laurent à la Chapelle de-Charité ». Ce document qui est de 1783 prouve que la chapelle était bien connue à cette époque et que son vrai nom était Notre-Dame-de-Charité. — La municipalité de Chalonnes écrivait le 25 juillet 1791 à l'administration départementale : « De tout temps, la chapelle a

voisins, on y venait en procession ; les prêtres y disaient la messe, les fidèles y brûlaient des cierges et chantaient des cantiques. Son site isolé, en pleine campagne, au milieu des grands arbres, favorisait la piété des pèlerins qui passaient de longues heures en prière suppliant la Sainte Vierge de détourner l'orage qui les menaçait.

II

Ces nombreux rassemblements ne tardèrent pas à éveiller l'attention des révolutionnaires de la petite ville de Chalonnes. Ces démonstrations religieuses leurs parurent suspectes, et, au lieu de voir dans cet entraînement populaire, un témoignage de piété publique et une protestation en faveur du culte catholique, ils le regardèrent comme une provocation des prêtres réfractaires, qui, pour fanatiser le peuple, le dirigeaient vers les lieux de pèlerinage. Une première dénonciation fut faite au directoire du Département par la Société des Amis de la Constitution de Chalonnes (1). A la date du 11 juillet 1791, ils écrivirent à Angers que le fanatisme croissait de plus en plus dans les Mauges et terminaient ainsi : « En attendant l'établissement de la gendarmerie nationale, il serait urgent de placer des troupes de ligne en différents endroits infectés par le fanatisme tels que *Saint-Laurent-de la-Plaine*, la Poitevinière, Jallais et Beaupréau ». (2)

L'autorité supérieure resta sourde à cet appel. Aussi, le maire, Fleury, et le procureur de la commune, Bellanger, crurent-ils de leur devoir d'avertir une seconde fois le Département (3). Par cette lettre et les suivantes, on verra l'acharnement que mit la municipalité chalonnaise à dénoncer les pèlerinages qui se faisaient alors à la chapelle de Notre-Dame-de-Charité, et sa haine contre le *fanatisme*, (c'est l'expression favorite de tous les révolutionnaires d'alors), c'est à-dire contre la religion catholique et romaine. Fleury et Bellanger écrivirent donc le 25 juillet à Angers :

été très fréquentée par les pèlerins ». — A toutes les fêtes de la Sainte Vierge, et notamment le jour de l'Annonciation les paroissiens de Saint-Laurent se rendaient en procession à la chapelle de Charité (Déposition de Pierre Brevet, filassier, devant le juge de paix de Chalonnes, le 14 avril 1792, L 368).

(1) Le président de la société était le docteur Bousseau et le secrétaire Latté, fils aîné. — Bousseau (Augustin-Léonard), né à Montaigu (Vendée), vers 1760, reçu docteur-médecin à Angers le 18 août 1784, établi en 1787 à Chalonnes-sur-Loire, décédé en cette ville le 14 mai 1809.

(2) *Archiv. dép.*, L. 368. Les pièces suivantes sont extraites de ce dossier à moins d'indication contraire.

(3) Il faut observer que la chose ne regardait nullement la municipalité de Chalonnes, mais bien plutôt le district de Saint-Florent-le-Vieil dont Saint-Laurent dépendait. Il faut remarquer aussi qu'il s'agit seulement d'un certain nombre de membres de la municipalité ; la population de l'île et de la campagne et même une bonne partie de celle de la ville (il faut le dire à sa louange), ne partageait point leur idées anti-religieuses.

Les membres de la municipalité de Chalonnes étaient : Fleury, maire ; Perrin, Latté, Gerfault, Morin, Poissonneau, Jean Leduc, René Danneau, officiers municipaux ; Thibault,

Depuis longtemps la paroisse de Saint-Laurent-de-la-Plaine est l'asile du fanatisme ; les prêtres réfractaires à la loi ont déployé tous les attraits de la séduction, et la municipalité tranquille semble leur applaudir par son silence. Il s'y fait sous le prétexte de la religion des rassemblements continuels : les processions, les messes votives, les *miserere*, en un mot tout ce que la religion a de plus respectable, est employé pour mieux séduire le peuple. Dans la nuit du jeudi 30 juin dernier (1), un nombre considérable d'hommes et de femmes des paroisses voisines où les prêtres réfractaires sont remplacés, se rassemblèrent dans l'église de Saint-Laurent. Au moins 150 cierges l'illuminaient et y brûlèrent en entier. — A une petite distance de ladite paroisse il existe une chapelle sous l'invocation de Notre-Dame de Charité, qui de tout temps a été très fréquentée par les pèlerins. C'est dans cette chapelle qu'à des jours indiqués et connus par les aristocrates des paroisses voisines, les prêtres de Saint-Laurent célèbrent la messe et y attirent un nombre considérable de peuple. Samedi dernier, 23 du présent mois, la cérémonie eut lieu et une multitude innombrable s'y rendit.

Voilà notre dénonciation. Nous vous prions de mander à votre barre la municipalité et les prêtres de Saint-Laurent, afin qu'ils rendent compte de leur conduite et que vous preniez les mesures que votre civisme et votre fermeté vous dicteront. Nous réitérons la demande que vous a faite la Société des Amis de la Constitution de notre ville, d'envoyer de la troupe de la ligne à Saint-Laurent et autres endroits qu'il vous ont désignés.

La lettre dénonciatrice fut classée dans les bureaux du Département, et ce n'est que le 19 août que l'administration s'en occupa. A la séance de ce jour on envoya la pièce au district de Saint-Florent-le-Vieil « pour vérifier les faits et donner son avis ».

Mais tous ces retards administratifs ne faisaient point le compte du bouillant maire de Chalonnes. Le 24 août, il était à Angers et demandait des armes pour « protéger la chose publique et faire respecter la loi » non seulement dans sa commune, mais encore aux environs et principalement à Saint-Laurent-de-la-Plaine.

De retour chez lui, le soir, il apprend qu'il devait y avoir dans la nuit même un rassemblement à Notre-Dame-de-Charité. Sans perdre de temps, il fait partir un détachement d'une vingtaine de gardes nationaux. Ils arrivèrent un peu avant minuit à la chapelle. Une vive lumière illuminait les fenêtres et filtrait à travers les branches des arbres. Devant, sur le

secrétaire-greffier ; Bellanger, procureur de la commune ; Bonouvrier, commissaire ; Charles Davy, notaire royal, juge de paix du canton ; Claude Trouvé, garde champêtre.

Fleury était fils d'un ancien procureur fiscal des évêques d'Angers. Il fut camarade de collège de Leclerc et de La Revellière-Lépeaux. Il fut remplacé, le 1er janvier 1793, par Vial sur les dénonciations d'Henriet qui l'accusa de cacher chez lui son frère prêtre réfractaire.

Charles Jacques Davy, ancien sénéchal des baronnies de Montjean et de Rochefort, épousa le 19 janvier 1791 dans l'église Saint-Samson à Angers Marie-Henriette-Charlotte Duverdier de la Sorinière (*Inv. des archives*, par M. Port).

(1) Le jeudi 30 juin était le jour de l'octave de la Fête-Dieu.

placitre et dans les chemins étaient massées plusieurs centaines de personnes venues pour entendre la messe. Dans la campagne régnait le silence le plus profond que troublait seulement par intervalle le cri d'un hibou ou le chant des petits oiseaux dérangés dans leur sommeil. Au milieu du recueillement général une voix se faisait entendre : Sainte Marie, Notre-Dame-de-Charité ! Priez pour nous, répondaient en chœur les assistants. C'était un spectacle saisissant que la vue de cette multitude réunie, en ce lieu et à pareille heure, pour implorer le secours de la Mère de Dieu, et bien capable de toucher les esprits et les cœurs les plus insensibles.

Les prières se succédaient quand le bruit d'un galop de chevaux se fait entendre et jette le trouble dans la pieuse assistance. Presque au même moment des cavaliers apparaissent comme des masses sombre au détour du chemin de Chalonnes. Un cri de terreur s'échappe alors de toutes les bouches : Les Chalonnais ! Aussitôt les lumières s'éteignent comme par enchantement et chacun se sauve en toute hâte en franchissant les haies et les fossés d'alentour.

Cette exécution sommaire n'était pas suffisante. Le lendemain, Fleury écrivit au procureur général syndic Delaunay, en essayant de jeter le cri d'alarme :

En arrivant hier soir, vers 9 heures, à Chalonnes, j'appris qu'il devait y avoir un rassemblement considérable d'habitants de toutes les paroisses circonvoisines à une chapelle de Saint-Laurent sous l'invocation de Notre-Dame-de-Charité, qui se trouve sur le grand chemin, à une lieue de notre ville. Ne pouvant me persuader que cet attroupement pût être nombreux, je fis partir a minuit un détachement de 20 hommes d'armes seulement, pour mettre le bon ordre et prévenir les suites fâcheuses qui peuvent résulter de toutes ces courses nocturnes. Sur le rapport que j'ai reçu ce matin, il paraît qu'il y avait autour de la chapelle, tant dans le grand chemin que dans les champs voisins, au moins sept ou huit cents personnes des deux sexes, qui chantaient des cantiques et des litanies et tenaient des cierges allumés. A cet aspect nos gardes se sont portés tout d'un coup vers la porte de la chapelle, mais le prêtre qui devait y célébrer la messe n'étant point encore arrivé, ils ont dispersé tout l'attroupement sans coup férir et s'en sont revenus ce matin, à 4 heures, chargés de quelques douzaines de cierges (1). Vous voyez par ce tableau à quel point le fanatisme est monté. C'est cependant l'ouvrage de la municipalité de Saint-Laurent et de son clergé qui occasionne toutes ces extravagances, et nous expose continuellement à des scènes les plus fâcheuses (2). Le défaut d'armes et de munitions nous fait craindre pour notre commune et pour beaucoup d'autres qui pourraient aussi avoir besoin de notre secours. Armez

(1) Le 25 août, fête de saint Louis, roi de France, était un jeudi ; on sait que la fête de saint Louis était chômée avant la Révolution. — M. l'abbé Bourtault, dans ses notes, mentionne ce fait qu'il avait appris par la tradition.

(2) Le maire de Chalonnes redoutait le « fanatisme » et ceux qui « chantaient des litanies et tenaient des cierges allumés. » On comprend son indignation.

donc nos bras et nous mettez en état de protéger la chose publique et de faire respecter la loi.

Nous vous envoyons quatre de nos volontaires porteurs de la présente lettre pour recevoir les fusils et les munitions que vous avez bien voulu me promettre hier. Si vous pouviez nous en procurer une cinquantaine, c'est le moins que nous puissions vous demander pour le présent, vu les circonstances.

Ces accents d'un civisme si pur et d'un patriotisme si ardent furent enfin entendus Le directoire du Département écrivit au district de Saint-Florent-le-Vieil pour le prier d'arrêter ses mesures d'exécution. (1)

«... Nous sommes étonnés que ce rassemblement (de Saint-Laurent-de-la-Plaine) ne soit pas parvenu à votre connaissance et que vous n'ayez pas pris les mesures nécessaires pour l'arrêter dans son principe. Comme cette chapelle seule est le signe du ralliement, nous vous invitons à faire procéder dans le plus court délai à sa démolition, et dans le cas que vous trouveriez de la résistance à cette exécution et que les forces de votre district ne seraient pas suffisantes, vous pourrez requérir les gardes nationales de Chalonnes qui ont donné dans cette occasion, comme dans toutes celles où elles ont été employées, la preuve non équivoque de leur attachement à la Constitution et la plus grande fermeté pour la maintenir. »

Le district de Saint-Florent répondit aussitôt pour rendre raison de sa conduite : (2)

« Nous ne sommes instruits que par votre lettre d'hier du rassemblement qui se faisait à la chapelle de Notre-Dame-de-Charité, située paroisse ds Saint-Laurent-de-la-Plaine, sous prétexte d'une dévotion mal entendue Nous ne pouvons être instruits de ce qui se passe aux extrémités de notre district que par les avis que nous recevons des municipalités ; celle de Saint-Laurent-de-la-Plaine, qui n'aurait pas dû voir se former de pareils attroupements sans nous en donner connaissance, a gardé à cet égard le plus morne silence. Nous allons lui en faire nos reproches... Nous allons dès lundi faire faire la démolition de la chapelle de la Charité, et par là, détruire un point de ralliement au fanatisme ; mais nous vous observerons qu'il en est une autre où le peuple se porte avec affluence et sans discontinuation depuis la mi-août ; la chapelle de Bellefontaine, district de Cholet, est le lieu du rendez-vous. Le concours y est considérable, on y arrive processionnellement et nuitamment de tous les côtés.

Le lundi, 29 août, sur les huit heures du matin. le procureur syndic Renou, et Hiron. membre du district, délégués avec commission spéciale, partirent de Saint-Florent, prirent en passant Piou et Lebreton, curés intrus de Montjean et de la Pommeraye. et se rendirent à la chapelle de Notre-Dame-de-Charité. A leur suite marchait un petit bataillon, formé des

---

(1) Lettre du département au district de Saint-Florent-le-Vieil, du 26 août 1791. (L. 125).
(2) Lettre du district de Saint-Florent au département, du 27 août 1791. (L. 205).

contingents réunis des diverses gardes nationales du district, en tout 63 hommes d'armes, sous la conduite de leurs officiers respectifs, et avec eux la brigade de gendarmerie de Montrevault. Le maire de Saint-Laurent, Gilbert, requis par le syndic, alla prendre la clé à la cure et la remit aux magistrats. « Les choses relatives au culte et à la dévotion du peuple (1) » furent sorties de la chapelle par les curés constitutionnels et transportées par eux au district ; et il fut aussitôt procédé « à la démolition des murs, charpente et couverture » du sanctuaire vénéré dont le maire reçut en charge les matériaux. (2)

Il signa avec les témoins le procès-verbal de l'œuvre, « arrêté au lieu où ce matin était ladite chapelle » (3). Le lendemain, le procureur syndic Renou adressait au Département le procès-verbal de la démolition « opération, dit il, qui n'a pas souffert la moindre résistance ».

Le 1er septembre, le district de Saint-Florent-le-Vieil rendant compte lui aussi de cette opération s'indigne de ce qu'on ne le renseigne pas suffisamment et assez tôt sur les manifestations religieuses dans les différentes communes de son ressort (4). Voici en quels termes il s'exprime : « Considérant qu'ayant fait faire le 29 du mois dernier la démolition de la chapelle connue à Saint-Laurent-de-la-Plaine sous le nom de Notre-Dame-de-Charité, conformément à l'intention du directoire du département ; n'ayant d'ailleurs reçu aucune dénonciation contre les prêtres habitués de Saint-Laurent et ne connaissant que depuis peu de jours les réunions du peuple de différent s paroisses du département, tant de ce district que des districts voisins ; voyant avec la plus grande peine que cette partie du territoire du district de Saint-Florent est troublée par le fanatisme religieux et qu'il peut en résulter de grands inconvénients pour la chose publique (5), le directoire du district

(1) La statue de la Vierge, les vases sacrés et les ornements.

(2) « Et les matériaux utiles résultant de la démolition ont été remis au sieur Gillebert, maire, pour en rendre compte toutes fois et quantes il en sera requis par le directoire du district, conformément à l'état qui lui en a été laissé. (L. 205). Quatre jours auparavant, le 25 août, le district de Cholet, en vertu d'ordres supérieurs, avait fait démolir la chapelle de Bellefontaine.

La cloche de la chapelle transportée à Saint-Florent-le-Vieil, fut envoyée à la Monnaie de Saumur par le district, le 23 décembre 1791 (Q. 381).

(3) Ont signé : Renou et Hiron commissaires, Piou, curé intrus de Montjean, Lebreton, curé intrus de la Pommeraye, Letort, Lestourneau, commandant de la garde nationale, Brichet, Lemonnier l'aîné, commandant, et ses deux frères ; J. Clémenceau, Levreau, G. Clémenceau, l'aumard, teinturier, Dupas, Delacroix, brigadier, Gillebert, maire de Saint-Laurent, Baranger, cavalier, Michel Gauffriau, cabarettier, Gasnier, Boltschouser M. Lebreton, Gruget, Martin, J. F. Bodin, Pineau. — Cf. *Vendée Angevine*, par M. Port.

(4) Déjà, le 30 août, il avait protesté par un arrêté spécial contre les imputations injurieuses de complicité dont le poursuivait le *Journal du Département* (L. 205).

(5) « Chanter des cantiques et des litanies et tenir des cierges allumés » était évidemment de nature à causer de grands inconvénients pour la chose publique ! Ces révolutionnaires, comme on le voit, se ressemblent partout...

s'en infère à celui du Département pour qu'il prescrive dans sa sagesse les moyens qu'il convient de mettre en œuvre pour arrêter la suite de ces réunions, et il désire qu'incessamment il soit procédé au remplacement de tous les curés réfractaires par des prêtres dans l'ordre de la constitution, qui se rendent aux vœux des électeurs et comprennent leurs devoirs mieux que n'ont fait ceux qui ont été nommés les 9 avril et 22 mai derniers, dans toutes les paroisses du district sans exception ». (1)

Nous avons tenu à raconter dans tous ses détails cet épisode tragi-comique de la persécution religieuse. Nous défions tout lecteur impartial de ne pas y reconnaître l'abus le plus criant de la force publique, les prétextes les plus frivoles de l'exercer contre des manifestations absolument inoffensives, les provocations les plus brutales contre des foules sans armes que l'on disperse et que l'on frappe sans distinction d'âge ni de sexe, la parodie la plus sacrilège du respect envers les choses saintes, la destruction la plus illégale et la plus injustifiée d'un sanctuaire vénéré, uniquement parce que le peuple bon et croyant y vient implorer le secours du ciel pour le maintien du culte de ses ancêtres.

III

La chapelle de Notre-Dame-de-Charité n'existait plus ! De nouveaux barbares l'avaient démolie et n'avaient pas laissé du petit sanctuaire, pourtant inoffensif, pierre sur pierre. Les révolutionnaires aveugles croyaient avoir coupé le mal par la racine. Mais que peuvent les efforts des hommes les plus pervers contre la toute puissance divine ! Il est plus facile de renverser des murailles que de détruire une croyance. Ces profanations loin d'arrêter l'élan religieux des populations ne firent que l'augmenter, et la Sainte Vierge voulut elle-même consoler et affermir ses fidèles serviteurs en leur apparaissant à plusieurs reprises dans un chêne qui ombrageait les ruines du pauvre oratoire (2).

C'est vers la mi-septembre de l'année 1791 que commença l'apparition. Quelques personnes seulement l'ont vue tout d'abord, puis des centaines. C'est le soir surtout qu'elle se manifestait. La curiosité, la ferveur redoublèrent et des guérisons miraculeuses ayant confirmé ces apparitions souvent renouvelées, de vingt lieues à la ronde on se rendit en procession au chêne miraculeux (3). Des milliers de pèlerins se succédaient le jour et

(1) Le district avoue ici clairement que la constitution civile du clergé était loin de faire son bonheur et celui de ses administrés. Il devait s'y attendre.

(2) La tradition du pays dit dans les branches ; d'autres ont dit dans le creux du chêne.

(3) Catherine et Marie Oger, Perrine-Jeanne Boulestreau et plusieurs autres enfants de Saint-Laurent-de-la-Plaine furent, dit-on, favorisées de la céleste apparition (*Tradition du pays*).

la nuit ; ils arrivaient processionnellement par paroisses, le chapelet d'une main et un cierge de l'autre, en chantant des psaumes et des litanies. (1)

Voici ce que dit à ce sujet dans son *Journal contemporain*, M. Gruget, curé de la Trinité d'Angers :

M. Joseph Moreau, natif et vicaire de Saint-Laurent-de-la-Plaine, fut guillotiné sur la place du Ralliement le 18 avril 1794. Il était à Saint-Laurent dans le temps qu'il se faisait un concours extraordinaire des fidèles de tous les états et de toutes les conditions, à la chapelle dédiée à la Sainte Vierge, sise dans cette paroisse. Aussi, est-ce un grand crime qu'on lui a fait d'y avoir assisté et d'y avoir engagé... Nous nous contenterons de dire que les miracles, qui sont supposés faux par nos incrédules, ont été assurés par des milliers de personnes dignes de foi et qui n'avaient aucun intérêt à tromper. Il y eu même des procès-verbaux faits ; mais il peut se faire qu'ils soient perdus par le malheur des temps. Je les ai vus et je sais qu'ils sont en règle et faits par des personnes pleines de probité et de religion.

Parmi les pèlerins qui vinrent honorer et prier Notre-Dame-de-Charité il y avait un homme dont le nom est devenu célèbre. C'était Jacques Cathelineau, voiturier du Pin-en-Mauges, le futur généralissime des armées vendéennes bien connu dans toute la contrée pour sa fervente piété et son dévouement au roi. On lit dans l'*Éloge funèbre de Cathelineau* par M. Cantiteau, curé du Pin-en-Mauges (2) : « *Avant de vous représenter M. Cathelineau à la tête de l'armée, je ne puis passer sous silence les premières étincelles de ce zèle, de cette ardeur dont il était animé pour la religion. Elles se manifestèrent à l'occasion de ces pieux pèlerinages, de ces processions édifiantes qui se firent pendant un temps à ce lieu si renommé (la chapelle de Charité), où tant de fidèles se sont confirmés dans l'attachement et la foi à l'union catholique ; il fut, je puis le dire, un des plus fervents et des plus empressés à y aller honorer et prier la très Sainte Vierge Marie, et souvent lui seul était le guide et le conducteur de centaines de personnes qui l'y suivaient. Soutenu déjà, ce semble, par quelque chose de plus qu'humain, il faisait la route et revenait en chantant pendant un espace de plus de trois lieues ; quinze ou dix-huit fois il en fit le voyage (3).*

(1) La paroisse de Bégrolles près Cholet, distante de sept à huit lieues, envoya de nombreux pèlerins à la chapelle de Notre-Dame-de-Charité, celle de Saint-Lambert-du-Lattay également On ne craignait pas de faire, 15,30 et plus de 40 kilomètres par des chemins parfois impraticables ou en bateau sur la Loire.

(2) Discours composé par M. Cantiteau vers le milieu de 1793 publié par la *Revue des Facultés catholiques de l'Ouest*, n° de juin 1893.

(3) Notamment le vendredi 3 février 1792 où il fut remarqué à la tête d'une procession du Pin-en-Mauges (C. Port. *Vendée angevine*, p. 313).

Cathelineau portait lui-même la croix de procession Cette croix est aujourd'hui la propriété de la famille d'Hattecour, de Chanzeaux. Les paysans la portent en procession le jour de la Fête-Dieu. Blessé à l'attaque de Nantes le 29 juin 1793, il mourut à Saint-Florent-le-Vieil le 14 juillet suivant. Une partie de ses ossements est à Saint-Florent et l'autre au Pin-en-Mauges.

Par ses conseils, les paroisses ayant un curé intrus enveloppaient d'un crêpe noir leur croix de procession comme dans les jours de la semaine sainte, et il semblait que le Christ portait le deuil de son Église et de ses ministres. On se confessait, on communiait pour être en état de grâce et mériter de jouir de la sainte vision. En effet, ceux qui s'approchaient de ce lieu sans être en état de grâce, ne jouissaient pas de l'apparition. Faut-il s'en étonner?... A la Salette, à Lourdes, à Pontmain les voyants furent des enfants, tant il est vrai que la Sainte Vierge aime à se montrer de préférence aux âmes simples et pures. On se dispute même les feuilles, les branches du chêne et on les emporte comme des reliques.

Décidément les amis de la Révolution s'étaient trompés. La municipalité de Chalonnes en convint dans une nouvelle dénonciation adressée au Département, le 6 octobre :

Vous avez ordonné la démolition d'une chapelle sous l'invocation de la Vierge, située sur le territoire de Saint-Laurent-de-la-Plaine. parce qu'il s'y faisait des rassemblements considérables. Votre prudence a irrité leur fureur fanatique. Ils ont dit que la Vierge apparaissait entre les branches d'un chêne, planté proche la démolition de la chapelle. Depuis quinze jours les rassemblements augmentent, et quoique leur prétendue dévotion ne soit pas gênée pendant le jour, ils préfèrent la nuit pour s'y rendre de toutes parts. La Municipalité de Saint-Laurent ne prend aucun moyen que la loi ordonne, pour empêcher et dissiper ces attroupements et vraisemblablement n'en a pas instruit le district de Saint Florent. Nous croyons qu'il est de notre devoir de vous instruire de ces attroupements que votre fermeté et votre patriotisme sauront bien dissiper. Voisins d'un pays où l'aristocratie redouble ses fureurs, où le fanatisme expirant ne craindrait pas de déployer toutes ses noirceurs, nous vous supplions instamment de nous faire passer le plus promptement possible au moins 150 livres de poudre à canon. Nous avons des bras, des fusils, des canons, des boulets et de la mitraille et nous manquons de poudre!... (1) Nous attendons de vous ce secours. (2).

(1) Vial, qui devint plus tard, le 1er janvier 1793, maire de Chalonnes, avait offert à la commune deux pièces de canon, le 25 juillet 1791. Jean-Antoine Vial était né le 18 novembre 1742 à Cipières (Var). A 25 ans, il épousa Marie Blanvillain de Lisles qui lui apporta une grosse dot et d'importantes propriétés en Anjou. Chalonnes se trouvait le centre de ses domaines, il vint s'y établir. Il avait une maison place des Halles et une autre rue du Pont-du-Layon. Les idées nouvelles trouvèrent en lui un ardent défenseur; il souscrivit 1800 livres pour sa contribution patriotique et mit sa fortune au service des besoins publics : *Histoire de la commune de Chalonnes-sur-Loire pendant la Révolution*, par M. Forestier secrétaire de la mairie de Chalonnes, simple conférence faite le 3 décembre 1899 dans laquelle l'auteur se montre peu favorable aux Vendéens et réserve ses sympathies pour les patriotes.

(2) Cette lettre est signée de Bellanger seul.

On dirait que les municipaux de Chalonnes n'existaient que pour empêcher des pèlerinages qui se faisaient dans une commune qui, redisons-le, n'était point la leur et qui dépendait d'un autre district, celui de Saint-Florent-le-Vieil ! Chalonnes faisait, en effet, partie du district d'Angers. C'est de cette façon que les révolutionnaires chalonnais entendaient pratiquer la liberté de conscience.

L'ANCIENNE CHAPELLE DE NOTRE-DAME-DE-CHARITÉ (1820-1901)

Au reçu de cette dénonciation nouvelle, l'administration départementale décide, le 8 octobre, d'écrire au procureur syndic du district de St-Florent-le-Vieil, pour qu'il prenne promptement les mesures nécessaires dans le but de dissiper les attroupements qui ont lieu à Saint-Laurent-de-la-Plaine.

De son côté, le commandant de la garde nationale de Montjean, René Clemanceau, réclame (lettre du 8 octobre) des armes pour une nouvelle expédition à Saint-Laurent, car il en attend l'ordre d'un moment à l'autre, « les ennemis de la Constitution recommençant de plus belle leurs singeries à l'endroit où était autrefois la chapelle. »

Le 17 octobre, le Conseil général du district de Saint-Florent assemblé (1), on agite la question des processions de Saint-Laurent. Voici le procès-verbal de la séance, communiqué le lendemain au département. Ce dernier en fut si content qu'il l'adressa à l'Assemblée nationale :

Un des membres a dit que la tranquilité publique était exposée d'une manière alarmante par les réunions journalières et nocturnes qui se font dans le lieu où existait autrefois une chapelle, sur le territoire de Saint-Laurent-de-la-Plaine, et qu'il était de la plus grande importance d'aviser aux moyens d'empêcher qu'il ne résulte des malheurs de ces rassemblements.

Considérant que les attroupements en question sont mûs et excités par le fanatisme et par le dessein de s'opposer à la Constitution, que dans les processions qui s'y font, avec des torches allumées, les hymnes qu'on y chante, les prières qui s'y font, sont l'intention de rétablir les prêtres dans leur ancien état, d'empêcher les lois de l'Assemblée nationale d'être acceptées par le roi et d'être exécutées ;

Considérant que ces attroupements qu'on fait monter à plusieurs milliers d'individus, sont composés de personnes égarées dans leur religion (2); que d'autres y vont avec les perfides desseins de profiter de ces rassemblements : ce sont les gens contrariés par le nouvel ordre de choses, des ci-devant nobles, des ecclésiastiques, des gens attachés par leur intérêt à ces deux anciens ordres ; d'autres sont des gens tarés de la plus mauvaise réputation, déshonorés dans la société par des banqueroutes, des forfaits de toute espèce, des gens sortis des galères où leurs crimes les avaient conduits (3) ;

(1) Jacob, président ; Michelin, Ihron, Gautreau, Martin, membres du directoire ; Letort, Massoneau, Richard, Clémanceau, Guérif, Chetou ; Renou, procureur syndic ; Gazeau, greffier.

(2) La religion de l'Etat, c'est la religion de Dieu, ne cessaient de répéter nos docteurs jacobins. Ceux qui ne la suivent pas sont des égarés.

(3) On peut dire : Autant de mots, autant de mensonges. On n'a jamais cité aucun nom de prêtre ni de noble qui ait pris part à ces processions. Les prêtres évitaient d'y paraître, précisément pour ne pas donner prétexte aux accusations malveillantes des révolutionnaires. En 1794, M. Moreau, vicaire de Saint-Laurent, déclarait à ses juges qu'il allait de temps en temps célébrer la messe à la chapelle pendant qu'elle existait mais que depuis sa démolition il n'y était jamais allé et ne savait même pas ce qui s'y passait. Quant aux châtelains de Saint-Laurent et des environs, la plupart à cette époque avaient déjà quitté le pays et gagné la frontière. — On voit que le district de Saint-Florent ne le cède guère à la municipalité de Chalonnes et qu'il tient à se venger du reproche de complicité dont l'accusait quelques mois auparavant le *Journal du Département*. — Le tableau est complet et peu flatteur pour les

Considérant qu'il pourrait être d'une dangereuse conséquence d'employer une force armée suffisante pour dissiper des rassemblements aussi considérables et qui se sont sensiblement accrûs depuis la démolition de la chapelle de Notre-Dame-de-Charité, objet prétendu de la vénération des voyageurs ;

Le Conseil général a arrêté que le procureur syndic serait autorisé à requérir une garde de vigilance de la part de la brigade de la gendarmerie nationale à la résidence de Montrevault, et de vingt hommes d'armes parmi les citoyens inscrits, laquelle garde sera uniquement occupée sinon à dissiper entièrement les rassemblements nocturnes et accoutumés à Saint-Laureut-de-la-Plaine, du moins à prévenir les désordres qui peuvent en être la suite, sans pouvoir employer la force que dans le cas d'une nécessité indispensable. Elle recueillera, autant qu'il lui sera possible, les noms des voyageurs et en fera son rapport au procureur syndic, qui prendra d'ailleurs tous les renseignements sur les motifs de ces rassemblements et sur les vues perfides de ceux qui les accréditent (1)

En exécution de l'arrêté du district, deux gendarmes à cheval de la brigade de Montrevault, Delacour et Baranger, furent chargés par le procureur syndic de Saint-Florent-le-Vieil de surveiller les processions qui se faisaient, nuit et jour, à l'endroit où se trouvait autrefois la chapelle de Notre-Dame-de-Charité.

Le mercredi 19 octobre, à 3 heures du soir, ils se rendent sur les lieux. Ils y trouvent une cinquantaine de personnes en prière et la plupart à genoux. Le soir, il y en avait trois cents, dont plusieurs avec des cierges. Pendant la nuit arrive une nombreuse procession de Saint-Quentin-en-Mauges, également avec un certain nombre de cierges ; les pèlerins chantent des hymnes et des cantiques, puis vont à l'église paroissiale, où ils passent une partie de la nuit en continuant leurs prières et leurs chants.

Le samedi soir 22 octobre, les gendarmes retournent et observent que de 4 heures jusqu'à 11 heures, il y a environ 300 personnes avec des cierges. Le dimanche matin, les paroissiens de la Pommeraye arrivent à leur tour en très grand nombre, presque tous munis de cierges, dont un acheté en commun avait coûté 46 livres. Ils s'en retournent en chantant des cantiques, quand arrive une autre procession de Saint-Quentin, composée de 50 personnes environ, à la tête desquelles marche le chirurgien Albert ; le domestique du curé de la paroisse porte le cierge en tête. La procession se rend ensuite à l'église de Saint-Laurent. Vers midi, les gendarmes s'en retournant à Montrevault, rencontrent encore une procession, celle-là venant de Botz, qui chante les litanies des Saints.

Dès le 25 octobre, les gendarmes firent au district le rapport de ce qu'ils

Vendéens en général et les habitants de Saint-Laurent en particulier, mais de la part des révolutionnaires, c'est un éloge.

(1) L'arrêté du Conseil général du district était tout à fait dans la note du jour. Le Département, en faisant passer à l'Assemblée nationale copie de cet arrêté écrivit à la députation de Maine-et-Loire de solliciter sans retard un décret contre les réfractaires (L. 204).

avaient observé à Saint-Laurent, ajoutant que « dans ces rassemblements *ils n'ont aperçu aucun désordre ni violence.* » Le même jour, le procureur syndic communiquait ces notes de police au département ; il joignait à sa lettre un écrit intitulé : *Amende honorable à Jésus Christ*, qui se distribuait à Saint-Laurent aux pèlerins (1).

Amende honorable à Jésus-Christ

Serait-il donc arrivé, ô mon Sauveur, ce temps où vous deviez à peine trouver un chrétien animé de l'esprit de foi, persévérant dans la prière ? Auriez-vous, par un effrayant mais juste effet de votre colère, retiré de dessus nous la main toute puissante de votre protection adorable ? Les crimes de vos enfants, parvenus à leur comble, auraient-ils provoqué sans rappel vos vengeances sur un royaume ingrat, pour qui, pendant tant de siècles, vos grâces ont coulé comme des torrents ? Allez-vous exécuter sur nous la terrible sentence qui nous enlèvera votre royaume pour en gratifier des nations plus reconnaissantes et plus jalouses d'y faire les fruits que la nôtre ?

Auteur et consommateur de notre foi, c'est dans la plus profonde amertune que nous vous conjurons. Ne permettez pas que ce flambeau sacré s'éteigne au milieu de nous : de toutes ces disgrâces qu'on peut éprouver sur la terre hélas ! ce serait la plus accablante. Souvenez-vous, ô mon Dieu, de vos anciennes miséricordes, regardez encore en pitié cette terre, la plus riche portion de l'héritage que vous a donné votre Père céleste, cette terre abreuvée des larmes de tant de généreux pénitents, fécondée par les sueurs de tant de laborieux Apôtres, fertilisée par les prières de tant de vierges innocentes, arrosée par le sang de tant de glorieux martyrs. Divin médiateur, jetez les yeux sur ces âmes ferventes dont les mains pures, élevées vers vous, demandent la conservation du précieux don de la foi. Arrêtez, Dieu des vengeances, arrêtez la main de l'Ange exterminateur, si vous l'avez chargé de nous frapper dans la rigueur de votre justice : détournez vos regards de dessus nos crimes pour les fixer sur ce sang adorable qui, sur la croix, demanda notre salut et le demande encore tous les jours sur nos autels. Faites pleuvoir sur nous tous les châtiments qu'il vous plaira : une grande expiation vous est due, mais laissez-nous la foi. Privés de ce trésor, notre misère serait affreuse : rien n'égalera notre bonheur si vous continuez de nous en enrichir. Nous regardons les maux de cette vie comme les faveurs d'un Dieu qui nous purifie pour nous rendre dignes de sa gloire, mais il serait d'une conséquence éternelle si vous exécutiez contre nous les rigueurs dont vous menaciez autrefois les enfants d'Israël dans votre colère, si vous nous abandonniez à des guides qui, suivant l'expression du prophète, disent que le mal est bien et que le bien est mal a des docteurs qui donnent le nom de ténèbres à la lumière et à la lumière le nom de ténèbres. Nous vous chercherions alors dans une société que votre esprit n'a pas formée et nos peines y seraient sans mérite : Soutenus de votre grâce, ô mon Dieu, nous

(1) L'Amende honorable que nous donnons ici pourrait bien être celle qui se distribuait à Saint-Laurent. Elle fut imprimée, il est vrai, chez Château, à Angers, et Château était imprimeur seulement vers 1830. De plus la moitié du titre a disparu ; il ne reste plus que les mots : à Jésus-Christ. Mais, outre que cette prière a pu être réimprimée en 1830, les sentiments qu'elle exprime conviennent si bien à cette malheureuse époque de la Révolution, que nous la citons en entier.

n'oublierons jamais qu'on vous trouve non parmi des parents, des amis victimes de l'erreur ; non dans une église qui ne saurait former des saints, mais dans l'unique temple du Dieu vivant, l'Église catholique, apostolique et romaine ; au milieu des Écritures dont elle est la dépositaire, à l'école des Docteurs qui. par une tradition non interrompue, nous en conservent la pureté : et nos esprits, éclairés de vos lumières, nos cœurs, embrasés de votre amour, après avoir sur la terre adhéré au chef visible de votre Église militante, nous serons admis à triompher avec vous dans l'éternité bienheureuse. Ainsi soit-il.

Le procureur syndic Renou, comme nous l'avons vu plus haut, était devenu l'émule des révolutionnaires chalonnais ! Mais ceux-ci l'avaient devancé d'un jour en écrivant de leur côté au département :

Depuis trois semaines, il se fait à l'endroit où était située la chapelle sous l'invocation de Notre-Dame-de-Charité, des rassemblements plus considérables que jamais Il arrive jour et nuit des processions de toutes les paroisses de plus de quinze lieues à la ronde, sous prétexte de voir la Vierge, qui, selon le rapport des fanatiques, paraît miraculeusement tantôt sur la cime d'un chêne, tantôt sur ses branches et quelquefois sur l'autel qu'on y a laissé. Dans les premiers rassemblements, on n'y voyait que des chapelets, on n'y entendait que *des ora pro nobis*, mais aujourd'hui c'est tout différent. Ce sont des armes, des bâtons, des pierres, des jurements, des menaces et des coups (1). Il y a eu hier huit jours, plusieurs de nos concitoyens furent insultés et menacés par trois messieurs habitants de Saint-Laurent, nommés Cady, et armés de fusils, qui leur dirent qu'en peu ils viendraient à Chalonnes enlever les canons, et qu'ils répondaient de plus de cinquante paroisses prêtes à partir au premier signal pour cette expédition. Hier dimanche, un négociant de notre ville y fut maltraité et reçut trois coups de bâton sur la tête, qui le blessèrent dangereusement. Plusieurs femmes et plusieurs jeunes filles furent poursuivies, jetées et traînées dans les fossés remplis d'eau : on leur arracha leurs croix, leurs coiffures, et sans des mains secourables et amies qu'elles rencontrèrent dans leur route elles eussent été hors d'état de se rendre chez elles. Il suffit d'être de Chalonnes pour courir à cet endroit les plus grands dangers. C'est cependant le seul chemin que nous ayons pour les Mauges, une partie du Poitou et quantité d'autres paroisses intermédiaires... Nous vous prions pour nous mettre en état de faire respecter la loi, d'ordonner qu'il nous soit délivré 150 livres de poudre (2).

(1) La lettre des Chalonnais est du 24 octobre 1791. — Nous venons de voir que dans leur rapport officiel du jour suivant, les gendarmes, de Montrevault disaient que « dans ces rassemblements ils n'ont aperçu aucun désordre ni violence. » Une fois pour toutes, constatons que les révolutionnaires de Chalonnes, de Saint-Florent ou d'ailleurs, n'avaient guère le culte de la vérité ! Ils étaient de l'école de Voltaire qui avait dit quelques années avant : « Mentez, mentez, il en restera toujours quelque chose. » Les Vendéens avaient l'âme plus noble et les blancs valaient mieux que les bleus.

(2) La lettre est signée Fleury, maire ; Bastard, chirurgien ; Foucault, capitaine et Cherbonneau faisant fonction de major.

Supposé que les choses se soient passées ainsi, les Chalonnais n'avaient qu'une chose à faire, c'était de rester chez eux et de laisser tranquilles dans leurs dévotions les pèlerins de la chapelle de Charité. Ils n'auraient pas eu de tels désagréments ; les Vendéens avaient bien le droit de se défendre.

CHAPITRE VII

LES PRÊTRES DE SAINT-LAURENT ET LA CONSTITUTION CIVILE DU CLERGÉ

M. Bourdais, curé de la paroisse, et ses deux vicaires, M. l'abbé Joseph Moreau et M. l'abbé René Bourigault, refusent le serment ; sa mort. — M. Pirault, chapelain assermenté, est nommé curé constitutionnel de Saint-Laurent ; lettre accusatrice de l'intrus et réponse des habitants ; mort de Pirault.

I

La paroisse de Saint-Laurent-de-la-Plaine avait à sa tête en 1791 trois prêtres d'une grande vertu et d'une religion très éclairée. C'étaient M. Bourdais, curé, et ses deux vicaires, M. Moreau et M. Bourigault.

M. Charles-Gervais Bourdais avait succédé au mois de juin 1780 à M. Marchandye. Prêtre pieux, zélé, catholique convaincu, il refusa constamment de prêter serment à la constitution civile du clergé. Malheureusement, une longue et cruelle maladie dont il souffrait depuis plus de deux années, le chagrin qu'il avait ressenti de la démolition sacrilège de la chapelle de Notre-Dame-de-Charité, les tracasseries et les dénonciations auxquelles il était en butte, la vue des maux plus graves encore prêts à fondre sur sa paroisse et sur l'église de France avaient profondément altéré sa santé et le mardi 3 octobre 1791, il succombait, âgé seulement de 51 ans. Il avait gouverné la paroisse 11 ans et 5 mois. Il fut enterré le lendemain dans le cimetière paroissial ; la cérémonie funèbre fut présidée par M. Davy, curé de Neuvy, en présence de toute la paroisse et de plusieurs prêtres du voisinage (1).

M. Moreau et M. Bourigault étaient tous les deux originaires de Saint-Laurent-de-la-Plaine.

(1) *Voici l'acte de sa sépulture :*

« Le quatrième jour du mois d'octobre 1791, a été par nous, curé de Neuvy soussigné, inhumé dans le cimetière de cette paroisse le corps de messire Charles-Gervais Bourdais, curé de cette paroisse, décédé d'hier, à l'âge de 51 ans, en présence des soussignés : Janneteau, curé de Saint-Quentin ; Gendron, vicaire de Saint-Florent ; Forestier, prêtre, vicaire ; Grellier, vicaire de Neuvy ; G. Masson, curé de la Poitevinière ; Bourigault et J. Moreau, vicaires de Saint-Laurent-de-la-Plaine ; Martin, chapelain d'Ardenay ; Davy, curé de Neuvy. »

Joseph-René Jacques-Henri Moreau, né le 21 octobre 1763, était fils de Jacques Moreau, boulanger, et de Marguerite-Françoise Boureau-Dugritté, fille d'un chirurgien de la Pommeraye. Il fut baptisé (1) le lendemain de sa naissance par M. Marchandye, curé de la paroisse ; il eut pour parrain son oncle maternel, maître Joseph-Aignan Boureau-Dugritté, prêtre, curé de Bourgneuf et chapelain à Saint-Laurent, et pour marraine, demoiselle Marthe-Anne-Renée Boureau-Dugritté, sa tante (2).

L'enfant n'avait pas encore atteint sa dixième année quand il perdit sa mère qui mourut le 19 juin 1773 âgée de 37 ans. Il fut probablement recueilli par son oncle qui lui donna les premières leçons de latin. L'abbé Joseph Moreau fut ordonné prêtre au mois de septembre 1789, à l'âge de 26 ans et aussitôt nommé vicaire dans sa paroisse natale.

M. René Bourigault, fils de François Bourigault et de Marie Aleau, naquit le 9 décembre 1761, et fut baptisé le jour même de sa naissance par M. Marchandye (3). Il fut ordonné prêtre au mois de décembre 1789 et nommé vicaire lui aussi dans sa paroisse natale.

(1) *Voici l'acte de baptême de M. Moreau ;*

« Le 22 octobre mil sept cent soixante trois, a été baptisé sur les fonts de baptême de cette église par nous soussigné, Joseph-René-Jacques-Henri, né d'hier, fils de Jacques Moreau et de Marguerite-Françoise Boureau-Dugritté, son épouse. A été parrain maître Joseph-Aignan Boureau-Dugritté, prêtre, chapelain de cette paroisse, et marraine, demoiselle Marthe Anne-Renée Boureau-Dugritté, oncle et tante de l'enfant, tous de cette paroisse qui ont signé avec nous :

Boureau-Dugritté, prêtre chapelain ; Boureau ; Léon-René Marchandye, curé de Saint-Laurent. »

(2) M. Moreau avait 3 sœurs plus jeunes que lui : Marguerite-Perrine-Jacquine, née le 22 décembre 1766, décédée le 8 octobre 1767 âgée de 9 mois ; Marguerite-Marie, née le 15 décembre 1767 ; Jacquine-Anne-Charlotte, née le 2 septembre 1769. Celle-ci épousa Michel Turquais le 14 février 1797. Demeurée veuve après deux mois de mariage, elle épousa en secondes noces, le 1er février 1798, Alexandre Letheul, fileur de laine, fils de Mathurin Letheul et de Charlotte Goupil et veuf d'Anne Gallard fusillée au Champ des Marytrs.

(3) Voici l'acte de baptême de M. Bourigault : « Le 9 décembre 1761, a été baptisé sur les fonts de baptême de cette église par nous soussigné René, né de ce jour, fils de François Bourigault et de Marie Aleau, son épouse. A été parrain René Lehoreau, cousin de l'enfant et marraine, Renée Bourigault, sœur de l'enfant, tous de cette paroisse qui ne savent signer.
L.-R. MARCHANDYE, *curé de Saint-Laurent* »

M. l'abbé Bourigault eut 3 frères et 4 sœurs : François né vers 1742, mort à la Pommeraye le 23 août 1796, épousa Jeanne Plumejeau dont : Renée, mariée à François Moreau, journalier, le 5 octobre 1808. Dont : Pierre, né le 7 avril 1810, François, né le 8 juin 1817 et Jeanne.

Marie-Anne, née le 14 avril 1752, épousa Jacques Boulestreau.

Pierre, né le 31 juillet 1754, domicilié à Sainte-Christine.

Michel, né le 26 janvier 1757, épousa Jeanne Coulon. Dont : René, Pierre, marié à Jeanne Seicher, le 14 février 1810, Marie et Jeanne. Il habitait à Sainte-Christine.

Renée.

Gabrielle, née vers 1755 épousa le 10 février 1777, Toussaint Brevet, âgé de 20 ans, fils de Toussaint Brevet et de Françoise Neau. Elle mourut le 25 mars 1795. De ce mariage sont nés plusieurs enfants : Françoise en 1779, assassinée le 14 mai 1794, Marie, René, né

A l'exemple de leur curé, les deux vicaires refusèrent de prêter serment à la constitution civile du clergé et continuèrent après sa mort de gouverner ensemble la paroisse jusqu'à l'arrivée du curé constitutionnel. La veille même de la mort de M. Bourdais, le 2 octobre, les électeurs du district avaient nommé à la cure de Saint-Laurent M. Pirault, chapelain assermenté de Savennières.

II

C'est le dimanche 30 octobre seulement que l'intrus fut installé contre toutes les règles canoniques dans sa prétendue paroisse. Mais avec quel cérémonial ! Un détachement de quinze hommes avait été envoyé de Saint-Florent pour l'assister en cette circonstance. Le curé « nouveau », accompagné du curé Renou (1), de Saint-Maurille de Chalonnes. et Coquille (2), de Beaupréau, prit place au centre de l'escorte, à laquelle s'étaient adjoints, à l'entrée du bourg, Delacour, brigadier, François Dion et Baranger gendarmes de Montrevault, Martin, commissaire du district, et plusieurs membres de la garde nationale de Chalonnes. Groupés dans les fenêtres ou sur le seuil de leurs maisons les habitants contemplaient avec curiosité ce défilé d'un nouveau genre, mais pas un seul ne voulut entrer à l'église ni assister à cette ridicule mais triste installation.

L'intrus écrivait huit jours après, le 7 novembre, aux administrateurs du département une lettre accusatrice contre les habitants de Saint-Laurent-de-la-Plaine :

Les mécontentements que j'ai éprouvés jusqu'alors m'obligent enfin de vous consulter sur les moyens de rétablir la paix dans la paroisse de Saint-Laurent-de-la-Plaine en vous faisant le récit de toutes mes disgrâces en commençant du jour de mon installation ».

« Le 30 octobre, muni de mes provisions canoniques (3) pour prendre possession de la cure de Saint-Laurent, je m'avançai vers le bourg où je trouvai une garde nationale qui devait m'accompagner. Celui qui commandait me fit placer

en 1782 qui épousa, le 10 janvier 1804, Renée Piton veuve Belliard, du Pin-en-Mauges. Dont Mathurin Brevet, de la Brunetière, né le 23 mars 1808, mort en 1903.

Jacquine, née le 25 janvier 1764.

Le père de M. l'abbé Bourigault mourut le 2 janvier 1777, âgé de 58 ans.

(1) Denis-Jacques Renou, né en la paroisse de la Trinité d'Angers, le 2 janvier 1769, vicaire de Cheviré-le-Rouge, avait prêté le serment le dimanche 30 janvier 1791 dans l'église des Cordeliers à Angers. Il prit possession de la cure de Saint-Maurille de Chalonnes le 27 mars.

(2) Jacques-Antoine Coquille d'Alleuds, ancien Récollet de Tours, puis de Beaufort, prêta le serment constitutionnel et fut nommé curé de Notre Dame de Beaupréau à la place de M. Trottier et installé le dimanche 10 juillet 1791. Il mourut à Angers le 2 prairial an XIII (22 mai 1805).

(3) C'est-à-dire de ses lettres de pouvoirs signées par l'évêque constitutionnel Peltier. Ce dernier fut installé le dimanche 20 mars 1791. Il mourut à Angers le 5 avril 1795.

au milieu ; et nous marchions tranquillement lorsque deux personnes, fort mal'raitées, vinrent à notre rencontre et nous dirent, l'un, que le sieur Cady, chirurgien, avait été l'arracher de force de l'église où il était entré pour être témoin de la cérémonie et que ledit Cady le retenait et le frappait pour donner à quelques autres la facilité d'en faire autant. Le second nous assura que des pierres étaient lancées par les croisées, qu'il en avait reçu plusieurs coups, qu'il avait été traîné dans la boue et il nous montra ses vêtements qui en étaient tout couverts. Mais l'un et l'autre nous assurèrent que plus de quatre mille âmes nous attendaient, armées de bâtons, pour s'opposer à mon installation (1) ».

Malgré ces récits effrayants, nous continuâmes notre marche et nous découvrîmes trois bandes dont l'air menaçant nous présageait ce qui serait infailliblement arrivé sans la crainte que leur imposaient les armes Ils nous laissèrent néanmoins passer librement. Arrivés à la porte de l'Église, nous demandâmes la municipalité (2). Il ne s'en trouva pas ; elle s'était probablement retirée ou cachée. M. Gilbert, maire, parut seul, mais sans écharpe. Il entra avec nous à l'église, reçut mon serment et se retira tout aussitôt. La messe fut célébrée assez solennellement, grâce aux sieurs Renou, curé de Saint-Maurille de Chalonnes, et Coquille, curé de Beaupréau, qui m'avaient accompagné ».

« La messe finie, nous nous rendîmes à la maison curiale où la garde nationale après nous y avoir conduit, retourna dans ses foyers, c'est-à-dire à Saint-Florent et à Chalonnes, car il y en avait de ces deux endroits ».

La garde nationale partie, M. Martin, commissaire de Saint-Florent, envoyé par le district, partit à son tour. Ce fut alors que le trouble commença. La canaille s'ameuta et nous insulta de toutes manières. On menaça les jours du sieur Renou et les miens ; nous ne devions sortir ni l'un ni l'autre de Saint-Laurent ; nous y devions trouver notre tombeau. Le feu s'allumait de plus en plus et personne pour l'éteindre. La rage des fanatiques était à son comble et nous en eussions été les victimes sans la présence de deux gendarmes (3) qui se réunirent au brigadier et qui rétablirent un peu le calme par leur présence. Ces deux gendarmes étaient ceux qui avaient installé le curé de Sainte-Christine (4) Nous demandâmes au sieur Gilbert, maire, comment pouvoir demeurer en sûreté dans la paroisse. Il me répondit qu'il ne connaissait aucun moyen et qu'il n'était pas en sûreté lui-même.

Nous n'osâmes célébrer les vêpres ; nous craignions que le son des cloches ne rappelât cette troupe de forcenés dont nous désirions tous l'éloignement. Nous partîmes sans être trop rassurés, après avoir pris la précaution de demander du secours à Chalonnes. Le danger avait été pressant et nous rencontrâmes trois cents hommes armés qui venaient nous tirer de la maison curiale où la mauvaise intention des « Laurentins » nous retenait prisonniers. Le plaisant se trouve quelquefois auprès du tragique. Pendant que nous étions bloqués, plusieurs processions nombreuses passèrent, et, malgré notre frayeur, nous ne pûmes nous empêcher de rire de leurs dévotions en les entendant chanter : « *Sancta Maria, trut, trut ; ora pro nobis, coucou, coucou !* »

(1) Pirault s'applique à donner un caractère dramatique à cette expédition.

(2) Les officiers municipaux étaient : Gilbert, maire. Michel Gauffriau, cabaretier, Louis Bretault, Pierre Rorteau, serger, Louis Lusson, marchand cirier, secrétaire greffier.

(3) François Dion et Baranger, gendarmes ; Delacour, brigadier.

(4) Hulin, chapelain assermenté de Savennières, nommé curé constitutionnel de Sainte-Christine en 1791.

Le lundi suivant, le sieur Gilbert, maire, m'écrivit à Chalonnes pour aller faire une sépulture. C'était celle d'une fille de 73 ans (1). Je partis sur le champ accompagné par les sieurs Houdet, père et fils, et un jeune homme appelé Madelonneau « au fait de la sacristie ». Nous nous fîmes encore accompagner de messieurs les gendarmes, les mêmes qui avaient rétabli le calme la veille. Arrivés à Saint-Laurent, nous ne trouvâmes personne pour entrer le corps à l'église et les sieurs Houdet furent obligés de le faire. Un officier de la gendarmerie nationale fu aussi dans la nécessité de porter le bénitier. Nous fûmes même chercher des pelles pour couvrir le corps, de terre ; il n'y en avait pas. Nous avions demandé à M. le Maire des personnes pour porter la défunte ; il nous dit qu'il n'était pas en son pouvoir de nous en procurer. Je m'en retournai avec la même escorte ; aussi ne nous arriva-t-il rien.

Le jour de la Toussaint, Messieurs les gendarmes se trouvèrent encore à l'église où, pendant qu'ils y furent, tout resta tranquille. Mais à peine furent-ils sortis, que pendant la célébration de ma messe, une foule de gens que le délire avait amenés m'insulta à plusieurs reprises et entre autres, un nommé Parent, fils du fermier de la Barre (2).

En sortant de la messe, un homme se présenta et me dit qu'un enfant à lui, âgé de trois ans était mort. Je lui représentai qu'il fallait apporter cet enfant à l'église et que je procéderais tout aussitôt à sa sépulture. Le personnage me répondit qu'il ne trouverait aucun homme qui fut en bonne volonté. Je lui donnai le temps ; le tard venait ; je ne vis ni le père ni l'enfant et ma sûreté individuelle m'obligea de partir sans attendre la nuit. Le lendemain l'enfant a été inhumé par le maire et le procureur de la commune qui ont complaisamment fait les fonctions sacerdotales pour moi.

« Hier dimanche (6 novembre), je me rendis encore à mon poste, accompagné des sieurs Houdet, Bergereau et de plusieurs autres. Le sieur maire me communiqua plusieurs décrets à lire. Mais pour qui ?... Ce ne fut pas même pour ledit maire qui ne s'y trouva pas. Pendant la célébration de l'office divin une troupe d'insensés vint encore m'insulter à l'église et crier à tue-tête en vomissant mille atrocités. On sortit pour les reconnaître et on répondit, comme on s'y attendait, qu'on ne les connaissait pas, qu'ils étaient probablement d'une des trois processions de « quercilâtres » qui venaient de passer tumultueusement. Pendant le salut on vint encore, comme à la messe, forcer les portes de l'église, recommencer le tapage et faire un bruit infernal dans le temple du Seigneur. Je sor is de l'église en prévenant les habitants de Saint-Laurent que je ne demeurerais point au milieu d'eux qu'on n'eut pourvu à ma sûreté et que je vous préviendrais sur tout ce qui m'était arrivé. Je vous prie, Messieurs, de prendre, autant que la prudence vous en dictera, les moyens les plus prompts et les plus efficaces pour faire régner la paix dans un lieu où la mauvaise foi des sieurs Moreau et Bourigault, vicaires, l'a entièrement anéantie. Et com-

____

(1) Pirault fit en effet une sépulture le lendemain de son arrivée à Saint-Laurent. Voici en quels termes elle est consignée dans le registre paroissial de 1791.

« Le 31 octobre 1791, a été inhumé dans le cimetière de ce lieu, le corps de Marie Martineau décédée d'hier, âgée de 73 ans, en présence de Delacour, brigadier, François Dion et Baranger, gendarmes de Montrevault, personne de la paroisse n'ayant voulu entrer à l'église, quatre jeunes gens l'ayant portée au cimetière :

PIRAULT, curé de Saint-Laurent-de-la-Plaine.

DELACOUR, brigadier ; François DION, BARANGER, gendarmes.

(2) Ferme de la commune de Chalonnes.

ment respecterait-on ma maison et ma personne dans une paroisse où on n'a aucun respect pour le Seigneur et pour son sanctuaire (1).

Au reçu de cette lettre dénonciatrice et fausse en plus d'un endroit, le directoire du Département enjoignit, par un arrêté du 10 novembre, à la municipalité de Saint-Laurent-de-la-Plaine, de veiller à la sûreté du sieur Pirault, sans quoi ledit Pirault serait autorisé à requérir la force armée des municipalités voisines qui se transporteraient à Saint-Laurent aux frais des habitants.

Un mois après, les deux curés constitutionnels de Sainte-Christine et de Saint-Laurent étaient réunis au presbytère de cette dernière paroisse. La peur les prit et Pirault, usant des prérogatives à lui accordées par le Département, fit parvenir un billet à la municipalité de Chalonnes pour la requérir d'envoyer à Saint-Laurent 100 gardes nationaux pour le protéger.

Sur la lettre de son confrère l'intrus de Sainte-Christine, Hulin, ajoutait à l'adresse de la municipalité chalonnaise : « Être constitutionnel, c'est un crime. Je n'ai jamais passé par Saint-Laurent-de la-Plaine sans recevoir d'insultes. Hier particulièrement, sur les onze heures et demie, venant voir M le Curé on me fit une infinité d'insultes. Le peuple paraissait aux portes et tout retentissait : Trut, trut, coucou, etc... Jugez quel plaisir quand ils me virent paraître à la porte qu'ils avaient décorée en f... v., c'est-à-dire s... h. (2).

Les municipaux de Chalonnes, peu soucieux de se priver de leur garde nationale, refusèrent de faire droit à la requête du sieur Pirault, et l'invitèrent à venir résider à Chalonnes, sur une terre plus hospitalière. Le 14 décembre, ils en donnent avis au Département qui répond le lendemain qu'ils ont bien fait. En même temps, l'administration départementale écrivait au district de Saint-Florent-le-Vieil de donner de nouveaux ordres à la municipalité de Saint-Laurent pour qu'elle empêche les rassemblements à l'endroit où était située la chapelle de Notre-Dame-de-Charité.

Avertis par le district, les municipaux et les habitants de Saint-Laurent dressèrent un rapport circonstancié sur les événements qui avaient eu lieu dans la commune depuis l'arrivée de l'intrus. Voici cette lettre inédite et inconnue qui détruit sur bien des points la lettre ci-dessus :

La municipalité et la commune de Saint-Laurent-de-la-Plaine ont été très surprises de voir, par votre arrêté du 10 novembre, que le sieur Pirault, leur curé constitutionnel, vous a exposé que, le dimanche 30 octobre, jour de son installation, le sieur Cady, chirurgien, avait chassé et maltraité plusieurs

---

(1) Cette lettre, datée de Chalonnes est signée par les intrus de Saint-Laurent-de-la-Plaine, de Beaupréau et de Saint-Maurille de Chalonnes et de plusieurs autres témoins : Pierre Houdet, Philippe Houdet, Pierre Nouteau et Bergereau (L. 365).
(2) L. 368.

personnes qui étaient dans le dessein d'assister à cette cérémonie : Cela est supposé de la part dudit sieur Pirault, ou il a été mal instruit. Le sieur Cady n'a sorti de chez lui que le soir ; il est facile de vous le prouver par les honnêtes gens qui étaient chez lui et ses voisins. »

« Il vous a dit qu'une multitude d'hommes et de femmes s'étant attroupés, investirent la maison curiale, c'est encore supposé. Personne n'insulta les sieurs Pirault et Renou. Les habitants des maisons voisines de la cure, qui sont de très braves gens, vous le prouveront. »

« Il est encore faux que le secours des gardes nationaux de Chalonnes l'ait débarrassé, puisqu'il partit sur les quatre heures de l'après-midi, sans que personne ne lui ait lâché la moindre parole, et les gardes nationaux qui avaient avec eux leur canon, n'arrivèrent à Saint-Laurent que sur les six heures du soir. »

« Il est vrai que le lundi 31 octobre, le maire lui écrivit et lui marqua qu'il y avait une sépulture à faire. Il s'y rendit avec quelques personnes. Mais il est faux qu'il ne s'etait trouvé personne pour porter le corps au cimetière, puisque tous les habitants du bourg ont vu porter le corps au cimetière par les nommés Jean Guillopé, Joseph Rorteau, Pierre Viau et Pierre Pineau, habitants de ce bourg. »

« Il est faux qu'il ait été menacé et insulté à toutes les fois qu'il est venu ici, et encore, dit-il, au moment où il célébrait les saints mystères. La municipa ité a appris que deux enfants avaient entré dans l'église et sorti sur le champ et n'avaient rien dit ; cela n'est pas l'insulter. »

« Vous avez arrêté que la municipalité le mettrait en sûreté. Elle n'avait pas besoin de faire cette démarche pour mettre en sûreté le sieur Pirault puisque personne ne l'a menacé ni insulté, que quelques enfants qui ont crié quelquefois *trut, trut* et *coucou* (1). Elle se transporta chez lui sur le champ et lui demanda s'il avait été insulté et menacé. Il répondit que non. Et pourquoi, lui dit-on, avez-vous écrit au département que vous l'aviez été ? — C'est qu'on me dit tous les jours que je suis menacé. Alors, on lui dit : « Cela ne convient nullement d'en imposer de cette manière et vous ne devez point craindre des habitants de Saint Laurent ; ils sont d'honnêtes gens. » La municipalité lui dit que s'il était menacé et insulté, il pouvait s'adresser à elle. Elle ferait punir ces gens là. Elle y a retourné différentes fois lui demander s'il était tranquille, et, buvant avec lui de son vin, il a toujours dit que personne ne lui disait rien de malhonnête.

La municipalité a été étonnamment surprise d'apprendre par la lettre de M. le procureur syndic du district de Saint-Florent-le-Vieil que M. le procureur général syndic lui a marqué, par sa lettre du 15 de ce mois, que des rassemblements dangereux, faits dans notre paroisse, ont forcé le sieur Pirault, notre curé de se retirer à Chalonnes. Elle n'a eu nullement connaissance d'aucun rassemblement. Quelques processions étrangères vont quelquefois à l'endroit où était la Chapelle de Charité qui est à une demi-lieue du bourg de Saint-Laurent, sans armes. Elle a empêché la commune de ce lieu qui n'y a pas été depuis votre arrêté du 10 novembre dernier, for quelques garçons qui y ont

(1) Un jour que Pirault revenait de faire une conduite au cimetière, plusieurs enfants se mirent à le suivre et à lui lancer de la boue avec leurs sabots en criant : *trut, trut, coucou* Pirault se détournant tout à coup : « Mes enfants, dit-il, ce sont vos parents sans doute qui vous apprennent à m'insulter ? Si vous ne voulez pas me respecter, respectez au moins la croix. » (*Récit du père Jean Juret*).

été à notre insu et malgré les défense que nous avons faites. Mais elle ne croit pas pouvoir empêcher les autres d'y aller en n'insultant personne, comme ils ont toujours fait depuis qu'ils y vont. Ces rassemblements de notre paroisse n'ont certainement pas fait retirer le sieur Pirault à Chalonnes. Il y fut, le mercredi 14 du présent, accompagné de M. le curé de Sainte-Christine ; ils y restèrent probablement le jeudi et ce rendirent tous les deux le vendredi. Voici la retraite qu'a fait le sieur Pirault à Chalonnes. Cela n'a pas empêché que ledit jour, mercredi au soir, sur les 5 à 6 heures, trois messieurs, dont deux de Chalonnes, nommés Houdet le jeune et Martin Gendron, et le troisième nommé Chesneau, d'Angers, arrivèrent à Saint-Laurent, trouvèrent la femme du sieur Hérin qui allait veiller chez sa voisine, la menacèrent de lui passer leurs baïonnettes au travers du corps ; furent à la porte de la cure, frappant à coups de crosse de fusil en disant « : s. g, s. p. ouvre la porte. » Les domestiques qui étaient à la cure, demandèrent qui est là ? » — Les Chalonnais avec leur canon, qui sont venus pour mettre le feu dans le bourg de Saint-Laurent ; donne de la paille. — Entrez, répondirent-ils. Ils entrèrent à la cure, en ressortirent un moment après, accompagnés d'un petit garçon, résidant à la cure, qui répond la messe du sieur Pirault, qui fut les conduire par le bourg avec une lanterne à la main ; et, où ils voyaient de la chandelle ils disaient : « Éteins ta chandelle ou tu es mort » et en même temps tiraient des coups de fusil. Ils entrèrent chez Guillopé (1), marchand d'eau-de-vie, où ils en burent pour 30 sols. Ils dirent à cet homme : « Goûte le premier à ces cinq verres d'eau-de-vie. » Chesneau tirant son sabre le porta par trois différentes fois au cou de Guillopé et lui porta plusieurs fois sa baïonnette à l'estomac en le menaçant. Un nommé Seicher qui était dans la maison lui donna un coup de crosse de fusil et le jeta par terre. Ils sortirent sans rien payer, furent à la croisée d'un nommé Billot casser les vitres, toujours en disant : « Il faut tuer tous ces b.... de Saint-Laurent. Ils ferment leurs portes, mais le feu sera bientôt chez eux. Voici 200 hommes de Chalonnes qui arrivent ; nous allons mettre tout à feu et à sang. » Cela continua jusqu'à 2 heures du matin, se retirant de temps en temps à la cure et ressortant pour recommencer. »

Voilà le trouble qu'il y a eu en l'absence du sieur Pirault, curé. La municipalité s'est transportée chez lui avec plusieurs habitants pour lui demander de quelle part venaient ces messieurs. Il a répondu qu'il n'était pas tranquille, qu'il s'en était allé à Chalonnes et qu'il ne les avait pas demandés ; que c'était le Département qui les avait envoyés. La municipalité lui avait dit extérieurement plusieurs fois que, s'il n'était pas tranquille, de la faire avertir, qu'elle lui porterait tous les secours que la loi met en son pouvoir, mais qu'elle ne pouvait répondre des étrangers la nuit, comme il est arrivé qu'on a mis de la pourriture à son portail sans avoir pu découvrir les auteurs et il lui répondit qu'il était très tranquille et que personne ne l'insultait. Elle n'a pas cru que ces messieurs venaient du Département, pensant qu'elle en aurait été avertie pour leur procurer du logement. Voilà ce qui s'est passé depuis l'installation du sieur Pirault. Si vous en doutez, envoyez un commissaire vérifier les faits, ou bien écrivez au sieur Pirault qu'il se transporte devant vous et de nous avertir ; nous nous y transporterons aussi avec lui et vous verrez celui qui en impose. S'il a peur dans sa cure, il y en a bien d'autres quand on a connaissance des

(1) Jean-Jacques Guillopé, époux de Marie Quesson, décédé le 4 février 1794, âgé de 61 ans.

assassinats qui se commettent journellement dans le voisinage. Mais il ne faut pas pour sa peur que les habitants de Saint-Laurent souffrent, eux qui ont toujours eu la paix, et aujourd'hui voici une guerre pour un seul homme à qui la peur et l'imagination en font imposer. (1) »

Quoi qu'il en soit des dispositions des habitants de Saint-Laurent pour le faux pasteur, Pirault ne fut guère heureux comme curé. Il était en réalité sans paroissiens puisque personne ou presque personne ne voulait assister à sa messe ni recourir à son ministère. Pendant le temps qu'il demeura à Saint-Laurent il fit en tout neuf sépultures, pas un baptême ni un mariage. Il vivait donc isolé dans son presbytère, condamné à voir défiler de temps en temps sous ses fenêtres les processions qui se faisaient à Notre Dame-de-Charité et à entendre le chant des cantiques et des litanies. Timide et impressionnable, il garda peu la résidence. Craignant pour sa vie, il quittait son presbytère et s'en allait habiter, comme son ami Coquille, la ville de Chalonnes où il se croyait plus en sûreté. D'ailleurs, le passage de l'intrus fut de courte durée. Six mois après son arrivée, au mois de mars 1792, il tomba malade et mourut le lundi 23 avril. Il fut enterré le lendemain dans le cimetière paroissial en présence des curés constitutionnels de Chalonnes, de Montjean, de la Pommeraye et de Sainte-Christine, venus pour l'assister dans ses derniers moments (2).

« On assure, dit M. Gruget dans son journal, que dans sa maladie M. Pirault parut avoir envie de se rétracter et qu'il demanda un prêtre catholique. Mais cela lui fut impossible. Les curés intrus de Chalonnes et de la Pommeraye, ses voisins, ne le quittaient pas un seul instant et pre-

(1) En envoyant leur rapport, le 26 décembre 1791, les habitants de Saint-Laurent demandaient au département d'examiner lequel était le plus sincère du leur ou de celui de Pirault et compagnie. L. 365.

Ont signé : Gilbert, exerçant en l'absence du maire ; L. Bretault, P. Rorteau, M. Martin, Jean Renou, sacristain : L.-P. Barrault, J. Rorteau, P. Brevet, J. Humeau, M. Gauffriau, J. Gaslard, Laurent Mousseau, Jacques Denécheau, J. Hérin. Jean Guillopé, François Secher, Jean Neau, Jean Bine, Jean Quesson, J. Huet, J. Thomas, L. Brevet, Jean Seicher, Jean Viau, J. Jeanneteau, Mathurin Blourdier, Pierre Quesson, Alexandre Neau, René Farion, Charles Lehoreau, Etienne Brunet, Guilbaut, Courant, J. Lucas, Mathurin Beduc neau, Michel Thomas, Louis Barraut, Pierre Brevet, Louis Lusson, greffier.

(2) Voici l'acte de sépulture de M. Pirault : « Le 24 avril 1792, a été inhumé dans le cimetière de ce lieu le corps de Jean-René Pirault décédé d'hier, curé constitutionnel de cette dite paroisse, ainsi que l'ont certifié MM. Lebreton, curé de la Pommeraye ; Piou, curé de Montjean, Renou, curé de Saint-Maurille de Chalonnes ; Bridault, curé de Notre-Dame de Chalonnes. Signé : Gilbert, maire, P. Rorteau, L Bretault, L. Lusson, greffier. »

Charles-François Bridault, né à Angers le 4 novembre 1762, vicaire à Andard préta serment et fut nommé le 14 mars 1791 curé constitutionnel de Notre-Dame de Chalonnes à la place de M. Bastard qui fut guillotiné à Angers le 2 janvier 1794. Il se rétracta et devint le premier curé concordataire de Saint-Mathurin, au mois de décembre 1802. Le 2 décembre 1810, Msr Montault le nomma curé de Montjean à la place de M. Soreau, démissionnaire, et il mourut en fonctions le 20 juillet 1831.

naient toutes les précautions pour qu'il ne fût pas possible de lui procurer ce qu'il demandait. M. Pirault semble avoir été entraîné dans le schisme plus par ambition et ignorance que par méchanceté. « Il desservait, au rapport de M. Gruget, la chapelle de l'Alleud (1). C'était un ancien ecclésiastique à qui M. l'Évêque venait d'accorder une pension sur le clergé et qu'il avait promis de placer à la première occasion qui se présenterait. M. Pirault trouvait dans le serment un moyen sûr d'avoir une place ; voilà ce qui l'y détermina. » Espérons que sur son lit de mort il aura compris et regretté sa faute et que Dieu, dans sa miséricorde, lui aura pardonné ce moment de faiblesse et d'égarement.

(1) L'Alleud dépendait autrefois de la paroisse de Savennières, aujourd'hui de la Possonnière. Une petite chapelle y existait, dédiée à Saint-Clément, de fondation inconnue.

CHAPITRE VIII

PÈLERINAGES A NOTRE-DAME-DE-CHARITÉ
DU 30 OCTOBRE 1791 AU 25 MARS 1792

*Nouvelles dénonciations contre les pèlerinages à Notre-Dame-de-Charité ;
pèlerinage de la paroisse de Saint-Laurent-sur-Sèvre (Vendée), le 15 novembre 1791. — Procession du 25 mars 1792 ; La Revellière-Lépeaux fait
abattre le chéne de l'apparition (25 mars 1792). — Joseph-Martin, de la
Saulaie ; les martyrs de Notre-Dame-de-Charité*

I

On ne saura jamais tous les pieux pèlerinages qui se sont faits à Notre-
Dame-de-Charité pendant les années 1791 et 1792 et même au cours de la
Terreur. Le jour même de l'installation de M. Pirault. les soldats envoyés de
Saint-Florent pour l'assister durent traverser cinq processions des paroisses
de Saint-Florent, du Mesnil, de Saint-Laurent-du-Mottay, de Saint-Quentin,
de Botz, de Sainte-Christine, de Chemillé, du Louroux-Bottereau et même
du Poitou « dont ils ont reconnu les habitants à leur costume » (1). Ils passèrent sans difficulté.

Les révolutionnaires de Chalonnes et de Saint Florent n'étaient pas les
seuls à dénoncer les processions et les pèlerinages à Notre-Dame-de-Charité.
Le 1er novembre, la municipalité de Chemillé écrivait au directoire du
Département : « Journellement et nuitamment, il passe une quantité prodigieuse de monde qui se rendent à Saint-Laurent de-la-Plaine où on a per-
suadé au peuple que la Vierge apparaissait dans un chêne. Personne ne
peut passer à Saint-Laurent qu'on ne les interroge sur leur opinion et sur
leur parti... L'effet de ces processions gagne de proche en proche. Dimanche
dernier (30 octobre), un certain nombre de femmes du bourg de Melay, qui
revenaient de Saint-Laurent, insultèrent le sieur Thubert, nouveau curé,
qui venait de célébrer le service divin... (2)

(1) Rapport du 3 novembre (L. 205).
(2) *Archives nationales*, F. 19, 440.
Jean-René Thubert était fils d'un sieur Thubert, notaire royal et juge de paix du
canton de Chemillé. Ordonné prêtre par l'évêque constitutionnel Pelletier, le 21 septembre

Quelques jours après, le 6 novembre, elle écrivait de nouveau au Département (1) : « Il est passé ici, hier matin, une procession de près de 300 personnes qui allaient à Saint-Laurent. Ils avaient un fallot allumé au bout d'un bâton et un cierge à trois branches. Ils ont repassé le soir dans le même ordre et en chantant des cantiques analogues au temps et à la démarche qu'ils font. En passant, le matin, Denais (2) les pressait sur leur opinion et leur conduite, en leur disant qu'ils faisaient bien d'aller en corps et en procession pour donner l'exemple aux autres paroisses : qu'ils feraient bien de passer par Saint-Lezin où ils en rencontreraient une autre. »

Il fallait en finir avec ces processions qui gênaient la liberté de conscience des révolutionnaires (?) Le directoire du Département prit un arrêté, à la date du 5 novembre, qui enjoignait de veiller à ce qu'il ne se fît aucun attroupement ni rassemblement de plus de quinze personnes sans autorisation.

De son côté, la municipalité de la Salle-de-Vihiers envoie le 11 novembre, le procès-verbal suivant au procureur syndic de Vihiers : « Nous, maire, officiers municipaux et notables de la paroisse de la Salle-de-Vihiers, sur la représentation du procureur de la commune qu'ayant connaissance d'une procession qui a passé sur les huit heures du matin, venant du côté de Coron, et qui a traversé le bourg de cette paroisse prenant le grand chemin du bourg à Joué, étant au nombre de deux à trois cents personnes ; suivant le rapport qui nous a été fait, ils ont passé par le bourg sans causer aucun trouble. La municipalité n'étant point assemblée n'a pu s'opposer au passage. En conséquence, nous nous sommes retirés à la chambre de la municipalité pour y rédiger le présent procès-verbal. »

Le 12 novembre, c'est Macé-Desbois (3), premier capitaine de la garde nationale de Chaudefonds, qui écrit à son tour à Angers : « Les processions à la chapelle de Saint-Laurent-de-la-Plaine deviennent plus nombreuses et l'audace succède à cet air de pénitence qu'empruntaient d'abord ces pèlerins insolites. Des cierges énormes ont fait d'abord toute leur force, mais à ces signes ils substituent les uns des armes et les autres des bâtons. Des scènes

1791, il fut nommé quatre jours après curé de Melay à la place de M. Galpin. Le 23 janvier 1794, il eut la mauvaise inspiration d'aller à la Jumellière avec un de ses amis faire savoir au général Cordelier qu'une quarantaine de brigands s'étaient réfugiés dans les bois de Saint-Lezin. Le général républicain ne pouvant croire au patriotisme de ce prêtre dénonciateur le mit en état d'arrestation et deux jours après, le 25, il le fit fusiller (*Savary. Mém.* III, 65, 68).

(1) Prévost, maire ; Prud'homme, Migentil, procureur de la commune, Métayer, Pauvert, secrétaire.

(2) Denais fut chargé de la manutention militaire de l'armée vendéenne en 1793; il s'intitulait alors : « Directeur des vivres ».

(3) **On voit que Macé-Desbois n'avait pas fait son pèlerinage à Saint-Laurent-de-la-Plaine. Il deviendra directeur du jury d'accusation à Angers, en 1795.**

sanglantes ont déjà fait présager celles qu'on y prépare. On dit que des hommes qui, par la place qu'ils occupent, devraient s'opposer à ces attroupements illicites, les encouragent et les enhardissent par leur assistance.

« La paroisse de la Jumellière, celle de Saint-Aubin-de-Luigné, une partie de Rochefort, Chanzeaux et autres paroisses voisines ont abandonné leurs églises pour se porter en foule vers le chêne de superstition, où le fanatisme persuade à tous les assistants qu'est venue se reposer la Vierge. »

Le 14 novembre, le procureur syndic de Vihiers, Baranger, écrit au procureur général syndic d'Angers au sujet des processions à Saint-Laurent : « C'est une épidémie, que ni la pluie ni le froid ne font cesser. »

Le 15 novembre, la municipalité de Montrevault dénonce au procureur syndic de Saint-Florent une procession d'environ 450 personnes arrivées à 11 heures du matin à Montrevault. Elle est de Vallet. L'autorité municipale, s'étant transportée sur la place publique pour la voir passer, lui représente que son attroupement est contraire au décret. Avertie de se séparer, elle continue sa marche et son chant. Quelques-uns interpellés refusent de donner leurs noms ; un seul est reconnu, un cordonnier de Vallet, nommé Fleury-Durand.

La municipalité de la Pommeraye écrit le même jour au procureur syndic pour dénoncer une autre procession de trente personnes venant du Mesnil, ayant deux porteurs de cierges à leur tête. On a reconnu parmi eux Bondu aîné, tonnelier, maître d'école de cette paroisse et oncle du curé réfractaire (1) et Mompas, métayer aux Coteaux, du Mesnil également (2). Déjà on avait signalé comme « chefs de procession » : Jean Brossay, meunier, et Jean Malinge, fermier de Vaugirault, ce dernier « parfaitement connu pour son zèle infatigable à porter un cierge d'une grosseur considérable. »

Le désir de voir la Sainte Vierge était si grand dans le cœur de tous les Vendéens qu'on accourait par bandes nombreuses de toutes les parties de la Vendée angevine, bretonne et poitevine, et pour obtenir la faveur de contempler la Mère de Dieu plusieurs, comme nous l'avons vu, se confessaient et communiaient au préalable. Voici un curieux document contemporain relatif à ces pieux pèlerinages. C'est une lettre d'une religieuse de Saint-Laurent-sur-Sèvre adressée à une religieuse de Nantes et datée du 18 novembre 1791 (3) :

---

(1) Cruon (Mathurin) né au Mesnil, le 11 février 1754, curé depuis 1786, avait refusé le serment et fut détenu à Angers puis déporté en Espagne au mois de septembre 1792.

(2) Le 26 novembre, le procureur syndic de Saint-Florent envoya ces deux dénonciations au Département, qui les adressa à son tour au ministre de l'Intérieur.

(3) Cette copie est très ancienne, les caractères et le papier le prouvent. Il est plus que probable qu'elle est du même temps que l'original. Elle vient de l'héritage d'une vieille demoiselle morte à Laval, il y a peut-être 40 ans. D'autres papiers de la même écriture et parfaitement semblables renfermaient des analyses et fragments de sermons prêchés à Laval immédiatement avant la Révolution, et puis des feuilles combattant le schisme, des avis

Mardi dernier (15 novembre 1791), nous avons eu dans notre église (Saint-Laurent-sur-Sèvre) un spectacle aussi édifiant qu'attendrissant. Nos voisins ont fait un cierge de dix pieds de haut et gros en proportion. Ce cierge a trois branches en l'honneur de la Sainte Trinité. Au milieu du cierge est un Christ en cire et une Vierge aux pieds du Christ ; plusieurs rubans noirs sont attachés au cierge. Je leur ai demandé la raison de tout cela, ils m'ont dit que c'était pour prouver le deuil qu'ils avaient dans le cœur des outrages faits à notre religion et aux bons prêtres.

Le mardi, à huit heures, ils firent dire la messe dans notre église et nous nous unîmes à leurs intentions. Au commencement de la messe ils entrèrent au nombre de 50) personnes avec le cierge : et plusieurs de cette troupe communièrent, et nous aussi. A la fin de la messe, ils allèrent à l'entour du cimetière chantant les litanies de la sainte Vierge et des Saints, et ils partirent à jeun.

A une demi-lieue ils entrèrent dans une église, et un prêtre bénit leur cierge et leur fit une exhortation. Ils chantèrent le *Veni Creator*, et partirent pour se rendre à six lieues (1), où était la chapelle de la sainte Vierge, qu'on a démolie et où la Sainte Vierge paraît depuis plusieurs mois dans un chêne, à cinq ou six pieds de l'emplacement de la chapelle. Ils allaient toujours processionnellement et chantant. Ils passèrent en six paroisses. Une seule leur fut fermée où il y avait un sermentaire. Dans toutes les autres, d'aussi loin qu'on les voyait, on sonnait les cloches. Les prêtres se rendaient à l'église pour s'édifier. Ils y entraient tous pour faire leurs prières.

Chacun avait porté un petit morceau de pain dans sa poche pour toute nourriture, quelque invitation qu'on leur fît pour la rafraîchir. Des dames de qualité allaient dans l'église les chercher pour leur faire prendre quelque chose ; ils ont tous refusé. Ils se sont rendus sans éprouver de fatigue ni de besoin. Ils arrivèrent à 8 heures du soir ; et faisant leurs prières sur les ruines de la chapelle, ils dirent tout ce que leur foi leur inspira. Les habitants du lieu vinrent les prier de passer la nuit chez eux. Les femmes y furent, et les hommes restèrent à passer la nuit au pied du chêne, mais ils ne virent pas la Sainte Vierge. Le matin, les femmes s'y rendirent. Trois processions y étaient arrivées, la nuit. *Il y en avait une de 22 lieues, et ils avaient été trois jours en marche.* Tous se prosternèrent à terre, pleurant amèrement, ne voyant pas la Sainte Vierge, mais seulement comme une étoile. Enfin, redoublant leurs prières, cette Sainte Vierge leur apparut tenant son divin fils dans les bras. Elle se rendit visible à tous. Jugez de la joie et des transports où ils furent, croyant être élevés au ciel.

Après toutes leurs prières, ils repartirent processionnellement, faisant les mêmes stations et récitant le Rosaire depuis là jusqu'ici. Ils arrivèrent à 8 h. 1/2 du soir. Les portes de l'église étant fermées, ils allèrent au cimetière chanter des cantiques, en actions de grâces, et de là à une chapelle de la Sainte Vierge, qui est près d'ici, en grande vénération.

Deux de nos domestiques qui ont été à cette procession, ne savent comment s'exprimer pour prouver la vérité de ce qu'ils ont vu et la joie où ils sont. Ils avaient eu le bonheur de communier ce jour-là. M. Bourel, le médecin, vient

pour les fidèles de cette époque. Voilà une bonne signature pour l'authenticité de la pièce qui est d'une importance capitale pour l'histoire de Notre-Dame de Charité.

(1) La lieue ancienne comptait plus de quatre kilomètres, et on entendait d'ordinaire par lieue la distance d'un bourg à un autre.

de nous dire que son épouse y avait été et qu'elle avait vu sur le chêne une couronne d'étoiles pareilles à celles du firmament. Il connaît deux prêtres qui y sont allés et qui ont vu la sainte Vierge, de la grandeur d'un pied et demi, et brillant comme un soleil. Et après l'avoir bien considérée, et remplis de foi et d'admiration d'un spectacle si ravissant, on la vit s'élever au ciel, dans une nuée qui était parsemée d'étoiles. Quinze messieurs, pour s'assurer du fait, s'y sont rendus ; et, ne la voyant pas, se sont mis en prières ; et après avoir prié, l'ont vue.

Deux maçons qui avaient aidé à démolir la chapelle, avaient suivi les messieurs pour se moquer d'eux. Ils leur demandèrent à quoi ils pensaient. Ces malheureux devinrent immobiles et près de s'évanouir. Ils fondirent en larmes de regret d'avoir démoli cette chapelle. Dans l'instant ils virent la Sainte Vierge, et depuis ils vivent comme des saints.

Le 13 décembre 1791, Pirault écrit de Saint-Laurent à la municipalité de Chalonnes que « des rassemblements se font journellement au chêne, où il y avait hier plus de deux mille personnes assemblées avec musique vocale et instrumentale. »

Dans le même temps Leclerc (1), de Chalonnes, ancien membre de la Constituante, fit insérer au *Journal du Département* un « avis aux bons citoyens » où il signalait le danger croissant des processions nocturnes, et raillait les « quercilâtres » ou adorateurs de chêne de Saint-Laurent-de-la-Plaine. « Ils perpétuent, disait-il, le culte des Druides qui allaient adorer le dieu Hésus au fond des forêts et cueillir le gui sacré » (2).

Le pèlerinage de Notre-Dame-de-Charité fut l'objet d'autres attaques d'un genre différent et d'un caractère particulièrement odieux. Coquille d'Alleux, l'intrus de Beaupréau, composa, dédia aux Amis de la Constitution et même imprima une comédie en trois actes, intitulée : *Le prêtre réfractaire ou le nouveau Tartufe*, dans laquelle les processions à la chapelle de Notre-Dame-

---

(1) Leclerc (Jean.Baptiste) fils de Vincent-Honoré Leclerc et d'Anne Lemaistre naquit à Angers, le 29 février 1756. Membre de la Convention, il vota l'abolition de la royauté et la proclamation de la République. Président du Conseil des Cinq Cents, le 1er pluviôse an VII (20 janvier 1799), du Corps législatif. 1er ventôse an IX (20 janvier 1801) il rentra dans la vie privée. Nommé maire de Chalonnes, le 8 thermidor an XIII (27 juillet 1805) il refusa. Sous la seconde Restauration, il n'attendit pas la loi contre les régicides et se réfugia à Lièges sur la fin de 1815. En 1819, il obtint de revenir à Chalonnes, il y mourut le 16 novembre 1826 et fut enterré civilement (*Diction. hist.* de C. Port).

(2) C'est mal connaître les habitants du Bocage, peu enthousiastes par tempérament et défiants par caractère que de les croire assez superstitieux pour ajouter foi sans preuves à des apparitions. Ce concours immense de peuple, ces processions continuelles à une pauvre chapelle en ruines et à un vieux chêne ne s'expliquent pas sans quelques faits miraculeux. Ne pouvant les nier, les Révolutionnaires les expliquent par le fanatisme et les tournent en ridicule : c'est la tactique ordinaire des incrédules, des rationalistes et des impies ; elle ne prouve que leur impuissance et leur mauvaise foi. En outre, ce qu'il y a d'aussi merveilleux, d'aussi miraculeux même que les apparitions, c'est le nombre incalculable, la piété et le courage des pèlerins vendéens.

de Charité et les apparitions miraculeuses étaient fort maltraitées et les prêtres fidèles diffamés et insultés avec un acharnement satanique.

On dirait vraiment que Théodore Botrel, le poète breton, connaissait l'histoire des pèlerinages à Notre-Dame-de-Charité lorsqu'il a composé sa chanson des *Bretons têtus* qui prient dans les chapelles ; les chapelles renversées, s'agenouillent dans les clairières, « au pied des arbres ». Les révolutionnaires abattent les « grands chênes creux », les Bretons alors prient « devant les étoiles » disant à leurs persécuteurs de les abattre, s'ils le peuvent.

> — Pour vous faire oublier vos prières naïves,
> Bretons, vos chapelets, nous vous les brûlerons !..
> — Nous avons sainte Anne et saint Yves :
> C'est devant eux que nous prierons.
>
> — Alors nous passerons le seuil de vos chaumières :
> Vos saintes et vos saints nous vous les briserons !
> — Au pied des arbres des clairières,
> Devant la Vierge nous prierons.
>
> — Hé ! que nous font à nous leurs têtes séculaires ?
> Tous vos grands chênes creux, nous vous les abattrons !
> — Il nous restera nos calvaires !
> C'est devant eux que nous prierons.
>
> — Avec nos durs leviers, parmi les folles herbes,
> Tous vos bons Dieux sculptés, nous vous les jetterons !
> — Nous avons des clochers superbes :
> En les regardant nous prierons.
>
> — De votre obscur passé quand nous fendrons les voiles,
> Vos fiers clochers à jour baiseront les pavés !
> — Nous prierons devant les étoiles :
> Abattez-les si vous pouvez !

II

A toutes les fêtes de la Sainte Vierge, la paroisse de Saint-Laurent-de-la-Plaine allait en procession à la chapelle de Notre-Dame-de-Charité. Le 25 mars 1792, fête de l'Annonciation, qui tombait cette année là le dimanche de la Passion, les paroissiens ne voulurent pas à déroger à ce pieux usage, malgré la démolition du sanctuaire. Un grand nombre d'entre eux s'y rendirent processionnellement à l'heure des vêpres, qu'ils récitèrent ainsi que les litanies de Jésus et les litanies de la sainte Vierge auprès des ruines de la chapelle vénérée. René Rorteau, serger, marchait en avant portant le gros cierge et il y avait deux autres cierges plus petits ; le chant était conduit par Thomas. Plusieurs autres processions s'y trouvèrent en même temps, chacune avec un gros cierge : Saint-Pierre de Chemillé, Saint-Lezin et une autre du Nantais (1) Beaucoup de personnes étaient venues isolément de Chalonnes, de la Pommeraye, d'Angers etc... Le « placitre » devant l'ancienne chapelle, le carrefour étaient remplis de monde, ainsi que la pièce de la Petite-Lande qui n'était ni labourée ni fermée. Il y avait environ deux mille personnes.

Pendant que les pèlerins chantaient ensemble litanies, cantiques et récitaient leurs prières, soudain le bruit se répand dans l'assemblée qu'une nouvelle procession arrive. Aussitôt les porteurs de cierges descendent de l'endroit où était la chapelle dans le chemin pour aller au devant des nouveaux venus, suivis de beaucoup d'autres. Mais, au lieu d'une procession, c'était... de la cavalerie, au lieu de pèlerins, des patriotes, au lieu de serviteurs de Marie, des ennemis acharnés de son culte !

C'étaient la Revellière-Lépeaux, Marbrault, Leterme-Saulnier, la Fauvelaie, d'Angers, Fleury, maire de Chalonnes, Leclerc, commandant de la garde nationale de cette ville, Henriet, commandant en second, Camus, Obrumier et le docteur Bousseau, de Chalonnes, tous à cheval, portant leur habit bleu de garde national. Ils allaient à Beaupréau faire une tournée patriotique et essayer de ranimer le club ambulant des Mauges fondé au dernier voyage et qui semblait mort-né. (2)

En les voyant plusieurs s'écrièrent : « Voilà les enragés de Chalonnes qui arrivent. Rangez-vous ! » Les pèlerins s'écartèrent du côté gauche pour laisser la route libre, c'est-à-dire, celle de Bourgneuf. Mais s'apercevant que le chemin est trop mauvais, Bousseau indiqua aux autres de prendre à gauche le chemin qui mène à Saint-Laurent. Ce petit chemin était rempli de monde. A cette manœuvre inattendue, on entendit du sein de la foule des

(1) Une femme de Notre-Dame de Chalonnes, Marie Rifier, femme de Pierre Dureau, marinier, reconnut dans cette procession des marchandes de fruits, de Nantes. — Cette procession passa le 25 mars, à 11 heures du matin, dans le bourg de la Chapelle-du-Genêt ; Jean-Joseph Godin, patriote, s'en plaignit.

(2) Louis-Marie de la Revellière-Lépeaux, fils de Jean-Baptiste de la Revellière-Lépeaux et de Marie-Anne Maillocheau, naquit à Montaigu (Vendée), le 24 août 1753. Il fut élevé au collège de Beaupréau où il fit sa troisième en 1766 et à l'Oratoire d'Angers. Le 25 janvier 1791, il fit en compagnie de Villiers, membre du Directoire du département un voyage dans les Mauges avec la mission de fermer les églises dans plusieurs paroisses qui avaient été supprimées et de ranimer le courage des rares patriotes du pays. Ils passèrent par Saint-Florent, Saint-Laurent-des-Autels, Landemont, le Fuilet, Montrevault et arrivèrent à Beaupréau. Là, les commissaires essayèrent de grouper les patriotes et fondèrent une Société des Amis de la Constitution qu'ils baptisèrent du nom pompeux de *Club ambulant des Mauges*. Les membres de cette société s'engageaient à prendre la cocarde tricolore et à convertir aux idées nouvelles les habitants des campagnes voisines par des chansons, des lectures, des harangues patriotiques. Mais l'ardeur des habitants de la petite ville dura juste autant que le séjour des commissaires. Après leur départ, les cocardes tricolores disparurent et le **Club** ambulant ne bougea plus. C'est pour le ranimer que la Revellière entreprit ce second voyage. — Il mourut à Paris le 27 mars 1824.

Leterme-Saulnier, né à Laval le 28 février 1761, officier municipal d'Angers en 1792, membre du Comité révolutionnaire, le 8 juillet 1793, est mort à Paris, en 1840.

voix qui disaient : « Voyez-vous qu'ils ont envie de nous faire du mal, puisqu'ils détournent leur route. Un nommé Julien Groleau, tisserand et sacriste de Notre-Dame de Chalonnes leur dit de n'avoir pas peur, que ces messieurs ne leur feraient pas de mal. En passant dévant l'endroit où était la chapelle, un des cavaliers angevins s'avisa de dire : Où donc est ce b... de chêne ? » Aussitôt un des pèlerins cria de sa place et sans se déranger : « Qui est donc ce b... là ? Si j'étais auprès de lui je lui ferais voir où est ce b... de chêne avec mon bâton ! » Une ou deux femmes prises de peur se mettent à pousser des cris qui deviennent le signal d'une rumeur à peu près générale. Louis Brevet, du Groisellier, Louis Bidet, domestique à la métairie du Theil, et un autre domestique, Macé, de l'Epinay, prennent chacun des pierres. D'autres coupent des branches d'arbres ou arrachent des triques dans la haie en disant : « Il faut leur en f. . à ces b... là » Pendant ce temps les cavaliers avancent lentement par le chemin de Saint-Laurent. Une trentaine d'hommes accourent à travers les pièces voisines et débouchent dans le chemin au devant des chevaux ; quelques-uns même en saisissent trois à la bride et demandent aux cavaliers s'ils sont venus pour leur faire du mal. Ils répondent que non et demandent seulement qu'on leur laisse le chemin libre. Louis Baudouin, filassier, et Mathurin Bouyer, serger, du bourg de Saint-Laurent leur crient alors tout haut ; « N'ayez pas peur ; ne les laissez pas passer » L'émotion grandit. Obrumier et deux autres qui s'étaient engagés dans le petit chemin, revinrent rejoindre Henriet et Bousseau qui se disputaient avec des pèlerins auprès du chêne. Obrumier demanda à ces gens là ce qu'ils leur voulaient et il leur dit de les laisser passer leur chemin ; que s'ils les attaquaient il avait de quoi les servir. Plusieurs jeunes gens dirent alors aux cavaliers que s'ils frappaient les premiers ils allaient y passer. Bousseau et un de ses compagnons tirèrent leurs pistolets. Mais le filassier Pierre Brevet, du bourg de Saint-Laurent, dit aux cavaliers : « Je vous prie en grâce de ne faire point de mal et de passer votre chemin. Je vous garantis qu'il ne vous arrivera rien. » Plusieurs ayant parlé dans le même sens, les Chalonnais disparurent. En définitive, à part des jurons et quelques insultes à l'adresse des cavaliers, pas un seul coup de bâton ne fut donné, pas une pierre ne fut lancée (1).

(1) Après le départ des cavaliers, Thébault, de la Pommeraye, dit à ses voisins que s'il avait la force de Samson il irait à Chalonnes tuer tout ce que cette ville renfermait de patriotes et de démocrates. — Un jeune homme, qui paraissait âgé de 26 ans, vêtu d'une veste bleue et d'un gilet blanc bordé de rouge ajouta : « Ils ont bien fait de s'en aller ces b... là parce qu'ils y auraient passé. Quand je prie le bon Dieu, je le prie, mais quand je bats, je bats.. pourquoi jurent-ils après le chêne ? »

Parmi les habitants de Saint-Laurent qui furent présents à cette scène, citons encore : Jacques Rorteau, serger, du bourg. âgé de 45 ans, Pierre Rorteau, serger âgé, de 34 ans.

De Chalonnes, il convient de citer la femme Martin, née Oger, de l'île de l'Asnerie. Les quatorze suivants firent leur déposition sur ce qui s'était passé le 25 mars, devant le juge de

Cette première rencontre était de mauvais augure pour les « Amis de la Constitution » qui venaient de constater par eux-mêmes et avec un profond dépit que le « fanatisme » religieux était encore plus enraciné qu'ils ne le pensaient et que loin de diminuer, il ne faisait qu'augmenter. Ils continuèrent donc leur chemin et arrivèrent à Beaupréau le soir même. A Beaupréau même succès La Revellière avait convoqué tous les patriotes des environs ; il en vint peu : neuf de Cholet, quatre de Saint-Florent, quelques autres de Montrevault et de Mortagne (1). Le lendemain, jour fixé pour une grande démonstration patriotique, les Amis de la Constitution, escortés de gendarmes et de cavaliers du 11e régiment, firent le tour de la ville au refrain du *Ça ira*. Coquille, le curé intrus, était dans le cortège. Arrivé au collège, La Revellière manifesta à M Darondéau le désir, l'intention même de voir les élèves réunis et de leur adresser quelques mots. Son ancien maître lui répondit qu'il pouvait faire ce qu'il désirait, mais que pour lui il ne sortirait pas de sa chambre ; ensuite il donna à son préfet des études la commission de rassembler les élèves en bon ordre dans la cour intérieure. Quand La Revellière les vit en tenue et bien rangés il voulut les emmener sur la place du château, pour rendre plus sollennelle une allocution qu'il voulait, disait-il, adresser au peuple rassemblé. M. Denais s'y opposa nettement en alléguant l'heure prochaine de la classe. Alors commença une chaleureuse harangue dans laquelle La Revellière eut l'attention de ne rien dire qui pût blesser des oreilles catholiques. Tous les élèves l'écoutaient silencieusement et le chapeau à la main, mais ne donnant pas la plus petite marque d'enthousiasme ni d'admiration. Vinrent enfin les phrases à effet et l'orateur qui s'était animé par degrés termina son discours en criant : « Vive la nation » ! Mais calme plat et silence absolu ; et, tout aussitôt, un des plus grands élèves ayant remis son chapeau sur sa tête et ses deux mains par dessus, tous les autres firent de même. (2)

Pour se dédommager de leur échec, et sans doute aussi pour se venger des insultes qu'ils avaient reçues au passage, les mêmes patriotes revenaient deux jours après à Saint-Laurent. Ils crurent arrêter le mal en abattant le chêne, comme on avait fait pour la chapelle.

---

paix de Chalonnes : Louis Grellier, de la Ravardière, âgé de 15 ans et demi, Mathurin Dailleux, des Barateaux, 22 ans, René Boistault, de l'Eperonnière, 35 ans, Antoine Rochard, sabotier, 26 ans, Julien Grolleau, tisserand et sacriste de Notre-Dame, 28 ans, Anne Vallée, femme d'Antoine Tuhau, boulanger, âgée de 25 ans, Jacquine Duportail, femme Thibaut, 57 ans, Renée Duportail, 24 ans, Louise Robin, femme de Michel Papin, menuisier, 42 ans, Françoise Barrault, femme de Phlippe Godfrin, dit Belosier, vannier, 38 ans ; Marie Riiffier, femme de Pierre Dureau, marinier, 26 ans ; Anne Jubin, femme Jean Bergerault, entrepreneur, 48 ans ; Perrine Gourdon, âgée de 32 ans, sa sœur Marie, de 25 ans. — C'est de leurs différentes dépositions que nous avons extrait les détails de la journée du 25 mars.

(1) Port, *Vendée Angevine*, I, 325.
(2) *Notice historique sur le collège de Beaupréau*, p. 94.

Voici le récit de cette destruction, emprunté aux *Mémoires* de l'un de ses auteurs, le trop fameux La Revellière-Lépeaux. Nous le citons textuellement en lui laissant, bien entendu, la responsabilité des assertions hasardées, des appréciations malveillantes, des irrévérences anti-religieuses. On sait en effet que La Révellière, ce « sinistre bossu », comme l'appelle M. Taine, fut un des plus grands persécuteurs de notre sainte Religion, de ses croyances et de ses ministres :

La première mission patriotique se fit à Beaupréau. Les patriotes d'Angers (j'étais du nombre), prirent en passant ceux de Chalonnes, à la tête desquels était mon ami Leclerc. Nous partîmes de Chalonnes à cheval, au nombre de huit ou dix, tous en habit de garde national, armés seulement de ce sabre court qu'on nomme briquet ; un seul, je crois, nommé Obrumier, tête un peu chaude, avait deux pistolets. Notre chemin était de passer par Saint-Laurent et précisément devant la chapelle qui venait d'être démolie par ordre de l'Administration (1). Les moellons qui en provenaient étaient entassés sur les bords fort élevés d'un chemin creux formant une espèce de ravin par lequel il fallait nécessairement passer. En arrivant à ce défilé, nous vîmes tous les champs environnants couverts d'une foule immense de paysans, et d'habitants des bourgs, de tout âge et de tout sexe, au nombre certainement de plus de huit mille (2), tous en contemplation et tournés vers le chêne sacré; les uns étaient à genoux, les autres debout, et chacun prétendait y voir la petite Vierge, en pierre blanche, qui était venue, disaient-ils, s y placer en plein jour, aux yeux de tout le monde. En tête de la bande de pèlerins de chaque paroisse, était un cierge énorme, porté en bandoulière, avec le secours d'un drap, par un homme des plus vigoureux et qui cependant suait à g osses gouttes. Quiconque passait à cet endroit, dans le moment d'un rassemblement, était forcé de se prosterner et de proclamer qu'il voyait la petite Vierge voltiger de branche en branche ; quiconque se refusait à cet acte, insulté et forcé de rebrousser chemin, souvent très maltraité, comme un ennemi de Dieu et des hommes (3).... Il n'y avait certainement parmi ces malheureux qu'un petit nombre d'imposteurs.... Au moment où nous nous présentâmes à l'entrée du chemin creux il éclata dans cette nombreuse assemblée un murmure général et un mouvement que je ne peux comparer qu'à celui d'une fourmilière agitée. Aussitôt une quantité d hommes armés de gros bâtons nous barent le chemin et les deux talus se garnissent d'un bout à l'autre de vigoureux paysans qui se saisissent des matériaux sacrés de la chapelle renversée. On nous menace avec d'affreux jurements (4) de nous exterminer si nous ne consentons à rétrograder. Nous répondîmes avec sang-froid que nous ne venions point troubler leur assemblée ; qu'eux, au contraire, troublaient l'ordre public en interceptant des chemins que tout le monde avait le droit de parcourir ; qu'en conséquence, nous passerions de gré ou de force ; qu'au surplus nous ne porterions pas le premier coup, mais que s'ils le portaient eux-mêmes, nous vendrions notre vie aussi cher qu'il nous serait possible, parce

(1) La chapelle fut démolie le lundi 29 août 1791. Il y avait par conséquent sept mois.

(2) Tout au plus 2.000, disent toutes les pièces officielles. La Revellière voit triple à distance.

(3) L'auteur tout occupé de faire sa phrase oublie de prouver ce qu'il avance. Nous avons déjà vu que les révolutionnaires en prenaient à leur aise avec la vérité.

(4) La Revellière attribue ses défauts aux autres.

que nous étions décidés de passer ou de périr. Au même moment, Obrumier met le pistolet au poing et la petite troupe le sabre à la main, et nous poussons nos chevaux en avant. Notre résolution leur imposa et nous en fûmes quittes pour d'affreuses imprécations. Nous pouvions facilement être exterminés, dans ce défilé, sans défense possible. Il y avait parmi ces pèlerins, des gens de 25 lieues de là.... Nous arrivâmes à Beaupréau le soir... le lendemain, une colonne de sept à huit cents pèlerins traversa Beaupréau pour s'en retourner (1). Ils assaillirent avec des pierres et des bâtons l'un de nous, nommé Hulin, qui se promenait seul en dehors de la ville. Il se défendit avec son sabre. La cohue se dissipa à notre approche.

Nous saisîmes un jeune garçon et une jeune fille de Tillers et les conduisîmes devant le juge de paix (2)... Les prêtres les exaltaient, les forçaient même à faire ce pèlerinage à la Vierge de Saint-Laurent ; ils réglaient le jour du départ et celui du retour.

En retournant à Chalonnes, nous ne rencontrâmes aucun adorateur de l'image ; ce n'était pas jour de réunion. Le trône que s'était choisi la Reine du Ciel était un misérable petit tronc d'arbre creux, qui n'avait presque plus que l'écorce. Nous résolûmes de le renverser, dans l'espérance que ce chicot une fois abattu, il n'existerait plus de motif de rassemblement. Nous aperçumes dans un champ voisin un paysan qui abattait un arbre. Nous allâmes lui demander d'abattre celui dont il s'agit en lui offrant de le payer généreusement. Mais il nous représenta qu'il était un homme perdu s'il faisait ce que nous désirions, ou même s'il nous prêtait volontairement ses outils, attendu que les rassemblements produisaient de gros bénéfices au curé de Saint-Laurent, (2) au chirurgien Cady, devenu célèbre depuis dans les armées catholiques et royales, aux cabaretiers, aux marchands.... « Mais, il y a un moyen de vous satisfaire, ajouta-t-il, auquel je me prêterai volontiers et avec plaisir. Prenons-nous de querelle ; vous, pour m'enlever mes outils, moi pour les retenir ». Les choses ainsi réglées, les cris, les menaces se font entendre de part et d'autre ; les gestes les plus furieux les accompagnent..... Armés de l'instrument tranchant, nous jetâmes le fameux chêne à bas ; et pour mettre d'autant plus le bucheron à l'abri des mauvais traitements des fripons du bourg de Saint-Laurent, nous lui criâmes avec de grosses injures, d'aller reprendre sa cognée, s'il le voulait :

Toute cette conversation étrange avec le paysan est une histoire arrangée après coup par l'auteur des « *Mémoires* ». En quittant Beaupréau les patriotes prirent, pour regagner Chalonnes, le chemin de Saint-Laurent-de-la-Plaine.

---

(1) Cette procession passa à Beaupréau à deux heures de l'après-midi. Un certain nombre de pèlerins portaient des torches et quelques-uns avaient un bâton. — Le procès-verbal rédigé le 26 mars 1792 par les patriotes, dit qu'il y avait quatre cents personnes, c'est-à-dire, moitié moins que le chiffre donné par La Revellière-Lépeaux. Parmi les patriotes réunis » Beaupréau pour une séance des Amis de la Constitution et cette fameuse démonstration patriotique, dont nous avons parlé plus haut, on remarquait : Coquille, Denis, Pineau, Sauvager, Obineau, Hulin, Renou, Camus, La Revellière, Leclerc, Echarbaut, Godin et Leterme-Saulnier. C'est Hulin qui interpella les pèlerins en leur représentant que les attroupements étaient défendus. M. C. Port dit que les pèlerins étaient « d'humeur bien inoffensive à *Vendée Angevine*, I. 326. (1) Le procès-verbal dit un homme et deux femmes.

(2) Il était mort depuis six mois.

La route était déserte, cette fois, et le chêne de la chapelle de Notre-Dame-de-Charité s'inclinait sous les *ex-voto*, en pleine solitude. La bande s'avisa de jeter par terre « ce vieux souchon » creux et branlant, écorce vide, presque sans racines, qui devait, pensaient-ils, tomber à la première poussée ». Tous leurs efforts pourtant s'y épuisèrent. Allait-on laisser crier au miracle?... Sur l'indication de quelques voisins, ils se procurèrent, bon gré mal gré, chez un débitant de vin et de provisions, une serpe, et tout en proférant les plus grossières injures contre les prêtres et les habitants de Saint-Laurent, qu'ils accusaient d'avoir exploité les pèlerins, ils réussirent, non sans peine encore, à abattre et à découper le chêne vénéré.

Les patriotes étaient furieux du peu de succès de leur mission dans les Mauges. Le 26 mars, ils présentent à la municipalité de Beaupréau une pétition pour la prévenir qu'elle ait à empêcher les processions qui passent sur son territoire. Ils envoient en même temps une dénonciation en règle au Département contre cette municipalité fanatique, en demandant qu'elle soit cassée. Le lieutenant de gendarmerie Boisard accourt de Cholet en toute hâte, pendant la nuit, avec 13 cavaliers du 11ᵉ régiment, pour venir au secours des patriotes; le 27 mars, les patriotes lui déclarent « que des processions, au nombre quelquefois de quatre à cinq cents personnes, traversent chaque jour toutes les communes du voisinage, notamment la commune de Beaupréau, pour se réunir au chêne de Laint-Laurent, rendez-vous commun. » (1)

« Ces rassemblements deviennent de jour en jour plus nombreux autour du chêne de Saint-Laurent-de-la-Plaine, écrit La Revellière-Lépeaux, dé retour à Chalonnes. Les citoyens égarés tant de ce département que de ceux de la Vendée et de la Loire-Inférieure, y affluent par bandes, dont quelques-unes sont composées de plus de quatre à cinq cents personnes et notamment celle qui s'y rendit dimanche dernier au soir, qui était partie de la Loire-Inférieure, pour se réunir autour du chêne à un attroupement déjà composé de prés de 2000 personnes. Nul citoyen ne peut être rencontré par ces insensés avec la cocarde tricolore nationale, sans être poursuivi d'injures et menacé de coups. Le même jour, sur les 2 heures, plusieurs des citoyens soussignés, passant paisiblement, se virent tout à coup assaillis par un nombre d'hommes, armés de pierres et de bâtons, qui s'opposaient à leur marche. Une fermentation subite agita tout l'attroupement et on se mit à crier de toutes parts : « Il faut écraser ces b .. là ». Un citoyen de Rochefort, passant par le même chemin quelques moments après, fut menacé pour n'avoir pas ôté son chapeau devant le chêne. Enfin, l'évènement arrivé à B aupréau dans la journée du 26, nous prouve que ce n'est pas seulement au chêne de Saint-Laurent que les fanatiques sont dangereux (2).

(1) Le 29 mars, le Département renvoie la dénonciation au district de Saint-Florent pour avoir son avis. Le 3 avril, le district approuve la pièce, vu l'incivisme de la municipalité belloprataine.

(2) Cette lettre, du 28 mars 1792, est signée de La Revellière-Lépeaux et de ses compagnons.

APPARITION DE LA SAINTE VIERGE
DANS UN CHÊNE

PRÈS DES RUINES DE LA CHAPELLE DE NOTRE-DAME-DE-CHARITÉ EN 1791
CHAPELLE DE NOTRE-DAME-DE-CHARITÉ

La pétition ayant été envoyée au district de Saint-Florent, celui-ci donna son avis le 3 avril, en ces termes : « Le directoire du district ne peut que désirer voir cesser les rassemblements qui se font sur son territoire, à Saint-Laurent-de-la-Plaine et dans quelques autres endroits, tels que les environs de l'église du Marillais, une ancienne chapelle de la paroisse de Saint-Pierre-Montlimart et une croix près le Mesnil. » Il termine en formulant des vœux ardents pour que la force armée dissipe tous ces rassemblements.

Les patriotes ne s'arrêtèrent pas là dans leur mesquine vengeance. L'accusateur public près le tribunal criminel du département, averti par eux, écrivit, le 3 avril, au juge de paix de Chalonnes d'informer sur les faits arrivés le 25 mars, à Saint-Laurent. Le 7 avril, Charles-Jacques Davy faisait assigner par huissier les témoins indiqués par celui qui était l'âme de toute cette intrigue, le citoyen Leclerc. Les dépositions eurent lieu les 12, 13 et 14 avril (1) et c'est d'elles que nous avons extrait les données qui précèdent.

Le 22 mai suivant, Leclerc écrivait, de Chalonnes, à l'accusateur public d'Angers :

J'ai l'honneur de vous adresser, conformément à votre demande, le procès-verbal de notre expédition au chêne de Saint-Laurent, et copie de la procédure qui en a été la suite. J'y joins aussi copie de la procédure qui a été faite à l'occasion des insultes et menaces que nous éprouvâmes, il y a quelque temps, au même endroit, en nous rendant à Beaupréau. J'ai hésité quelque temps et je me suis demandé si je ne ferais pas mieux de faire passer cette procédure à l'accusateur public afin qu'il prit connaissance de la négligence extrême avec laquelle le juge de paix de la Pommeraye, devant qui cette affaire est renvoyée la laisse languir. Mais d'un autre côté, j'ai pensé que cette pièce intéressante pouvait figurer utilement auprès de celle que vous avez dessein d'adresser au Ministre.

Si le temps l'eût permis, je vous aurais aussi envoyé copie d'autres procédures qui ont eu lieu à l'occasion d'arrestations de processions faites sur notre territoire; mais nous avons manqué de copistes et ces pièces sont fort longues. Néanmoins, si vous le désirez, je ferai en sorte qu'elles vous parviennent bientôt.

Le lecteur nous pardonnera d'avoir cité tout au long et en détail ces nombreuses lettres, ces dénonciations qui se ressemblent toutes par un fond d'exagération, de mensonges et de haine. Nous l'avons fait pour mettre bien en relief et montrer dans tout leur jour, d'un côté, l'acharnement des révolutionnaires contre les démonstrations religieuses, de l'autre la foi ferme, courageuse et persévérante des chrétiennes populations de la Vendée.

---

(1) Le greffier du juge de paix se nommait René-Jean Thibaut.

III

En vain l'autorité proscrit les processions et les réunions à Notre-Dame-de Charité ; en vain les patriotes font des patrouilles armées et le sang coule dans quelques rencontres : les menaces et les violences sont aussi impuissantes contre la foi populaire que l'avait été la destruction de l'oratoire. Plusieurs personnes qui avaient fait le pèlerinage furent arrêtées à leur retour, emprisonnées et condamnées à l'amende. Tout fut inutile et les réunions continuèrent. Aux jours les plus sombres de la Terreur, les femmes et les enfants, bravant les menaces de mort, accoururent pleurer et prier sur les débris du sanctuaire vénéré, comme autrefois le prophète Jérémie sur les ruines de Jérusalem. A côté d'eux, des hommes valides montaient la garde pour les protéger. Les Rorteau, les Pineau, les Onillon, les Delaunay se firent au péril de leur vie les protecteurs des pèlerins et les défenseurs de ce sol béni profané par des mains impies et sacrilèges.

Ce fut dans une de ces rencontres que Joseph Martin, de la Saulaie (1), âgé alors de 40 ans, eut l'occasion de signaler son courage et sa force prodigieuse. Il montait la garde avec quelques amis près du lieu où les fidèles récitaient leurs prières, quand, tout à coup, se firent entendre les cris d'une patrouille de républicains qui venaient de Chalonnes, le blasphème et la menace à la bouche. Martin et ses amis, quoique sans armes, font bonne contenance, et, de leurs corps, forment un rempart aux femmes et aux enfants en prière. Une lutte ardente s'engage ; de vigoureux coups de poings tombent drus sur les patriotes qui, étonnés de cette audace et désespérant de vaincre cette poignée d'hommes acharnés à se défendre, lâchent pied et prennent honteusement la fuite. Emporté par son ardeur, Martin poursuit les fuyards, mais il se sépare imprudemment de ses amis qui après la victoire se sont hâtés de venir rassurer les fidèle. Il était déjà loin lorsque trois fuyards tournant la tête, et ne voyant qu'un seul homme à leur poursuite, reviennent sur leurs pas pour l'attaquer.

Martin s'arrète, s'arme de ses deux gros sabots ferrés, et les attend de pied ferme.

Une nouvelle lutte s'engage. En même temps qu'il évite avec adresse les coups qu'on cherche à lui porter. Martin fait sentir à ses adversaires la pesanteur de son bras et il les « mailloche » avec ses sabots.

Cependant la lutte reste quelque peu indécise. Ennuyé plutôt que fatigué d'un combat trop long pour son impatience, Martin jette ses sabots, se précipite sur ses adversaires et parvient à les saisir tous les trois. Ils faisaient d'inutiles efforts pour se débarrasser et ils allaient succomber sous

(1) Ferme de Saint-Laurent, aujourd'hui de Bourgneuf, située à une petite distance de la chapelle de Notre-Dame-de-Charité.

cette étreinte vigoureuse quand un quatrième patriote survient au secours de ses camarades, surprend Martin et lui ouvre le ventre d'un coup de sabre. Les entrailles s'échappent par cette horrible blessure ; il lâche prise et tombe sans connaissance et presque sans vie, et tel est l'effroi dont ses ennemis sont encore saisis qu'ils profitent de leur liberté pour prendre précipitamment la fuite.

Les amis de Martin, étonnés de ne pas le voir revenir, vont à sa recherche et le trouvent étendu par terre et baigné dans son sang. Ils le soulèvent avec précaution et le portent à son domicile ; son état inspira de longues et vives inquiétudes. Mais grâce aux soins délicats qui lui furent prodigués et à sa robuste constitution, grâce surtout à la Sainte Vierge qui voulait le récompenser de son dévouement, il recouvra la santé et les forces et mourut dans un âge avancé, le 21 février 1834. (1)

Dans le cours du mois de mai de l'année 1794 sept jeunes filles en revenant de Notre Dame-de-Charité rencontrèrent à 300 mètres du bourg, près du hameau de la Philippière, une bande de patriotes qui se précipitèrent sur elles en proférant d'affreux blasphèmes et de terribles menaces. Cinq d'entre elles furent tuées dans un champ appelé la « pièce d'en haut » près du chemin de la Lande. Une autre, Françoise Brevet, âgée de 15 ans (2), fut rapportée mourante à la maison et expira quelques heures après en demandant pardon à Dieu pour ses bourreaux. La septième, Marie Maugeais, âgée de 20 ans (3), eut le visage fendu de la bouche à l'oreille d'un coup de sabre et fut laissée pour morte sur le terrain.

Le 25 mars 1795, Gabrielle Bourigault, femme de Toussaint Brevet, de la Philippière, qui revenait elle aussi de prier sur l'emplacement de la chapelle fut tuée par des patriotes. (4)

---

(1) Il avait 80 ans. Joseph Martin, fils de Mathurin Martin et de Marie Chiron était originaire de la Jumellière. Il épousa Marie Mercerol et eut 9 enfants. Il fut longtemps un des partisans de la petite Eglise. Cependant vers la fin de sa vie il reconnut son erreur et mourut en vrai catholique et en bon chrétien. — On parle encore dans le pays du courage et de la force prodigieuse du père Martin, de la Soulaie.

(2) Fille de Toussaint Brevet et de Gabrielle Bourigault.

(3) Marie Maugeais était la fille de Jacques Maugeais, maçon et de Jeanne Cesbron. Elle survécut comme par miracle à son horrible blessure, épousa le 29 juillet 1811 François Bâteux, journalier, et mourut le 13 décembre 1829, âgée de 55 ans. — Son mari, originaire de Beaumont-la-Chartre (Sarthe), mourut à l'armée, le 3 mai 1815, âgé de 52 ans.

(4) Gabrielle Bourigault, née en 1750, était la sœur de M. l'abbé Bourigault, desservant de la paroisse. Elle fut inhumée par lui le 26 mars, en présence de Toussaint Brevet son mari, de René Brevet son fils, de François Bourigault, de la Pommeraye, et de Michel Bourigault, de Sainte-Christine, ses frères. — Toussaint Brevet, né le 8 décembre 1756, épousa en secondes noces, le 8 février 1797, Marie Binier, fille de Jean Binier et de Perrine Hagoulon, de Saint-Maurille de Chalonnes. De ce mariage est née, le 13 mai 1811, Renée Brevet, femme Neau, de la Jaltière, décédée le 24 mars 1905, âgée de près de 94 ans, à qui nous devons plusieurs renseignements concernant l'histoire de la paroisse. — Toussaint Brevet est mort le 23 août 1845 ; Marie Binier, née le 15 juillet 1770, est morte le 26 septembre 1851.

Avec M. l'abbé Moreau, vicaire de la paroisse, beaucoup de personnes furent emprisonnées, et mises à mort uniquement parcequ'elles étaient venues prier la Sainte Vierge au « chêne » de Saint-Laurent, comme l'attestent maints interrogatoires des martyrs d'Avrillé près Angers. Ne peut-on pas les appeler les martyrs de Notre-Dame-de-Charité? Voici entre beaucoup d'autres, les noms de plusieurs femmes de Saint-Laurent-de-la-Plaine et des environs : (1)

Marie Allard, veuve Mathurin Chauvat, 60 ans, de Chalonnes. F. (2)

Madeleine Cady, femme Jacques Desvignes, de Chalonnes. F. (3)

Marie Forestier, fileuse, 26 ans, de Montjean. F. (4)

Anne Maugrain, 35 ans, de Rochefort. F. (5)

Marguerite Robin, 68 ans, de Montjean. F. (6)

Marie Rochard, 28 ans, fille de confiance de Trottier serrurier à Montjean. F. (7)

Louise Robin, de Montjean, 53 ans, morte en prison au Grand-Séminaire, le 14 avril 1794.

Louise Brevet, 29 ans, de Saint-Laurent-de-la-Plaine. Emprisonnée. (8)

Françoise Symphorienne Lecoq veuve de Pierre-Augustin Besnier, 42 ans, de Saint-Laurent-de-la-Plaine. Emprisonnée. (9)

René-Sécher veuve René Davy, de Montjean, née à Botz, 40 ans. (10)

(1) Leur interrogatoire était des plus sommaires : « Comment t'appelles-tu, leur demandait-on? D'où es-tu? Allais-tu à la messe des prêtres constitutionnels? Tu as été au chêne, car je t'y ai vue. Sur les aveux ou dénégations de ces femmes, celui qui faisait l'interrogatoire ajoutait : « Tu as une figure fanatique! » Ecris, disait-il à celui qui tenait la plume : « Fanatique jusqu'aux os! et en marge de la liste un grand F qui voulait dire à fusiller ». (Déposition d'Anne Chedevergne administratrice de la prison du Grand-Séminaire.)

(2) Arrêtée pour « avoir couru les processions du chêne de Saint-Laurent ».

(3) On lit dans son interrogatoire du 10 avril 1794 au Grand-Séminaire : « N'a jamais été à la messe des prêtres assermentés parce qu'elle n'y avait pas de confiance. A été 7 ou 8 fois au chêne de Saint-Laurent ».

(4) Extrait de son interrogatoire au Grand-Séminaire, le 8 avril : « A déclaré ne pas aimer les prêtres nouveaux. Fanatique, fréquentant les processions du chêne ».

(5) Voici la réponse à son interrogatoire au Grand-Séminaire le 10 avril 1794 : « A déclaré n'avoir jamais été à la messe des assermentés, avoir été plusieurs fois au chêne de Saint-Laurent ».

(6) Voici son interrogatoire en entier au Grand-Séminaire le 8 avril : « N'allant point à la messe des assermentés; allant aux processions du chêne. Fanatique ».

(7) Le 8 avril, elle est interrogée au Grand-Séminaire : « Voici tout son interrogatoire : « Arrêtée pour avoir couru les processions du chêne ».

(8) Louise Brevet, née le 25 novembre 1765, épousa, le 19 juillet 1798, Pierre Frémond, menuisier, né au Vieil-Baugé, le 29 juin 1748, et mort, le 9 janvier 1813.

(9) Françoise Lecoq, née à Bauné en 1752, épousa, le 15 juin 1778, Pierre Besnier, né en 1754, à Molière (sénéchaussée de Chateaugontier). Ils étaient tous les deux domestiques au château du Pineau. Francoise Lecoq est morte à Saint-Laurent-de-la-Plaine, le 2 avril 1824, âgée de 72 ans. Son mari mourut à l'armée pendant la guerre de Vendée.

(10) « Fanatique prononcée. A fait plusieurs voyages à la chapelle (de N.-D. de Charité) pour la fièvre », dit son interrogatoire du 8 avril, au Grand-Séminaire.

Marie Thuleau, veuve François Oger, 52 ans, de Chalonnes. (1)

Perrine Robin, 28 ans, de Chalonnes.

Marie Leclerc, femme René Fouschard, laboureur, 34 ans, née et demeurant à Chalonnes.

Julienne Thibaut, fille, de Chalonnes, 63 ans, fileuse. (2)

Mme Françoise Cécile Delorme, 30 ans, femme de M. Fourmond fils ainé, brigand de Rochefort. (3)

Mlle Delorme, sa sœur, 27 ans. (4)

Marie Jeanne Herbert, femme Jacques Mousseau, tisserand, de Saint-Laurent-de-la-Plaine. (5)

Marie Moreau, femme Mathurin Lefort, maçon, de Saint-Laurent-de-la-Plaine. (6)

Jeanne Chauvigné, femme Pierre Rorteau, marchand serger, de Saint-Laurent-de-la-Plaine. (7)

Marguerite Mondain, veuve Jacques Tricoire.

Marie Boussicaut.

(1) Interrogatoire du 10 avril au Grand-Séminaire : « A été plusieurs fois au chêne de Saint-Laurent ».

(2) Emprisonnée au Bon-Pasteur et interrogée, le 6 avril, elle déclare qu'elle n'allait pas à la messe des prêtres assermentés parce que ce n'était pas son idée, mais qu'elle allait en pèlerinage au chêne ».

(3) Très malade, elle est interrogée aux Pénitentes (boulevard Descazeaux, 23, à Angers), le 6 avril 1794, et déclare avoir été « aux processions du chêne. »

(4) Aristocrate prononcée. « A été en procession au chêne ».

(5) Marie Herbet, fille de Jacques Herbet et de Marie Rosé avait épousé, le 11 juin 1781, Jacques Mousseau. fils de René Mousseau, journalier, et de Perrine Letheul.

(6) Ils avaient une fille, Louise-Renée, née le 23 février 1791.

(7) Ils avaient un garçon, Jacques-Pierre Rorteau, né le 20 avril 1792. — Jeanne Chauvigné, née en 1758, à la Jumellière, fille de Mathurin Chauvigné et de Sébastienne Gallard, est morte, le 26 février 1833, âgée de 75 ans. Son mari mourut pendant la guerre de Vendée.

CHAPITRE IX

LE SOULÈVEMENT DE LA VENDÉE. — LA TERREUR

Causes du soulèvement de la Vendée. Le tirage au sort à Saint-Florent-le-Vieil. — Un des chefs de l'insurrection, le chirurgien Sébastien Cady de Saint-Laurent-de-la-Plaine. — Noms des combattants de la paroisse. — Incendie du bourg de Saint-Laurent.

I

La persécution mit une auréole au front de ses victimes. Un frémissement d'indignation avait envahi les paysans du Bocage quand ils avaient vu les prêtres fidèles chassés de leurs presbytères et de leurs paroisses et remplacés par des intrus. Ils les avaient cachés et défendus avec un dévouement admirable, prêts, au besoin, à repousser avec leurs fusils de chasse et leurs faulx les patriotes qui viendraient les attaquer, mais l'idée ne leur était point venue de prendre les armes, de grouper leurs forces et de se révolter contre un état de choses qu'ils détestaient. La colère, sans doute, bouillonnait dans leurs cœurs, mais enfin tout était assez calme extérieurement et rien ne faisait augurer avec certitude que la guerre, une guerre acharnée allait naître du mécontentement populaire.

Le meurtre de Louis XVI, connu dans les Mauges vers les derniers jours de janvier, avait encore augmenté l'exaspération des paysans, mais aucun mouvement sérieux n'avait suivi cette nouvelle et il est bien à croire que si la Convention en fût demeurée là, ce forfait, tout détesté qu'il fût, n'aurait point lassé leur patience.

L'étincelle qui fit naître et développa l'incendie ce fut le décret du 24 février 1793 ordonnant une levée de trois cent mille hommes, et le tirage au sort, au chef-lieu de canton, sur tout le territoire de la République.

Les Vendéens n'étaient point des lâches. Ils l'ont assez prouvé, certes ; et ce n'était pas la crainte d'exposer leur vie dans les combats qui leur rendit odieux le décret de la Convention. Mais quand ils comprirent qu'il ne s'agissait plus seulement de courber la tête sous un joug maudit, qu'ils devaient encore donner leur sang pour un régime exécré et des lois sacrilèges, pour soutenir les persécuteurs de leurs prêtres et les assassins de leur

Roi, un long cri de colère courut dans tout le pays, et partout on prit les armes pour la défense de l'autel et du foyer.

On a répété souvent que les Vendéens, loin d'être des héros, n'étaient que des révoltés qui s'insurgeaient contre le gouvernement de leur pays, et que, par conséquent, la guerre qu'ils ont faite était injuste et ne mérite aucune admiration.

Les Vendéens ont pris les armes pour la défense de leur liberté politique et surtout de leur liberté religieuse au moment où des sujets rebelles venaient d'assassiner leur légitime souverain. Sans doute, on ne doit point se révolter, les armes à la main, contre un pouvoir même illégitime, s'il est pourtant régulier et en possession paisible du gouvernement. Mais dans le cas qui nous occupe, les régicides qui faisaient peser sur la France leur joug sanglant n'étaient ni légitimement, ni régulièrement, ni paisiblement en possession du pouvoir, puisque par la violence ils tenaient dans les fers l'héritier du trône, et que son représentant, institué régent du royaume par le vieux droit traditionnel, avait entrepris, les armes à la main, de chasser de France le gouvernement révolutionnaire. A cette heure là, c'étaient les bourreaux de Louis XVI, les geôliers de Louis XVII qui étaient les véritables rebelles et les Vendéens qui combattirent pour relever le trône et défendre leur foi étaient incontestablement les défenseurs du droit et de la justice. Sans doute, il faut condamner l'insurrection à main armée et c'est précisément pour ce motif qu'il faut condamner ceux qui avaient renversé le roi légitime et porté sur lui une main sacrilège.

On ose encore soutenir que l'insurrection vendéenne a été provoqée par les prêtres et les nobles. S'il est aujourd'hui une vérité démontrée à tout homme sérieux, une vérité qu'il faut cependant redire pour condamner au silence les préjugés mis dans la circulation révolutionnaire, c'est évidemment celle-ci : Ce ne sont pas les prêtres, ce ne sont pas les nobles qui ont préparé la prise d'armes et allumé la guerre civile. Le soulèvement en masse de la Vendée fut un élan spontané, il fut l'explosion d'une indignation profonde, longtemps comprimée, et qui, depuis la journée lamentable du 21 janvier 1793, n'attendait qu'une étincelle pour éclater avec une énergie terrible. Les prêtres et les nobles furent entraînés par ce mouvement, au lieu d'en être les instigateurs ; ils le suivirent, ils se dévouèrent même pour en procurer le succès, mais il ne leur inspira tout d'abord que des inquiétudes et des appréhensions (1). Les vrais provocateurs sont ceux-là mêmes qui ont crié au « fanatisme » et qui n'ont cessé de multiplier, de 1791 à 1793, des méfaits analogues à ceux que nous venons d'exposer. S'il y eut des vengeances et des représailles de la part des

____

(1) *Notice Historique sur le collège de Beaupréau*, par M. le chanoine Moreau. (Avant-propos, causes de l'insurrection vendéenne.)

Vendéens, elles furent la conséquence toute naturelle des violences exercées contre eux par les révolutionnaires de bas étage qui persécutaient et guillotinaient leurs prêtres, massacraient leurs femmes et leurs enfants, brûlaient leurs églises et incendiaient leurs maisons. (1)

Qui oserait assurer, d'ailleurs, que dans les circonstances présentes, les populations des Mauges n'étaient pas sous l'inspiration secrète de Dieu? que dans l'état de dégradation morale où se trouvait alors la France, il ne voulait pas se servir de la Vendée pour donner au monde les plus sublimes exemples de grandeur d'âme, d'énergie, de dévouement et de fidélité aux principes d'ordre et de justice? Qui ne sait, comme nous l'apprend l'expérience des siècles, qu'il entre ordinairement dans le plan divin de demander de grands sacrifices, du sang même, aux âmes honnêtes et justes pour l'expiation des grands crimes? Si les Vendéens n'étaient pas tombés en martyrs du droit, de l'honneur et du devoir; si tant de femmes chrétiennes, de vierges pieuses et d'enfants innocents, n'avaient pas été massacrés, fusillés, noyés, et immolés sur l'échafaud; si le prix de ces saintes victimes n'avait pas été là pour compenser aux yeux de Dieu, les horreurs de la démagogie, qui peut dire quand nous aurions revu sur le sol de la patrie si outragée, le rétablissement de nos autels et la disparition de l'anarchie?

Le tirage au sort fut fixé dans les Mauges au mardi 12 mars. Pendant les huit jours qui précédèrent, des hommes intrépides parcouraient les bourgs et les villages, semant partout l'idée de l'insurrection et excitant les jeunes gens à ne ne point tirer à la milice. De tous côtés, les jeunes gens se réunissaient pour délibérer et presque partout on prenait la résolution de ne pas se rendre au tirage, ou, si l'on allait au chef-lieu, de résister aux sommations des intéressés.

Au jour fixé, de grand matin, le tocsin sonne au clocher des villages pour donner le signal du départ. Les chemins qui conduisent à Saint-Florent-le-Vieil se couvrent de jeunes gens accompagnés de leurs pères et de leurs amis. Beaucoup emportent le fusil de chasse accroché suivant l'usage au dessus du manteau de la cheminée, d'autres des fourches, des faulx ou seulement un gros bâton noueux qui dans leurs mains vigoureuses n'était point une arme à dédaigner. Peu à peu les groupes grossissent, chaque village amenant une nouvelle bande; on se reconnait, on se serre la main au cri de : « Vive le Roi ! Vive la Religion ! A bas la République !

Pour faire leur entrée dans la ville, les jeunes gens se massent en une longue colonne dont les plus résolus prennent le commandement et sous la conduite de Forestier, de la Pommeraye, de Cady, de Saint-Laurent-de-la-

____

(1) On peut s'en convaincre par les réponses de M. l'abbé Joseph Moreau au Tribunal révolutionnaire.

Plaine et de Perdriau, de la Poitevinière, ils vont se ranger en ordre de bataille devant la porte principale de l'abbaye. A ce moment, trois parlementaires se détachent de la foule et somment le district d'ajourner le tirage et de livrer ses armes. Quelques officiers municipaux marchaient à leur rencontre lorsqu'un coup de fusil éclate, tiré, paraît-il, par un insurgé nommé Fleury, maréchal-ferrant. Les républicains répondent à cette détonation par un coup de canon à mitraille. Ce fut le signal d'une mêlée générale. Les paysans furieux se précipitent sur les couleuvrines, assomment les canonniers, enfoncent et culbutent la garde nationale et envahissent l'abbaye. Administrateurs, gendarmes, gardes nationaux prennent la fuite; les insurgés maîtres du terrain s'emparent du district, pillent la caisse et brûlent pêle-mêle, dans un feu de joie, les papiers de l'administration : les plus acharnés saccagent les demeures des patriotes, quelques-uns s'attablent dans les cabarets, la plupart regagnent leurs villages et répandent partout la nouvelle de leur victoire.

Le lendemain de l'échauffourée de Saint-Florent, quelques conscrits réfractaires étant passés par le bourg du Pin-en-Mauges, entrèrent chez Cathelineau pour lui raconter l'affaire de la veille. Aussitôt, Cathelineau qui était en train de boulanger laisse là sa pâte, revêt son habit et malgré les protestations de sa femme qui se jette à ses genoux et le conjure de penser à elle et à leurs petits enfants : « Mes amis, s'écrie-t il d'une voix vibrante, nous sommes perdus, prenons les armes ; il n'y a pas de temps à perdre : notre pays va être écrasé par la République.

Pour accélérer davantage le mouvement, Cathelineau fait battre le tocsin une partie de la nuit et dans la matinée du lendemain, et envoie dans les environs prêcher la croisade qu'il vient d'entreprendre. A son appel, des bandes de conscrits accourent de toutes les paroisses voisines et le lendemain, ces soldats improvisés, armés seulement de faulx retournées, de haches, de bâtons et de quelques fusils de chasse, commençaient cette guerre à jamais mémorable que Napoléon a si bien nommée « la guerre des géants ».

II

La paroisse de Saint-Laurent-de-la-Plaine prit part comme toutes les autres au soulèvement de la Vendée. Elle fournit son contingent à l'armée catholique et royale et un des principaux chefs de l'insurrection dans la personne du chirurgien Cady, l'une des figures les plus originales de la Vendée Angevine.

Sébastien-Jacques Cady, fils de Charles Cady et de Jacquine-Gabrielle Lusson, appartenait à cette petite bourgeoisie de campagne qui donna à la cause royaliste d'ardents partisans et des officiers capables et énergiques. Il naquit à Saint-Laurent, le 31 janvier 1754 (1). Son père était chirurgien ; un de ses frères, Charles-Louis, décédé le 1ᵉʳ février 1789, l'était aussi (2). Petit de taille. grêle, mais d'une intelligence et d'une intrépidité rares. Cady était un chirurgien fort habile et fort consulté. Il faisait dans tout le pays environnant des voyages qui duraient parfois plusieurs jours. Le père Pineau, de Saint-Laurent-de-la-Plaine, qui a servi sous ses ordres en 1815, a raconté que c'était pour lui un jeu d'opérer les becs de lièvre. Il lui avait vu extirper en un tour de main une balle restée dans la cheville de pied d'un Vendéen blessé à l'attaque de Granville. Alerte, gai, charitable, c'était, disait avec émotion le vieux Pineau « le meilleur homme que j'aie connu ». Il sautait à pieds joints sur la table de l'auberge et y dansait, au milieu des bouteilles et des verres. sans rien casser. Malheureusement, c'était là son défaut, il cultivait un peu trop le cabaret et la bouteille, ce qui lui valait de vertes réceptions de la part de ses sœurs quand il rentrait « ému », et le mettait en froid avec son curé.

Familier avec tous, toujours gai, il aimait la chanson, excitait les chanteurs, chantait lui même.

Il était adoré des gens du pays. Il avait pour eux, pour Pineau particulièrement, de ces procédés qui gagnent le cœur : au cabaret, lui passant sa bourse par dessous la table, pour qu'il ait l'honneur de régaler, et le louant devant l'hôtesse et ses camarades de cette générosité ; dans un chemin où Pineau (qui n'était pas riche). marchait derrière lui, et croyant que Pineau ne le voyait pas, laissant tomber une pièce de trente sous ou un petit écu pour qu'il le ramassât ; se cachant derrière les rideaux ou dans la ruelle du

---

(1) Voici l'acte de baptême de M. Cady :

Le vendredi, premier février mil sept cent cinquante quatre, Sébastien-Jacques, né d'hier, fils d'honorable homme Charles Cady, maître chirurgien, et de Jacquine-Gabrielle Lusson, son épouse, a été baptisé par nous vicaire soussigné. A été parrain honorable homme Jacques Houdet, maître chirurgien, de la paroisse de Saint-Maurille de Chalonnes, cousin de l'enfant qui a signé avec nous, et marraine, Renée Jacob, épouse de Jean Bertault, de cette paroisse, ladite marraine cousine de l'enfant, qui a déclaré ne savoir signer.

J. HOUDET.   HELBERT, vicaire. »

La mère de M. Cady mourut le 13 juin 1763.

(2) M. Cady eut 5 frères et 7 sœurs : Jacquine-Charlotte, née en 1748, décédée le 15 février 1819 ; — Charles-Louis, né le 7 janvier 1749, décédé le 1ᵉʳ janvier 1789 ; — Gabrielle, née le 21 décembre 1750 ; — Renée-Françoise-Elisabeth, née le 5 novembre 1752, décédée le 23 septembre 1808 ; — Marie-Urbaine-Francoise ; — Félicité-Louise, née le 23 avril 1755, décédée le 7 mars 1759 ; — Louis-Marie, né le 8 septembre 1756, marchand quincailler à Rochefort-sur-Loire, puis à Beaupréau, décédé le 13 avril 1802. Il avait épousé au Fief-Sauvin, le 23 octobre 1787, Marie Doly, fille d'Etienne Doly, de Notre-Dame de Beaupréau et de Jeanne-Rose Gruget, nièce par sa mère de M. Gruget, curé de la Trinité d'Angers. Il fut élu maire de Beaupréau en 1801. — François-René, né le 5 novembre 1757, décédé le 9 juin 1761 ; — Agathe-Eulalie, née le 4 février 1759 ; — Marthe-Hélène-Véronique, née le 7 juillet 1760, décédée le 23 janvier 1830 ; — Joseph-Marie, né le 24 août 1761 ; — François-Joseph, né le 18 mars 1763. — Deux neveux de Cady, du même nom, François et Auguste servirent sous ses ordres en 1815 et furent proposés, le 25 octobre pour le grade de sous-lieutenant. (État d'ordre de 1815).

lit de la métayère, dont il avait trouvé la porte ouverte, pour lui faire peur, comme l'eut fait un vieil ami ; prodiguant aux pauvres ses soins, ses secours, sans accepter aucune rémunération, faisant bien payer les riches étrangers.

C'était plaisir de le voir trotter sur son cheval blanc, suivi d'un énorme chien fauve qu'on appelait « Dragon », le plus doux des animaux avec les enfants, le plus terrible pour ceux qui auraient voulu toucher au cheval de son maître quand celui-ci, rentrant au village et mettant pied à terre pour visiter un malade ou pour boire un coup, lui avait mis la bride sur le cou, et qu'ils s'en retournaient tous deux côte à côte à la maison.

Cady n'était pas marié. Il habitait avec ses deux sœurs, Jacquine et Marthe, un peu au delà de l'église et du même côté, (à droite en allant à Chalonnes), une petite maison basse, aujourd'hui atelier de sabotier, avec une partie plus haute à côté où il est mort (1). Une autre maison (2) plus importante, bâtie, mais non occupée par lui, vient à la suite, séparée de l'autre par une barrière et une cour. Il possédait dans le bourg des terrains et des bâtiments d'une certaine importance : des champs aux Airaux et la métairie de la Grande Gourdonnière.

Entre ses deux maisons, sur la rue, Cady avait fait construire une belle volière ; sur une des murailles un artiste d'Angers avait peint son portrait très ressemblant et celui du fidèle Dragon : c'était la joie et l'orgueil du propriétaire.

M. Cady fut, sous la Restauration, maire de Saint-Laurent-de-la-Plaine et conseiller d'arrondissement, le 1er mai 1800. Il mourut à Saint-Laurent, le 19 avril 1820, âgé de 66 ans (3). Il était chevalier de l'Ordre royal et militaire de Saint-Louis. Sur sa tombe, les honneurs militaires lui furent rendus par la garde nationale de Saint-Laurent et ses anciens compagnons d'armes qui avaient tenu à venir donner ce dernier témoignage d'estime et d'attachement à leur ancien chef.

Cady fut un des premiers chefs de la Vendée sous les ordres de

(1) C'est la maison de M. Stanislas Roullier.

(2) Maison de M. Yviquel, boulanger.

(3) Voici l'acte de sépulture de M. Cady : « Le vingt du mois d'avril 1820 a été inhumé dans le cimetière de ce lieu par nous, desservant soussigné, le corps de maître Sébastien Cady, colonel, chevalier de l'Ordre royal et militaire de Saint-Louis, décédé hier, âgé de soixante-six ans, en présence de Vincent Hilaire et de Pierre Rorteau.

GRELLIER, *desservant.* »

Dans le cimetière on voit encore son tombeau à côté de celui de M. Bourtault. C'est une petite dalle d'ardoise posée sur quatre piliers. Le temps l'a exfoliée et a détruit presque en entier l'inscription. On peut cependant dechiffrer : Cy gît le corps. — Cady, chirurgien. Sa croix de Saint-Louis longtemps conservée à la mairie de Saint-Laurent, a disparu.

On rapporte que son chien le fidèle « Dragon » allait sans cesse gratter sur la tombe de son maître en poussant des hurlements plaintifs et essayait de le déterrer. On fut obligé de le tuer à coups de fusil (*Récit du père Pineau*).

Cathelineau, puis de Bonchamps et de Stofflet. Avec Bonchamps, il se signala au premier combat du Mesnil (avril 1793). Il commandait avec la Sorinière, à l'affaire du Pont Barré, la division de Chemillé qui tourna la droite de l'armée républicaine, en franchissant le Layon à Bézigon et aux Planches et amena sa déroute complète Avec Stofflet il culbuta dans la Loire du haut de la roche de Mûrs 700 gardes nationaux d'Angers. Au retour de la campagne d'Outre-Loire, Stofflet le nomma inspecteur des gardes du Layon. Il reprit les armes en 1796, mais arriva trop tard pour délivrer Stofflet, prisonnier à la Saugrenière. Tel était son ascendant sur les paysans du voisinage qu'au premier signal, durant les Cent Jours, il réunit 10 paroisses dans la lande de Saint Lézin et les entraîna avec lui à Jallais, à Chemillé et au Pont-Barré. (1)

Chaque paroisse insurgée avait son comité composé d'un président et de quatre membres. Ce comité présidait aux distributions de vivres et de munitions, donnait les ordres pour les levées et les départs et s'occupait de l'élection des capitaines et de la police.

En ce qui concerne l'organisation militaire, elle comprenait, suivant la population, une ou deux compagnies. La compagnie était commandée par un capitaine choisi par les paysans et celui-ci avait sous ses ordres un lieutenant et des sous-officiers. Dans les dossiers comprenant les états de service des officiers et soldats des armées de l'ouest, dossiers établis en 1814 et en 1815 par une Commission chargée d'examiner les titres des officiers et soldats à des récompenses. nous avons relevé, pour Saint-Laurent-de-la-Plaine, les noms de 113 combattants qui ont pris les armes de 1793 à 1799 et qui ont survécu à la Révolution.

Aligon Pierre, de la Fumoire (2), soldat, toute la guerre.
Barault Louis, de Bellenoue (3), soldat, toute la guerre.
Bastard Jean, de la Petite Jaltière (4), soldat, 1793, 94, 95, 96.
Beduneau Jean, de la Boissière (5), sergent, 1793, 94, 99, 1815.
Beduneau Mathurin, de la Marotière (6), sergent, toute la guerre.

(1) Un des frères de M. Cady, chef comme lui dans l'armée vendéenne, fut tué dans les premiers combats, près d'Izernay.
(2) Né le 25 août 1769, fils de Jean Aligon et de Jeanne Colesseau, épouse le 10 avril 1795, Marie Blond, née à Beausse, le 25 avril 1775. Décédé le 25 décembre 1827.
(3) Né le 11 mai 1769, fils de Jean Barault et de Françoise Neau, épouse le 18 février 1791, Louise Maquain de Bellenoue, fille de Jean Maquain de la Grande Roussière et de Marie-Françoise Bureau. Décédé le 29 mars 1853.
(4) Décédé le 7 janvier 1827, âgé de 74 ans.
(5) Né en 1759, à Saint-Maurille de Chalonnes, fils de Jacques Beduneau et de Renée Dubois, époux de Jacquine Beduneau, décédé le 17 février 1821. — Il a perdu une valeur de 1.800 francs en 1794.
(6) Décédé le 2 août 1837, âgé de 71 ans.

Bidet Jean, de la Davière (1), sergent, toute la guerre.

Bidet Louis, du Teil (2), sergent, 1793, 94 95, 96.

Bidet Pierre, du Teil (3), sergent, toute la guerre.

Bidet René-Pierre, du Teil 4), caporal, toute la guerre.

Binier Jacques, de la Caillerie (5), caporal, toute la guerre.

Blond Jean, cordonnier (6) caporal, 1793, 94, 99.

Blond René, soldat, toute la guerre.

Blouin Pierre, de la Grande Rogerie (7), soldat, toute la guerre.

Blourdier Jean, du Petit Groisellier (8), caporal, toute la guerre.

Blourdier Mathurin, journalier (9), soldat, 1793, 94, 95, 96.

Blourdier Pierre, soldat.

Boitaut Louis, serger (10), soldat.

Boitault Pierre, lieutenant, 1793, 94, 95, 96.

Bompas Étienne, closier à la Lande (11), soldat, toute la guerre.

Bondu Étienne, marchand colporteur (12), soldat, toute la guerre.

Boucherie Sébastien, caporal, toute la guerre.

Boumier Louis, de la Caillerie (13), soldat, toute la guerre.

Boumier René, soldat, toute la guerre.

Boumier Vincent, du Mirandeau (14), soldat 1793, 94, 95, 96.

(1) Né en 1758, fils de Jean Bidet et de Marie Blanvilain, époux de Marie Ménard, décédé le 18 août 1825.

(2) Né en 1777, fils de Pierre Bidet et de Marie Coulon, époux de Jeanne Frémondière décédé aux Landes-Chiron, le 16 janvier 1829

(3) Né en 1768, époux de Marie Coulon, décédé le 3 décembre 1831.

(4) Né en 1776, fils de Pierre Bidet et de Marie Coulon, blessé au combat de Cholet et emprisonné à Beaupréau.

(5) Né le 27 octobre 1767, à Saint-Maurille de Chalonnes, fils de Jean Binier et de Perrine Hagoulon, épouse, le 14 décembre 1797, Marie Montaillé, de la Marotière, née le 20 octobre 1768.

(6) Né en 1767, fils de René Blond, métayer, et de Renée Bourigault, épouse, le 11 novembre 1806, Perrine Mouillé.

(7) Né en novembre 1776, fils de Louis Blouin, épouse, le 16 juin 1798, Marie Davy, du Gàs, née le 10 août 1782, fille de Mathurin Davy. Décédé le 31 octobre 1861.

(8) Né en 1761, fils de Pierre Blourdier et de Françoise Boulestreau, époux de Mathurine Oger, mort le 18 février 1826. - Il a fait toute la guerre de la Vendée en qualité de caporal et pris part aux combats de Doué, Saint-Lambert, Tout-le-Monde, Chemillé, Jallais, Beaupreau, Chaudron, Saint-Florent, Chalonnes, où il a été blessé. Un de ses frères fut tué à l'armée. Titulaire d'une pension de 50 livres.

(9) Né en 1758, fils de Pierre Blourdier et de Françoise Boulestreau, époux de Perrine Lehoreau, décédé le 14 mai 1816. Six enfants.

(10 Epoux d'Anne Meunier.

(11) Epoux de Perrine Gadras. A perdu la vue.

(12) Décédé le 30 janvier 1836, âgé de 79 ans.

(13) Né le 1er juin 1774, fils de François Boumier et de Renée Beduneau, épouse, le 30 juin 1795, Renée Binier, de Saint-Maurille de Chalonnes, née le 9 juin 1776, fille de Jean Binier et de Perrine Hagoulon.

(14) Né en 1756, à Chaudefonds, fils de Vincent Boumier et de Jeanne Defoix, décédé le 5 décembre 1817.

Bourigault Joseph, journalier à Bourgneuf (1), soldat, toute la guerre.

Branchereau Jean, du Plessis-Beuvereau (2). soldat, toute la guerre.

Branchereau Pierre, de la Fumoire (3). soldat, toute la guerre.

Brechet Jacques, sabottier (4), soldat, toute la guerre.

Brevet René, métayer (5), courrier à cheval, 1793, 94, 95, 99.

Cady Sébastien, chirurgien (6), colonel, toute la guerre.

Cailleau Étienne, de l'Épine (7), soldat, toute la guerre.

Chalonneau Pierre, du Pineau (8), soldat, 1799, 1815.

Couteau Jean, sabottier (9), soldat, 1793. 94, 99.

Dailleux René, métayer (10), caporal, toute la guerre.

Davy Jean, métayer au Gâs (11), soldat, toute la guerre.

Davy Mathurin, soldat, toute la guerre.

Davy René, de la Lansonnière (12), soldat, toute la guerre.

Davy René, de la Grande Marotière (13), soldat, toute la guerre.

Delaunay François, courrier à cheval, 1799, 1815.

Delaunay Jean, maréchal (14), soldat, 1793, 94, 95, 1815.

(1) Né en 1770, époux de Marie Oger, décédé le 27 avril 1836.

(2) Né à Chalonnes, le 28 février 1753, fils de Jean Branchereau et de Renée Oger, épouse le 14 juin 1796 Jeanne Rousse, 28 ans, de Saint-Quentin, fille de Joseph Rousse et de Madeleine Besnard. Décédé le 14 août 1826.

(3) Né à la Pommeraye, le 14 avril 1766, fils de Mathurin Branchereau et de Renée Blouin, époux de Jeanne Lehoreau, décédé le 15 mai 1829.

(4) Né en 1776, fils de François Brechet, époux de Jacquine Boistault, décédé le 17 mars 1845.

(5) Commissaire aux vivres en 1815. Il prit part aux combats de la Pommeraye, Beaupreau, Vihiers, Thouars, la Châtaigneraie, Fontenay-le-Comte, Chaudron, Liré, Chalonnes. Un de ses frères mourut dans l'armée d'Outre-Loire. Il perdit un cheval, cinq vaches et fourniement fait à l'armée estimé 1.500 francs. Au moment de l'incendie du bourg de Saint-Laurent, tout son bien, lin, graine de lin, fourrage des bestiaux fut perdu, le tout estimé 3.000 francs dont total de 4.500 francs. Décédé le 26 février 1837. Six enfants.

(6) Né le 31 janvier 1754, fils de Charles Cady, chirurgien et de Jacquine-Gabrielle Lusson, décédé le 19 avril 1820. Il était chevalier de Saint-Louis, conseiller général et maire de Saint-Laurent.

(7) Né en 1771, fils d'Etienne Cailleau et de Marie Hagoulon, épouse Louise Boumier et en secondes noces Marie Piton. Décédé le 18 septembre 1834.

(8) Né le 16 février 1772 à Saint-Lambert-du-Lattay, épouse le 11 février 1798, Renée Baranger, de Saint-Maurille de Chalonnes, âgée de 30 ans.

(9) Né en 1774, épouse en secondes noces, le 20 septembre 1836, Reine Brunsard, 52 ans, veuve de François Oger, maréchal. — Il eut un genou traversé par une balle. Titulaire d'une pension de 100 francs.

(10) Né à Notre-Dame de Chalonnes, le 25 mars 1764, fils de Pierre Dailleux et de Perrine Godefroy, épouse le 13 juin 1797, Jeanne Rorteau, 19 ans, fille de Pierre Rorteau, serger, et de Jeanne Chauvigné. Décédé le 4 mai 1848.

(11) Né en 1781.

(12) Né en 1753, fils de René Davy et d'Anne Tijou, époux de Louise Belliard, fille de René Belliard et de Jeanne Boulestreau, morte le 20 avril 1798. Décédé le 29 mars 1829.

(13) Né à la Pommeraye en 1752, fils de Mathurin Davy et de Mathurine Tharreau, époux de Madeleine Montaillé, fille de Mathurin Montaillé et de Marie Marais, morte le 10 août 1798, Décédé le 1er décembre 1816.

(14) Né en 1768, décédé le 27 juin 1837.

Delaunay Mathurin, de la Philippière (1), sergent, toute la guerre.

Denéchau François, voiturier (2), soldat, 1793, 94, 95, 1815.

Denéchau Jacques, du Pineau (3), soldat, 1793, 94, 95, 96.

Denéchau Jean, du Pineau (4), soldat, 1793, 94, 95, 96.

Denéchau Pierre, journalier à Bourgneuf (5), soldat, 1793, 94, 95, 96.

Denéchau Pierre, du Pineau (6), soldat, 1793, 94, 95, 96.

Drapeau Pierre, maçon (7), soldat, 1793, 94, 95, 1815.

Frémondière François, de la Douarderie (8), soldat, 1793, 99.

Frémondière Georges, de la Douarderie (9), soldat, toute la guerre.

Gabory Jacques (10), soldat, toute la guerre.

Gallard Jean, meunier à Frossanger (11), commissaire aux vivres, 1794, 95, 99, 1815.

Gallard Joseph Jean (12), soldat, 1793, 94, 95, 96, 99.

Gasté René, tailleur (13), soldat, 1793 94, 95, 96.

Gauthier Mathurin, serger (14), soldat, 1793, 94, 95, 1815.

Gendron Louis, métayer au Puy (15) soldat, 1799, 1815.

(1) Né à Chalonnes, le 25 avril 1770, épouse, le 26 décembre 1797, Marie Turquais.

(2) Né en 1751, épouse, le 4 février 1784, Jeanne Janneteau. Décédé le 15 juillet 1816.

(3) Né en 1756, fils de Jacques Denéchau et de Madeleine Brunet, époux de Marie Lehoreau, décédé le 7 juin 1835. Cinq enfants : Marie, Louise, Jeanne, Jacques et Charles.

(4) Né en 1753, fils de Jacques Denéchau et de Madeleine Brunet, époux de Marie Ménard et en secondes noces de Marie Juteau. Décédé le 1er mars 1818. Huit enfants.

(5) Né à Bourgneuf, en 1743, fils de Jacques Denéchau et de Marie Guillet, époux de Marie Boitault, décédé le 29 novembre 1823.

(6) Né en 1759, fils de Jacques Denéchau et de Madeleine Brunet, époux de Marie Blouin, décédé le 22 septembre 1834. Deux enfants dont un mort au service.

(7) Fils de Jacques Drapeau et de Renée Fruchaud, décédé le 13 février 1831. Titulaire d'une pension de 100 francs. Il avait épousé Marie Moreau le 6 juillet 1785.

(8) Né en 1764, fils de Jacques Frémondière et de Mathurine Malinge, épouse le 1er juillet 1795, Marie-Gabrielle Bréheret, fille de Louis Bréheret et de Gabrielle-Françoise Blourdier. Décédé le 26 janvier 1833. A reçu une balle dans la poitrine. Titulaire d'une pension. Cinq enfants : François, Marie, Jacquine, Renée et Georges.

(9) Né en 1770, fils de Jacques Frémondière et de Mathurine Malinge, épouse le 28 décembre 1797, Perrine Quesson, de la Rogerie. Décédé le 13 mai 1838.

(10) Né en 1771, décédé le 12 août 1854.

(11) Né en 1752, fils de René Gallard et de Perrine Bureau, époux de Gabrielle Poilière, née le 2 juillet 1773, fille de René Poilière et de Jacquine Brunet. Décédé le 21 décembre 1818.

(12) Il a fait la guerre pendant toute la Révolution et pris part aux combats de Chemillé, Angers, Saumur, Nantes, Châtillon, Lucon, Chantonay, Chalans, Cholet et Beaupréau. Il reçut plusieurs blessures et fut laissé pour mort sur le champ de bataille. Un de ses frères est mort à l'armée, un autre est mort en prison. Il perdit tous ses biens lors de l'incendie du bourg de Saint-Laurent. Trois enfants.

(13) Né à Saint-Pierre de Chemillé en 1755, époux de Marie Bricheteau, décédé le 20 février 1824. Pauvre et paralytique.

(14) Né en 1761, époux de Jeanne Gourdon,

(15) Né à Saint-Germain-des-Prés, le 15 août 1774, épouse le 18 mai 1798, Jeanne Rousse, née à Chalonnes, le 29 juin 1766.

Gendron Pierre, à la Boissière (1), soldat, 1799, 1815.

Girault François, de la Braudière (2), soldat, toute la guerre.

Gourdon Jean, de la Lansonnière (3), sergent, toute la guerre.

Gourdon René, du Plessis Beuvereau (4), soldat, toute la guerre.

Grosse Louis, cabaretier (5), soldat, toute la guerre.

Hilaire Vincent, journalier et fossoyeur (6), soldat, 1793, 94, 95, 1815

Humeau Joseph-Serge, de Rochard (7), capitaine de cavalerie, toute la guerre.

Janneteau Jean, de la Michellerie (8), soldat, 1793, 94, 95, 96.

Janneteau Mathurin, du Plessis-Raymond (9), soldat, 1793, 94, 99.

Jolivet Jean, métayer à la Petite-Lande (10), soldat, 1793, 94, 95, 96, 1815.

Jolivet Pierre, de la Grande-Roussière (11), soldat, 1793, 94, 95, 96.

Lefort Jean, soldat, 1793, 94, 95, 96.

Lefort Mathurin, maçon (12), soldat, 1793, 94, 95, 96.

Lefort René, maçon (13), soldat, 1793, 94, 95. 96.

Leger Jean, serger (14) sergent, toute la guerre.

(1) Frère du précédent, né en 1775, époux de Françoise Turquais. Décédé le 29 octobre 1834.

(2) Né en 1758, époux de Louise Boulestreau.

(3) Né le 17 février 1769, épouse le 11 février 1791, Jeanne Jolivet, née à Saint-Maurille de Chalonnes, le 2 mai 1772. Décédé le 13 septembre 1857.

(4) Décédé le 9 août 1832, âgé de 60 ans.

(5) Epoux de Renée Gaudin.

(6) Né à Saint-Pierre de Chemillé en 1756, fils de François Hilaire et de Marie Breton, époux de Jeanne Ayrault et en secondes noces de Jeanne Renou. Décédé le 16 mars 1834.

(7) Né en 1769, fils de Joseph Humeau, meunier, et de Catherine Boitault, épouse, le 23 novembre 1796, Renée Jolivet, fille de Julien Jolivet et de Renée Seicher, de Saint-Maurille de Chalonnes. Décédé le 11 juillet 1821. Cinq enfants : Marie, Joseph, Renée, Joséphine, René. Il était attaché à l'Etat major de l'armée vendéenne et jouissait d'une pension.

(8) Né en 1763, à Saint-Maurille de Chalonnes, fils de Louis Janneteau et de Renée Bernier, époux de Marie Davy. Décédé le 5 avril 1820.

(9 Né à la Pommeraye, le 30 novembre 1763, fils de René Janneteau et de Renée Bourcier, épouse le 28 février 1791, Jacquine Cathelineau, née le 12 juin 1762. Décédé le 13 février 1825.

(10) Fils de Mathurin Jolivet et de Julienne Chaumoître, épouse le 10 février 1784 Renée-Charlotte Maquain, fille de Jean Maquain et de Marie-Françoise Bureau. — Employé à faire des patrouilles de jour et de nuit depuis Chaudefonds jusqu'à Montjean. Complètement ruiné par la guerre. Six enfants.

(11) Né en 1761 à Saint-Maurille de Chalonnes, fils de Mathurin Jolivet et de Julienne Chaumoître, époux d'Anne-Jeanne Maquain. Décédé le 11 septembre 1819.

(12) Né en 1752, à Boussay (Loire-Inférieure), fils d'Etienne Lefort et de Marie Mouillé, épouse Marie Moreau, puis, en secondes noces, le 20 janvier 1796, Victoire Drapeau, fille de Jacques Drapeau et de Renée Fruchaud. Décédé le 16 janvier 1817.

(13 Né en 1761 à Boussay (Loire-Inférieure), fils d'Etienne Lefort et de Marie Mouillé, épouse le 23 février 1802, Jeanne-Jacquine Colesseau, 33 ans, de Chaudron. Décédé le 7 août 1836.

(14) Né le 12 décembre 1776, fils de Jean Leger, journalier et de Perrine Oger, épouse en

Lehoreau Charles, de la Guencraie (1), soldat, toute la guerre.

Lehoreau Jacques, du Ronceray (2), soldat, 1793, 94, 95, 96.

Letheul Alexandre, serger (3), soldat, 1793, 94, 95, 96.

Letheul Jean, tisserand à Bourgneuf (4), soldat, toute la guerre.

Manceau Pierre, de la Cave (5), soldat, 1799, 1815.

Maquain Jean, de la Haute-Charpentraie (6), soldat, toute la guerre.

Martin Joseph, de la Saulaie (7), capitaine, toute la guerre.

Menard Jacques, soldat, toute la guerre.

Menard Jean, de la Gourdonnière (8), soldat, 1793, 99.

Menard, Jean (9), soldat, 1793, 94, 95, 1815.

Mercier Mathurin, de Bellenoue (10), soldat, 1793, 94, 95, 96.

Mondain René, meunier à Clandy (11), soldat, toute la guerre.

Montaillé Jean, soldat, toute la guerre.

Montaillé Mathurin, du Teil (12), soldat, 1793, 94, 95, 96.

Montaillé Pierre, du Teil (13), capitaine, 1793 94, 95, 96.

Montaillé Pierre, du Pinellier (14), soldat, 1793, 94, 95, 96.

Moreau Jacques, soldat.

1799, Félicité Oger, née le 25 décembre 1776, fille de Mathurin Oger, charpentier, et de Louise Ménard. Décédé le 19 janvier 1837.

(1) Né le 4 octobre 1773, fils de René Lehoreau et de Renée Montaillé, époux de Marie Gallard, décédé le 13 juillet 1827.

(2) Né à la Pommeraye en 1752, fils de René Lehoreau et de Jeanne Delaunay, époux de Jeanne Bosseau, décédé le 22 décembre 1820.

(3) Né le 1er mai 1744, fils de Mathurin Letheul et de Charlotte Goupil, épouse Anne Galard, fusillée au Champ-des-Martyrs, le 9 février 1794, et en secondes noces, le 1er février 1798, Jacquine Moreau, née le 2 septembre 1769, et sœur de l'abbé Joseph Moreau, guillotiné le 18 avril 1794. Décédé le 22 avril 1817. — Pauvre et brave soldat. A reçu cinq blessures; jouit d'une pension du règne de Louis XVI, de 150 livres.

(4) Né en 1774, fils de François Letheul et de Jacquine Boivin, époux de Renée Verger. Décédé le 2 décembre 1834.

(5) Né à l'Hôtellerie-de-Flée, le 13 juillet 1772, épouse le 22 juillet 1798, Perrine Montaillé, 36 ans.

(6) Né en 1777, fils de Jean Maquain et de Marie-Françoise Bureau, époux de Françoise Moreau. Décédé le 10 mars 1817. Il eut une jambe traversée par une balle.

(7) Né en 1754 à la Jumellière, fils de Mathurin Martin et de Marie Chiron, époux de Marie Mercerolle. Décédé le 21 février 1834.

(8) Né en 1759, époux de Renée Marais, décédé le 27 octobre 1834.

(9) Né en 1768, titulaire d'une pension de 60 livres.

(10) Né à la Pommeraye, le 19 février 1755, fils de Pierre Mercier et de Marie Quesson, épouse le 2 juin 1795 Jeanne-Michelle Seicher, née en 1773, veuve de Jean Ménard. Décédé le 28 avril 1827.

(11) Né à la Pommeraye en 1763, fils de Joseph Mondain et de Jeanne Humeau, époux de Jacquine Gallard, décédé le 29 octobre 1829. Six enfants.

(12) Né en 1755, fils de Jean Montaillé et de Julienne Jolivet, époux de Louise Bidet. Décédé le 16 juillet 1820.

(13) Né le 29 septembre 1774, fils de Mathurin Montaillé et de Louise Bidet, épouse, le 25 août 1795, Jacquine Poilière, fille de René Poiliére et de Jacquine Brunet. Décédé le 2 octobre 1820. Infirme d'une jambe.

(14) Né en 1753, décédé le 6 août 1831. Quatre enfants.

Mousseau Pierre, soldat, toute la guerre.

Neau Louis, du Puy (1), soldat, 1793, 94, 99.

Neau Louis, du Puy (2), soldat, 1793, 94, 95, 96.

Oger Francois, maréchal taillandier (3), soldat, toute la guerre.

Oger Jacques, métayer à Bourgneuf (4), soldat, 1793, 94, 95, 96

Oger Joseph, journalier à Bourgneuf (5), soldat, toute la guerre.

Oger Mathurin, soldat.

Onillon Mathurin, soldat, toute la guerre.

Onillon Pierre, sabottier (6), sergent, 1793, 94, 95, 1815.

Pineau Jacques, de la Petite Rogerie (7), soldat, 1793, 94, 99.

Pineau Jean, soldat.

Plard René (8), soldat, toute la guerre.

Quesson Simon, de la Grande Rogerie (9), caporal, toute la guerre.

Raby Jacques, de la Barillerie (10), soldat, toute la guerre.

Raimbault Jacques, de la Caillerie (11), soldat, 1793, 94, 95, 96.

Renou René, sarger (12), soldat. 1793, 94, 95, 96.

Rolland Julien, de la Bohardière (13), soldat, 1793, 94, 99, 1815.

Rorteau René, soldat, toute la guerre.

Roullier Mathurin, de la Gaudinière, soldat, toute la guerre.

Rousse Jean, closier, (14), soldat, toute la guerre.

Secher Mathurin, de la Brunetière (15), capitaine, toute la guerre.

---

(1) Né le 8 février 1764, épouse le 17 novembre 1789 Julienne Davy, du Puy, née le 2 juillet 1768. Pauvre et presque aveugle.

(2) Décédé le 4 janvier 1827, âgé de 64 ans.

(3) Né en 1773, à Varades (Loire-Inférieure), fils de François Oger et de Louise Pineau, époux de Louise-Reine Brunsard. Décédé le 8 décembre 1830. Titulaire d'une pension.

(4) Né en 1761, fils de Mathurin Oger et de Marie Thomas, épouse en troisièmes noces Marie Janneteau. Décédé le 24 septembre 1818.

(5) Né à Sainte-Christine en 1773, fils de Jean Oger et de Renée Coulon, époux de Marie Boureau. Décédé le 3 novembre 1828.

(6) Epoux de Marie Bréchet, fille de François Bréchet. Décédé le 28 septembre 1837, âgé de 81 ans.

(7) Né à Neuvy en 1751, époux de Marie Avril, décédé le 1er juin 1820.

(8) Décédé le 17 janvier 1848, âgé de 72 ans.

(9) Né le 27 octobre 1767, fils de Pierre Quesson et de Simone Piffard, épouse le 6 juillet 1802, Perrine-Michelle Blouin, fille de Louis Blouin et de Marie-Madeleine Quesson. Décédé le 23 juillet 1860.

(10) Epoux de Jeanne Girard, décédé le 13 décembre 1837, âgé de 64 ans.

(11) Né à Saint-Quentin le 15 janvier 1762, fils de Pierre Raimbault et de Marie Pasquier, épouse le 16 juin 1795 Marie Rochard, née en 1779, fille de Pierre Rochard et de Marie Puissant.

(12) Né en 1748, fils de Jean Renou et de Renée Janneteau, époux de Françoise Rorteau. Décédé le 27 mars 1819. Brave soldat, pauvre et paralytique.

(13) Né en 1776 à Saint-Julien de Vouvantes (Loire-Inférieure), fils de Julien Rolland, laboureur et de Perrine Roul, époux de Renée Meunier, fille de Jean Meunier et de Perrine Burgevin. Décédé le 20 novembre 1826.

(14) Epoux de Marie Boulestreau.

(15) Né le 29 octobre 1757, fils d'Alexandre Secher et de Marie Hairaut, épouse, à la

Secher Pierre, de la Brunetière (1), commissaire aux vivres, 1774, 95, 99, 1815.

Secher René, de la Chènebaudière (2), soldat, toute la guerre.

Thomas Jean, (3), soldat, 1793, 99.

Viau Jean, closier au Bordage (4), soldat, toute la guerre.

Verger Pierre, métayer à Bourgneuf (5), soldat, toute la guerre.

III

Les années 1793 et 1794 furent terribles pour la Vendée. Pendant cette époque, appelée avec raison « la Terreur » (6), les soldats de la République sillonnèrent le pays dans tous les sens, pillant, incendiant tout sur leur passage, et se livrant à des actes de la plus odieuse barbarie.

La paroisse de Saint-Laurent-de-la-Plaine eut beaucoup à souffrir. Située dans le voisinage de Chalonnes, elle était sans cesse exposée aux visites des patriotes de cette petite ville y commirent bien des excès et bien des meurtres.

Pommeraye, le 13 juin 1780, Jeanne-Marthe Malinge, morte le 15 novembre 1798, décédé le 16 juin 1826. — « Ledit Mathurin Secher a pendant vingt-cinq ans, toujours soutenu le parti royaliste et a fait toute la guerre de la Vendée, étant capitaine de cette commune. Il s'est distingué aux affaires de la Grolle et de Rocheservière avec honneur et bravoure ». (Note de Cady, maire de Saint-Laurent, sur Mathurin Secher, du 3 novembre 1815.) Il était titulaire d'une pension.

(1) Né en 1766, fils d'Alexandre Secher et de Marie Hairaut, époux de Louise Berthelot, décédé le 17 septembre 1839.

(2) Né le 7 septembre 1770, fils de René Secher et de Françoise-Marguerite Brevet, épouse en premier mariage, le 10 novembre 1795, Perrine Martin, fille de François Martin, métayer, et de Perrine Branchereau, puis, en second mariage, Anne Gasté. Décédé le 10 mars 1821.

(3) Né à Chalonnes en 1752, épouse, le 29 février 1789, Françoise Humeau, née à Saint-Lezin, le 30 novembre 1765.

(4) Né à la Pommeraye en 1774, fils de Jean Viau et de Madeleine Bosseau, époux de Louise Bréhéret, décédé le 23 décembre 1824.

(5) Né à la Pommeraye, le 24 septembre 1769, épouse le 3 novembre 1792, Louise Morinière, de Saint-Martin de Beaupréau. Il était fils de René Verger et de Marie Marchais (7).

(6) Le régime de la Terreur avait commencé dans la journée du 10 août 1792 qui vit le renversement de la royauté. Cependant, la grande Terreur n'entra en plein exercice que le 2 juin 1793 ; elle dura jusqu'à la chute de Robespierre, le 27 juillet 1794. (1)

(1) Voici les noms de plusieurs femmes de Saint-Laurent qui jouissaient d'une pension de l'Etat comme veuves d'anciens militaires vendéens :
Louise Gallard, veuve Michel Gauffriau, 67 ans, morte le 8 novembre 1821.
Catherine Boulestreau, veuve René Oger, fileuse, morte le 26 décembre 1823, 78 ans.
Françoise Lecoq, veuve Augustin Besnier, fileuse, morte le 2 avril 1824, 72 ans.
Jeanne Gauffriau, veuve Jacques Moreau, fileuse, morte le 17 mars 1828, 67 ans.
Marie Verger, veuve Pierre Clémot, morte le 28 septembre 1829, 64 ans.
Jeanne Chauvigné, veuve Pierre Rorteau, fileuse, morte le 26 février 1832, 75 ans.
Perrine Davy, veuve Etienne Boitaut, fileuse, morte le 6 septembre 1833, 78 ans.
Marie Maugeais, veuve François Bâteux, morte le 13 mars 1829, 55 ans.

En 1793, dans les premiers jours de novembre, ils envahirent le bourg (1). Des hommes, des femmes et des enfants furent massacrés, d'autres furent emmenés à Angers et jetés dans les prisons d'où la plupart ne sortirent que pour être conduits à l'échafaud ou aux fusillades du Champ-des-Martyrs. A plusieurs reprises, ils dévastèrent la vallée du Jeu ; plusieurs métairies, les moulins de Clandy, de la Vieille-Chaussée, de Frossanger, de Rochard et de la Dellière furent saccagés et brûlés.

Le samedi 7 décembre 1793, il fut pris dans les greniers et les moulins de la Dellière appartenant à la veuve Humeau (2) une quantité considérable de froment, d'orge et de seigle qui provenait d'un marché fait avec M. Cesbron, de Saint-Pierre de Chemillé et d'autres particuliers. Plusieurs chevaux furent emmenés, les maisons d'habitations, le moulin à eau et le moulin à vent furent pillés et brûlés (3).

(1) C'est ce que nous apprend une note de Mathurin Leger, de Saint-Laurent-de-la-Plaine. Dans cette note il expose que dans les premiers jours de novembre 1793, il fut pris par les Républicains, lui, son père estropié de la main droite, sa mère, deux frères et deux sœurs et furent conduits en prison dans la ville d'Angers. Il y est resté un an environ, pendant lequel temps sa mère, un frère et ses deux dites sœurs sont morts en prison. A la même époque, ledit bourg de Saint-Laurent fut incendié, et tout ce que possédaient sesdits père et mère fut la proie des flammes, et il ne leur est resté que les vêtements qu'ils avaient sur le corps. Il est rentré au pays dans le même dénuement, ainsi qu'une partie de sa famille vivante. A raison de son âge, il n'avait pas pris les armes, mais il avait supporté les fléaux de ladite Révolution. (*Note communiquée par la famille Leger, de Saint-Laurent-de-la-Plaine.*

Plusieurs femmes de Saint-Laurent interrogées au Calvaire d'Angers, le 23 février 1794, sont dites arrêtées depuis 3 mois « lors de l'invasion de leur commune ».

Le jeudi 21 mars 1793 les armées de Bonchamps et de Stofflet opérèrent leur jonction à Saint-Laurent-de-la-Plaine pour marcher de là sur Chalonnes. Les prisonniers chalonnais furent enfermés et passèrent la nuit dans l'église (*Vendée Angevine*).

(2) Marie Clemanceau, veuve de Joseph Humeau, meunier à la Dellière, née à Botz en 1745, fille de Jacques Clemanceau et de Françoise Cognée, décédée le 13 janvier 1808, âgée de 63 ans — Joseph-René Humeau, son mari, fils de Joseph Humeau et de Madeleine Pouplard, né en 1747, mourut le 25 avril 1790. Il était le cousin germain de l'abbé Pierre Humeau, vicaire d'Andrezé.

(3) C'est ce que prouve le procès-verbal d'estimation qui suit :

État et mémoire des pertes causées par les troupes de la République sur la maison et sur le moulin de la veuve Humeau, de la Dellière, paroisse de Saint-Laurent-de-la-Plaine.

A tous ceux à qui il appartiendra et à tous ceux qui les présentes verront, salut. Nous commissaire soussigné de la paroisse de Saint-Laurent-de-la-Plaine certifions que le 17 frimaire de l'an deuxième de fa République une et indivisible, il a été enlevé par la force armée de la République, cantonnée à Chalonnes, la quantité de 40 setiers de froment et 20 setiers de seigle pris dans le grenier et dans le moulin de la Dellière, dite paroisse de Saint-Laurent de-la-Plaine, étant parvenus d'un marché fait avec M. Cesbron de Saint-Pierre de Chemillé et d'autres particuliers. Nous déclarons la veuve Humeau hors d'état de pouvoir payer ledit paiement des grains dénommés ci-dessus, attendu qu'ils lui ont été enlevés par la force armée de la République ainsi que cinq juments et trois chevaux, de différents poil et âge, enlevés en deux différentes fois et prises dans ladite maison de la Dellière à la somme de deux mil quatre cents livres — Plus 30 setiers de froment, seigle, orge et

Jusqu'à ce jour la dévastation, l'incendie et les massacres n'avaient été que partiels. Les subsistances étaient restées à peu près intactes. Les paysans à l'approche des soldats de la République, s'étaient contentés de cacher leurs céréales et de lâcher au milieu des bois et des genêts leurs bestiaux qu'ils ramenaient ensuite à l'étable après le passage de l'ennemi. Au mois de janvier 1794, un système de destruction et d'extermination complète fut organisé par le Gouvernement lui-même. Douze colonnes, surnommées *les colonnes infernales*, furent placées par le général Turreau sur une ligne de plus de 20 lieues de long afin de parcourir la Vendée de l'est à l'ouest. Un ordre du jour, daté par lui du 30 nivôse an II (19 janvier 1794), faisait connaître la marche des différentes colonnes et leur ordonnait de fouiller partout, de tout incendier et de tuer impitoyablement tous les habitants. (1)

« On emploiera tous les moyens de découvrir les rebelles : tous seront passés au fil de la baïonnette; les villages, métairies, bois, landes, genêts et généralement tout ce qui peut être brûlé seront livrés aux flammes.

« Pour faciliter cette opération on fera précéder chaque colonne par 40 ou 50 pionniers ou travailleurs qui feront les abattis nécessaires dans les bois ou forêts pour propager l'incendie.

« Aucun village ou métairie ne pourra être brûlé qu'on n'en ait auparavant enlevé tous les grains, battus ou en gerbes, et généralement tous les objets de subsistance; et supposant que l'enlèvement de ces objets éprouvât quelque retard et empêchât qu'on ne brulât sur le champ les villages et métairies qu'on doit incendier, les colonnes les épargneront pour ne pas différer leur marche; mais quelque chose qui arrive, les chefs de chaque colonne ne pourront se dispenser d'être rendus le 27 janvier au dernier lieu qui leur est indiqué. *Cette promenade militaire*, ajoutait cyniquement Turreau, devra être finie le 15 ou le 16 pluviôse (3 ou 4 février).

Cet ordre barbare surpassait en atrocité tout ce que les décrets précédents présentaient d'odieux. Le décret du 1er août épargnait les vieillards, les femmes et les enfants; il ne condamnait pas toute la population en masse; Turreau vouait tout à la mort. La Convention avait bien eu recours aux mesures violentes, mais c'était dans le moment où la Vendée était en force

méteil appartenant à ses pratiques; 60 poches à mettre le grain appartenant à ladite veuve Humeau estimées la somme de 100 livres.

Nous déclarons pareillement que tous les moulins, *tournure et virure*, tous les logements et toutes les propriétés de ladite veuve Humeau ont été incendiés par les troupes de la République. Le montant des pertes faites par ladite Humeau en maisons et effets meublant lesdites maisons, linge, fourrage, bestiaux et le reste s'élève à la somme de vingt quatre mil six cents livres. *Signé :* BELLIARD. (Suit le détail de l'estimation communiquée par M. Pierre Humeau, de la Dellière).

(1) *Guerre des Vendéens et des Chouans*, tome III, page 42 et suivantes. — Turreau qui organisa les colonnes infernales mourut fou, le 15 décembre 1815, dans sa terre de Conches près d'Evreux.

tandis que Turreau choisissait pour l'étouffer celui où, épuisée, elle demandait grâce. La guerre, un moment apaisée, recommença plus terrible que jamais, couvrant la Vendée de cendres, de ruines et de cadavres. Heureusement, les premiers tourbillons de flammes avertirent les habitants de pourvoir à leur sûreté.

Le 20 janvier, le général Moulin reçut ordre de se diriger sur Chalonnes avec la colonne n° 6 et de là à Sainte-Christine où il devait se joindre, le 27, aux troupes venant de Saint-Florent.

Le 24, il écrivait de Rochefort au général en chef : Je suis parti des Ponts-de-Cé ce matin. J'ai fait enlever tout ce qu'il y avait de subsistances dans le bourg de Mozé et l'ai fait brûler. Je pars demain 25, à la pointe du jour, et vais à Saint-Aubin où j'en ferai autant. De là, je me porterai sur Chalonnes où, sans doute, je ferai passer la nuit à ma colonne ; car pour aller de Saint-Aubin à Chaudefonds, à *Saint-Laurent-de-la-Plaine* et à Sainte-Christine la route est impraticable.

« La conduite des communes de Rochefort et de Chalonnes ne m'a pas paru mériter d'être englobée dans la proscription. Lorsque nous serons dans le pays de Saint-Laurent et de Sainte-Christine etc... nous opérerons plus vigoureusement.

Le 25 au soir, Moulin était à Chalonnes et rendait compte de sa journée :

Je m'étais rendu ce matin à Saint-Aubin. Je comptais y mettre le feu et à l'instant où je prenais mes dispositions pour faire enlever les fourrages qui s'y trouvent j'ai reçu avis que les brigands avaient attaqué et mis en déroute un bataillon à Sainte-Christine. Alors j'ai renoncé à l'incendie de Saint-Aubin pour me porter dans cette partie. Les chemins étant impraticables, j'ai été obligé de marcher sur Chalonnes. D'après tous les renseignements j'ai eu la certitude que le bataillon de Saint-Georges, qui était à Sainte-Christine, a été attaqué et mis en fuite (1) après avoir perdu trois ou quatre hommes et qu'il s'est retiré à Montjean. Demain je marcherai à la pointe du jour droit à Sainte-Christine où tu sais que je dois rester jusqu'à nouvel ordre. Je n'ai que 650 hommes, n'ayant pu tirer personne de Saint-Florent.

Le dimanche 26 janvier, vers midi, un bruit sinistre jetait l'épouvante parmi les habitants de Saint-Laurent-de-la-Plaine : les bleus, les bleus ! En effet, des hauteurs voisines du bourg, on pouvait voir dans la direction de Chalonnes des nuages de fumée qui indiquaient l'approche d'une colonne incendiaire. C'était le général Moulin qui arrivait à la tête de quatre à cinq cents soldats mettant tout à feu et à sang sur son passage.

(1) Le 24 janvier 1794 La Rochejaquelein, Stofflet et Cady, de Saint-Laurent, venant de la lande des Cabournes, à la tête d'une troupe de 800 paysans, firent la rencontre d'un bataillon de patriotes occupé à mettre le feu au moulin de Grouteau, situé sur la rivière du Jeu, entre Neuvy et Sainte-Christine. Le combat s'engagea aussitôt ; les bleus, après une faible résistance, jetèrent chapeaux, sacs et armes et s'enfuirent dans la direction de Saint-Laurent. (*Récit de M. de la Bouère, qui assistait au combat.*)

L'affolement devint général. Tous ceux qui pouvaient fuir quittaient à la hâte leurs maisons emportant ce qu'ils avaient de plus précieux et allaient chercher un refuge dans les bois et dans les champs de genêts ou d'ajoncs. Un moment après, des détonations annonçaient aux habitants de Saint-Laurent l'arrivée des patriotes.

Le 27 au matin, le général Moulin écrivait de Saint-Laurent-de-la-Plaine au général Turreau,

Colonne n° 6 (Bivouac de Saint-Laurent-de-la-Plaine.)

« D'après l'avis du général Cordellier qui m'annonce qu'il vient de recevoir de toi l'ordre de se rendre de suite à Jallais, vu mon peu de monde, puisque je n'ai pas cinq cents hommes armés de fusils, vu l'éloignement de la colonne de Cordellier et ne tirant aucun secours de Saint-Florent, je me suis décidé à donner 60 cartouches par homme et j'ai laissé à Chalonnes les voitures qui me suivaient. Je n'ai pu me rendre qu'à Saint-Laurent où je suis encore bivouaqué, n'ayant pu partir de Chalonnes qu'à onze heures et demie, faute de pain, et qu'il a fallu attendre que la municipalité ait fait boulanger. Au moment où je t'écris, je suis dans le même cas, le pain n'arrive pas et il est 8 heures du matin. Les soldats ont passé une nuit détestable : ainsi juge comment on peut exécuter tes ordres avec autant d'entraves. Je vais, aussitôt le pain reçu, si cependant il arrive, me rendre à Sainte-Christine ou j'attendrai tes ordres. »

« Les bois ne peuvent brûler à cause de la pluie ; il est étonnant combien je trouve de foin et de blé que je ne puis faire enlever faute de voitures ; aussi ne brûle-t-on pas les maisons qui en sont fournies. »

Dans l'après-midi, la colonne incendiaire quittait Saint-Laurent et prenait le chemin de Sainte-Christine et le soir même Moulin écrivait à Turreau la lettre suivante :

Je n'ai pas voulu m'ensevelir au village de Sainte-Christine où je pourrais être surpris. Je me suis établi au ci-devant château du Plantis qui a été brûlé, mais il reste encore quelques granges qui peuvent mettre à l'abri la moitié de mes soldats de façon seulement que la moitié est au bivouac. Au moins j'ai tout mon monde sous la main. Je vais demain et en attendant de nouveaux ordres de toi, brûler tout ce que je pourrai dans les environs. *« Quant à Saint-Laurent il n'y existe plus une maison. »*

Après le départ des bleus, les habitants de Saint-Laurent-de-la-Plaine qui s'étaient réfugiés dans les bois et dans les genêts se hasardèrent à quitter leurs cachettes et à regagner leurs demeures. Mais hélas ! qu'on juge de la consternation et du désespoir de ces pauvres gens en ne retrouvant à la place des maisons qu'ils venaient de quitter qu'un monceau de cendres et de ruines. Ceux qui n'avaient pas eu le temps ou la précaution de mettre en sûreté leurs effets et leurs meubles se trouvaient dans le plus complet dénûment ;

plusieurs même n'avaient de reste que les seuls habits qu'ils portaient sur le corps (1).

Dans le bourg, trois ou quatre maisons étaient demeurées intactes : une maison située aux Airaux, la maison du chirurgien Cady et le presbytère qui servaient de corps de garde. Les bleus en partant y avaient mis le feu, mais des hommes cachés non loin de là accoururent à temps pour l'éteindre (2). De l'église, il ne restait que des pans de murs calcinés et branlants : le clocher, la charpente, le mobilier, tout fut détruit ; la précieuse relique de la Vraie Croix donnée, en 1773, par Jean-Baptiste Charles de Meaussé, disparut ; les cloches, dont l'une avait été donnée au dix-septième siècle par un seigneur du Plessis-Beuvereau, furent fondues ou brisées ; les tombes renfermées dans l'église furent violées. Dans la campagne même dévastation : aux carrefours, des croix gisaient brisées sur le sol, les métairies, les châteaux avaient été pillés et incendiés ; partout c'était la dévastation et la mort (3).

(1) Récit de Mathurin Leger, de Saint-Laurent-de-la-Plaine.

(2) Au presbytère, l'escalier seulement fut brûlé.

— Le 10 mars 1794, le général Moulin n'ayant pu défendre Cholet attaqué par Stofflet, se brûla la cervelle dans la rue des Vieux-Greniers (*Dictionnaire historique* de M. C. Port.)

(3) Le 27 avril 1794, qui était le dimanche de Quasimodo, un détachement commandé par l'adjudant général Dusirat passa par la métairie du Teil, le château du Plessis-Raymond et vint camper sur les bords du Jeu dans un champ de la Piffarderie. On trouva, après le départ des soldats, des hardes, des couvertures et quantité d'objets, fruit de leur pillage, entassés au milieu des genêts (*Récit de M. Humeau de Rochard*). Ce récit concorde très bien avec la lettre suivante écrite par Dusirat au général en chef :

« Je me suis enfin remis en marche le 27, à 4 heures du matin, dans le plus grand silence et sans mettre le feu. Je suis allé camper entre Saint-Laurent et la Jumellière. Les brigands, qui n'étaient pas avertis par la fumée des incendies, ont été surpris dans tous leurs postes : un lieutenant de Stofflet a laissé son sabre et ses chevaux à la Jumellière. »

(*Guerre des Vendéens et des Chouans*, tome III, page 442.)

Louise Montaillé du Teil et plusieurs jeunes filles, qui venaient d'assister à la messe au Plesis-Raymond, firent la rencontre des soldats de Dusirat qui les emmenèrent jusqu'à Douces où elle furent mises en prison (*Récit du père Secher, de la Gourdonnière*).

CHAPITRE X

LA TERREUR *(suite)*

Liste des habitants de Saint-Laurent morts en 1793 et 1794. — Le culte à Saint-Laurent pendant la Terreur ; M. l'abbé Joseph Moreau vicaire de la paroisse est guillotiné sur la place du Ralliement, le 18 avril 1794. — Per_sécution de 1797 ; emprisonnement et déportation de M. l'abbé Bourigault.

I

Les pertes matérielles n'étaient rien en comparaison des deuils qui venaient presque chaque jour attrister les familles déjà si éprouvées de Saint-Laurent-de-la-Plaine. Du 2 décembre 1793 au 11 août 1794, c'est-à-dire dans l'espace de huit mois et demi, on enregistra jusqu'à 105 décès. Dans ce nombre, plusieurs moururent de mort naturelle, mais combien périrent de mort violente, combien qui périrent et dont on ne connait pas les noms, tués sur les champs de bataille, guillotinés sur la place du Ralliement, fusillés au Champ-des-Martyrs d'Avrillé, assassinés au coin d'un bois ou dans quelque chemin creux, morts de misère dans une obscure prison (1)?

Voici les noms de quelques-unes de ces victimes ignorées, mais glorieuses cependant, des fureurs révolutionnaires.

Année 1793

30 novembre. — Pierre Bernier, filassier, 28 ans, fils de François Bernier et de Marie Janneteau, époux de Louise-Jeanne Brevet. Mort à l'armée.

8 décembre. — Marie Boulestreau, veuve Laurent Brechet, née le 31 mai 1738, fille de Louis Boulestreau, sabottier, et de Catherine Oger, décédée en prison au château de Montreuil-Bellay.

15 décembre. — Pierre Brevet, 60 ans, époux de Jeanne-Renée-Mathurine Neau. Mort à l'armée.

23 décembre. — Gabriel Davy, du Gâs, 43 ans, fils de René Davy, de la Lansonnière, et de Jeanne Tijou, veuf de Jeanne Jolivet. Mort à l'armée.

---

(1) On estime que la population de Saint-Laurent diminua de moitié pendant la Révolution.

24 décembre. — Jacques Roullier, 42 ans, époux de Mathurine Boumier. Mort à l'armée.

25 décembre. — Louis Renou, fils de René Renou et de Françoise Rorteau.

26 décembre. — Charles Viau, 50 ans, fils de Jacques Viau, veuf de Françoise-Béduneau. Mort à l'armée.

28 décembre. — Antoine Bricheteau, 67 ans, fils de S. Bricheteau et de... Bouyer, veuf de Marie Merleau. Mort en prison.

29 décembre. — Françoise-Gabrielle Blourdier de la Douarderie, fille de Louis Blourdier et de Gabrielle Pineau, veuve de Louis Bréheret, décédée en prison au château de Montreuil-Bellay (1).

Année 1794

1er janvier. — Louis Bretault, 57 ans, guillotiné à Sablé.

5 janvier. — Pierre Cesbron 30 ans, mort en prison à Doué.

6 janvier. — Louise-Martine Viau, 63 ans, fille de Jacques Viau et de Marie Piron, veuve de Michel Quesson, serger. Morte en prison (2).

10 janvier. — Laurent Mousseau, 27 ans fils de René Mousseau et de Perrine Letheul, époux de Françoise Lehoreau (3). Mort à l'armée.

Julien Esnault, 60 ans, Jean Viau, 39 ans, guillotinés au Mans.

15 janvier. — Henri Avrillon 52 ans, Christine Coulon, sa femme, Jean Avrillon, leur fils, Jacques Bréheret, 28 ans, fils de défunt Louis Bréheret et de Louise Denéchau.

26 janvier. — Marie Cesbron, femme de Jacques Courant, et Françoise Cesbron, femme de Pierre Chauvigné.

28 janvier. — Mathurin Boitaut, 23 ans, fils de défunt Pierre Boitaut, cultivateur à la Borde, et de Jacquine Chardonneau.

René Boulestreau, fils de René Boulestreau et de Jacquine Uzureau, époux de Jeanne Bidet, fille de Jean Bidet et de Renée Dénéchau. Mort à l'armée.

4 février. — Perrine Oger, 43 ans, fille de Jean Oger et de Perrine Dubois, femme de Jean Léger. Morte en prison.

(1) *Voici l'acte de décès de Françoise Blourdier* : « L'an II de la République française, le 9 nivôse (27 décembre 1793), ont comparu François Rabouan, âgé de 43 ans et Marie Derouitteau, sa femme, âgée de 33 ans, lesquels ont déclaré que Françoise-Gabrielle Blourdier, veuve de Louis Bréheret, de la commune de Saint-Laurent-de-la-Plaine, est décédée de ce jour, au château, âgée de 50 ans. Le fait vérifié, avons rédigé le présent acte. Ils ont déclaré ne savoir signer. Le registre est signé : Moreau, officier public.

Délivré conforme au registre par moi, secrétaire greffier de la municipalité dudit Montreuil, à la maison commune, le 29 frimaire, troisième année républicaine, une et indivisible (19 décembre 1794).   Coubaro, *secrétaire greffier.*

Louis Bréheret, son mari, était mort le 12 novembre 1780, âgé de 55 ans.

(2) Une de leurs filles, Perrine Toussainte Quesson, avait épousé Louis-Joseph Rorteau, le 26 janvier 1779.

(3) Ils avaient un enfant René, né le 1er mai 1792.

4 mars. — Jeanne-Perrine Viau, fille de Jacques Viau et de Marie Piron, femme de Jacques Renou, boulanger, 57 ans. Guillotinée sur la place du Ralliement.

Pierre Quesson, boucher, 48 ans, fils de Michel Quesson et de Marie Chauveau, veuf de Marie Robineau.

Jean Léger, 49 ans, mort en prison avec sa femme citée plus haut et trois enfants, un garçon et deux filles.

18 mars. — Mathurin Boumier, 56 ans, époux de Jeanne Chardonnet. Mort à l'armée.

2 avril. — René Macé, de l'Epinay, 24 ans, fils d'Etienne Macé et de Jeanne Roulleau.

4 avril. — Jean Verger, 34 ans, voiturier par terre, fils de Jean Verger, aboureur, et de Marie Raimbault, époux de Gabrielle Thomas. Tué sur le chemin de la Pommeraye.

26 avril. — Joseph Blourdier, 19 ans, cultivateur, fils de Pierre Blourdier lt d'Anne Delaunay.

Pierre Blourdier, cultivateur au Petit Groisellier, 26 ans, fils de Michel Blourdier et de Renée Guibert.

André Guibert, né à Chalonnes et domicilié à la Chênebaudière, 20 ans, fils de Jean Guibert et de Jeanne Brevet.

Michel Turquais, journalier, 50 ans.

Jacques Maugeais, maçon à l'Aveneau, 58 ans, fils de René Maugeais et de Marie Humeau, époux de Jeanne Cesbron.

14 mai. — Françoise Neau, veuve de Toussaint Brevet (1), 67 ans.

Françoise Brevet, 44 ans, fille de Toussaint Brevet et de Françoise Neau, veuve de René Secher.

Sébastienne Bouet, 52 ans, née à Chalonnes, fille de René Bouet et de Perrine Piffard, veuve de Mathurin Delaunay.

Charles Lehoreau, de la Roulonnière, 39 ans, fils de Charles Lehoreau et de Perrine Cesbron.

Marie-Renée Bazanté, de la Grande-Bohardière, 20 ans, fille de Pierre Bazanté et de Marie-Louise Ménard.

Perrine Onillon, veuve de Mathurin Burgevin, 50 ans.

Marie Burgevin, femme de Maurille Menuau, Marie Menuau, 15 ans, Victoire Menuau, 9 ans, Denis Menuau, 3 ans, ses enfants.

Jacques Martin, de la Saulaie, 27 ans, fils de François Martin et de Perrine Banchereau.

Sans date

Michel Gauffriau, époux de Louise Gallard. Mort à l'armée.

(1) Décédé le 12 novembre 1785, âgé de 60 ans.

René Oger, époux de Catherine Boulestreau. Mort à l'armée.

Augustin Besnier, époux de Françoise Lecoq. Mort à l'armée.

Jacques Moreau, époux de Jeanne Gauffriau. Mort à l'armée.

Pierre Clémot, époux de Marie Verger. Mort à l'armée.

Etienne Boitaut, époux de Perrine Davy Mort à l'armée.

Pierre Blourdier, fils de Pierre Blourdier et de Françoise Boulestreau. Mort à l'armée.

Un nommé Brevet. Mort à l'armée.

Deux frères Gaslard, l'un mort à l'armée, l'autre mort en prison.

Mathurin Moreau et Renée Picherit, sa femme.

Perrine-Jeanne Boulestreau, tuée à la Barbottière, commune de Chalonnes (1).

Joseph Cady, frère du chirurgien Cady. Mort à l'armée.

Jean Bigot, jardinier au Pineau, époux de Renée Davy, fils de Jean Bigot et de Renée Colesseau.

Un nommé Secher, de la Roulonnière, tué dans les coteaux de la Roulonnière.

Liste des personnes fusillées au Champ-des-Martyrs

Mathurin Martin (2), 41 ans, charpentier à la Maison-Neuve, emprisonné à la Citadelle (2ᵉ fusillade : mercredi 15 janvier 1794).

(1) Née le 4 avril 1781, fille de René Boulestreau serger et de Jeanne Bidet.

(2) Mathurin Martin, fils de Julien Martin charpentier et de Renés Oger naquit à Notre-Dame de Chalonnes en 1753. Il épousa le 13 février 1781 en l'église de Saint-Laurent Louise-Renée Oger fille de Mathurin-François Oger et de Louise Ménard. Voici l'acte de mariage :

« Le 13 février mil sept cent quatre vingt un, après trois publications de bans canoniquement faites en cette église et celle de Notre-Dame de Chalonnes sans opposition ni empêchement venu à notre connaissance suivant le certificat du sieur curé de ladite paroisse, en date du 30 janvier dernier, signé : L. M. Bastard, curé de Notre-Dame ; en vertu de la dispense d'autres publications faites dans plusieurs diocèses et quantité de paroisses où l'époux a demeuré depuis 7 ans pour y exercer son métier, ladite dispense fixant son domicile à Notre-Dame de Chalonnes, en date du 10 janvier dernier, signé : de Bourghelles, vicaire général, et plus bas par Monseigneur, signé : Boulnoys, nous, curé de cette paroisse, avons donné la bénédiction nuptiale à Mathurin Martin, charpentier, fils des défunts Julien Martin et Renée Oger, ledit Mathurin Martin, âgé de 28 ans ; et à Louise-Renée Oger, fille mineure de Mathurin-François Oger et de Louise Ménard, ses père et mère. Ont assisté à la cérémonie de la bénédiction nuptiale Julien-René Martin, frère de l'époux, charpentier, Charles-Jacques Martin, serger, cousin germain, Maurice Guillet, serrurier, son beau-frère à cause de Renée Martin, son épouse, tous de Chalonnes, Jean Huet et Germaine Martin, sa femme, sœur de l'époux, Jean Ménard son oncle maternel Joseph et Jacques Thibault, frères ultérins, lesquel, ont déclaré ne savoir signer fors les soussignés : M. Martin, Louise-Renée Oger, J. Martins M. Oger, J. Huet, Charles Martin, Jacques Thibault, Ganne, L. Lusson, Cady, Bourdais, curé de Saint-Laurent. »

Ils eurent 3 enfants : Louis, né en 1787, mort le 4 mars 1789, Mathurin, né en 1790, mort. le 14 septembre 1791, Jeanne, née le 20 décembre 1791. — La Maison-Neuve est la maison de M. Constant Perraut, adjoint, petit neveu de Mathurin Martin

Jean Métayer, 46 ans, tailleur d'habits, époux de Marie Fromageau (2ᵉ fusillade).

René Cottenceau, garçon, 23 ans, laboureur (4ᵉ, 5ᵉ et 6ᵉ fusillades : lundi 20, mardi 21, mercredi 22 janvier 1794).

François Beaumier ou Boumier, métayer, 64 ans (3ᵉ fusillade : Mercredi Saint 16 avril 1794).

Mathurine Bernier, veuve Pierre Cailleau, 52 ans, fileuse « fanatique » (7ᵉ fusillade : 1ᵉʳ février 1794).

Jeanne Boulestreau, veuve Jean Binet, cordonnier, 40 ans (1) (7ᵉ fusillade).

Marie Chauvigné, femme Jacques Rorteau, serger, 39 ans, fileuse (2), (7ᵉ fusillade).

Jeanne Denéchau, femme de Mathurin Bouyer, serger, 40 ans, fileuse (3), « fanatique. »

Anne Gallard, femme Alexandre Lateule ou Letheul, 45 ans, fileuse de laine (4), (7ᵉ fusillade).

Marie Gallard, femme de Jean Quesson, boucher, 55 ans (5), (7ᵉ fusillade).

Renée Guilbeau, veuve René Raimbault, closier à la Grande-Lande, 40 ans, « fanatique » (6), (7ᵉ fusillade).

Marie Leroy, femme de Pierre Brevet, filassier, 38 ans (7), (7ᵉ fusillade).

Louise-Renée Oger, 36 ans, fileuse de laine, femme de Mathurin Martin, charpentier (8), (7ᵉ fusillade).

---

(1) Elle était fille de Louis Boulestreau. Ils avaient 4 enfants : Jean, né le 8 décembre 1773, Marie-Catherine, née le 24 avril 1779, Mathurin, né le 6 septembre 1781 et Louis.

(2) Marie Chauvigné, née probablement à la Jumellière en 1754, fille de Mathurin Chauvigné et de Sébastienne Gallard, épousa le 31 janvier 1775, à Saint-Laurent, Jacques Rorteau fils de Jacques Rorteau et de Louise Gallard. Ils eurent deux enfants l'un, né le 23 janvier 1778, et Pierre-Louis, né le 14 novembre 1781. — Motif de condamnation : « Elle a assisté aux cérémonies des prêtres réfractaires dans la paroisse voisine ».

(3) Née en 1754, fille de Jean Denéchau et de Jeanne Morin. Son mari épousa en secondes noces, le 20 juin 1796, Perrine Quesson décédée le 4 mars 1798, âgée de 28 ans.

(4) « Elle a assisté à la cérémonie prétricale qui avait lieu au chêne de Saint-Laurent ». — Elle avait un enfant, Louis, né le 1ᵉʳ octobre 1780. Son mari épousa en secondes noces, le 1ᵉʳ février 1798, Jacquine-Anne-Charlotte Moreau, sœur de M. l'abbé Moreau guillotiné sur la place du Ralliement et veuve de Michel Turquais. Il mourut le 22 avril 1817, âgé de 75 ans.

(5) « Elle dit n'avoir jamais été à la messe des prêtres constitutionnels ».

(6) Son mari était mort le 4 janvier 1789, âgé de 42 ans. Ils avaient une fille Marie-Perrine, née le 4 août 1780.

(7) « Elle n'a jamais été à la messe aux prêtres assermentés. Fanatique ». — Ils avaient deux enfants : Marie, née le 27 avril 1789 et Jean, né le 14 décembre 1790.

(8) Voici son acte de baptême : « Le quatrième jour de décembre mil sept cent cinquante sept a été baptisée par nous, vicaire soussigné, Louise-Renée, fille de Mathurin-François Oger, charpentier, et de Louise Ménard, son épouse. Ont été parrain René Ménard, aïeul de l'enfant, et marraine demoiselle Gabrielle Cosnu-Desaunay, sa cousine, tous de cette paroisse qui ont signé avec nous, le père présent : R. Ménard, Gabrielle Cosnu-Desaunay. R. S. MENANT, *vicaire.*

Elle avait un frère et quatre sœurs : Mathurin, né en 1770, mort le 7 février 1777,

Marie Quesson, femme de Michel Thomas, serger, 33 ans (7ᵉ fusillade) (1).

Perrine-Renée-Charlotte Robineau, veuve Jacques Brunsard, maréchal, 50 ans, « fanatique » (7ᵉ fusillade) (2).

Gabrielle Thomas, femme de Jean Verger, voiturier par terre, 32 ans (3), (7ᵉ fusillade).

Marie-Jeanne, née le 30 juillet 1773, Félicité, née le 23 décembre 1776, épouse en 1779, Jean Leger, serger, Perrine, née le 20 septembre 1778, Marie-Véronique, née le 11 août 1780 épouse, le 26 janvier 1807, Pierre Perraut, charpentier. Décédée le 14 avril 1854.

« Elle a assisté trois fois à la cérémonie qui avait lieu au chêne en procession ».

(1) « Elle dit n'avoir pas été à la messe de son curé constitutionnel. » Marie Quesson fille de Jean Quesson, boucher, et de Marie Gallard, fusillée au Champ-des-Martyrs, épousa le 7 février 1787 Michel Thomas, serger. Voici l'acte de mariage :

Le septième jour de février mil sept cent quatre vingt sept, nous, curé de cette paroisse, avons donné la bénédiction nuptiale à Michel Thomas, serger, fils majeur de François Thomas et de Jeanne Jamine et à Marie Quesson fille majeure de Jean Quesson, boucher, et de Marie Gallard, ceux-ci de cette paroisse, le père et la mère de l'époux de celle de Jallais. Étaient présents : Marie et Louise Thomas, filles, sœurs du marié, Jean Quesson, soldat, frère de l'épouse, Jean Guillopé et la femme Quesson, sa tante, François et Joseph Gallard meuniers, oncles de l'épouse, ledit Charles Nicolas, de Saint-Georges-du-Pied-de-la-Garde, Julien Bidet, de Saint-Maurille de Chalonnes et plusieurs autres : Michel Thomas, Jean Quesson.

BOURDAIS, *curé.*

Ils avaient un enfant, René, né le 2 juillet 1792.

(2) Perrine-Renée-Charlotte Robineau, fille de Pierre Robineau, tailleur, et de Renée Briand, avait épousé Jacques Brunsard le 21 mai 1765. Voici l'acte de mariage :

Le 21 mai mil sept cent soixante cinq, après la publication des bans faite trois dimanches ou fêtes consécutives au prône de notre grand'messe, sans qu'il se soit trouvé aucun empêchement ni opposition venue à notre connaissance, ont par nous soussigné reçu la bénédiction nuptiale Jacques Brunsard, fils de Pierre Brunsard, maréchal, présent et consentant, et de Marie-Julienne Hériaut, d'une part ; et Perrine-Renée-Charlotte Robineau, fille de Pierre Robineau, tailleur, et de Renée Briand. Ont été présents à la cérémonie Pierre Robineau, frère de la mariée, René Briand, oncle de la mariée, de la paroisse de Saint-Maurille de Chalonnes, Jacques Viau, Jean Viau, cousins germains de la mariée, Jean et Louis Brunsard, frères du marié, Jean Gallard, Pierre Alliot de Chemillé cousins germains du marié et plusieurs autres parents et amis qui ont déclaré ne savoir signer, fors les soussignés : P. Brunsard, P. Robineau, la Dubignon, Jacques Renou, Pierre Alliot, Marie Briand, Pierre Robineau, J. Brunsard, Jacques Viau, C. Lebreton, Dubignon.

L. R. MARCHANDYE, *curé de Saint-Laurent.*

Ils eurent plusieurs enfants : Charles-Charlotte qui épousa le 21 juin 1791 François Secher, maréchal à la Chapelle-Aubry, Jacques-Michel, né le 16 avril, et décédé le 7 août 1773, Marie, née le 14 décembre 1778, décédée le 22 juin 1785, Jacques, né le 13 août 1781, Renée.

Jacques Brunsard mourut le 7 juillet 1785, âgé de 43 ans.

(3) Voici les actes de baptême et de mariage de Gabrielle Thomas :

Le 22 août 1761 a été baptisée sur les fonts du baptême de cette église par nous soussigné Gabrielle, née de ce jour, fille de Nicolas Thomas et de Jacquine Babin. Le parrain a été Gabriel Perrault, cousin de l'enfant, de Saint-Maurille de Chalonnes et la marraine Marie-Gabrielle Belliard, femme de Mathurin Poilière, tante de l'enfant, qui ne savent signer, le père absent.

L. R. MARCHANDYE, *curé.*

Le 12 février 1787, après les 3 publications de bans faites en cette église, nous curé de cette paroisse avons épousé Jean Verger, garçon, fils majeur des défunts Jean Verger, laboureur et de Marie Raimbault, et Gabrielle Thomas, fille majeure des défunts Nicolas Thomas, serger, et de Jacquine Babin, en présence de Jean Verger, cousin de l'époux, serger, et

Marie-Anne Letessier, veuve Taveau, ancien régisseur du Pineau, 45 ans, née à Varennes-Boureau (Sarthe), (9e fusillade : 16 avril 1794).

II

M. l'abbé Bourigault et son confrère, M. l'abbé Moreau, vicaires de Saint-Laurent, n'avaient pas voulu s'éloigner d'un lieu auquel ils étaient attachés par des liens de zèle et de parenté. Ils se dévouèrent pour leur paroisse qui, comme tant d'autres, eut une si large et si douloureuse part aux fureurs révolutionnaires. Ils restèrent donc cachés, tantôt dans une ferme, tantôt dans une autre, où des familles profondément chrétiennes leur donnèrent avec joie l'hospitalité, parfois au péril de leur vie.

Durant la nuit, ils s'en allaient à travers d'étroits sentiers au rendez-vous de la prière et du sacrifice, c'était d'ordinaire la chapelle paroissiale de Bourgneuf, les métairies du Groisellier, du Plessis-Raymond (1), du Teil, les bois du Pineau et du Mirandeau (2). Un mot d'ordre secret fixait d'avance

---

Perrine Brunet, sa femme, de la paroisse de Sainte-Christine, Jean Lucas, Jean et Françoise Thomas, frère et sœur de l'épouse, Gabriel Perrault, métayer, son cousin et son parrain, Jean Perrault, métayer aussi son cousin, de Saint-Maurille de Chalonnes, les autres de celle-ci qui ne savent signer lors :

J. Thomas, Jean Verger, J. Lucas.

C. BOURDAIS, curé.

Jean Verger et Gabrielle Thomas eurent trois enfants : Gabrielle, née le 1er décembre 1788, Jean, né le 22 février 1791 et baptisé le même jour par M. Humeau, vicaire d'Andrezé cousin germain de sa mère, Pierre, né en 1792.

Gabrielle Thomas fut prise au village de la Bodinière, commune de Chalonnes, chez Gabriel Perrault, son cousin, et emprisonnée à Angers, à la prison nationale, avec ses deux plus jeunes enfants. Gabrielle, l'aînée, épousa le 26 juillet 1813 René Roullier, sabotier, et mourut le 12 novembre 1856.

(1) On y disait la messe dans un grenier et l'autel était placé dans le pignon qui domine à porte de l'habitation actuelle du fermier. On rapporte que deux femmes furent tuées par es bleus au Plessis-Raymond et enterrées à l'extrémité ouest des servitudes.

(2) Il y existait un bois taillis d'une contenance de 26 boisselées (*Archives dép. E. 3089*).

La Grande Barbottière, commune de Chalonnes, à 2 kilomètres environ du bourg de Saint-Laurent, était aussi un lieu de réunion très fréquenté. C'était une chatellenie, fondée au seizième siècle, et qui appartenait à l'époque de la Révolution à Charles Lefebvre-de-Chasles, seigneur du Pineau. Il y existait une chapelle dédiée à saint Jean-Baptiste, bénite le mardi 25 octobre 1729 par M. Michel Bouchard, curé de Saint-Maurille de Chalonnes. Plusieurs prêtres y célébrèrent les cérémonies du culte pendant la Révolution entre autres : MM. Drouet, Horeau, Benoit, et Graffard.

M. Drouet (Louis-Jean), né à Angers le 30 janvier 1742, était un ancien curé de Marcilly (Indre-et-Loire). Il exerce le ministère à Saint-Laurent-de-la-Plaine en 1795 et 1796 et signe : Drouet, prêtre catholique. Nommé au Concordat curé de Saint-Jean-de-Linières, il est mort prêtre habitué à Saint-Jacques d'Angers, le 6 mai 1842.

M. Horeau est peut-être l'ancien vicaire de Saint-Laurent revenu dans le pays ?

M. Benoit était curé de Bourgueil, paroisse du diocèse d'Angers qui dépend aujourd'hui du diocèse de Tours.

M. Graffard (François-Antoine), curé d'Auverse, avait fait le serment, mais, quand il vit qu'on en voulait à la religion il se rétracta. Au mois de mai 1792 il fut remplacé par M. Chauvellier, curé dans le Berry, et chassé de sa cure. Il resta dans sa paroisse, caché le

l'heure et le lieu de la cérémonie nocturne. A la tombée de la nuit, dès que la brume s'épaississait, de longues processions d'hommes, de femmes, d'enfants, se déroulaient comme des ombres silencieuses à travers les chemins creux et les sentiers perdus et s'entassaient peu à peu autour de l'autel improvisé fait de quelques pierres, restes d'un calvaire démoli, d'un vieux bahut ou seulement de planches posées sur des tréteaux.

Alors le prêtre s'approchait ; il récitait le chapelet et. la prière, adressait aux assistants quelques mots d'édification et d'encouragement, entendait les confessions, administrait le baptême et bénissait les mariages. Puis vers minuit, il commençait la messe. D'une voix lente, souvent étouffée par l'émotion, il annonçait l'*Introït*, l'*Évangile*, la *Communion*. La flamme jaunâtre des cierges de l'autel, le grêle tintement de la sonnette de l'enfant de chœur, la silhouette de l'officiant qui se dressait au dessus de l'assistance comme une apparition fantastique, le chuchotement des femmes qui murmuraient une prière, les pas des gars robustes qui montaient la garde aux alentours, le cri des oiseaux de nuit et le sifflement du vent dans les grands arbres, tout concourait à produire dans l'âme des assistants des émotions surnaturelles. Enfin le prêtre se tourne une dernière fois, sa main se lève pour donner une solennelle bénédiction ; les fronts s'inclinent avec respect, chacun se signe et se retire, fortifié pour les peines et les angoisses de la journée. Quelle scène ! Pour la comprendre dans son imposante grandeur et en retrouver le modèle il faudrait remonter aux âges héroïques de l'Église et assister dans les catacombes aux assemblées des premiers chrétiens.

En bons catholiques et en bons Vendéens, les habitants de Saint-Laurent-de-la-Plaine faisaient parfois de longues et pénibles courses pour assister aux cérémonies religieuses. Le dimanche 20 novembre 1791, ils arrivaient en procession à Chanzeaux, dès 9 heures du matin, et assistaient à la grand'messe dans le chœur avec des cierges allumés (1). Une autre fois,

jour par le père Parcé, son sacristain, à la Goupillerie dont il était le fermier, la nuit, portant à ses paroissiens les secours de son ministère. Saisi et conduit en prison au château d'Angers, il parvint à s'en évader en glissant par un câble le long d'une tour. Il vint jusqu'à Chalonnes. et signe en 1796 et 1797 : Graffard, desservant de Saint-Maurille et de la Barbottière. — Il se cacha pendant quelque temps à la Grande Rogerie, de Saint-Laurent-de-la-Plaine, chez le fermier Quesson. On montre encore sur le haut d'un coteau le champ dans lequel se trouvait la cachette de M. Graffard. (*Mémoires de M. Gruget; Dict. hist.* de M. C. Port ; *registres de la paroisse de Saint-Laurent ; récit du père Quesson de la Rogerie*).

(1) *Rapport de la municipalité de Chanzeaux au district de Vihiers.* — Chanzeaux est à 15 kilomètres environ de Saint-Laurent-de la-Plaine. Le curé légitime, M. Blondel de Rye et ses deux vicaires, MM. Beurier et Deslandes, restèrent en fonctions jusqu'au mois d'avril 1792.

Même en campagne, les Vendéens faisaient leur possible pous sanctifier les fêtes chrétiennes et accomplir leurs devoirs religieux. Dans la nuit du 24 au 25 décembre 1794 un détachement, commandé par Cady, assistait à la messe de minuit dans l'église de Sainte-Foi près de Saint-

plusieurs *femmes*, entre autres Marie Binier, femme Toussaint Brevet, de la Philippière, s'en vont par une nuit d'hiver assister à la messe dans l'église de Neuvy où elles arrivent à 3 heures du matin.

M. Moreau demeura caché à Saint-Laurent environ 15 mois. Après le soulèvement général des Vendéens en mars 1793, il quitta la paroisse et évangélisa par intervalles Botz, Saint-Quentin-en-Mauges et la Chapelle-Aubry (1). Le 18 octobre, il passa la Loire à Saint-Florent-le-Vieil ; après la désastreuse campagne de Normandie, M. Moreau essaya de repasser la Loire à Ancenis, vers le 15 décembre, mais n'ayant pu y réussir il se cacha dans le Craonnais, menant une vie misérable, réduit à mendier son pain et à coucher dans les champs.

Il fut arrêté au mois d'avril 1794 dans une ferme de la paroisse de Combrée nommée Le Gâs où il était caché dans un chaumier en compagnie de M. Humeau, vicaire d'Andrezé, son compatriote, et d'un autre compagnon. Le samedi 12 avril, il comparut devant l'agent du district national de Segré, le citoyen Chollet, assisté du secrétaire Vallin, qui lui fit subir un premier interrogatoire :

D. — A lui demandé ses nom, âge, qualité et demeure ?

R. — A dit s'appeler Joseph-René-Jacques-Henri Moreau, prêtre, vicaire à Saint-Laurent-de-la-Plaine, être âgé de 30 ans, et demeurer ci-devant à Saint-Laurent.

D. — A lui demandé s'il a prêté le serment requis par la loi ?

R. — A dit que non.

D. — A lui demandé depuis quel temps il a cessé ses fonctions de vicaire ?

R. — A dit qu'il les a cessées depuis environ deux ans et demi.

D. — A lui demandé si, ayant cessé ses fonctions de vicaire, il a continué à dire la messe dans la commune de Saint-Laurent et s'il a continué d'y résider ?

R. — A dit qu'il est resté dans cette commune environ 15 mois après avoir cessé ses fonctions, pendant lequel temps il a quelquefois dit la messe.

D. — A lui demandé quelle commune il a habité pendant les 15 autres mois qui ont suivi ?

R. — A dit qu'il a habité les communes de Botz, la Chapelle-Aubry et Saint-Quentin : qu'il a passé ensuite quelque temps dans la commune de Saint-Laurent-de-la-Plaine, jusque vers le mois d'octobre 1793 ; que pendant ce temps, il a peu fréquenté l'armée des rebelles qui occupaient alors le pays ; qu'il a passé la Loire avec l'armée des rebelles ;

Lambert. Afin d'éloigner les bleus, Cady avait fait allumer un grand feu dans un champ, en vue des postes républicains, et circuler constamment autour dix à quinze hommes. Cette manœuvre fit croire à un attroupement considérable. Les bleus de leur côté allumèrent des feux nombreux et se tinrent toute la nuit sur leurs gardes sans oser bouger dans la crainte d'une surprise. Grâce à cette ruse, l'office de la nuit ne fut point troublé. *Histoire de la Vendée*, par M. Deniau.

(1) Charles Menuau, tanneur, déclara l'avoir vu en compagnie de M. Raimbaut, curé de Botz.

Qu'il l'a suivie dans différents lieux qu'elle a parcourus ; qu'après la déroute du Mans, il se présenta à Ancenis pour tenter le passage, de la Loire, mais que n'ayant pu l'effectuer, il se retira dans les terres vers le 15 décembre 1793.

D. — A lui demandé qu'elles communes il a habité depuis ce temps, et de quelle manière il a vécu ?

R. — A dit qu'il a toujours été errant, qu'il ignore le nom des communes qu'il a parcourues, et que, pour exister, il recevait du pain, tantôt dans un lieu, tantôt dans un autre.

D. — A lui demandé depuis combien de temps il habite la commune de Combrée ?

R. — A dit qu'il y est arrivé cette nuit avec un particulier, qui a été arrêté avec lui à un lieu qu'il croit s'appeler le Gàs, et qu'il était caché dans un chaumier.

D. — A lui demandé quel était le troisième particulier caché avec lui, qui a été tué en voulant s'enfuir ?

R — A dit qu'il s'appelait Humeau, ancien vicaire de la commune d'Andrezé ; qu'il était caché dans le chaumier avant que lui, Moreau, et son compagnon y fussent arrivés.

D. — A lui demandé où il a couché l'avant-dernière nuit et les nuits précédentes ?

R. — A dit qu'il a couché dans les champs, et que sa compagnie n'a pas excédé le nombre de deux à trois.

D. — A lui demandé combien il croit qu'il peut encore exister de rebelles dans la commune de Combrée et autres voisines ?

R. — A dit qu'il l'ignore.

D. — A lui demandé s'il n'était pas du nombre de ceux qui formaient les rassemblements qui se sont montrés dans les forêts de Combrée, Chanveau et autres ?

R. — A dit que non.

D. — A lui observé qu'il ne dit pas la vérité, et qu'il était à la tête de ces rassemblements, que lui et Humeau les ont dirigés dans leurs différentes marches?

R. — A dit que non.

D. — A lui demandé si, dans les différentes communes où il a séjourné, il n'a pas rencontré des prêtres, ses anciens confrères ?

R. — A dit qu'il en a vu un qui partait pour Château-Gontier, qui était de la Jumellière, professeur de rhétorique à Beaupréau (1).

D. — A lui demandé si, dans les différentes communes où il habitait, il n'y disait pas la messe ?

R. — A dit qu'il l'a célébrée trois ou quatre fois, et que depuis six semaines, il ne l'a pas dite.

D. — A lui demandé dans quelles communes il a dit sa messe, et combien de personnes y assistaient?

R. — A répondu qu'il a dit la messe dans la commune de Nyoiseau ; les quatre fois dont il parle, dans quatre endroits différents ; qu'il n'y avait que les habitants de ces endroits à assister à sa messe.

D. — A lui demandé s'il n'a pas rempli d'autres fonctions ?

R. — A dit que non.

(1) M. Joseph Blouin, mort missionnaire de la Compagnie de Marie, le 10 août 1824.

D. — A lui demandé si un calice d'étain, une boîte remplie de pain d'autel, ainsi que plusieurs chansons sur les événements de la guerre des rebelles, lui appartenaient?

R. — A dit que les différents objets appartenaieut à M. Humeau.

D. — A lui demandé comment s'appelaient les fermes où il a dit la messe ?

R. — A répondu qu'il n'en sait rien, qu'il était conduit dans ces fermes par des particuliers dont il igonorait le nom.

D. — A lui demandé si une petite boîte, ayant sur le couvercle une croix, lui appartient, et quel usage il en faisait ?

R. — A dit que cette boîte est bien à lui, qu'elle était destinée pour les saintes huiles, mais qu'il ne s'en est jamais servi.

D. — A lui demandé depuis quel temps il est avec le particulier qui a été arrêté avec lui, de quelle commune il est et comment il s'appelle ?

R. — A dit que depuis un mois il a été quelquefois avec lui, qu'il ne le connait que sous le nom de François, qu'il est de Combrée.

D. — A lui demandé si l'arme qui a été trouvée dans leur repaire, était à lui ainsi que les cartouches?

R. — A dit que non ; que le fusil a été, par lui et son compagnon de voyage, trouvé dans leur retraite, qu'il n'a aucune connaissance des cartouches.

Et est tout ce qu'il a déclaré.

Le Lundi Saint, 14 avril, M. Moreau qui avait été conduit dans les prisons d'Angers, comparut devant le Comité révolutionnaire de cette ville, siégeant à l'évêché. On se borne à lui demander où il a été arrêté et s'il est insermenté, puis le Comité envoie ce second interrogatoire à la Commission militaire.

C'est le Jeudi Saint qu'il est appelé devant cette dernière qui siégeait aux Jacobins, actuellement la Gendarmerie nationale. On lui fit subir un long interrogatoire sur les faits miraculeux de la Chapelle de Notre-Dame-de-Charité. On lui fit un crime d'avoir organisé des pèlerinages à ce sanctuaire et on taxa sa conduite de fanatisme et de révolte. Voici le troisième interrogatoire que subit en séance publique M. Moreau devant ce tribunal de sang. Il met en relief d'un côté, la dureté, les insultantes et grossières moqueries du juge, de l'autre la résignation et la douce ironie de la jeune victime :

D. — Ses noms, âge, état et demeure ?

R. — S'appeler Joseph-René-Jacques-Henri-Moreau, 30 ans, natif de Saint-Laurent-de-la-Plaine.

D. — Son domicile ?

R. — Qu'il n'en avait pas depuis longtemps, parcourant toutes les campagnes.

D. — Son état ?

R. — Etre prêtre, ci-devant vicaire à Saint-Laurent-de-la-Plaine.

D. — S'il a prêté son serment ?

R. — Que l'Assemblée ayant laissé la liberté des opinions, il ne l'a pas prêté. parce que ce n'était pas la sienne.

D. — A combien de distance de Saint-Laurent est le fameux chêne qu'il connait si bien ?

R. — A un quart de lieue, mais il n'existe plus.

D. — A lui observé qu'il vient de dire que l'Assemblée avait laissé la liberté des opinions, mais que l'Assemblée aussi avait ordonné la déportation de ceux qui avaient refusé le serment, et que lui devait y obéir ?

R. — Que cela est vrai, mais qu'il n'y a pas obéi.

D. — Pourquoi il n'a pas obei à cette loi ?

R. — Que c'était son dessein de rester dans ce pays.

D. — Quel était son dessein en restant dans ce pays ?

R. — Que son but était de rester dans sa famille.

D. — Si effectivement il est resté tranquille, puisque c'était son but ?

R. — Que oui, qu'il est resté 14 mois dans une maison.

D. — Combien il s'est fait de processions au fameux chêne en sa présence ?

R. — Qu'il n'en a jamais vu, qu'il disait seulement la messe à la chapelle, lorsqu'elle existait.

D. — A lui observé qu'il en impose, en disant qu'il n'a jamais assisté à ces processions, puisque c'est lui et d'autres de sa clique qui se cachaient dans l'arbre pour faire mouver une ci-devant bonne Vierge ?

R. — Qu'il n'y a jamais été ni de jour ni de nuit, qu'en outre il n'aurait pu se mettre dans le chêne parceque le chêne n'était pas assez gros.

D. — A lui observé qu'il y a été sous un déguisement afin de ne pas être reconnu.

R. — Qu'il n'y a jamais été sous aucun déguisement.

D. — S'il n'a jamais été avec un autre prêtre déguisé en f...?

R. — Que non, qu'il n'en a jamais vu sous ce déguisement.

D. — A lui observé que quoiqu'il ait dit qu'il voulait être vrai, il en impose à tout moment, puisque plusieurs témoins déposent l'avoir vu sous ce déguisement ?

R. — Que cela est faux.

D. — S'il ajoutait foi aux prétendus miracles que faisait cette ci-devant bonne Vierge ?

R. — Qu'il n'est pas assez instruit sur ce fait, n'en ayant pas vu par lui-même, n'ayant jamais voulu aller au chêne pour s'en convaincre.

D. — Quelle était sa mission dans la Vendée ?

R. — Qu'elle était de se tenir tranquille, se retirant du pays à mesure que l'insurrection y éclatait.

D. — A lui observé que tout raffiné menteur qu'il veut paraître, son mensonge éclate à tout moment, puisqu'après avoir dit qu'il passa 14 mois dans le même endroit il vient de dire le contraire ?

R. — Qu'ayant été déplacé il y a deux ans, il est resté jusqu'au mois de mars 1793 dans sa paroisse, ce qui fait plus de 14 mois (1)

D. — Par quel moyen la contre-révolution s'est opérée ?

R. — Qu'il n'en sait rien.

D. — Combien de messes contre-révolutionnaires il a dites pendant le temps qu'il resta caché ?

R. — Qu'il n'en sait rien, la disant rarement.

(1) On a vu que M. Moreau fut « déplacé » par l'intrus, installé le 30 octobre 1791.

D. — A lui observé que puisqu'il en disait peu, il devait les vendre fort cher.

R. — Qu'il n'en vendait pas.

D. — Combien il a béni de chapelets, de sacrés-cœurs, et combien il vendait ses bénédictions ?

R. — Qu'il n'a béni que des sacrés-cœurs, et gratis.

D. — A lui observé qu'il devient de plus en plus un impudent menteur, qu'après avoir dit qu'il n'aiguisait pas les poignards de la Vendée, il résulte de son dernier aveu qu'il a béni les sacrés-cœurs qui étaient les vrais poignards dont se servaient les prêtres ?

R. — Qu'il croyait qu'on lui parlait de poignards ordinaires.

D. — Si la petite bonne Vierge du chêne avait une couronne sur la tête ?

R. — Qu'il n'en sait rien.

D. — Combien de messes ou de saluts il a célébrés pour la stabilité du trône d'un prétendu Louis XVII ?

R. — Qu'il n'en sait rien.

D. — S'il tenait ses pouvoirs du fameux scélérat d'évêque d'Agra ?

R — Qu'il n'avait pas de pouvoirs de lui ; qu'il tenait les siens de Mgr de Lorry.

D. — Combien de miracles la bonne Vierge du chêne a opérés ?

R. — Qu'il n'en sait rien, ne les ayant ni vus ni comptés ; que néanmoins il est possible qu'elle en ait fait.

D. — A lui demandé si, puisqu'il n'a pas vu les miracles de la bonne Vierge, il a vu le fameux miracle de la résurrection des brigands ?

R. — Que non ; que ceux qui ont été tués n'ont pas voulu ressusciter, crainte qu'il ne leur en arrive encore autant.

D. — Combien il a baisé de fois en réalité ou en idée la mule de cet a... m... qu'on appelle Pape ?

R. — Qu'il y avait trop loin pour entreprendre ce voyage.

D. — A lui observé qu'il est si entreprenant qu'il a dit à quelqu'un qu'avant peu il y aurait une nouvelle Saint Barthélemy.

R. — Qu'il n'a jamais parlé de cela.

D. — Quel était son costume parmi les brigands sujets de Louis XVII ?

R. — Qu'il s'habillait tantôt d'une manière, tantôt d'une autre.

D. — Pourquoi il changeait si souvent de costume ?

R. — Qu'il changeait selon les saisons.

D. — A combien de combats il s'est trouvé avec les brigands ?

R. — Qu'il n'en sait rien au juste, mais peut-être vingt fois.

D. — A lui observé qu'on reconnait facilement qu'il professe toujours son ancien état, c'est-à-dire d'imposteur, car après avoir dit qu'il restait tranquille il s'ensuit pourtant que par ses réponses il a été à 20 combats ?

R. — Qu'il était tranquille dans les intervalles.

D. — A lui représenté que sans doute il portait à son chapeau un sacré-cœur, un chapelet ou un Christ en place de cocarde ?

R. — Que non, qu'il n'a porté qu'une cocarde blanche pendant quelques jours.

D. — Combien de fois les boulets de la République ont renversé les autels où il disait la messe ?

R. — Qu'ils ne les ont jamais renversés :

D. — Combien de fois il a harangué les brigands avant le combat ou en les confessant ?

R. — Jamais et qu'il confessait rarement.

D. — A lui demandé si au confessionnal il ne promettait **pas le ciel à ceux** qui mouraient pour soutenir leur religion ?

R. — Que c'est le secret, qu'il n'a rien à répondre à cela.

D. — S'il a vu Bernier, curé de Saint-Laud ?

R. — Qu'il l'a vu, il y a six mois, mais qu'il ne sait ce qu'il est devenu depuis.

D. — Quel emploi avait Bernier dans les brigands ? (1)

R. — Qu'il n'en sait rien, n'ayant jamais été avec lui.

D. — Comment il a regardé la Constitution républicaine ?

S. — Qu'il ne la connaît pas, ne l'ayant pas lue.

D. — Comment il a regardé la mort de Capet ?

R. — Qu'il n'en sait rien.

D. — Comment il a regardé l'extinction des prêtres réfractaires ?

R. — Qu'il ne le savait pas.

D. — S'il sait où est Stofflet et Charette ?

R. — Qu'il n'en sait rien.

Lecture à lui faite, a dit que ses réponses contiennent vérité et a signé :

Moreau.
Ruffey, secrétaire

Immédiatement après cet interrogatoire, Antoine Félix, président, François Laporte, Jacques Hudoux, Marie Obrumier, Gabriel Gouppil fils, tous membres de la Commission militaire, (Ruffey secrétaire) d'une voix unanime condamnent à mort M. Moreau par le jugement suivant, qui fut imprimé chez Jahyer et Geslin, rue Milton, à Angers. Bien plus, ils firent afficher publiquement dans toute la ville les considérants de ce jugement conçu dans les termes les plus injurieux et les plus grossiers contre la Vierge immaculée et son dévôt serviteur (2).

Sur les questions de savoir si Joseph Moreau, natif de Saint-Laurent-de-la-Plaine, prêtre non assermenté, ci-devant vicaire de la même commune, est coupable :

1° D'avoir eu des intelligences et correspondances intimes avec les brigands de la Vendée ;

2° D'avoir enfreint la loi relative à la déportation des prêtres non assermentés ;

3° D'avoir, après cette infraction à la loi, été l'un des premiers moteurs du rassemblement contre-révolutionnaire des bandits qui se sont soulevés dans le département de la Vendée ;

4° D'avoir, pour trahir ouvertement sa patrie, allumer le flambeau de la guerre civile et donner plus d'éclat à ses projets infâmes, imaginé des pro-

---

(1) M. l'abbé Bernier devint au Concordat évêque d'Orléans et mourut le 1er octobre 1806.

(2) « Tu es un fanatique, crièrent les juges de M. Moreau après son interrogatoire. C'est toi qui as excité la superstition des peuples en les encourageant à prier devant un chêne ; tu es un imposteur. — Je ne suis ni un imposteur ni un fanatique, répondit le serviteur de Dieu avec calme ; si vous étiez dignes d'entendre les choses divines, je vous dirais que la Sainte Vierge, mère de Dieu peut se manifester aux hommes, mais je sais que vous ne croyez pas aux miracles. » (*Dom Chamard*, tome III, pages 613-615).

cessions miraculeuses, au nom d'une soi disant Sainte Vierge placée dans un chêne, près Saint-Laurent-de-la-Plaine, qu'il faisait mouvoir à volonté en la métamorphosant de toutes les manières et selon les circonstances du soi-disant miracle qu'il voulait opérer en son nom ;

5° D'avoir, par cette invention criminelle et contre-révolutionnaire, privé la République d'une quantité prodigieuse de citoyens et citoyennes, qui en abjurant la raison, n'écoutant que leurs faiblesses morales, et ses discours séduisants, accouraient en foule à ces processions, sous l'étendard sanglant du fanatisme, de la guerre civile et de la tyrannie ;

6° Enfin, d'avoir provoqué au massacre des patriotes, à la proclamation de la guerre civile, à la destruction de l'égalité, de la liberté, et conspiré contre la souveraineté du peuple français ;

Considérant qu'il est prouvé qu'il a enfreint la loi relative à la déportation des prêtres non assermentés ;

Considérant que d'après cette infraction à la loi, il a fait partie du rassemblement des rebelles et s'est trouvé à tous les combats avec eux contre les armées de la République, ayant une cocarde blanche à son chapeau ;

Considérant encore qu'il est prouvé qu'il est un des principaux moteurs et instigateurs de la guerre civile qui a éclaté dans la Vendée et dans plusieurs autres départements de la République ;

Considérant enfin que par l'ensemble de tous ces délits, il est prouvé impérieusement qu'il a provoqué au massacre des patriotes, à la destruction de la liberté et de l'égalité, au rétablissement de la royauté et à l'anéantissement de la République française :

La Commission militaire le déclare atteint et convaincu de conspiration envers la sûreté et la souveraineté du peuple français.

Et en exécution de la loi du 9 avril 1793, article premier, portant : *La Convention nationale met au nombre des tentatives contre-révolutionnaires la provocation au rétablissement de la royauté;*

Et aussi en exécution de la loi du 19 mars 1793, portant (art. 1er) : *Ceux qui sont ou seront prévenus d'avoir pris part aux révoltes ou émeutes contre-révolutionnaires qui ont éclaté ou qui éclateraient à l'époque du recrutement dans les différents départements de la République, et ceux qui prendraient ou auraient pris la cocarde blanche ou tout autre signe de rébellion, sont hors la loi. En conséquence, ils ne peuvent profiter des dispositions des lois concernant la procédure criminelle et l'institution des jurés. — (Art. 6) : Les prêtres, les ci-devant nobles, les ci-devant seigneurs, les émigrés, les agents et domestiques de toutes ces personnes. les étrangers, ceux qui ont eu des emplois ou exercé des fonctions publiques dans l'ancien gouvernement ou depuis la révolution, ceux qui auraient provoqué ou maintenu quelques-uns des attroupements de révolte, les chefs, les instigateurs, ceux qui auront des grades dans ces attroupements, et ceux qui seraient convaincus de meurtres, d'incendie ou de pillage, subiront la peine de mort.*

Et encore, en exécution de la loi des 29 et 30 vendémiaire, portant (art. 14) *Les ecclésiastiques mentionnés à l'article 10, qui, cachés en France, n'ont point été embarqués pour la Guyane Française, seront tenus, dans la décade de la publication du présent décret, de se rendre auprès de l'administration de leurs départements respectifs, qui prendront les mesures nécessaires pour leur arrestation, embarquement et déportation, en conformité de l'article 12. — (article 15) : Ce délai expiré, ceux qui seront trouvés sur le territoire de la République, seront conduits à la maison de justice du tribunal criminel de leur département, pour y être jugés et punis de mort conformément à l'article 5;*

**La Commission militaire condamne Joseph Moreau, natif de Saint-Laurent-de-la-Plaine, prêtre non assermenté, ci-devant vicaire de la même commune, à la peine de mort.

Et sera le présent jugement exécuté dans les 24 heures.

Et enfin en exécution de la même loi du 19 mars 1793, (art. 7), portant : *La peine de mort prononcée dans les cas déterminés par la présente loi, emportera la confiscation des biens, et il sera pourvu sur les biens confisqués à la subsistance des pères, mères, femmes et enfants qui n'auraient pas d'ailleurs des biens suffisants pour leur nourriture et entretien ; on prélèvera en outre sur le produit desdits biens le montant des indemnités dues à ceux qui auront souffert de l'effet des révoltes,* la Commission militaire déclare les biens dudit Moreau acquis et confisqués au profit de la République.

M. l'abbé Moreau fut guillotiné le lendemain, sur la place du Ralliement. Il monta à l'échafaud avec ce courage calme et intrépide dont il avait fait preuve toute sa vie et reçut la couronne du martyre, le jour du Vendredi Saint, jour où Jésus-Christ lui-même est mort pour notre salut, sur l'arbre de la Croix.

III

M. l'abbé Bourigault n'eut pas comme son confrère la gloire de mourir sur l'échafaud. Dieu, dont les desseins sont impénétrables, le réservait pour d'autres travaux et d'autres épreuves.

Le sang de milliers de victimes innocentes finit, en effet, par satisfaire la justice divine et par mériter pour la France des jours plus heureux et plus paisibles. Commencée au mois de mars 1793, la guerre de Vendée fut interrompue, deux ans après, par un traité signé entre les généraux vendéens et la Convention Nationale. Aux conférences de la Jaunaie, tenues au mois de février 1795, Charette et ses officiers demandèrent tout d'abord le libre exercice du culte catholique, et, par conséquent, une sorte d'amnistie pour leurs « *bons prêtres* » traités de « *réfractaires* » par les patriotes. Delaunay, l'un des dix représentants du peuple en mission, répondit au nom de tous « que la liberté des cultes était décrétée par la Convention dans la déclaration des Droits de la Constitution ; que tout culte était libre en France, pourvu qu'il ne pût troubler l'ordre public ; qu'ainsi ils pourraient exercer leur culte catholique et tous autres, pourvu qu'il n'y ait aucun signe extérieur, ni cloches, ni processions ; que les ministres de tous les cultes seraient libres d'exercer leurs fonctions dans la Vendée, étant salariés par ceux qui s'en serviraient ».

En présence de ces déclarations des commissaires de la Convention, la paix fut conclue à la Jaunaie, le 17 février 1795. Stofflet, de son côté, imita l'exemple de Charette, le 2 mai suivant, à Saint-Florent-le-Vieil. Charette reprit les armes le 26 juin 1795, et Stofflet, le 26 janvier suivant. Après la mort de Stofflet, fusillé à Angers, le 25 février 1796, et celle de Charette, fusillé à Nantes le 29 mars de la même année, Hoche fit une seconde pacification, avec les différents chefs vendéens et chouans (avril, mai et juin 1796); la nouvelle pacification accordait, elle aussi, la liberté des cultes et le calme fut assuré jusqu'au coup d'État du 18 fructidor (4 septembre 1797). Comme on le voit, les Vendéens malgré leurs défaites glorieuses avaient obtenu un avantage précieux : ils étaient arrivés à se faire craindre, et, de fait, le Gouvernement comptait avec eux.

Pendant cette période de 1795 à 1797, la situation religieuse de la Vendée angevine fut relativement prospère. Les prêtres fidèles, sortis de leurs cachettes ou revenus de l'exil, rouvrirent les églises non aliénées et non occupées par les prêtres constitutionnels et relevèrent les autels.

A Saint-Laurent-de-la-Plaine les baptêmes, mariages et sépultures se faisaient publiquement, non pas à l'église entièrement détruite, mais dans une salle du presbytère transformée en chapelle. Il en était de même dans les paroisses environnantes qui avaient un curé ou un vicaire. Un billet signé de M. Trotereau, vicaire de Saint-Quentin, et envoyé à M. Bourigault, le 23 novembre 1795, atteste que les bans de mariage des nommés Jacques Parent et Renée Rousse ont été canoniquement publiés dans l'église de Saint-Quentin. Un autre de M. Rivereau, vicaire de Sainte-Christine, du mois de février 1797, de M. Syreul, curé de Chaudefonds, du 1ᵉʳ mai, et de M. Graffard « desservant de Saint-Maurille de Chalonnes et de la Barbottière, » du 2 juillet de la même année, montre en effet qu'une certaine liberté était laissée au culte (1).

Les habitants de Saint-Laurent prirent d'eux-mêmes l'initiative de réorganiser leur paroisse et nommèrent six commissaires pour la reconstruction de l'église. C'étaient Louis Blouin, métayer à la Grande-Rogerie, Jean Galard, meunier à Frossanger, Mathurin Sécher, métayer à la Brunetière, René Davy, métayer à la Lansonnière, Jean Delaunay, maréchal taillandier, et René Secher, métayer à la Chênebaudière.

Les travaux furent mis en adjudication (2) le 1ᵉʳ mai 1797 et donnés à M. Joseph Mangin, charpentier à la Jumellière, pour la somme de 1315 livres. Ledit Mangin s'engageait à raser les murs, dresser les pignons et à placer la charpente pour les fêtes de Saint-Mathieu et de Saint-Maurice, (21 et 22 septembre 1797) (3). La tranquillité relative dont jouissaient les catholiques fut de courte durée. Le coup d'État du 18 fructidor an V (4 septembre 1797) fut une épreuve très cruelle et une revanche de l'impiété révo-

(1) *Registres paroissiaux de Saint-Laurent-de-la-Plaine.*
(2) *Archives de la fabrique.*
(3) Les commissaires chargés de la reconstruction de l'église payèrent le 12 septembre 1797 la somme de 91 livres 9 sols à Pierre Fremondière, menuisier à Saint-Lezin-d'Aubance, pour avoir fait un confessionnal (*Archives de la fabrique*).

lutionnaire. En un jour les catholiques perdirent presque tout ce qu'ils avaient reconquis si péniblement depuis deux ans.

Un nouveau serment de haine à la royauté et à l'anarchie fut exigé de tous les prêtres qui voudraient exercer le culte ; les décrets de déportation furent mis de nouveau en vigueur contre ceux qui n'obéiraient pas. Mais ce n'était là que le moindre mal : prêtres et fidèles souffraient surtout de ces tracasseries mesquines, de ces espionnages odieux, de ces persécutions déguisées sous un air de légalité, de ces incertitudes du lendemain, de ces dissensions intestines qui font le caractère propre de cette époque.

M. l'abbé Bourigault fut de nouveau obligé de se cacher. Au mois de juillet 1798, il fut dénoncé et emprisonné à la Rossignolerie (1), à Angers.

Les habitants de Saint-Laurent-de-la-Plaine n'oublièrent pas le prêtre qui s'était dévoué tout entier pour eux, souvent même au péril de la vie. Beaucoup allaient le visiter dans sa prison et c'était une douce consolation pour M. Bourigault que l'attachement et la reconnaissance de ses paroissiens. De temps en temps, on lui envoyait de l'argent pour subvenir à son entretien et adoucir les rigueurs de sa captivité (2). Des ordres étant venus d'appliquer la loi avec plus de sévérité, M. Bourigault fut déporté à l'île de Ré (3).

En 1801, les habitants de Saint-Laurent-de-la-Plaine adressèrent une pétition au préfet de Maine-et-Loire en faveur de leur ancien vicaire encore détenu. Le 2 décembre le citoyen Montault écrivait à son collègue de la Charente-Inférieure pour le prier de donner un passeport à M. Bourigault. Ce n'est que le 7 mai 1802 que ce dernier fut libéré. Le 10 décembre Mgr l'Evêque d'Angers le nomma à la cure de Champtocé qu'il ne tarda pas à quitter pour aller exercer les fonctions de professeur (4) au collège de Château-Gontier, dont M. Bazile Horeau, son parent, était redevenu principal. Au mois de janvier 1816 il devint aumônier des Ursulines de Château-Gontier. Nommé chanoine honoraire du Mans par Mgr de la Myre, en 1820, il mourut le 20 octobre 1837, âgé de 76 ans (5).

(1) Aujourd'hui le Lycée.
(2) Le 12 fructidor an VI (29 août 1798), les procureurs de la fabrique lui faisaient parvenir la somme de 120 livres par M. le marquis de Meaussé, propriétaire du Pineau, demeurant à Angers, comme le prouve le billet ci-joint. « J'ai reçu de Jacques Dénéchau, métayer au Pineau, 120 livres, pour les faire remettre à M. Bourigault, prêtre, actuellement à la Rossignolerie. » Angers, 12 fructidor an VI. De Meaussé.
Quelques jours avant de partir pour l'île de Ré, il donna son chapelet à sa belle sœur Marie Binier, femme Toussaint Brevet. Ce chapelet est conservé comme une relique.
(3) Il y arriva, le 5 novembre 1798.
(4) Il enseigna les mathématiques.
(5) M. Bourigault fit don au Séminaire du Mans de 2 titres de rente, l'un de 450, l'autre de 200 francs, pour ceux de ses neveux qui se destineraient à l'état ecclésiastique.

CHAPITRE XI

SAINT-LAURENT-DE-LA-PLAINE APRÈS LA RÉVOLUTION

Pacification religieuse, reconstruction de l'église. — Nomination de M. l'abbé Grellier à la cure de Saint-Laurent. — État de la paroisse au temporel et au spirituel, zèle de M. Grellier. — La paroisse de Bourgneuf est supprimée et réunie à celle de Saint-Laurent-de-la-Plaine.

I

Quand éclata la Révolution qui devait, ce semble, anéantir la Religion en France, Dieu trompant les desseins des impies et tirant le bien du mal lui-même en fit jaillir la résurrection catholique. « Infructueux en apparence, le sacrifice des Vendéens, dit Mgr Freppel, ne resta pas stérile. Car, s'il est vrai que le sang des martyrs est une source féconde et que Dieu mesure son pardon à nos expiations ; si quelques années après cette *guerre de géants*, comme l'appelait un homme qui s'y entendait, Napoléon, vous avez vu vos autels se relever, vos prêtres revenir de l'exil et l'Église de France se redresser sur ses ruines plus forte que jamais, c'est que le sang des justes avait mérité toutes ces restaurations ; c'est qu'avant d'éclater au grand jour de l'histoire, la résurrection avait germé dans ces tombes obscures où le dévouement s'était enseveli avec les fils de la Vendée » (1). Le vieux clergé de France, cette noble phalange qui dans la décadence du dix-huitième siècle avait le moins subi les atteintes du temps, fut choisi pour être l'instrument et la source de cette rénovation chrétienne. Le Tout-Puissant de sa main miséricordieuse divisa en trois parts les prêtres fidèles.

La première, victime pure, eut l'honneur incomparable d'être livrée pour l'expiation publique au glaive des persécuteurs. Dieu seul sait ce qu'obtint de bénédictions et de grâces cette sanglante et sublime immolation. Dans cette glorieuse phalange de martyrs, nous saluons avec fierté deux prêtres, enfants de cette paroisse, l'abbé Pierre Humeau et l'abbé Joseph Moreau.

La seconde part, également vénérable, eut à supporter les rigueurs de la

(1) Oraison funèbre de Mgr Fruchaud prononcée en la cathédrale de Tours le 10 décembre 1874.

déportation et de l'exil. C'est la phalange des confesseurs de la foi à laquelle Saint-Laurent a donné un autre de ses enfants prêtre, l'abbé René Bourigault.

Mais tandis que le ciel se calmait par le sang des uns, que l'Europe s'ensemençait par les sueurs des autres, une troisième part de la phalange sacrée demeurait au cœur même de la patrie ; cachée au milieu des ruines et sous les décombres amoncelés, elle y préparait en silence la résurrection future. M. l'abbé Grellier appartenait à cette dernière phalange ; c'est lui qui fut le restaurateur de la paroisse.

Le coup d'État opéré par le général Bonaparte, le 18 brumaire an VIII (9 novembre 1799), vint donner une impulsion nouvelle et définitive à la politique de pacification religieuse. Peu à peu, il se fit un certain apaisement, les autorités civiles manifestèrent des dispositions moins tracassières, les prêtres fidèles allaient pouvoir reprendre la vie publique et exercer, en toute sécurité, le saint ministère.

Les habitants de Saint-Laurent n'attendirent pas que le Concordat fût publié. Dès le commencement de l'année 1800, rassurés par l'attitude du nouveau Gouvernement, ils reprirent pour la seconde fois les travaux de reconstruction de l'église, en attendant que la Providence voulût bien leur envoyer un nouveau curé.

Mais, les ressources étaient loin d'être suffisantes, la fabrique était pauvre et les procureurs n'avaient en caisse que la somme minime de 317 livres. La Révolution avait de plus ruiné ou mis dans la gêne presque toutes les familles. Néanmoins, tous les habitants s'imposèrent les hommes et les chefs de maisons pour 6 livres, les femmes mariées ou veuves, les garçons et les filles de maison pour 3 livres. Les métayers offrirent des charrois, d'autres des dons en nature : beurre, fruits, lin, bois qui étaient vendus au profit de l'église, d'autres enfin des journées de travail. La quête s'éleva à la somme de 1173 livres qui jointe aux 317 livres en caisse et à 1725 livres provenant des rentes de blé et de paille dues à la fabrique donna un total de 3215 livres (1). C'était peu sans doute pour une reconstruction d'église, mais, grâce au prix peu élevé des matériaux et de la main d'œuvre les travaux furent commencés et menés rapidement.

Le 12 avril 1800, l'église était couverte. Mais quelle pauvreté! Point de sculptures, pour voûte des ardoises sous lesquelles on gelait en hiver et on étouffait en été ; pour dallage la terre nue, de grands murs blanchis à la chaux, un modeste autel en marbre noir. Comme on le voit, c'était le dénuement de Bethléem et l'église ressemblait bien plutôt à une grange qu'à la maison de Dieu.

(1) Livre des recettes, rentes, fermes, dîmes et dons pour la reconstruction de l'église et du presbytère de Saint-Laurent-de-la-Plaine commencé le 2 mars 1800, dans le moment que la paix a été rendue à l'Église de Jésus-Christ.

Cependant, les désirs des habitants de Saint-Laurent furent exaucés, et, au mois de juillet suivant, Dieu, pour lequel avaient combattu les pères, donnait aux fils, comme curé, un vaillant confesseur de la foi dans la personne de M. Grellier.

II

M. l'abbé Louis Grellier naquit à Neuvy, le 14 décembre 1760, d'une famille véritablement chrétienne et patriarchale (1). Son père, fermier à la Basse-Goujonnière, se nommait Jean Grellier et sa mère Marie-Anne Devy. Il fut baptisé le lendemain de sa naissance par M. Cosnu-Desaunay, curé de la paroisse ; il eut pour parrain Louis Grellier, son oncle, et pour marraine sa grand'mère, Anne Guibert, femme de Pierre Devy. Appelé à l'état ecclésiastique, il fut ordonné prêtre en 1786, à l'âge de 26 ans et nommé vicaire de sa paroisse natale.

Pendant les premières années de la Révolution, M. Grellier qui avait refusé de prêter serment à la Constitution civile du clergé, demeura caché à Neuvy. Au mois d'octobre 1793, il passa la Loire avec l'armée vendéenne et se fixa dans les environs de Laval, à Arquenay (2), où il exerça le saint ministère pendant deux ans. Dans plusieurs circonstances, il faillit périr victime de son zèle et de son dévouement et, une fois entre autres, il ne dut son salut qu'à l'habile intervention de M. l'abbé Hudon, son ami. Il avait été pris par une patrouille ennemie et on le conduisait en prison. M. Hudon, averti à temps, choisit un certain nombre de vigoureux Vendéens et les envoie se placer en embuscade sur le chemin que doivent suivre les Bleus. Ceux-ci n'étaient plus qu'à quelques mètres quand, tout à coup, les Vendéens, le pistolet au poing, s'élancent de leur cachette en criant : « Rendez-nous votre prisonnier ou vous êtes morts. » Les soldats républicains inférieurs en nombre, et se voyant mis en joue, abandonnent le prêtre et s'enfuient (3).

(1) *Voici l'acte de baptême de M. Grellier :*

« Le quinze décembre 1760 a été baptisé par nous, curé soussigné Louis, né d'hier, fils de Jean Grellier, laboureur à la Basse-Goujonnière, et de Marie-Anne Devy, son épouse. Ont été parrain, Louis Grellier, laboureur, oncle de l'enfant, et marraine Anne Guibert, femme de Pierre Devy, laboureur, aïeule de l'enfant, le père présent, lesquels nous ont déclaré ne savoir signer, de ce requis par nous.

A. Cosnu-Desaunay, curé. »

(2) Arquenay, 809 habitants, canton de Meslay (Mayenne) sur la ligne de chemin de fer de Châteaugontier à Laval. M. Grellier racontait plus tard avec larmes que sa mère avait eu les mains et les pieds mutilés et avait été tuée par les bleus pour avoir refusé de dire où il était caché.

(3) M. Grellier fut si reconnaissant envers M. Hudon, de sa délivrance, que non seulement, dans le moment, mais encore pendant toute sa vie, il s'empressa de lui en offrir les plus vifs remerciements. Chaque année, durant sa longue carrière, il quittait sa paroisse de Saint-Laurent-de-la-Plaine et venait à Saint-Pierre-de-Cholet réitérer à M. Hudon ses sentiments de gratitude.

M. Grellier fut arrêté de nouveau au mois de janvier 1796 et emprisonné à Laval. Il déclare dans un interrogatoire n'avoir pas obéi à la loi de déportation parce qu'il la trouvait trop rigoureuse, qu'il a toujours exercé le culte dans des maisons particulières et n'a jamais causé aucun trouble. Le tribunal criminel de la Mayenne se dessaisit et le renvoya devant celui de Maine-et-Loire, le 14 nivôse (4 janvier 1796). M. Grellier réclamé à la fois par les habitants de Neuvy et d'Arquenay (1), fut remis en liberté, sans jugement, et revint se fixer dans sa paroisse natale. Il avait 39 ans quand M. Meilloc, administrateur du diocèse, le nomma desservant de Saint-Laurent-de-la-Plaine au mois de juillet de l'année 1800.

D'une taille élevée, au visage sec et sévère, encadré par une longue chevelure coupée en couronne, M. l'abbé Grellier cachait sous une écorce un peu rude beaucoup de bonté et de simplicité et une âme d'apôtre. Un jour qu'il se promenait à travers la campagne, il rencontra sur le bord d'un grand chemin, un petit berger qui gardait son troupeau. L'enfant n'avait jamais appris à saluer et, son chapeau sur la tête, il regardait avec de grands yeux ébahis, passer le prêtre. M. Grellier s'approche de l'enfant et le frappant amicalement sur l'épaule : « Mon enfant, quand tu rencontreras un prêtre, il faudra te découvrir et le saluer, parce que le prêtre est sur la terre le représentant du Bon Dieu. » Puis, il s'éloigna ; la leçon était donnée, elle profita. Le petit pâtre a vieilli, il a aujourd'hui 89 ans et c'est lui-même qui, avec beaucoup de plaisir, nous a raconté ce trait.

Tel était le prêtre que la Providence envoyait à Saint-Laurent pour relever ses autels. M. Grellier n'était pas un étranger. Depuis le départ de M. Bourigault, c'est lui qui gouvernait secrètement la paroisse. Aussi, quand les paroissiens apprirent sa nomination définitive comme curé, leur joie fut grande ; la population tout entière lui fit fête et l'accueillit avec reconnaissance comme l'envoyé de Dieu.

M. Grellier eut donc l'honneur et la consolation de bénir l'église restaurée et d'y célébrer pour la première fois, depuis huit ans, la sainte messe. Ce fut un beau jour pour les habitants de Saint-Laurent que celui où ils rentrèrent dans leur église (2). Elle était bien misérable, il est vrai, et parmi eux il y avait beaucoup d'absents !... Mais enfin ils se retrouvaient à prier ensemble sous le toit du même Père. Cette vue les consola, et, confiants dans la divine Providence, ils se prirent à espérer des jours meilleurs.

---

(1) Les officiers municipaux d'Arquenay avaient signé un certificat attestant que M. Grellier n'avait suscité aucun trouble et qu'il avait toujours prêché la paix et la tranquilité.

(2) Il est probable que la bénédiction de l'église eut lieu peu de temps après l'arrivée de M. Grellier c'est-à-dire vers la fin de juillet ou au commencement d'août. — Aligon de la Fumoire donna un agneau à l'occasion de cette fête (*Registres de la paroisse*).

III

M. Grellier trouva sa paroisse dans un état bien triste. Le bourg, nous l'avons dit, avait été incendié en 1794. Depuis ce temps un certain nombre de maisons avaient été reconstruites, mais beaucoup étaient encore à l'état de masure. La population se trouvait diminuée de moitié : beaucoup d'habitants avaient péri de la main des Bleus, d'autres étaient morts en prison, au Champ-des-Martyrs ou au-delà de la Loire. L'église n'était point meublée, les vases sacrés indispensables au culte, quelques linges et ornements sacrés composaient toute la richesse de la sacristie ; le presbytère était dans le délabrement le plus complet : tout manquait à la fois, il fallait tout créer.

Les ruines n'étaient guère moins grandes au point de vue moral et religieux. S'imagine-t-on ce que peut devenir une paroisse privée pendant de longs mois de ses prêtres, sans messe, sans offices réguliers, sans instructions, sans sacrements ? Que de difficultés pour le prêtre appelé à réorganiser cette paroisse ! M. l'abbé Grellier ne perdit pas courage. Jeune, actif, zélé il se mit résolument à l'œuvre.

Le premier soin du nouveau curé fut de continuer la restauration de son église. Afin de pourvoir aux dépenses, en bon administrateur, il commença par dresser un inventaire aussi exact que possible des biens-fonds et des revenus de la cure. Pour suppléer aux ressources insuffisantes de la fabrique, M Grellier fit appel à la générosité de ses paroissiens. Il n'y avait point de cloche il en acheta une petite vers la fin de l'année 1800 (1). L'année suivante il fit faire le dallage de l'église, placer le grand autel et celui de la sainte Vierge, sept stalles dans le chœur et les fonts baptismaux. Plus tard, au fur et à mesure que les ressources le permettaient, il fit successivement exhausser le clocher, déblayer et reconstruire la chapelle sainte Anne, dite du Pineau, et celle du Plessis-Raymond, plafonner le chœur et vouter la nef de l'église par un lambris de sapin (2).

Au mois de juin 1826, M. Grellier remplaça le maître autel de l'église par un autre à la romaine plus grand et plus beau (1). Il est en marbre noir, blanc et rouge. Le devant et les côtés sont en marbre noir. Au dessous de la corniche est une frise en marbre rose de Laval. Le devant porte un agneau immaculé, entouré d'une gloire. De chaque côté sont deux cadres blancs avec fond mosaïque, et derrière, une croix de Malte avec deux losanges en marbre blanc sur fond rose. Le tout repose sur un socle en marbre gris.

Le tabernacle et les gradins, œuvre de M. Lamarre. sculpteur, sont en bois décoré avec appliques représentant des attributs de l'Ancien Testament. Sur la porte du tabernacle est représenté le Bon-Pasteur portant une brebis sur ses épaules.

L'église ne possédait qu'une petite cloche et le désir des habitants était d'en avoir une autre pour donner plus d'éclat aux solennités religieuses. Pour se procurer l'argent nécessaire, le maire, M. Baraut, d'accord avec le Conseil municipal et le Conseil de fabrique, enjoignit par un arrêté du 17 novembre 1825 de diminuer les dépenses du pain bénit en donnant seulement des petits morceaux au lieu de *boules* comme auparavant et en versant à M. le curé la somme de 5 francs par chaque métairie et de 2 fr. 50 par chaque closerie et maison du bourg (2).

Trois ans après, le 4 février 1828, il fut convenu avec les frères Peigney, fondeurs à Poitiers, qu'ils prendraient le métal de l'ancienne cloche et qu'ils en feraient deux neuves. Elles furent fondues à Saint-Laurent même, dans la cour du presbytère, et placées dans le clocher pour le 20 juin qui était le jeudi de la Fête-Dieu. Enfin une horloge achetée en 1833 vint compléter l'ameublement du clocher (3).

Pour l'aider dans l'administration temporelle de la paroisse, M. Grellier eut soin de s'entourer toujours d'hommes recommandables et entièrement dévoués. Au dire de ceux qui l'ont connu, il n'était pas homme à donner sa confiance au premier venu, mais quand une fois il avait expérimenté la droiture et l'honnêteté de quelqu'un il la lui accordait toute entière.

A son arrivée dans la paroisse, il conserva en charge les anciens marguilliers et procureurs de la fabrique : Jean Gallard, Mathurin et Jean Secher. Il leur adjoignit Joseph Humeau, de Rochard, et René Renou, tisserand. Ces derniers furent remplacés le 1er janvier 1803 par Pierre Onillon et Louis

---

(1) Il fut acheté 750 livres chez M. Guichard, marbrier à Angers. L'autel de Saint-Sébastien fut acheté à la même époque.

La chaire, œuvre de Clément Gabory et de Jacques Guilbaut, menuisiers, demeurant à Jallais et à la Chapelle-Aubry, fut achetée le 27 octobre 1832, pour la somme de 800 livres.

(2) C'est probablement à partir de cette époque que l'usage a cessé de donner le pain bénit.

(3) Elle fut achetée en 1833 par la fabrique chez M. Sorin, à Angers, pour la somme de 925 francs. Elle a été remplacée au mois d'avril 1905 par une horloge neuve qui a été achetée chez M. Paul Bodet, de Trémentines, avec le produit d'une quête faite à domicile par M. Boisdron, curé, et M. Henri Humeau, maire de la commune.

Baraut jusqu'au 16 avril 1804. A cette époque parut l'ordonnance de Mgr Montault qui nommait de nouveaux marguilliers pour administrer les fabriques du diocèse. Louis Baraut fut maintenu, les nouveaux membres désignés furent Mathurin Secher et Jean Gourdon.

Ces préoccupations matérielles ne faisaient pas oublier à M. Grellier les intérêts des âmes confiées à sa charge. Par des catéchismes réguliers, par une solide direction et des conseils donnés avec beaucoup de bonté, de prudence et de fermeté, il s'appliqua à faire refleurir les pratiques chrétiennes et à corriger les abus dans sa paroisse (1) Lorsqu'une femme venait à la Sainte Table pour communier sans son voile, il la reprenait aussitôt ou la renvoyait. Parfois même au confessionnal ses paroles trahissaient son zèle : « Encore ! Tu as fait cela ? » Notre époque de relâchement s'étonne de cette liberté toute apostolique, n'oublions pas que M. Grellier était de l'ancien clergé et que, si on peut lui reprocher peut-être certain reste de jansénisme, il faut lui savoir gré de cette sévérité qui a corrigé bien des abus et a prévenu bien des fautes.

M. Grellier avait une très grande dévotion envers la Sainte Vierge. Pour marquer sa piété envers la Mère de Dieu, il fit élever dès les premiers mois de son arrivée à Saint Laurent une croix de bois sur l'emplacement de la chapelle de Notre-Dame-de-Charité, et remplacer l'autel et la statue de la Sainte Vierge dans l'église (2).

Au mois de septembre 1811, M. Grellier reçut de Rome par l'entremise de l'Évêché une relique de Saint-Laurent martyr, patron de la paroisse. Il fit faire à cette occasion un reliquaire pour recevoir et exposer le précieux présent. C'est un petit coffret carré en bois doré, vitré par devant et surmonté d'une statuette également en bois doré de 30 centimètres de haut, qui représente le saint martyr la main gauche appuyée sur la poitrine et tenant de la main droite le gril, instrument de son supplice. Le 22 juillet 1820, il reçut aussi de Mgr l'Évêque d'Angers une relique de la vraie croix qu'il fit enchâsser dans une belle croix d'argent fleurdelisée.

IV

Pendant que M. Grellier travaillait avec ardeur à relever sa paroisse des

(1) M. Grellier éprouvait beaucoup de difficultés pour la prédication, il la remplaçait très souvent par des lectures. — Tous les soirs et le dimanche après la messe et les vêpres, Catherine Oger récitait le chapelet à l'église. L'usage de réciter le chapelet et la prière et de faire une lecture le dimanche soir à l'église date de 1899.

(2) L'autel fut donné par les femmes de la paroisse et la statue par Mme et Mlle de Maurepart. La bénédiction en fut faite par M. Grellier, le samedi 8 décembre 1810. Cette statue fut brisée dans le nettoyage de l'église et remplacée en 1865 par la statue actuelle qui représente la Vierge couronnée et tenant sur le bras droit l'Enfant Jésus. Celle-ci a été polychromée en 1899 par M. Onillon, peintre-décorateur à Angers.

ruines accumulées par la Révolution, les habitants de Bourgneuf avaient vu la leur supprimée et annexée à celle de Saint-Laurent-de-la-Plaine.

L'origine de la paroisse de Notre-Dame de Bourgneuf remonte au xive ou xve siècle. C'était, au dire de M. Grandet (1), une des plus petites et des plus pauvres paroisses de l'Anjou perdue au milieu des bois du Plessis-Raymond, du Theil et de la Bonnière qui, à la fin du xvie siècle, s'étendaient jusqu'au bourg.

A cette époque, Bourgneuf relevait de la Commanderie de Villedieu distant de sept lieues et les justiciables étaient obligés de venir plaider devant elle à Villedieu même (2). L'Ordre de Malte y possédait des biens-fonds dont les revenus y compris les dîmes et rentes s'élevaient à la somme de 120 livres en 1744 et de 400 en 1787. Malheureusement les commandeurs n'exerçaient aucune surveillance et les fermiers y commettaient de nombreux délits contre les règlements des eaux et forêts, si bien qu'en 1752 le roi fit saisir l'église sur la Commanderie pour assurer le paiement de 834 livres d'amendes encourues par des fermiers.

La paroisse ne possédait pas de maison noble, mais elle avait, dès 1593, cour et notaire (3) et, dans le bourg, un hôpital où logeaient des malades.

La cure était à la présentation du commandeur de Villedieu et à la collation de l'Évêque. Elle possédait une petite closerie, affermée 100 livres en 1761, et plusieurs rentes foncières :

1º 8 boisseaux de blé sur la métairie de la Fouchardière, paroisse de la Salle-Aubry.

2º 8 boisseaux de blé, mesure de Chalonnes, dont 4 à la cure et 4 à la fabrique, sur la métairie de la Roche.

3º 4 boisseaux de blé, mesure de Chalonnes, dont 2 à la cure et 2 à la fabrique, dûs par Pierre Denéchau, closier à Bourgneuf.

4º 1 boisseau de fleur de froment, dû sur la pièce du Cormier par Jean Rousse, de la Barillerie, pour donner le pain bénit, les jours de l'Angevine et de Notre-Dame.

5º 52 boisseaux de blé sur la métairie de la Saulaie, dont 6 boisseaux à la fabrique et 46 à la cure, à la charge de dire 50 messes basses.

6º 1 quartier de vigne à la Charte-Bouchère.

7º 1 quartier de vigne à la Coulée relevant du fief de Grassigné, en Chalonnes.

(1) *Les saints prêtres français du dix-septième siècle*, par Jh. Grandet.

(2) Sentence du Présidial d'Angers contre les héritiers du curé de Bourgneuf, René Gadras, en 1726. — François Baillif de Calan, commandeur de Villedieu, était seigneur temporel de Bourgneuf en 1787.

(3) René Delabery est dit « notaire en la cour de Bourgneuf-en-Maulges » en 1593 et Jacques Menuau en 1622. (*Archives du Plessis-Beuvereau*, contrats d'acquêts de 1593 et de 1622, série H.)

La paroisse de Bourgneuf est comprise entre Saint-Laurent-de-la-Plaine (2 kil. 400) à l'est ; la Pommeraye (5 kil. 200), au nord ; Saint-Quentin (6 kil. 200), à l'ouest et au sud-ouest ; Sainte-Christine (3 kil.), au sud.

8° 1 quartier de vigne aux Basses-Coulées et un autre à la Triballerie en Chalonnes.

9° 1 quartier de vigne appelé le clos de Blanche.

10° 6 sols sur la maison de défunt Jean Thomas.

11° 8 sols par année, dûs par Martin Ménard pour une messe de fondation.

12° 1 livre 1/2 de cire jaune dûe par Jean Bidet, métayer.

13° 16 sols 6 deniers dûs par Jacques Oger, métayer à Bourgneuf pour une lampe ardente.

14° Le tiers de deux maisons situées à Bourgneuf, à la charge de trois messes chantées. (1)

La situation de la paroisse au milieu des bois, la modicité du revenu qui n'était que de 140 à 150 livres, le petit nombre de paroissiens qui n'excédait pas 50, avaient autrefois fait abandonner cette cure à la conduite des curés voisins et les véritables titulaires se dispensaient d'y résider ou se contentaient d'y mettre des vicaires quand ils en pouvaient trouver. Le curé de Saint-Laurent prétendit longtemps que cette cure ainsi abandonnée n'était qu'une chapelle dépendante de son église et qu'il ne devait y avoir ni fonts de baptême ni tabernacle et voulait même la faire interdire et s'emparer du revenu, mais ayant vu les titres qui portent qu'il y avait autrefois un curé, il se désista de ses prétentions.

Voici les noms de plusieurs curés qui ont gouverné la paroisse depuis le commencement du xviie siècle jusqu'à la Révolution :

François Vincelot, 1622 (2)
Pierre Menuau, 1657-1686
Jacques Lorioust, 1688-1689 (3)
Martin du Boucteau, 1691-1695

Jacques Boireau, 1703-1717
Jean Crié, 1720-1722
René Gadras, 1723-1726 (4)
Jacques Guillet, 1726-1761 (5)

(1) Cette fondation est gravée sur une plaque de cuivre qui a été trouvée à Saint-Laurent-de-la-Plaine :

Marie Giffard, fille, a fondé en l'église de Bourgneuf un service de trois messes chantées avec vigiles des morts le lendemain de l'Assomption, à perpétuité, qui a affecté le tiers de deux maisons proches la borderie de M. Menuau, audit Bourgneuf, par testament passé par maistre Grimault, notaire royal à Chalonnes, le 18 décembre 1740.

Arch. dép. (E. 614, 618, 1149).

(2) Il est dit « vicaire de Bourgneuf et y résidant ». (*Arch. du Plessis-Beuvereau.*)

(3) Il résidait à la Pommeraye. Il fut nommé curé de Bourgneuf sur la recommandation de M. Gabriel Dubois de la Ferté, sieur des Forges et de la Bizollière, qui lui fit présenter la cure par le commandeur de Bahyers. (*Vie de Gabriel Dubois de la Ferté*, par M. Grandet, p. 118.)

(4) Il était probablement originaire de Sainte-Christine, sa famille du moins y résidait. Il est mort en 1726.

(5) Il mourut le 23 janvier 1761, âgé de 72 ans, et fut enterré le lendemain dans l'église de Bourgneuf. Voici l'acte de sa sépulture :

Le 24 janvier 1761, a été inhumé dans l'église de Bourgneuf par moi soussigné le corps de maître Jacques Guillet, prêtre, curé de ladite paroisse. Furent présents à la sépulture :

Pierre Denéchau, 1761-1775 (1)　　|　Jean-Henri Durand 1783-1794 (3)
Joseph Boureau-Dugritté, 1775-1781 (2)

Voici le portrait que M. Grandet a tracé de M. Menuau, curé de Bourgneuf, son contemporain et son ami (4) :

On peut dire de M. Menuau ce que Notre Seigneur a dit de Nathanael *Vérùs Israëlita en quo non est dolus.* Il naquit à Saint-Laurent-de-la-Plaine en janvier 1632. Tout jeune encore, il entra chez les Capucins. Il demeura onze mois à leur noviciat, mais, sa santé étant trop faible, il en sortit tout épuisé. Il fut fait prêtre et curé de Notre-Dame de Bourgneuf dès l'année 1657 ; il n'avait encore que 25 ans. (5) A peine eut-il pris possession qu'il instruisit son petit troupeau qui était fort ignorant, fit faire les réparations de son église (6), donna des aumônes abondantes à tous les pauvres qui venaient à sa porte, acheta de beaux ornements et fonda une lampe ardente devant le Saint Sacrement. Il fit faire un reliquaire d'argent à une portion assez considérable de la Vraie Croix, autrefois donnée à son église par un Commandeur de Malte et que l'on y gardait très négligemment dans une armoire très malpropre et il la fit placer dans un tabernacle, sur un autel dans la nef où elle est présentement en très grande vénération. (7)

M. Menuau en peu de temps fit tant de bien et s' acquit une telle réputation

---

maîtres René Menant, vicaire de Saint-Laurent-de-la-Plaine, Jacques Godineau, vicaire de Sainte-Christine et plusieurs autres.

P. Godineau, *vicaire de la Pommeraye.*

Il mourut pauvre si on en juge par l'inventaire dressé après décès qui constate qu'il possédait seulement plusieurs « vieux et très anciens livres, estimés 20 sols ». Cet inventaire constate aussi l'existence des registres de baptêmes, mariages et sépultures de la paroisse, aujourd'hui perdus.

(1) C'était un ancien vicaire de la Pommeraye.

(2) Joseph-Aignan Boureau-Dugritté, fils de René Boureau, chirurgien, et d'Anne Guilbaut, naquit à la Pommeraye. Il fut successivement vicaire à Notre-Dame de Chalonnes, 1759-60 ; à Botz, 1760-1761. En octobre 1761, il fut nommé chapelain à Saint-Laurent-de-la-Plaine et garda son bénéfice en devenant curé de Bourgneuf.

(3) M. Durand, prêtre originaire du diocèse de Nantes, était un ancien chanoine du chapitre de Sainte-Croix de Beaupreau. Il fut pourvu de la cure de Bourgneuf le 15 octobre 1783, en vertu de la présentation que lui en avait faite le fondé de procuration de M. le Baillif de Calan, commandeur des commanderies de Villedieu et de Bourgneuf (*Affiches d'Angers*) voir *Anjou Historique*, numéro de mars 1904.

(4) *Les saints prêtres français au XVIIe siècle* par Joseph Grandet, prêtre de Saint-Sulpice, troisième supérieur du séminaire et curé de Sainte-Croix d'Angers, troisième série : *Prêtres angevins* (ouvrage publié par M. Letourneau, ancien supérieur du séminaire d'Angers, aujourd'hui curé de Saint-Sulpice à Paris. — M. Grandet, né à Angers le 30 juille 1646, est mort le 1er décembre 1724, agé de 78 ans.

(5) Il fut parrain à un baptême célébré dans l'église de Saint-Laurent le 15 octobre 1657 et signe : Pierre Menuau, prêtre, vicaire à Bourgneuf.

(6) Deux chapelles étaient desservies dans l'église en 1761, la chapelle de Notre-Dame ou des Picards et celle de l'Éperonnière. Elles ne sont pas citées dans le Pouillé de 1783. (*Notes de M. Spal*).

(7) En souvenir traditionnel de vénération pour ce fragment de la Vraie Croix une assemblée se tient à Bourgneuf, le dimanche qui suit la fête de l'Exaltation de la Croix (14 septembre).

de vertu qu'on venait le chercher de toutes les paroisses voisines pour faire des confessions générales. Tout le monde avait confiance en lui, il prêchait familièrement mais utilement. Les pauvres venaient à lui de toutes parts et il ne refusait personne. Il fit de son église un petit bijou en propreté et en pauvreté, l'ayant ornée à la capucine. M. Maillard (1) prêtre de Saint-Sulpice, au grand Séminaire d'Angers, qui était son directeur allait tous les ans dans ce désert faire sa retraite. Dieu exerça M. Menuau jusqu'à la mort par des maladies continuelles (2) et par une persécution opiniâtre que lui fit son propre neveu avec qui il fut obligé d'entrer en procès pour les droits de son église. Il supporta l'une et l'autre avec patience et enfin il mourut, plus plein de mérites que de jours, en odeur de sainteté, regretté de tout le monde, le dimanche 24 mars 1686, âgé de 54 ans. Il fut inhumé le lendemain ; plusieurs prêtres des environs et tous ses paroissiens assistèrent à sa sépulture qui fut présidée par M. Jolivet, curé de Saint-Laurent-de-la-Plaine. (3)

La paroisse de Bourgneuf continua de subsister jusqu'au 29 mars 1790, époque à laquelle elle fut supprimée par le district de Saint-Florent-le-Vieil (4). Déjà, le titulaire, M. Durand, n'y résidait plus depuis un an : il se faisait remplacer par un des vicaires de Saint-Laurent. Il reparut à Bourgneuf en 1794 (5), mais peu après il fut assassiné par les Bleus (6) parce qu'il avait refusé le serment. C'est du moins l'opinion la plus probable.

En 1801, M. Meilloc, administrateur du diocèse, nomma curé de Bourgneuf M. Avrillon, desservant des Cerqueux-de-Maulévrier.

Pendant les premiers mois de son épiscopat Mᵍʳ Montault eut à s'occuper de la nouvelle circonscription des paroisses de son diocèse. D'après l'article 61 des articles organiques l'Évêque devait, de concert avec le Préfet

(1) M. Pierre Maillard, deuxième supérieur du séminaire, naquit à Angers en l'année 1624 et mourut le 1ᵉʳ juillet 1692.

(2) Au mois d'avril 1676 il alla prendre les eaux de Bourbon en compagnie de M. Maillard et de M. Grandet. Partout, M. Menuau édifiait le prochain et donnait des marques d'une solide piété. (Note de M. Grandet.) Cf. *Histoire du séminaire d'Angers*, t. II, p. 56. Les eaux leur firent beaucoup de bien. — Bourbon l'Archambault, 3.577 habitants est un chef-lieu de canton du département de l'Allier, à 20 kilomètres de Moulins. C'était au xvıᵉ et au xvııᵉ siècle une station thermale très fréquentée.

(3) *Voici l'acte de sépulture.*

Le vingt cinquième jour de mars 1686, a été enterré par moi curé soussigné le corps de maître Pierre Menuau, prêtre, chapelain à Bourgneuf, servant de son vivant audit lieu, âgé de 54 ans, en présence des vénérables et discrets messires : Louis Bonvalet, curé de Notre-Dame de Chalonnes ; Pierre Gourichon, curé de Sainte-Christine ; Levoyer, curé de Saint-Quentin ; Pierre Delaunay, curé de Saint Maurille de Chalonnes ; maître Étienne Marchais, p. h. en notre église ; P. Tarno, p. h. en Saint-Maurille de Chalonnes ; Augustin Landreau, aussi p. h. audit Saint-Maurille ; Coiffard, p. h. en notre église.

P. JOLIVET.

(4) L'évêque constitutionnel Pelletier maintint la suppression de la paroisse et la rattacha le 1ᵉʳ septembre suivant, à la succursale de Saint-Laurent-de-la-Plaine. Mais cette suppression n'avait rien de canonique, c'est Mᵍʳ Montault qui supprima la paroisse en 1809.

(5) Il fut témoin ou parrain le 4 août 1794 au baptême de Pierre Verger, fils de Pierre Verger, cultivateur, et de Louise Morinière. (*Registres paroissiaux.*)

(6) Ils le trouvèrent caché sous un pressoir à la métairie de l'ancienne Cure près du bourg.

régler le nombre et l'étendue des cures et succursales. Puis, les plans arrêtés entre eux devaient être soumis au Gouvernement. Terminé le 22 octobre 1802, le travail de l'Évêque et du Préfet fut approuvé le 10 novembre, par le second Consul en l'absence du Premier. Un mois après, le 10 décembre, Mgr Montault publiait son « Ordonnance pour la circonscription des cures et succursales et la nomination des curés et desservants du département de Maine-et-Loire formant le diocèse d'Angers » (1).

L'ordonnance épiscopale supprimait la paroisse de Bourgneuf et la réunissait à celle de Saint-Laurent-de-la-Plaine érigée en succursale. Néanmoins, M. Avrillon desservit la paroisse jusqu'à la nouvelle ordonnance du 20 février 1809 qui la supprima d'une manière définitive (2). Voici cette ordonnance extraite des Registres de l'Évêché d'Angers :

Charles Montault, par la Miséricorde divine et la Grâce du Saint Siège Evêque d'Angers.

Vu le décret impérial du 28 août 1808 qui maintient la suppression déjà opérée par nous, le 30 vendémiaire an XI, (22 octobre 1802) de l'ancienne paroisse de Bourgneuf, réunie à celle de Saint-Laurent-de-la-Plaine ;

Nous avons statué et ordonné ce qui suit :

1° L'ancienne paroisse de Bourgneuf supprimée fait partie de la paroisse succursale de Saint-Laurent-de-la-Plaiue et y est annexée.

2° Il est défendu à tout prêtre, quelque titre ou pouvoir qu'il ait eu ci-devant, d'exercer aucune fonction paroissiale dans le territoire dudit Bourgneuf, au préjudice et sans le consentement du desservant de Saint-Laurent-de-la-Plaine par nous nommé.

Et sera notre présente ordonnance lue et publiée au prône de la messe paroissiale de Saint-Laurent-de-la-Plaine, le dimanche qui en suivra la réception afin que personne n'en prenne cause d'ignorance.

Donné à Angers, en notre Palais Episcopal, sous notre seing, notre sceau et le contre-seing de notre Secrétaire, le 20 février 1809.

CHARLES, Evêque d'Angers.
J. Quincé, secrétaire.

Le 30 juillet 1812, Monseigneur enjoignit aux habitants de Bourgneuf de remettre une de leurs cloches, la plus petite, et des ornements qui leur étaient inutiles, aux marguilliers de la paroisse de Saint-Laurent (3).

La relique de la Vraie Croix fut donnée le 24 avril 1812 par le curé de

(1) Voir Anjou Historique (numéros de septembre et d'octobre 1905).

(2) Quelque temps après, M. Avrillon fut nommé curé de la Chapelle-Rousselin en remplacement de M. Chalopin. Il est mort le 24 octobre 1819.

(3) Les habitants de Bourgneuf doivent remettre une de leurs cloches et autres ornements qui leur sont inutiles, aux marguilliers de la paroisse de Saint-Laurent de-la-Plaine.
Angers, 30 juillet 1812.

† Charles, évêque d'Angers.

Voici la liste des objets transportés de l'église de Bourgneuf dans celle de Saint-Laurent :

Saint-Laurent à M. Forestier (1), curé de la Pommeraye. Il est d'autant plus surprenant que M. Grellier se soit dessaisi de cette relique que celle de Saint-Laurent avait été perdue pendant la Révolution. M. Forestier, par un billet daté de ce jour et signé de sa main, avait bien pris, il est vrai, l'engagement de la rendre à l'église de Bourgneuf, si on la lui demandait, mais il est mort en 1822 et la Vraie Croix n'a jamais été rendue (2).

1º Quatre chasubles et deux chapes.

2º Deux antiphonaires et un processionnal.

3º Un petit ciboire, un petit ostensoir dont le pied peut servir à la vraie croix, le tout en argent ; un crucifix en cuivre et une croix de même métal un peu disloquée qu'on met à la fausse chasse, les jours de services.

4º Quatre chandeliers en cuivre.

5º Un encensoir avec sa navette, le tout en cuivre et une petite sonnette.

6º Une armoire pour la bannière.

(1) *M. Forestier était un ancien vicaire de Saint-Laurent. Voici son billet :*

Je soussigné reconnais que M. le curé de Saint-Laurent-de-la Plaine m'a remis aujourd'hui la relique de la Vraie Croix de Bourgneuf. Je prends l'engagement de la remettre en cas qu'elle fût demandée pour Bourgneuf et si on m'en accorde le pied (le petit ostensoir qui servait pour l'exposer), j'en paierai le prix ou le remettrai à volonté. Le pied que l'on m'a remis pèse 7 onces que je paierai 42 livres.

A Saint-Laurent, le 24 avril 1812.

J. FORESTIER, *prêtre, desservant de la Pommeraye.*

(2) M. Célestin Port dit que la Vraie Croix de Bourgneuf a été emportée par un prêtre résidant à Paris. (*Dictionnaire historique.*)

L'église de Bourgneuf ressemblait à la chapelle de Notre-Dame-de-Charité sauf qu'elle était un peu plus grande et avait deux transepts. Elle occupait l'emplacement de l'église actuelle et l'entrée principale se trouvait du côté du presbytère.

Le cimetière était situé à l'angle des deux routes de Sainte-Christine et de Saint-Quentin.

CHAPITRE XII

LA CHAPELLE DE NOTRE-DAME-DE-CHARITÉ
DEPUIS 1820 JUSQU'A NOS JOURS

Reconstruction et bénédiction de la chapelle. — Guérisons opérées par Notre-Dame-de-Charité. — Restauration et ornementation de la chapelle, fête du 1ᵉʳ juin 1903.

I

La paroisse de Saint-Laurent-de-la-Plaine était enfin sortie de ses ruines. Les habitants voyaient avec bonheur leur église à peu près restaurée ; une seule chose cependant manquait encore à leur piété, la chapelle de Notre-Dame-de-Charité.

L'un des premiers soins de M. Grellier, comme nous l'avons dit, fut d'ériger une modeste croix de bois sur l'emplacement toujours vénéré de l'ancienne chapelle. Une dalle de granit restée seule en place y servit de socle (1) ; cette croix fut l'objet d'une grande vénération dans tout le pays (2).

Mais le petit coin de terre sanctifié par la présence de la très Sainte Vierge, témoin de tant de prières, souvent arrosé des larmes et du sang des Vendéens, demandait quelque chose de plus. Il fallait un monument durable pour perpétuer ces glorieux souvenirs et attester aux générations futures la foi et la religion des ancêtres. Pour répondre au désir des populations, M. Grellier se décida à relever de ses ruines la chapelle tant aimée des anciens. Il la voulait plus grande, plus belle, mieux ornée, plus digne enfin de Celle qu'il voulait honorer. Pour cela il lui fallait du terrain. Il s'adressa d'abord aux enfants du premier fondateur, Mathurin (3) et Pierre Secher, de

(1) Cette dalle de granit forme le seuil de la chapelle actuelle. On voit encore la petite cavité dans laquelle fut fixé le pied de la croix.

(2) Lors de la construction de la nouvelle chapelle en 1817, cette croix fut placée à l'entrée du bourg, en face de l'ancienne route de Chalonnes où elle fut remplacée par une croix de mission. Conservée pendant de longues années dans la grange du presbytère, elle fut installée en 1857 au carrefour du Plessis-Beuvereau, non loin de l'étang. Cette croix n'existe plus.

(3) Mathurin Secher, fils d'Alexandre Secher et de Marie Hairault, est né à Saint-Laurent-

la Brunetière, dignes héritiers de la foi et de la générosité de leur père, puis à M. Desmazières, chanoine titulaire de la cathédrale d'Angers. Tous les trois lui firent bon accueil et s empressèrent de lui céder le terrain nécessaire à la nouvelle construction. (1)

En même temps, il écrivit à M. Montalant, vicaire général, pour le prier de communiquer son projet à Mgr Montault et de lui demander son avis. Il en reçut la réponse suivante :

Angers, 25 mai 1817.

MONSIEUR LE CURÉ,

J'ai fait part à Monseigneur du désir que vous avez de reconstruire la chapelle de la Sainte Vierge dont vous m'avez parlé. Sa Grandeur approuve de tout cœur votre projet et n'y voit aucun inconvénient. Cependant, comme cette chapelle doit être bâtie sur le terrain de particuliers, elle vous conseille, avant de commencer vos travaux, d'exiger de ces particuliers qu'ils fassent à la fabrique de votre paroisse abandon de ce terrain par un acte en forme devant notaire de peur que par la suite ils ne vinssent à s'approprier cette chapelle comme étant sur un fonds de terre à eux appartenant. C'est une mesure de sûreté qu'il ne faut pas omettre. (2)

Agréez les sentiments d'estime bien sincère avec lesquels j'ai l'honneur d'être votre très humble serviteur.

Alexandre MONTALANT, *vic. général,*

Le plus difficile était de se procurer des ressources. Malgré la gêne qui régnait encore dans beaucoup de familles, on donna généreusement. Il y eut l'offrande du riche, il y eut l'obole du pauvre, mais tous se firent un honneur et un devoir de piété et de reconnaissance de contribuer selon leurs moyens à l'érection du sanctuaire. Pour réunir ces ressources M. Grellier se fit quêteur, à Saint-Laurent et dans les paroisses voisines (3). La

de-la-Plaine le 29 octobre 1757. Le 13 juin 1780 il épousa, à la Pommeraye Jeanne-Marthe Malinge, âgée de 28 ans, fille de Pierre Malinge et de Julienne Poitevin. Ardent royaliste, il prit part à toutes les guerres de la Vendée comme capitaine de paroisse et se distingua en plusieurs endroits entre autres à Rocheservière (Vendée). Il mourut titulaire d'une pension, le 16 juin 1826, âgé de près de 69 ans. Sa femme mourut le 19 novembre 1798, âgée de 36 ans. — Pierre Secher son frère, né en 1766, épousa Louise Berthelot. Il mourut le 17 septembre 1839, âgé de 73 ans. — Cette famille Secher a été bénie de Dieu et de la sainte Vierge. Un descendant de Mathurin Secher est mort missionnaire de la Compagnie de Jésus. Un autre, M. le chanoine Secher est supérieur de la communauté de Saint-Charles, à Angers, un troisième, M. l'abbé Priou, est aumônier du pensionnat de Bellefontaine, à Angers.

(1) M. Desmazières (Jean-Baptiste-Charles), né à Angers le 31 août 1760, est mort le 8 septembre 1831, chanoine titulaire de la cathédrale. Il était propriétaire avec sa sœur, Mlle Victoire, de la ferme de la Petite-Lande.

(2) M. Grellier écrivit au verso de cette lettre : « Cette formalité n'est pas nécessaire, vu que les anciens propriétaires du terrain en avaient fait l'abandon depuis plus de cent ans et que la fabrique de Saint-Laurent-de-la-Plaine jouissait de la ditechapelle avant la Révolution. »

(3) Il fut aidé dans cette œuvre par des hommes dévoués : Mathurin et Pierre Secher, de la Brunetière, Jean Gourdon, de la Lansonnière, Pierre Delaunay, du Plessis-Macé, Mau-

LA NOUVELLE CHAPELLE DE NOTRE-DAME-DE-CHARITÉ

Sainte Vierge bénit visiblement ses efforts. En peu de temps, le produit de la quête s'éleva à près de trois mille francs et permit de commencer les travaux à l'automne de cette année 1817. Un fait mérite d'être rapporté pour prouver une fois de plus la vénération des habitants de Saint-Laurent pour cette terre privilégiée et la réalité des apparitions. Au moment de creuser les fondations, quand il fallut abattre un vieux chêne qui ombrageait autrefois la chapelle, tous ceux qui étaient présents s'empressèrent d'en détacher quelques parcelles et les emportèrent précieusement comme des reliques.

Trois ans après seulement, les travaux étaient terminés et le 7 août 1820, qui était un lundi, M. Gruget, curé de Saint-Florent-le-Vieil, délégué par Monseigneur l'Évêque d'Angers, bénit la nouvelle chapelle sous le vocable de Notre-Dame-de-Charité (1). Vingt-quatre prêtres et trois mille personnes venues de toutes les paroisses environnantes assistèrent à cette cérémonie. Il faisait un temps magnifique. Sous les vifs rayons du soleil et les guirlandes de fleurs et de verdure, la chapelle resplendissait de blancheur (2). Tout autour, dans les chemins et dans les champs voisins, les fidèles se pressaient en rangs serrés et faisaient retentir l'air de leurs cantiques qui redisaient à tous les échos que la Sainte Vierge prenait possession du sanctuaire que lui avaient élevé la foi et la piété de ses enfants.

L'année suivante, on plaça dans le beffroi une petite cloche (3), enlevée à l'église de Bourgneuf, et qui par une ordonnance de Mᵍʳ Montault avait été mise à la disposition de la fabrique de Saint-Laurent. Craignant peut-être quelque opposition de la part des habitants de Bourgneuf, et pour prévenir toutes difficultés, le maire avait eu la précaution d'écrire au Sous-Préfet de

---

rice Malinge, des Forges, Pierre Rorteau, René Belliard, maréchal, Picherit, de la Boisardière, Thomas-Pioneau, de Sainte-Christine, se chargèrent de faire la quête. Ils quêtèrent à Saint-Laurent-de-la-Plaine, à la Pommeraye, à Sainte-Christine, à Neuvy, au Pin-en-Mauges, à Saint-Laurent-du-Mottay, de sorte que la chapelle de Charité, comme on le voit, est l'œuvre de la Vendée.

(1) Voici le procès-verbal de la bénédiction de la chapelle rédigé par M. Grellier :

« Le septième jour du mois d'août mil huit cent vingt, d'après l'autorisation de Mᵍʳ l'Évêque d'Angers, a été faite par M. Michel Gruget, curé de Saint-Florent-le-Vieil, la bénédiction de la chapelle, dite de Charité, dédiée à la Sainte Vierge, située en cette paroisse. Un nom-breux clergé assistait à cette cérémonie ; on y comptait environ vingt-quatre ecclésiastiques ; plus de trois mille âmes s'y étaient réunies. »

GRELLIER, desservant.

M. Michel-François Gruget, né à Beaupreau en 1744, était le frère de M. Simon **Gruget**, le célèbre curé de la Trinité d'Angers. La veuve Neau, de la Jaltière, qui assistait à la bénédiction de la chapelle (elle avait alors 9 ans) avait gardé jusque dans ses dernières années le souvenir de M. Gruget « un beau vieillard à cheveux blancs ». M. Gruget avait à cette époque 76 ans ; il mourut 5 ans après, le 20 avril 1825, âgé de 81 ans.

(2) Récit de Renée Brevet, veuve Neau, de la Jaltière.

(3) Cette cloche porte la date de 1660.

Beaupréau pour lui demander son avis. Il en reçut la réponse suivante (1) :

MONSIEUR,

Les lois organiques du culte catholique ont mis à la disposition des églises conservées tous les meubles et effets appartenant à celles qui leur étaient réunies. C'est en vertu de ce principe que Monseigneur a autorisé la fabrique de Saint-Laurent à se nantir de quelques ornements et cloche qui se trouvaient dans l'ancienne chapelle de Bourgneuf. Cet arrêté de Monseigneur doit être littéralement exécuté et rien ne peut s'opposer à ce que vous enleviez la cloche dont vous m'entretenez par votre lettre du 4 de ce mois. Toute opposition, s'il en existait, ce que je ne suppose pas, serait par vous dénoncée aux tribunaux et leurs auteurs sévèrement punis.

J'ai l'honneur de vous saluer bien sincèrement.

Amédé DE BÉJARRY.

La modeste chapelle s'élève à la place de l'ancienne, au sommet d'une petite éminence et près du même carrefour où se croisent, comme nous l'avons dit, les deux grands chemins qui mènent de Chalonnes à Beaupréau, de Saint-Laurent-de-la-Plaine à la Pommeraye. La construction, qui est des plus simples, trahit le pauvre style de 1817, sans le moindre vestige d'un passé plus ancien, sans le moindre enjolivement d'un art plus nouveau. Une petite flèche en ardoises la couronne surmontée d'une croix (2) en fer et reposant sur une base carrée qui sert de beffroi. Une façade triangulaire soutient les ailes du toit aussi recouvert d'ardoises. Cette façade est percée, en haut, d'un oculus ou petite fenêtre ronde, et, en bas, d'une porte à cintre surbaissé, encadré dans une bordure blanche que surmonte une petite croix avec cette inscription, sur une pierre de marbre noir : *Sainte Mère de miséricorde, priez pour nous.* Au-dessus de la porte, adossé à la façade existait jadis un petit auvent, de forme triangulaire, couvert d'ardoises et reposant

---

(1) Lettre du 9 avril au maire de Saint-Laurent de-la-Plaine.

L'enlèvement de la cloche produisit un certain mécontentement parmi les habitants de Bourgneuf. Ce mécontentement n'était pas justifié car, en utilisant cette cloche, les membres du Conseil de fabrique et du Conseil municipal de Saint-Laurent usaient d'un droit qui leur avait été concédé par une ordonnance épiscopale. De plus, ceux-ci avaient pris l'engagement de la rendre à l'église de Bourgneuf lorsqu'elle y serait nécessaire, comme le prouve la délibération suivante :

« Nous soussignés, membres du Conseil de fabrique et du Conseil municipal de la commune de Saint-Laurent-de-la-Plaine, reconnaissons par la présente qu'une des cloches, la plus petite, de Bourgneuf, a été transportée à la chapelle, dite de Charité, et promettons de la rendre à l'église dudit Bourgneuf quand elle y sera nécessaire.

A Saint-Laurent, le 23 avril 1821. »

GRELLIER, desservant.

M. Secher, J. Gourdon, J. Jollivet, J. Caillaut, René Brevet.

L. BARRAULT, maire.

(2) La croix portait autrefois une girouette représentant un ange sonnant de la trompette. — Le clocher a été construit par le sieur Bertrand, charpentier à la Pommeraye. L'auvent a été démoli au moment de la construction de la maison, en 1857.

sur deux piliers, qui offrait aux visiteurs un abri contre la pluie ou le soleil lorsque la chapelle était fermée, pendant qu'un judas pratiqué dans chaque battant de la porte leur permettait de contempler et de prier la Vierge qui leur souriait de l'intérieur.

La nef compte environ 27 pieds de long sur 15 de large et 33 de hauteur sous voûte. Le chœur, sorte d'hémicycle à trois pans, était autrefois éclairé par deux fenêtres à cintre rond et à vitres blanches. Au fond était adossé un autel en marbre noir (1), de style grec, que surmontait une statue de la Sainte Vierge placée dans une niche. Quatre pilastres peints en marbre, avec chapiteaux dorés, décoraient le rétable (2) et supportaient une gloire chargée des attributs de la Sainte Trinité et des figures d'Anges. Deux statues de Saint Joseph et de Saint Jean l'Évangéliste encadraient l'autel. Appendus aux murs, des béquilles, des bâtons, des faisceaux de nombreux *ex-voto* en cire creuse, bras, têtes, jambes, corps d'enfants, des vêtements du premier âge ; quelques cadres, des bouquets de fleurs champêtres, de petits vases en porcelaine, modeste offrande de la dévotion des fidèles, formaient l'ornementation de la chapelle.

II

Ce lieu sanctifié à jamais est resté célèbre et, de tous côtés, souvent même de très loin, les fidèles recommencèrent à y venir en pèlerinage. Plusieurs guérisons attribuées à Notre-Dame-de-Charité par la piété populaire, notamment celle d'une enfant de 11 ans, Perrine Oger, en 1824, et celle de Mathurin Bernier, en 1838, contribuèrent beaucoup au renom de l'oratoire.

Perrine Oger habitait avec sa famille une ferme voisine de Bourgneuf. A la suite d'une longue et douloureuse maladie, elle perdit l'usage de ses jambes ; elle ne pouvait se soutenir ni marcher qu'avec des béquilles. En vain ses parents eurent recours à tous les médecins et lui prodiguèrent tous les remèdes et tous les soins, le mal demeura incurable. Profondément chrétiens et dévôts à la Sainte Vierge, le père et la mère promirent de faire célébrer une messe à la chapelle de Charité et de s'y rendre en pèlerinage. Au jour fixé, on monte la petite malade dans une charrette, ses béquilles à ses côtés, et on se rend à la chapelle. La Sainte Vierge récompensa la foi et la piété de ces braves gens. A la fin de la messe, l'enfant sent comme un frisson parcourir tous ses membres ; ses jambes semblent sortir d'une sorte d'engourdissement, elle se sent mieux et essaie de faire quelques pas. Ses jambes, ô miracle ! peuvent la porter, elle peut marcher ; la bonne Vierge l'avait guérie. Après avoir remercié Notre-Dame-de-Charité, elle s'en

---

(1) C'était l'ancien autel de l'église.
(2) Le rétable a été fait par le sieur Basson, tailleur de pierres à Chalonnes.

retourne, laissant dans la chapelle ses béquilles comme une preuve de sa touchante et merveilleuse guérison.

En 1838, c'est le tour d'un jeune soldat, Mathurin Bernier, de l'Aveneau. Vers l'âge de dix à onze ans, ce jeune homme s'était fait en tombant une blessure grave au genou. Dans la pensée que l'accident n'aurait pas de suite il évita d'en parler à sa mère, mais au lieu de diminuer, le mal fit des progrès rapides et lorsqu'on appela le médecin, celui-ci se jugea impuissant à le guérir. Vint l'époque du tirage au sort et du conseil de révision, en 1832. Le jeune Bernier fut jugé propre au service malgré son infirmité. Il fut envoyé successivement en garnison à Paris, à Quimper et enfin à Bordeaux où il fut employé comme tailleur. En 1838, parut une circulaire du ministre de la Guerre qui ordonnait d'envoyer au bain tous les soldats de la garnison. Justement inquiet, le jeune homme va trouver le chirurgien, lui découvre la nature de son mal et le supplie de l'exempter du bain. Tout fut inutile. A peine était-il entré dans l'eau qu'il ressentit les plus vives douleurs au genou et ce n'est qu'à grand peine qu'il parvint à se traîner jusqu'à la caserne où il tomba évanoui. Transporté à l'hôpital, Mathurin Bernier resta 50 jours cloué sur son lit sans pouvoir faire le moindre mouvement. Pendant ces longues journées de souffrance, sa pensée se portait souvent vers son village natal, la maison paternelle, la petite chapelle de Notre-Dame-de-Charité, et l'idée lui vint de demander à la Sainte Vierge sa guérison. Après quelques jours d'hésitation, il écrivit à sa mère de faire une neuvaine pour lui à Notre-Dame-de-Charité. On devine l'empressement de la pauvre mère. Elle réunit plusieurs femmes, ses voisines, et, chaque jour, elles allaient réciter leur chapelet et faire brûler des cierges à la chapelle pour le cher malade. Leurs prières ne furent pas vaines. Bientôt le jeune homme éprouva un mieux sensible, si sensible même que ses camarades furent étonnés de le voir si vite et si parfaitement rétabli. Son service achevé, Mathurin Bernier rentra à Saint-Laurent, devint le chef d'une nombreuse famille et, toute sa vie, il est demeuré reconnaissant à Notre Dame-de-Charité de sa guérison.

Ce n'était pas seulement des guérisons que l'on venait demander à Notre-Dame de-Charité. Marie Moreau, fondatrice de la Communauté des Sœurs de la Providence de la Pommeraye, dans le but d'attirer les bénédictions spéciales de la mère de Dieu, réunit les plus pieuses jeunes filles de la paroisse et fit avec elles le pèlerinage de la chapelle de Charité. A l'exception d'une seule alors souffrante, toutes accomplirent ce voyage, aller et retour, à jeun, et pieds nus (1).

Vers 1855, Notre-Dame-de-Charité qui avait béni si visiblement la Congrégation à son berceau donna à la Communauté une marque sensible de sa

___
(1) La distance de la Pommeraye à la chapelle de Notre-Dame de Charité est de 5 kil. 200.

bienveillance en guérissant la Supérieure générale, la révérende Mère Marie de l'Incarnation, d'un mal assez grave qui inspirait de justes inquiétudes. En reconnaissance de cette faveur, la Communauté se fait un devoir de se rendre chaque année, dans le mois de mai, en pèlerinage au sanctuaire vénéré de Notre-Dame-de-Charité.

La chapelle ne possédait pas encore de sacristie. Le calice et les ornements sacerdotaux étaient déposés à la ferme voisine de la Gourdonnière. M. Réthoré, curé de Saint-Laurent, en fit construire une en 1848.

Dans les premiers mois de l'année 1849, mourait à Angers une bienfaitrice insigne de la chapelle de Charité, Mme Victoire Desmazières. Dans son testament du 18 janvier 1848 elle légua à la fabrique de Saint-Laurent-de-la-Plaine une somme de deux cents francs de rente annuelle, plus tard réduite à 180 francs, pour l'entretien de la chapelle. La fabrique accepta avec une vive reconnaissance la donation de la généreuse bienfaitrice et demanda en conséquence l'érection de la chapelle de Notre-Dame-de-Charité en *chapelle de secours* (1), érection qui fut accordée par un décret du Président de la République le 19 décembre 1850.

Le 1er mars 1852, arrivait à Saint-Laurent-de la-Plaine comme curé un prêtre qui fut toute sa vie le dévot serviteur de Notre-Dame-de-Charité et le zélé propagateur de son culte. De bonne heure, pendant qu'il était vicaire à Saint-Maurille de Chalonnes, M. l'abbé Bourtault avait appris à connaître et à visiter la petite chapelle. Quand il fut devenu curé de Saint-Laurent il n'eut qu'un désir, celui d'orner et d'embellir le sanctuaire confié à sa garde. A peine installé, il y érigea, le dimanche 8 août, en vertu d'un indult du Souverain Pontife, un chemin de croix (2), don de M. l'abbé Ledroit, prêtre habitué à Notre-Dame de Chalonnes (3).

Des travaux d'embellissement étaient projetés, des fonds même réservés à cet effet, quand, au mois d'août 1856, un vol stupide autant qu'odieux vint tout arrêter. En arrivant un matin pour dire la messe, M. Bourtault s'aperçut que des malfaiteurs s'étaient introduits dans la sacristie en forçant la fenêtre. Ils avaient enlevé une chasuble en soie jaune, une aube, des linges d'autel, un bénitier argenté et jusqu'à un morceau de tapisserie représentant

(1) Le Conseil municipal, sans aucune raison sérieuse, donna un avis défavorable à cette érection.

(2) Procès-verbal de l'érection du chemin de croix :

« Le huitième jour du mois d'août 1852, en vertu d'un indult du Souverain Pontife en date du 1er décembre 1849 et d'une permission de Monseigneur l'Evêque d'Angers du 30 avril 1852, le chemin de croix a été érigé dans la chapelle de Charité par M. Bourtault, curé de Saint-Laurent-de-la-Plaine, en présence de M. Grémillon, aumônier des sœurs de la Providence de la Pommeraye, de MM. Gourdon, Pineau et Boulestreau, marguilliers, et chantres de la paroisse. Signé : E. Grémillon, prêtre, Bourtault, curé, Pineau, Gourdon, Boulestreau.

(3) Mort le 10 décembre 1888.

les instruments de la Passion. Malgré des recherches actives les coupables sont demeurés inconnus ; ils n'auront même pu tirer aucun profit de leur sacrilège.

Des personnes généreuses réparèrent ce désastre. Mais l'avertissement était donné ; la chapelle ne pouvait se défendre seule ; force était d'y annexer une maison de gardien. Cette maison fut construite en partie des deniers qui auraient dû recevoir un autre emploi.

Une autre perte pour la chapelle fut celle de sa cloche qui provenait, nous l'avons dit, de l'ancienne église de Bourgneuf et dont ce bourg redevenu paroisse exigea la restitution.

Cependant, M. Bourtault n'avait pas renoncéà ses projets d'embellissement. Vers 1860, il remplaça l'ancienne statue de la Vierge (1) par une autre plus belle qui lui fut donnée par Mme la Comtesse de la Grandière. En 1875, il fit enlever l'autel en marbre noir et mettre à sa place un autel en pierre blanche orné d'un bas-relief représentant l'apparition du Sacré-Cœur à la Bienheureuse Marguerite-Marie ; il ajouta de chaque côté le groupe de Notre-Dame-de-la Salette et celui de Notre-Dame de Lourdes (2). La bénédiction solennelle de l'autel et des statues eut lieu le 8 septembre (3) au milieu d'un grand concours de fidèles, venus de toutes les paroisses voisines. Les deux statues de Saint Joseph et de Saint Jean l'Évangéliste, peintes sans art, furent remplacées en 1880 par deux autres plus grandes et plus belles payées avec les offrandes des visiteurs.

Une route carrossable allant de Saint-Laurent à la Pommeraye remplace aujourd'hui l'ancien chemin devenu impraticable et amène sans cesse de nombreux visiteurs à la chapelle de Notre-Dame-de-Charité. Des messes nombreuses y sont célébrées (4). Le 6 mai, jour de la fête de Saint Jean devant la Porte-Latine appelée communément dans la contrée la « Petite Saint-Jean (5) » les mères y amènent leurs petits enfants pour les faire bénir, et essayer leurs premiers pas sous le regard maternel de Marie. Les premiers communiants viennent lui confier leur persévérance ; la jeune fille vient et revient sans cesse mettre sa vertu sous sa sauvegarde, la mère de famille place

(1) **Au** jugement de plusieurs, ce fut une faute d'enlever cette statue pleine d'expression et qui avait de plus ce mérite d'être contemporaine de la chapelle. Les fidèles d'alors murmurèrent si bien que force fut de laisser cette première Vierge sur un piédestal au dehors... On la priait toujours, mais les gelées et les averses la firent assez promptement tomber en poussière. Le nouvel autel, style du xve siècle a coûté 1.000 francs.

(2) Ces deux groupes ont coûté 380 francs.

(3) Le 8 septembre 1875 était un mercredi. La cérémonie eut lieu après les vêpres ; le sermon fut donné par M. l'abbé Sigogne, curé de Saint-Maurille de Chalonnes, dans un pré de la ferme de Villetrouvée.

(4) Une soixantaine environ par an.

(5) Les deux messes de paroisse se disent ce jour-là à la chapelle à 7 h. 1/2 et à 8 heures. **M.** le curé de Saint-Laurent et son vicaire se tiennent tout le matin à la disposition des fidèles pour réciter des évangiles.

son foyer sous sa vigilance et l'homme à tout âge se réclame de sa puissante protection (1). Le jour de la fête de Saint Marc et le mercredi des Rogations, le deuxième dimanche après Pâques et le dimanche de la Trinité, aux fêtes de l'Assomption et du Saint Rosaire, il est d'usage à Saint-Laurent d'aller en procession à la chapelle de Notre-Dame-de-Charité (2). Au temps de Pâques, touchante tradition, les fidèles de la paroisse se font un devoir le jour de leur communion de faire ce pèlerinage. Rentrés en grâce avec Dieu, ils viennent demander à la Sainte Vierge de bénir leurs résolutions et de leur conserver le don précieux, la charité, l'amour de Dieu.

En l'année terrible de 1870 (3), les prières se succédèrent sans interruption et le jour et la nuit à la chapelle de Notre-Dame-de-Charité. Pendant que leurs maris, leurs pères ou leurs frères se battaient au loin sur quelque champ de bataille, les vieillards, les femmes et les enfants humblement prosternés au pied de l'image de la Vierge égrenaient leur chapelet et la priaient de leur conserver des existences qui leur étaient chères.

> Ceux qui pour lutter n'avaient rien que leurs larmes
> Ils disaient : « Défendez-les, Vierge, qui les aimez ! »
> La Vierge les sauva : la prière a des armes ;
> Les mains jointes parfois valent des bras armés !

Dans les temps de calamités, de maladies épidémiques, de sécheresse on a recours à Notre-Dame-de-Charité. Combien de malades ont été soulagés et guéris, combien d'autres ont été consolés et fortifiés ! Combien qui ont été éclairés sur le choix d'un état de vie, affermis dans une vocation sainte après avoir prié dans ce sanctuaire béni ! Les nombreux *ex-voto* appendus aux murs prouvent que la sainte Vierge aime à récompenser ceux qui viennent la prier avec confiance en leur accordant le soulagement et la guérison du corps et surtout les grâces spirituelles dont ils ont besoin. Avant la restauration de la chapelle on y voyait, sur l'autel, et suspendus aux murs, des couronnes de mariées, des brassards et des couronnes de jeunes communiants que des mains pieuses avaient apportées là comme un touchant symbole de

(1) Il n'est pas rare de compter à certains jours de fête deux cents et même trois cents personnes faisant isolément ou par petits groupes leur pieuse visite à la chapelle.

(2) La procession du deuxième dimanche après Pâques existait en 1814, avant la reconstruction de la chapelle, ce qui fait croire qu'elle est de date très ancienne.

(3) Voici les noms de plusieurs combattants de 1870 : Jean Leduc, né le 27 novembre 1844, soldat au 90° de ligne, décédé à Ingolstad (Allemagne), le 4 février 1871. — Edouard Gourdon, sergent des gardes mobiles. — Lehoreau, de la Charpentraie, armée de la Loire. — M. le capitaine de Beaurepos. — Bernier, mort à Saint-Laurent. — Auguste Renou, bataille de Monnai. — Pierre Boulestreau, du Plessis-Beuvereau, campagne de la Loire. — René Brun à Metz, mort à Saint-Laurent. — Désiré Mondain, de la Gaudinière. — Pierre Fremondière, Gravelotte. — Pierre Barault du Groisellier. — Pierre Letheul. — Secher, de la Gourdonnière, mort à Saint-Laurent. — Manceau, de la Cave. — Lehoreau, de la Lande. — François Brevet, mort à Fontevault, Renou du Chêne.

cette autre couronne qn'ils étaient allés cueillir au ciel, couronne qui n'est point tressée de roses éphémères mais de gloire et d'immortalité, application vraie des paroles du cantique :

> Prends ma couronne,
> Je te la donne,
> Au ciel, n'est-ce pas,
> Tu me la rendras.

Une belle croix de granit blanc, élevée de l'autre côté de la route, le 1ᵉʳ mai 1893, complète le paysage et lui donne l'aspect d'un gracieux ermitage (1). Elle nous rappelle aussi de ne jamais séparer dans nos cœurs l'amour de Jésus et l'amour de Marie.

III

Plus de quatre vingts ans s'étaient écoulés depuis la bénédiction solennelle de la chapelle de Notre-Dame-de-Charité. Le temps qui rien n'épargne l'avait profondément endommagée : depuis de longues années elle tombait en ruine, et, en 1901, il fallut procéder d'urgence à sa restauration.

Vous vous la rappelez, sans doute, assise sur la colline, au bord de la route, parmi les arbres et d'épais buissons, la petite chapelle aux murs sombres, tout crevassés que soutiennent à peine d'énormes étais. Ah! nous l'aimions bien quand même, et ce qui la rendait en quelque sorte plus vénérable à nos yeux et à nos cœurs c'était la consécration du temps et le souvenir des générations se succédant à genoux sur ses dalles pour y verser leurs larmes avec leurs prières. Cependant, en comparant les murs blancs et propres de la nouvelle église et les murs sévères, verdâtres et lézardés de la vieille chapelle, on éprouvait un sentiment de pitié. Aujourd'hui, l'impression est toute différente. C'est bien le même paysage, la même ceinture de verdure, mais le paysage s'est éclairé et la chapelle rajeunie, transformée, apparaît toute resplendissante de fraîcheur sous un vêtement blanc et sans tâche. Franchement, elle a un certain cachet d'ancienneté joint à un petit air de renouveau qui lui sied à merveille.

L'idéal, de l'aveu de tous, eût été de reprendre par le pied, ces vieux murs rongés par le salpêtre et de les refaire à neuf, mais pour cela il eut fallu de dix à douze mille francs et les ressources étaient loin d'atteindre ce chiffre. A moins de s'engager dans des dépenses insolvables, force était de se borner à une simple restauration (2). Le plan est bien compris. La sacristie a été

(1) Cette croix due à la générosité de Louise Secher, veuve Montaillé, morte le 26 août 1905, âgée de près de 90 ans, fut bénite par M. Migneau, le mercredi des Rogations, 10 mai 1893. Elle a remplacé une ancienne croix de bois élevée par la même donatrice et qui avait été bénite par M. Bourtault en 1875, le premier dimanche d'octobre.

(2) Commencée au mois d'avril elle s'est terminée au mois de novembre. Les travaux ont

changée de place et adossée au chevet de la chapelle (1) auquel elle forme
un solide contrefort; deux transepts ont été ajoutés de chaque côté pour
appuyer également les murs de la nef et l'agrandir. Un chaînement en fer
sous voûte empêche l'écartement et a permis de supprimer l'énorme poutre
qui déguisait l'intérieur. Quatre fenêtres, de 2 mètres de haut sur 0 m 60 de
large, ménagées dans les transepts et au fond du chœur, versent à profusion
la lumière.

Mais entrez. Vous ne la reconnaîtriez plus avec ses gracieuses peintures,
sa voute d'un beau bleu ciel, ses murs couleur rose pâle, parsemés de fleurs
de lys, de liserons et de roses, son autel, ses statues, son chemin de croix
richement polychromés. On dirait qu'une fée a passé par là, qui, d'un coup
de pinceau comme d'une baguette magique, a tout transformé. Au fond, la
Vierge couronnée présente l'Enfant Jésus qui tend les bras avec une grâce
charmante aux pieux visiteurs. La Vierge a les yeux baissés; elle est enve-
loppée d'un long manteau bleu rehaussé d'or et tout dans sa physionomie
suave reflète la modestie et la bonté.

Au dessous, l'hôtel forme comme un magnifique trône et de chaque côté,
sur deux colonnes, encadrant la statue, des médaillons à fond bleu, formés
de feuillages entrelacés redisent les titres les plus élogieux et les plus touchants que la piété des fidèles décerne à la Mère de Dieu.

Mère du Sauveur.	Vierge puissante.
Porte du Ciel.	Santé des infirmes.
Secours des chrétiens.	Consolatrice des affligés.
Refuge des pécheurs.	Reine des anges.
Reine des vierges.	Reine du très saint Rosaire.

Dans les transepts ont pris place les groupes de Notre-Dame de la Salette
et de Notre-Dame de Lourdes et sur le mur de la façade, saint Joseph et
saint Jean l'Evangéliste. De chaque côté de la porte, un ange quêteur et un
autre portant un bénitier; dans le sanctuaire, une gracieuse lampe dorée,
deux élégantes couronnes de lumière et quatre vitraux coloriés complètent
l'ornementation. Les vitraux du chœur représentent, celui de droite, Cathelineau du Pin-en-Mauges, arrivant en procession à Notre-Dame-de-Charité
et portant la croix de procession (2). Celui de gauche représente une appa-

été exécutés d'après le plan de M. l'abbé Migneau par MM. Eugène et Joseph Lefort et
Pierre Pinier, entrepreneurs à Saint-Laurent.

(1) Le terrain sur lequel est bâtie la sacristie a été donnée par Mme Marais et son gendre,
M. le docteur Hulin, de la Jumellière.

(2) Ce vitrail a été payé par M. le chanoine Secher, supérieur de la communauté de Saint-
Charles d'Angers et par les prêtres originaires de la paroisse : M. Th. Delaunay, curé de
Blaison, M. Raymond Gourdon, aumônier de la communauté de la Salle-de-Vihiers,
M. René Roullier, aumônier des Dominicaines de Chaudron, M. Joseph Roullier, vicaire à

rition de la Sainte Vierge dans un chêne près de la chapelle en ruine (1).

Trois médaillons formant clé de voûte portant les initiales entrelacées LG et les armoiries de Mgr Montault et de Mgr Rumeau, évêques d'Angers. Ils rappellent aux visiteurs deux dates importantes de l'histoire de la chapelle, celle de sa construction, en 1817, par M. l'abbé Grellier, sous l'épiscopat de Mgr Montault, celle de sa restauration, de 1901 à 1903, par M. l'abbé Migneau et M. l'abbé Boisdron, sous l'épiscopat de Mgr Rumeau.

Enfin, un dallage en ciment remplace les carreaux poussiéreux d'autrefois et une centaine de chaises disposées dans la nef et les transepts permettent aux pèlerins d'y prier plus à l'aise et en plus grand nombre à la fois.

Pour dire comment s'est opérée cette transformation il faudrait nommer ici tous les bienfaiteurs qui ont contribué à la restauration et à l'ornementation de la chapelle. La liste en serait trop longue, je courrais risque d'en oublier et plusieurs ne me pardonneraient pas de divulguer leurs noms. Je dirai donc seulement que le pauvre sanctuaire décrépit a trouvé des âmes compatissantes à Saint-Laurent et dans les paroisses voisines. Dejà, en 1817, M. Grellier jugeait le premier monument trop petit : à notre tour, nous voulions le second plus grand et mieux orné. Tout cela ne va pas sans argent et ce n'est pas sans une certaine appréhension qu'il fallut songer à tendre de nouveau la main (2). La vénération des paroissiens pour leur chapelle nous était connue, sans doute, mais quêter après la construction de l'église, après tant d'autres quêtes faites pour son ornementation n'était-ce point téméraire et abuser de leur générosité? Le succès a prouvé que les fils n'ont pas dégénéré et qu'on peut compter sur eux lorsqu'il y a une bonne œuvre à accomplir. Sans parler des charrois de chaux, de pierre et de sable, offerts généreusement et gratuitement par les habitants de la campagne, on a donné, qui la modeste obole, qui des sommes assez rondes, les petites bourses, dis-je, se sont ouvertes comme les grandes, et je sais plus d'une mère de famille, plus d'une modeste ouvrière qui ont donné des sommes au-dessus de leurs moyens, parce que c'était pour la Sainte Vierge, et qui regrettaient de ne pouvoir donner davantage.

Il est un nom cependant qui mérite une mention spéciale, c'est celui de l'artiste qui a si généreusement décoré la chapelle, M. Désiré Onillon.

Chanteloup. C'est ce que rappelle le petit médaillon placé au bas du vitrail portant un calice enlacé d'une étole.

(1) Il a été donné par M. et Mme Garreau, du Plessis-Raymond.

Les grisailles des transepts ont été données par M. l'abbé Migneau et la famille Cesbron-Boulestreau. — Ces quatre vitraux, exécutés par M. Clamens, peintre-verrier à Angers, ont été posés le 30 décembre 1901. Ceux du chœur ont coûté chacun 400 francs, les deux autres chacun 100 francs.

La lampe a été donnée par la famille Gourdon, de la Londonnière, le 31 janvier 1902.

(2) La restauration complète de la chapelle a coûté environ 5.000 francs.

Il y a une quarantaine d'années, M. Onillon, natif de Saint-Laurent-de-la-Plaine, débutait à Angers, comme peintre-décorateur. Dévôt à la Sainte Vierge, il promit à Notre-Dame-de-Charité, s'il réussissait dans sa carrière, de décorer son sanctuaire. Sa prière fut exaucée et, en homme de cœur fidèle à la parole donnée, M. Onillon a tenu sa promesse. Il avait déjà donné le chemin de croix de l'église, il donna la décoration, le chemin de croix et les gracieuses statues d'anges de la chapelle.

L'artiste a fait preuve de talent et de bon goût dans la conception et l'exécution de son œuvre. Il a su garder, qualité précieuse dans la décoration, la pureté et la sobriété des lignes qui doivent faire ressortir et non détruire l'architecture et la douceur du coloris. Là, rien de heurté, tout est sobre et en rapport avec l'extrême simplicité du monument. Point de tons durs ni criards, rien que des teintes très douces, comme il convient à une chapelle de la Vierge. Tout parle aux yeux et au cœur dans ce sanctuaire et porte à la prière, et volontiers je lui appliquerais cette parole de saint Bernard : *Ibi aer purior, cœlum apertius, familiarior Deus.* » L'air y est plus pur, le ciel plus serein, Dieu plus familier, la Sainte Vierge plus aimante, plus disposée à nous accueillir et à nous exaucer.

A M. *Onillon et à tous les bienfaiteurs de la chapelle nous disons notre reconnaissance.* Elle est inscrite sans doute en gros caractères sur les murs comme un mémorial pour les âges futurs, mais surtout en nos cœurs et nous demandons à Notre-Dame-de-Charité de récompenser en bénédictions de toutes sortes la générosité et le concours dévoué de tous ceux qui nous ont aidé et que nous ne pouvons payer que par un merci.

« Si le Seigneur ne bâtit lui-même la maison, est-il dit dans nos Saints Livres, c'est en vain que travaillent ceux qui la construisent » (1).

Si simple, en effet, que parût l'œuvre à accomplir qu'aurions-nous pu faire si le ciel ne nous était venu en aide? La Sainte Vierge s'est mise de la partie. Saint Joseph n'a pas oublié non plus qu'il est le protecteur des intérêts matériels et qu'il conserve au ciel les mêmes droits et la même puissance qu'il avait sur la terre au foyer de Nazareth. Saint Jean, le fils adoptif de Marie, a dû nous appuyer, j'aime à le croire, de tout son crédit : l'accueil sympathique et empressé fait aux personnes dévouées qui ont bien voulu quêter à Saint-Laurent-de-la Plaine, à Bourgneuf, à la Pommeraye, à Chalonnes et ailleurs, a prouvé qu'on n'avait pas eu tort de compter sur leur puissante protection.

Il fallait une fête pour célébrer la restauration de la chapelle de Notre-Dame-de-Charité. Elle fut fixée au lundi de la Pentecôte, le 1er juin 1903. Ce

(1) *Psaume 126.*

INTÉRIEUR DE LA CHAPELLE DE NOTRE-DAME-DE-CHARITÉ

jour là, M. le chanoine Grellier, vicaire général (1), vint bénir la chapelle et y ériger un chemin de croix (2).

La pluie qui était tombée le matin avait retenu chez eux beaucoup de pèlerins. On en comptait cependant, dans la soirée, 1.500 à 2.000 ; les uns venus directement à la chapelle, les autres à l'église paroissiale pour se rendre au lieu du pèlerinage en procession.

Autour de M. Grellier, qui présidait la cérémonie, prirent place M. le chanoine Moreau, supérieur du Petit Séminaire de Beaupréau, M. Vivion, curé doyen de Saint-Maurille de Chalonnes, M. Florent, curé de Neuvy, M. Thuilier, curé de Bourgneuf, M. Boisson, curé de Sainte-Christine, M. Raymond Gourdon, aumônier de la Salle-de-Vihiers, M. René Roullier, aumônier des Dominicaines de Chaudron, M. Joseph Roullier, vicaire de Chanteloup, tous les trois enfants de la paroisse ; MM. les abbés Jolivet, directeur de la *Croix Angevine*, Tardif, vicaire de Saint-Lezin, Mainguy et Babin, vicaires de la Pommeraye, Mahot, vicaire de Beausse et Gérard, vicaire de Neuvy, M. de Toulgoët, président du Conseil de fabrique, et MM. les marguilliers ; M. Humeau, maire, et plusieurs conseillers municipaux ; M. et Mme Raymond Garreau et M. Maurice Garreau ; M. le Dr Hulin, de Chalonnes, M. et Mme Hulin, de la Jumellière, et leurs enfants assistaient également à la cérémonie.

A une heure et demie, au son des cloches, la procession se mit en marche. Sur deux longues files, près de 600 personnes, les enfants et les femmes en tête, derrière, les jeunes gens et les hommes suivis du clergé se dirigèrent vers la chapelle, au chant des cantiques et des litanies alternant avec la récitation du chapelet.

L'église, les maisons et les rues du bourg étaient pavoisées et, de distance en distance sur le parcours, au dessus des haies, sur la tête des arbres, flottaient des oriflammes qui redisaient à leur manière les louanges de la Vierge et la joie de la paroisse en fête.

La procession prit place dans un champ situé derrière la chapelle. Une estrade y avait été élevée et c'est de cette chaire décorée de verdure que M. le vicaire général adressa la parole à la foule profondément recueillie. Dans un langage élevé. simple et intelligible à tous, il vanta la piété fervente et éclairée des anciens pèlerins de Notre-Dame-de-Charité : *Ils savaient qu'il y a ici-bas, de par la volonté de Dieu, des sanctuaires où les hommes prient mieux et sont plus largement exaucés. Voilà pourquoi ils venaient de très loin prier à cette chapelle, abandonnant leurs maisons et leurs travaux, bravant le mauvais*

---

(1) Aujourd'hui évêque de Laval, Mgr Grellier est un descendant de la famille de M. Grellier, ancien curé de Saint-Laurent.

(2) Le journal la *Vendée Catholique* a donné le compte rendu de la fête dans son numéro du 14 juin 1903.

temps, le froid ou la pluie, les moqueries des indifférents et des impies. Ils furent bien récompensés de leur piété puisque, selon des probabilités qui équivalent à une certitude, la Sainte Vierge leur est apparue et opéra même des guérisons miraculeuses. Il termina en encourageant les assistants à être toujours les dévots serviteurs de la très Sainte Vierge.

Oh ! les belles paroles ! qu'il faisait bon les entendre ! La piété envers la Sainte Vierge est toujours chère aux Vendéens. Et puis, c'étaient nos titres de gloire qu'énumérait le prédicateur en célébrant la foi et le courage de nos aïeux.

Ensuite eut lieu, selon les rites la bénédiction de la chapelle et l'érection canonique du chemin de la croix, après quoi la procession reprit le chemin de l'église paroissiale pour la bénédiction solennelle du Saint-Sacrement qui fut donnée par M. le Supérieur du Petit-Séminaire de Beaupréau (1).

Cette fête a laissé dans tous les cœurs un souvenir ineffaçable. Qu'il nous soit permis d'adresser nos remerciements à tous ceux qui nous l'ont procurée : d'abord à M. le Curé de Saint-Laurent qui en a été l'organisateur ; à Sa Grandeur Monseigneur l'Évêque d'Angers qui, avec une bonté toute paternelle, avait daigné accorder 40 jours d'indulgence à tous les pèlerins ; à M. le Vicaire général qui nous a édifiés par sa parole ; aux hommes et aux jeunes gens qui avec beaucoup d'amabilité ont aidé aux décorations et au bon ordre et qui ont si bien prévu et organisé toutes choses, aux jeunes filles qui ont prêté le concours de leurs voix comme à celles qui se sont faites quêteuses pour Notre-Dame-de-Charité.

Puisse la modeste chapelle échapper à de nouvelles profanations et abriter toujours dans son enceinte vénérée les populations si douces, au besoin héroïques, comme elles l'ont prouvé, qui viennent s'y agenouiller avec une foi si ardente. Hélas ! en lisant le récit des pèlerinages d'il y a cent ans, plus d'un lecteur aura remarqué la ressemblance qui existe entre cette malheureuse époque et les temps troublés où nous vivons. Si des malheurs plus grands devaient revenir, ce qu'à Dieu ne plaise, ô Notre-Dame-de-Charité gardez votre sanctuaire (2) ; gardez surtout l'âme de vos enfants !

(1) *Voici le procès-verbal de l'érection du chemin de croix :*
En vertu d'un indult à moi accordé le 10 juillet 1898 par François Aloysius Lauer, général des Frères Mineurs, et avec l'autorisation de Monseigneur l'Evêque d'Angers, Je, Eugène-Jacques Grellier, chanoine, vicaire général, ai érigé, avec les indulgences y annexées, un chemin de croix dans la chapelle de Notre-Dame de Charité de Saint-Laurent-de-la-Plaine, selon les règles prescrites par la Sacrée Congrégation des Indulgences, le 10 mai 1742. En foi de quoi j'ai signé le présent acte, ce 1er juin 1903 : E. Grellier, vicaire général ; J. Moreau, chanoine honoraire, supérieur du petit séminaire de Beaupréau ; Alph. Thuillier, prêtre ; R, Gourdon, prêtre ; A. Boisdron, curé ; René Roullier, prêtre ; A. Guinhut, vicaire ; Pierre Mahot, vicaire ; L. Tardif, vicaire de Saint-Lezin ; Aug. Gérard, vicaire de Neuvy ; Joseph Roullier, vicaire de Chanteloup ; Humeau Henri, maire ; Stanislas Secher, adjoint ; H. de Toulgoët ; L. Gourdon ; J. Gourdon ; J. Lebrun ; Joseph Bimier.

(2) La chapelle de Notre-Dame-de-Charité est sous séquestre depuis le 15 décembre 1906.

CHAPITRE XIII

PRINCIPAUX ÉVÉNEMENTS POLITIQUES DE 1802 A 1832

Les élections de l'an VIII (10 mai 1802). — Guerre de 1815. — Fête à l'occasion de la naissance du duc de Bordeaux. — Révolution de 1830.

I

La constitution de l'an VIII (1800) n'assurait au premier Consul que pour dix ans l'exercice du pouvoir suprême. C'était donc une limite imposée par la force des choses à l'ambition de Bonaparte. Après avoir lutté longtemps contre la tentation, Bonaparte se décida enfin à réaliser par le Consulat à vie le rêve monarchique qui l'avait hanté, semble-t-il, dès le lendemain de la victoire de Marengo. Les tentatives criminelles dirigées contre sa personne, comme le complot royaliste de la machine infernale, qui éclata après le passage de sa voiture, dans la rue Saint-Nicaise le 24 décembre 1800, devaient lui suggérer l'expédient décisif, l'idée de faire un plébiscite. Obéissant aux secrets désirs de Bonaparte, le Conseil d'État soumit au peuple cette question : Le premier Consul sera-t-il nommé à vie ?

En Maine-et-Loire, les élections furent ouvertes par ordre supérieur en vertu d'un arrêté du préfet Montault des Isles, en date du 20 floréal an X (lundi 10 mai 1802), consécutif à l'arrêt des consuls. A Saint-Laurent-de-la-Plaine le résultat obtenu fut : 233 votes affirmatifs (1).

Après avoir lutté vainement contre les armées coalisées de l'Europe, Napoléon, déclaré par le Sénat déchu du trône, partait le 20 avril 1814, pour l'île d'Elbe. Sa retraite fut de courte durée et, le 20 mars 1815, avant que la France fût revenue de son étonnement, Napoléon était à Paris et s'installait aux Tuileries, abandonnées la veille par Louis XVIII. Obligé de lutter encore une fois contre les puissances alliées, Napoléon fut vaincu à Waterloo (2), le 18 juin 1815. C'est cette période qu'on a appelée les « Cent Jours ».

(1) (*Anjou historique*, 1903).
(2) Il est mort à Sainte-Hélène, le 5 mai 1821.

A la nouvelle du débarquement en France de Napoléon, le duc de Bourbon lança, de son quartier général de Beaupréau. une proclamation qui appelait aux armes tous les hommes valides de 18 à 50 ans. On vit alors des vétérans de l'ancienne guerre et des jeunes gens de Saint-Laurent-de-la-Plaine prendre les armes et combattre à l'intérieur pour la cause des Bourbons. Voici les noms des combattants de 1815 :

Albert Michel (1)
Augereau Jean.
Avrillon Jean (2). sergent.
Barault Jean, du Châtelier (3).
Barault Jean.
Barault Louis, de la Boucherie.
Barault Pierre (4).
Barault René, du Châtelier (5).
Bastard Jean.
Beduneau Etienne (6).
Beduneau Louis, de la Petite-Marotière (7) sergent.
Beduneau Mathurin (8).
Belliard Mathurin
Bernier Joseph, laboureur (9).
Bernier Julien, fileur de laine (10).
Berthelot Mathurin, de la Saulaie (11).
Besnier Pierre-Casimir, fileur de laine (12).
Besson Julien, tailleur de pierre (13).
Bidet Alexandre (14).

(1) Né en 1782, le 2 août 1859.
(2) Né en 1785, épouse en secondes noces le 28 avril 1831, Perrine Belliard, de la Pommeraye.
(3) Né en 1783, fils de Louis-Pierre Barault et de Renée Coulon, époux de Louise Delaunay. Décédé le 12 octobre 1816.
(4) Né le 4 mars 1794, fils de Louis Barault et de Louise Maquain. Décédé le 6 juin 1836.
(5) Né en 1791, fils de Louis-Pierre Barault et de Renée Coulon, époux d'Anne Beduneau. Décédé le 24 février 1818.
(6) Né le 24 octobre 1789, fils d'Etienne Beduneau et d'Anne Denécheau.
(7) Né le 16 décembre 1791, fils de Mathurin Beduneau et de Madeleine Beduneau.
François Bateux, 52 ans, mort à l'armée le 3 mai 1815.
(8) Né en 1782, fils de Vincent Beduneau et de Jeanne Cesbron, épouse le 5 février 1812, Jacquine Boistault, 18 ans, fille de Jacques Boistault et de Jacquine Gallard.
(9) Né le 31 octobre 1794, fils de Pierre Bernier, serger et de Louise Brevet, épouse le 11 mai 1813, Marie Boumier, 21 ans, fille de René Boumier, métayer, et de Marie Raimbault. Décédé le 10 avril 1874.
(10) Epoux de Julie la Chèvre.
(11) Né en 1779, fils de Jean Berthelot et de Perrine Papin, épouse le 20 octobre 1813, Marie Martin, 31 ans, fille de Joseph Martin, de la Saulaie, et de Marie Mercerolle.
(12) Né en 1779, fils de Pierre Besnier et de Françoise Lecoq, épouse le 8 novembre 1803, Marie Peton, fille de Jacques Peton, cultivateur, et de Marie Moreau. Décédé le 24 novembre 1860.
(13) Décédé le 22 juillet 1859, âgé de 79 ans.
(14) Né en 1780, époux de Perrine Rorteau. Décédé le 15 mars 1858.

Bidet Jacques. du Grosiellier (1).
Binet Pierre, laboureur (2).
Binier Jacques.
Blourdier Jean (3).
Blourdier Michel, du Petit Groisellier (4).
Blourdier Pierre
Blu François.
Bodet Jacques.
Boitaut Toussaint, de la Varenne.
Boré Jean.
Boulestreau François, meunier (5).
Boulestreau Jean, métayer (6).
Boulestreau Pierre (7).
Boureau Martin, serger (8).
Branchereau Louis.
Branchereau Pierre, de la Gaudinière (9).
Brechet François, sabottier (10).
Breheret François, caporal.
Brevet Mathurin, de l'Epine (11).
Brevet Pierre.
Brevet René. du Grand Groisellier (12) sergent.
Brevet René, de la Philippière (13).

(1) Né le 16 avril 1771, fils de Jean Bidet et de Renée Frémond, épouse le 21 juillet 1795 Jeanne Brevet, fille de Pierre Brevet et de Jeanne-Renée-Mathurine Neau

(2) Né à Beaulieu en 1771, fils de René Binet et de Perrine Besnard, épouse le 30 mai 1809, Louise Rorteau, 19 ans, fille de Pierre Rorteau, serger, et de Jeanne Chauvigné. Décédé le 31 octobre 1860.

(3) Né en 1790, décédé le 2 février 1872.

(4) Né en 1785, fils de Pierre-Michel Blourdier et d'Anne Delaunay, épouse le 20 juin 1809 Marie Belliard, 28 ans, fille de Jean Belliard et de Renée Herbet. Décédé le 18 mars 1858. — Un de ses frères fut tué à l'armée et les biens provenant de la succession de sa femme, mobilier, grain, lin, fourrage, estimés 1.737 livres, furent incendiés.

(5) Né en 1790, à Belligné (Loire-Inférieure), fils de François Boulestreau et de Louise Leger, épouse le 5 juillet 1813, Jeanne Blanvillain, 24 ans, fille de Charles Blanvillain, serger, et de Françoise Charuau. Décédé le 24 novembre 1861.

(6) Né en 1786, fils de Charles Boulestreau et de Renée Ménard, épouse le 8 août 1812, Marie Chauvigné, 17 ans, fille de Jean Chauvigné et de Jacquine Boumier.

(7) Né le 27 août 1791, fils de René Boulestreau et de Jeanne Bidet, épouse le 2 juillet 1816, Marie Grosse, fille de Louis Grosse et de Renée Gaudin. Décédé le 4 août 1868.

(8) Né en 1789, fils de Julien Boureau, laboureur, et de Perrine Moreau, épouse le 6 juillet 1813, Marie Gasté, 19 ans, fille de René Gasté, tailleur, et de Marie Bricheteau.

(9) Né en 1787, époux de Marie Brevet.

(10) Né le 25 novembre 1791, fils de François Brechet et de Louise Blouin, épouse le 13 octobre 1812, Cécile Grosse, 21 ans, fille de Louis Grosse et de Renée Gaudin. Décédé le 13 juin 1867.

(11) Né le 22 septembre 1794, fils d'Etienne Brevet et de Louise-Jeanne Parent.

(12) Né en 1788, fils de Pierre Brevet et de Jeanne Neau, époux de Marie Barault. Décédé le 20 janvier 1828.

(13) Né en 1782, fils de Toussaint Brevet et de Gabrielle Bourigault, épouse le 10 janvier 1801, Renée Piton du Pin-en-Mauges, fille de Mathurin Piton et de Marie Neau et veuve de Jacques Belliard. Décédé le 27 janvier 1852.

Brulé Jean (1).
Brulé Louis.
Brunet Pierre, de la Braudière (2)
Càdy Gilles-Noël (3).
Cailleau Jacques, métayer (4).
Cailleau René, de la Petite Marotière (5).
Cassin Mathurin, de la Philippière (6).
Cesbron Mathurin.
Chauvat Jean (7).
Clavier Thomas, cordonnier (8).
Colesseau Jacques, au Carrefour (9).
Courant Antoine, à la Boucherie (10).
Courant Mathurin, métayer (11).
Courant Michel, sabottier (12).
Couteau Jean.
Davy Claude, couvreur (13).
Davy François, à la Petite Marotière (14).
Davy Jean, du Gâs (15).
Davy Pierre, de la Chênebaudière (16)
Davy René, de la Gueneraie (17).

(1) Décédé le 21 février 1847, 61 ans.

(2) Epoux de Jeanne Gallard.

(3) Né en 1788, fils de Noël-Jean-Charles Cady, cultivateur, et de Renée Daubigeon, épouse le 29 septembre 1807, Radegonde Gaudin, 26 ans, fille de Jacques Gaudin, aubergiste, et de Renée Hudon.

(4) Né le 16 janvier 1797, fils de Jacques-Etienne Cailleau, métayer et de Perrine Oger.

(5) Né le 8 février 1792, fils d'Etienne Cailleau et de Louise Beduneau, épouse le 8 février 1820 Marie Fremondière, 21 ans, fille de François Fremondière et de Marie Bréheret, Décédé le 9 mai 1872.

(6) Né en 1783, décédé le 21 mai 1858.

(7) Décédé le 30 octobre 1847, 67 ans.

(8) Né en 1780, fils de Thomas Clavier et de Marie Benéteau, de Montjean, épouse, le 15 janvier 1803, Jacquine Lehoreau, du Ronceray, fille de Louis Lehoreau et de Perrine Moinet. Décédé le 27 novembre 1851.

(9) Né en 1783, époux d'Anne Martineau.

(10) Né à la Pommeraye en 1788, fils de Michel Courant et de Jacquine Marais, époux de Marie Montaillé. Décédé le 2 mars 1820.

(11) Né en 1778, fils de Mathurin Courant et de Jeanne Marais, épouse, le 16 juillet 1811, Angélique Ménard, fille de Jean Ménard et de Jeanne Fremondière.

(12) Né en 1790, fils de Michel Courant, métayer, et de Jacquine Marais, épouse, le 27 novembre 1815, Marie Gauffriau, 26 ans, fille de Michel Gauffriau, voiturier, et de Louise Gallard. Décédé le 1er janvier 1847.

(13) Né en 1768, à Ballée, canton de Grez-en-Bouère (Mayenne), fils de Claude Davy et de Jeanne Perdriau, époux de Françoise-Michelle Oger, de Saint-Quentin. Décédé le 13 juillet 1820.

(14) Né en 1787, décédé le 10 avril 1865.

(15) Né en 1780, décédé le 26 février 1858.

(16) Né le 4 octobre 1778, fils de Gabriel Davy et de Jeanne Jolivet, épouse, le 20 février 1797, Françoise-Charlotte Seicher de la Chênebaudière née le 21 janvier 1776, fille de René Seicher et de Françoise-Marguerite Brevet. Décédé le 28 décembre 1816.

(17) Né le 10 décembre 1794, fils de Mathurin Davy et de Jacquine Boulestreau, époux de Jeanne Brunet. Décédé le 8 août 1818.

Davy René, de la Grande Marotière.
Davy Vincent (1).
Debaut Jean, journalier à l'Epinay (2).
Defoix François, de la Grande Roussière (3).
Delaunay Jean, maréchal (4) caporal.
Delaunay Jean, forgeron.
Dénéchau François, fileur de laine (5) caporal.
Dénéchau Jacques, du Pineau (6).
Dénéchau Jean, du Pineau (7).
Dénéchau Joseph, de la Grande Lande (8).
Dénéchau Louis (9) caporal.
Dénéchau Mathurin-Jacques (10).
Drapeau Barnabé, maçon (11).
Dubillot François.
Durand Jean, du Plessis-Beuvereau (12).
Forestier François, meunier à Frossanger (13).
Froger Louis, de la Borde (14).
Fremondière François, de la Douarderie (15).
Gallard François, de Clandy (16).
Gallard Jacques, meunier à la Vieille-Chaussée (17).

(1) Né en 1784, décédé le 18 juillet 1855.

(2) Né en 1770, époux de Perrine Parent, décédé le 21 mars 1844.

(3) Epoux de Marie Jolivet.

(4) Né le 28 février 1796, fils de Jean Delaunay, maréchal, et de Renée Gastine. Décédé le 1er février 1838.

(5) Né en 1786, fils de François Denéchau, voiturier, et de Jeanne Janneteau, épouse le 7 septembre 1818 Perrine Martin, 26 ans, fille de René Martin, laboureur, et de Françoise Péchot. Décédé le 4 mai 1831.

(6) Né le 25 novembre 1795, fils de Jacques Denéchau et de Marie Lehoreau.

(7) Né en 1779, fils de Jean Denéchau et de Marie Ménard, morte le 5 avril 1797, époux de Louise Denéchau. Décédé le 8 septembre 1834.

(8) Né le 10 août 1793, fils de Joseph Denéchau et de Marie Ménard, époux de Françoise Thomas.

(9) Né en 1787, fils de Pierre Denéchau, du Pineau, et de Marie Blouin, épouse le 24 février 1813, Anne Denéchau, fille de Jean Denéchau et de Marie Ménard. — Un de ses frères, Jean Denéchau, né en 1789, fusilier à la 4e compagnie de la 68e cohorte de la garde nationale, est mort le 21 septembre 1813, âgé de 24 ans.

(10) Né le 25 novembre 1795, fils de Jacques Denéchau et de Marie Lehoreau

(11) Né le 5 février 1798, fils de Pierre Drapeau, maçon, et de Marie Moreau, soldat au 24e régiment d'infanterie. Décédé à Lorient (Morbihan), le 24 septembre 1821.

(12) Né en 1792, à Neuvy, fils de Pierre Durand et de Jeanne Grellier, époux de Madeleine Davy, décédé le 19 août 1834.

(13) Né en 1791, fils de René Forestier, cordonnier, et de Renée-Perrine Gallard, épouse le 10 mai 1813, Françoise Gallard, née le 9 novembre 1796, fille de Jean Gallard et de Gabrielle Poilière. Décédé le 1er mars 1856.

(14) Né en 1781, époux de Louise Piffard, décédé le 24 novembre 1860.

(15) Né le 16 août 1796, fils de François Fremondière et de Marie Bréheret, épouse, le 8 février 1820, Jeanne Angebaut, 20 ans, fille de Jean Angebaut, métayer, et de Marie Frémondière.

(16) Né le 27 décembre 1773, fils de Pierre Gallard et de Perrine Bodet, épouse, le 5 juillet 1797, Louise Blouin, veuve Brechet, de la Grande-Rogerie, née le 4 mai 1769. Décédé le 6 novembre 1852.

(17) Né en 1783, fils de François Gallard et de Françoise Tijou, épouse le 8 février 1814, Jeanne Jarry, fille de François Jarry et de Renée Delaunay.

Gallard René, de la Vieille-Chaussée (1).
Garreau Jean, journalier (2).
Garreau Louis, charpentier (3).
Gasté Pierre (4) caporal.
Gazeau Jean, journalier (5).
Girault François, de la Braudière (6).
Goupil Pierre, meunier à Baudry (7).
Herbet Jacques, tailleur (8) caporal.
Huchet Jean (9).
Humeau André, de Bourgneuf (10) caporal.
Humeau Jean.
Humeau Pierre, de la Deillière (11).
Humeau Pierre-René, meunier (12).
Humeau René, de la Dellière (13) caporal.
Jolivet Jean, de la Grande Roussière (14).
Jolivet Laurent, métayer (15) caporal.
Juret Jacques, meunier (16).

(1) Gallard René, de la Vieille-Chaussée. Né en 1781, fils de François Gallard et de Françoise Tijou, épouse le 8 février 1814, Honorée Grosse, fille de Louis Grosse et de Renée Gaudin.

(2) Né au Mesnil en 1793, fils de Louis Garreau, laboureur, et d'Anne Oger, épouse le 19 novembre 1816, Perrine Seicher, 17 ans, fille de Michel Seicher et de Marie Gallard.

(3) Né en 1782, fils de Louis Garreau et d'Anne Oger, époux de Michelle Pairault, décédé le 17 novembre 1850.

(4) Né en 1787, fils de René Gasté et de Marie Bricheteau, décédé le 14 octobre 1849.

(5) Epoux de Renée Beduneau.

(6) Né le 21 février 1797, fils de François Girault, métayer, et de Louise Boulestreau. Décédé le 22 décembre 1819.

(7) Né en 1776, à Varades (Loire-Inférieure), fils de Mathurin Goupil et de Marie Brécheteau, épouse le 24 octobre 1809, Jeanne Pairault, fille de Jean Pairault et de Jeanne Maillet. Décédé le 4 janvier 1830.

. (8) Né en 1781, fils de François Herbet, serger et de Marie Grellier, épouse le 18 novembre 1806, Marie Gasté, 28 ans, fille de Jacques Gasté, métayer, et de Marie Cesbron. Décédé le 4 octobre 1857.

(9) Epoux de Perrine Lehoreau, décédé le 29 juillet 1851, 66 ans.

(10) Né en 1779, fils d'André Humeau, laboureur, et de Marie Plumejeau, épouse le 3 novembre 1813, Jacquine Delaunay, 42 ans, veuve de Laurent Viau, fille de Jean Delaunay, métayer, et de Jeanne Blond.

(11) Né le 16 février 1781, fils de Joseph Humeau et de Marie Clemanceau, épouse, le 27 novembre 1810, Jacquine Gourdon, fille de Jean Gourdon et de Jeanne Jolivet. Décédé le 17 novembre 1821. Il avait eu pour parrain M. Pierre-Jean Humeau, prêtre-vicaire d'Andrezé, son cousin, qui fut tué dans une ferme de Combrée, le 13 avril 1794.

(12) Né en 1783, fils de Joseph Humeau et de Catherine Boistault, époux de Marie Beduneau, décédé le 21 mars 1824.

(13) Né en 1782, fils de Joseph Humeau et de Marie Clemanceau, épouse, le 24 juillet 1810, Anne Jolivet, 16 ans, de Saint-Maurille de Chalonnes, fille de Jacques Jolivet et de Marie Belliard.

(14) Né le 27 avril 1796, fils de Jean Jolivet et de Marie-Renée-Charlotte Maquain, décédé le 30 avril 1820.

(15) Né en 1786, à Saint-Maurille de Chalonnes, fils de René Jolivet et de Marie Gourdon, épouse, le 27 novembre 1816, Jeanne Boulestreau, fille de René Boulestreau et de Jeanne Oger.

(16) Né à la Pommeraye en 1789, fils de Louis Juret et de Marie Colas, épouse, le 10 février 1812, Jacquine Mondain, fille de René Mondain et de Jacquine Gallard.

Juret Louis (1).
Juteau René, à l'Aveneau (2).
Leblanc Julien, laboureur (3).
Leduc Jean, du Pinellier (4).
Lefort Jean, maçon (5).
Lefort Mathurin-Victor, maçon (6).
Lefort René, maçon (7).
Leger Mathurin, serger (8) lieutenant.
Lehoreau Jacques, de Bourgneuf.
Lehoreau Louis (9) caporal.
Lehoreau Pierre, de la Braudière (10).
Leroueil Mathurin, métayer (11).
Lucas Michel, couvreur (12).
Macé Etienne-René (13).
Maillet François, de la Grande Jaltière (14) sergent.

(1) Né en 1785, décédé le 26 octobre 1867.

(2) Né en 1789, fils de Michel Juteau, laboureur, et de Jacquine Onillon, épouse, le 4 avril 1815, Perrine Lehoreau, fille de Charles Lehoreau et de Marie Gallard. Décédé le 9 juin 1838.

(3) Né en 1777, fils de Julien Leblanc, tisserand, et de Marie Papin, épouse, le 31 janvier 1804, Jacquine Thomas, fille de Nicolas Thomas et de Jacquine Babin. Décédé le 2 août 1827.

(4) Né en 1786, fils de Jacques Leduc et d'Anne Ardouin, époux de Marguerite Rochard.

(5) Né en 1786, décédé le 6 septembre 1856.

(6) Né le 4 octobre 1796, fils de Mathurin Lefort et de Victoire Drapeau, décédé le 5 mars 1870.

(7) Né le 6 décembre 1795, fils de René Lefort, maçon et de Marie Bondu.

(8) Né le 4 août 1781, fils de Jean Leger et de Perrine Oger, épouse, le 21 août 1804, Marie-Véronique Herbet, 27 ans, fille de François Herbet et de Marie Grellier, décédé le 20 novembre 1849. — Il prit les armes en 1799 sous les ordres de M. Cady pour battre les républicains. En mars 1815, lors de l'organisation des compagnies de garde nationale de la cohorte de Saint-Florent-le-Vieil pour la défense du trône et de la patrie, il fut nommé lieutenant de la 7e compagnie de ladite cohorte. Au mois de mai suivant, lors du soulèvement général de la Vendée, il fut établi par le sieur Cady, chef de correspondance de la division de Chemillé, fonction qu'il a remplie avec beaucoup de zèle et le plus grand dévouement. De concert avec les capitaines de cette commune, il a organisé des compagnies royalistes. Sur les renseignements fournis par une vingtaine d'habitants de la campagne de Chalonnes réunis dans le bourg de Saint-Laurent, il organisa quatre compagnies royalistes dudit Chalonnes. Il fit de fréquentes patrouilles de nuit et de jour sur les bords de la Loire depuis Chaudefonds jusqu'à Montjean. — Honoré d'un brevet d'honneur signé de sa Majesté Louis XVIII. Homme très recommandable, adjoint de Saint-Laurent.

(9) Né le 27 mars 1788, fils de René Lehoreau, métayer, et de Renée Montaillé.

(10) Né en 1778, frère du précédent, épouse, le 16 juin 1807, Marie Girault, fille de François Girault et de Louise Boulestreau, morte le 4 mars 1815. Décédé le 12 mai 1816.

(11) Né en 1768 à Saint-Michel-du-Bois, fils de Jean Leroueil et d'Anne Dersoir, épouse, le 31 août 1801, Marie Juteau. Décédé le 2 mai 1837.

(12) Né en 1785 à Mauron, arrondissement de Ploermel (Morbihan), fils de Joachim Lucas et de Marie Redo, épouse, le 20 juillet 1807, Marguerite Gallard, 24 ans, fille d'André Gallard et de Marguerite Richou. Décédé le 22 avril 1869.

(13) Né le 29 septembre 1789, fils d'Etienne Macé et de Marie Richard, décédé le 24 novembre 1847.

(14) Né en 1784, à Saint-Maurille de Chalonnes, fils d'André Maillet et de Perrine Brevet, époux de Marie Godard, décédé le 20 janvier 1835.

Maillet Louis, de la Grande Jaltière (1) **caporal**.
Maillet René, de la Grande Jaltière (2) **sergent**.
Malinge Blaise, de la Charpentraie, sergent.
Malinge Mathurin, métayer (3) caporal.
Maquain Charles, de la Grande Roussière (4) **capitaine**.
Marais Louis, de la Philippière (5).
Martin Jacques (6) caporal.
Martin Joseph, métayer au Plessis-Beuvereau (7).
Ménard Antoine, cordonnier (8).
Ménard François.
Ménard Jean, serger (9).
Ménard Joseph, de la Bohardière (10).
Ménard Michel, de l'Epinay (11).
Ménard Pierre, sergent.
Ménard René.
Métayer Jean, du Teil (12).
Michel François (13).
Monnier Jean.
Montaillé Charles (14).
Montaillé Laurent, de la Grande Marotière (15).
Montaillé Mathurin, du Teil (16).
Moreau François, de la Haute Charpentraie (17).
Moreau Mathurin (18).
Neau Etienne, métayer (19).

(1) Décédé le 23 mars 1850, 70 ans. Il avait épousé Perrine Supion.

(2) Né en 1778, fils d'André Maillet et de Perrine Brevet, épouse le 15 juin 1813, Jeanne Bidet, 17 ans, fille de Jacques Bidet et de Jeanne Brevet. Décédé le 22 janvier 1836.

(3) Né en 1779 à la Pommeraye, fils de Mathurin Malinge et de Jeanne Onillon, épouse, le 4 février 1813, Louise Barault, fille de Louis Barault et de Renée Coulon.

(4) Né en 1779, décédé le 2 mai 1852.

(5) Epoux de René Tuffereau.

(6) Né en 1786, fils de Joseph Martin de la Saulaie et de Marie Mercerolle, épouse, le 5 mai 1818, Jeanne Brevet, 19 ans, fille de François Brevet et de Louise Boumier.

(7) Né le 24 mai 1797, frère du précédent, épouse le 18 avril 1820, Françoise Thomas, 17 ans, fille de Jean Thomas, métayer, et de Françoise Rousse. Décédé le 10 août 1822.

(8) Né le 9 décembre 1789, fils de Jean Ménard, métayer, et de Renée Marais, épouse Renée Montaillé et en secondes noces, le 22 janvier 1839, Jacquine Martin, fille de Joseph Martin et de Marie Mercerolle. Décédé le 31 octobre 1859.

(9) Né le 13 septembre 1770, épouse le 2 février 1796, Renée Coulon, née à Sainte-Christine, le 12 mars 1768.

(10) Né en 1786, décédé le 18 avril 1826.

(11) Né en 1781, épouse, le 15 juin 1807, Marie Richard, de Chaudefonds, 20 ans, fille de René Richard et de Perrine Couvreux. Décédé le 5 janvier 1860.

(12) Fils de Jacques Métayer et de Jeanne Bernier.

(13) Epoux de Jeanne Gabory, décédé le 18 février 1853, âgé de 70 ans.

(14) Né en 1790, décédé le 4 janvier 1861.

(15) Né en 1774, fils de Marin Montaillé et de Marie Marais.

(16) Né le 7 juillet 1796, fils de Pierre Montaillé et de Jacquine Poilière.

(17) Epoux de Renée Guilbaut.

(18) Né le 3 octobre 1795, fils de Louis Moreau et de Renée Guilbaut.

(19) Né en 1785, fils de Julien Neau, métayer, et d'Anne Brevet, épouse, le 17 juin 1807, Jeanne Boistault, fille de Pierre Boistault et de Jacquine Chardonneau.

Neau Louis, du Puy (1).
Nodier René, sergent.
Oger Jacques, de Bourgneuf (2).
Oger Pierre.
Onillon Jacques.
Onillon Louis.
Onillon Pierre (3).
Patriarche Jean, menuisier (4).
Perrault Pierre, charpentier (5) sergent.
Piffard Jean.
Piffard Joseph, métayer à Bourgneuf (6).
Pineau Jean.
Pineau Michel (7).
Pineau Pierre, de la Borde.
Piron Mathurin, filassier à la Boissière.
Piton Jean, de la Basse Charpentraie.
Plessis Pierre, serger (8).
Quesson Michel.
Raimbault Jacques, de la Caillerie (9).
Raimbault Pierre.
Raimbault René, du Gâs.
Renou René, cordonnier (10) caporal.
Richard Pierre.
Robineau Sébastien, du Plessis-Raymond (11) sergent.
Rochard Jacques (12).
Rorteau Jean.
Rorteau Louis, de la Varenne.
Rorteau Pierre-René.
Roullier Jean.

(1) Né le 12 avril 1793, fils de Louis Neau et de Julienne Davy, époux de Marie Davy et, en secondes noces, de Jeanne Barault. Décédé le 24 septembre 1834.

(2) Né le 6 février 1796, fils de Jacques Oger, cultivateur et de Louise Durand.

(3) Né le 22 septembre 1797, fils de Pierre Onillon, sabottier, et de Marie Brechet.

(4) Né en 1785, époux de Jeanne Palussière. Décédé le 11 décembre 1831.

(5) Né en 1781, fils de Pierre Perrault, journalier et de Charlotte Gohier, épouse, le 26 janvier 1807, Véronique Oger, née le 11 août 1780, fille de Mathurin Oger, charpentier et de Louise Ménard. Décédé le 28 février 1836.

(6) Né en 1793, fils de Joseph Piffard, serger, et de Renée Maugeais, épouse, le 30 janvier 1820, Marie Oger, 22 ans, fille de Jacques Oger et de Louise Durand.

(7) Né le 27 août 1790, fils de René Pineau, journalier à la Bretagne, et de Renée-Jeanne Seicher, épouse, le 9 février 1819, Jeanne Blourdier, 29 ans, fille de Mathurin Blourdier et de Perrine Lehoreau. Décédé le 2 mars 1882 Il fut emprisonné avec sa mère pendant 18 mois au Calvaire d'Angers. Il servit sous les ordres de M. Cady en 1815. Un de ses enfants, M. Elie Pineau, est mort curé de Chaudefonds en 1887.

(8) Epoux de Marie Rorteau. Décédé le 25 janvier 1857, âgé de 79 ans.

(9) Né le 16 mai 1797, fils de Jacques Raimbault et de Marie Rochard.

(10) Né en 1781, décédé le 3 avril 1861.

(11) Né en 1785, fils de Pierre Robineau, de la Poitevinière, et de Jeanne Delaunay, épouse, le 12 février 1810, Jeanne-Louise Janneteau, 17 ans, fille de Mathurin Janneteau et de Jacquine Cathelineau.

(12) Né le 8 avril 1790, fils de Jean Rochard, charpentier, et de Michelle Charboneau.

Roullier René.
Seicher Mathurin.
Seicher Pierre (1) caporal.
Seicher René, de la Brunetière (2).
Thomas Jean.
Traineau Jean, des Landes-Chiron (3).
Verger Pierre, métayer (4).

II

En l'année 1821, des fêtes et des réjouissances furent ordonnées dans tout le royaume pour célébrer la naissance du duc de Bordeaux, fils du duc et de la duchesse de Berry. Le mardi 1er mai, jour fixé pour le baptême, la cloche de l'église de Saint-Laurent sonna à toute volée. Le dimanche suivant, 50 hommes en armes assistèrent à la messe et aux vêpres. Dans la soirée, un feu de joie fut allumé et une distribution de pain fut faite aux pauvres de la commune (5).

III

La révolution de Juillet 1830 qui détrôna Charles X au profit de Louis-Philippe mit aux prises les légitimistes et les libéraux. La Vendée menaça encore une fois de se soulever.

Saint-Laurent-de-la-Plaine comptait de nombreux et ardents royalistes. Le maire, M. le comte de Maurepart, l'adjoint, M. Louis Barault et 9 conseillers municipaux donnèrent leur démission. « Ils croyaient au renversement prochain de Louis-Philippe et au retour du duc de Bordeaux (6). C'était là une complète illusion : la France dans l'ensemble était loin de ressembler à la Vendée et si les royalistes étaient encore ardents et nombreux dans l'Ouest, ils ne se trouvaient plus dans les conditions qui avaient permis à leurs pères de soutenir si longtemps la lutte contre les armées républicaines ». « La France n'était pas bouleversée à l'intérieur et menacée à l'extérieur comme en 1793 ; le gouvernement disposait de forces suffisantes pour réprouver promptement toute tentative de révolte, les voies de communication, notablement

(1) Né en 1788, décédé le 24 juillet 1868.
(2) Né le 28 octobre 1794, fils de Mathurin Seicher et de Jeanne-Marthe Malinge. Soldat au 75e de ligne.
(3) Né en 1785, fils de Mathurin Traineau et de Renée Rochard, épouse, le 20 juillet 1813, Adélaïde Fardeau, 20 ans, fille de Mathurin Fardeau, métayer et de Perrine Delaunay.
(4) Né en 1793, épouse en secondes noces, le 16 juin 1835, Julienne Gourdon, 26 ans, fille de Jean Gourdon, métayer, et de Jeanne Jolivet. Décédé le 28 avril 1864.
(5) Délibération du Conseil municipal du 23 avril 1821.
(6) *Notice historique sur le collège de Beaupréau*, par M. le chanoine Moreau.
Les 9 conseillers démissionnaires étaient : Onillon Pierre, Bondu ..tienne, Jolivet Jean, Sécher Pierre, Secher Mathurin, Gourdon Jean, Caillaut Jacques, Gallard René, Janneteau Jean.

améliorées, permettaient aux troupes d'entrer et de circuler plus facilement dans un pays qui auparavant était impénétrable ; surtout l'état des esprits n'était plus le même. Entre tant de causes d'ordre qui avaient mis les armes aux mains des Vendéens, la première et la principale avait été l'indignation que leur causait la persécution religieuse et leur ferme volonté de garder leurs « bons prêtres ». Mais le nouveau pouvoir, s'il semblait peu favorable au clergé n'était cependant ni persécuteur, ni proscripteur comme la Législative ou la Convention ; le combattre ce n'était pas défendre l'Église, c'était entreprendre une lutte politique. Or, les motifs d'ordre purement politique ont d'ordinaire peu de prise sur le peuple, surtout sur le peuple des campagnes, quand il ne se sent pas gravement lésé dans ses intérêts matériels, ou, s'il est croyant, profondément blessé dans ses convictions religieuses. Aussi sans parler des amis du nouveau régime. une partie de la population vendéenne hésitait, ou même se refusait à courir les risques d'une insurrection, et tout en manifestant ses préférences pour la cause légitimiste, se bornait à souhaiter qu'elle triomphât. Les royalistes ardents, il est vrai, criaient bien haut qu'il fallait courir aux armes, mais leurs chefs, qui voyaient mieux les difficultés et les conséquences d'une révolte, étaient irrésolus et partagés d'opinion.

Le château du Plessis-Raymond et celui du Pineau étaient le lieu de rendez-vous de nombreux royalistes qui venaient prendre le mot d'ordre pour un soulèvement général fixé après l'arrivée de la duchesse de Berry, au 4 juin 1832.

Quelques jours avant cette date, le 27 mai, Jacques Cathelineau, fils du généralissime, qui avait été nommé chef du premier corps de l'armée royale, et qui devait, en cette qualité, commander à tout le pays situé entre la Loire et la Sèvre-Nantaise, fut découvert à la Chaperonnière (1) et lâchement assassiné par le lieutenant Régnier. M. Moricet qui avait été son condisciple à Beaupréau et M. de Civrac partageaient sa cachette ; ils furent arrêtés avec le fermier Guinhut et conduits au château d'Angers (2). En même temps, la prise d'armes échouait dans le Maine, la cause légitimiste était perdue.

L'insurrection proprement dite avait à peine duré quelques semaines ; mais il fallut longtemps au gouvernement pour venir à bout des jeunes gens qui refusaient de servir sous le drapeau tricolore. Ils erraient par bandes dans les campagnes, sans cesse en alerte et sans cesse poursuivis par les garnisaires qui les traquaient de ferme en ferme. Aussi les réfractaires étaient très défiants et ne manquaient guère quand ils le pouvaient de punir

(1) Ancienne maison noble, sur les bords de l'Èvre, à mi-route entre Beaupréau et Jallais.

(2) M. de Civrac, M. Moricet, M. Brouard, curé de Jallais et le père Guinhut, très éloquemment défendus, par Me Eugène Janvier furent acquittés par le jury du Loiret.

ceux qui les trahissaient ; en cas de récidive ils les fusillaient. Pour prévenir ces meurtres le gouvernement avait interdit la chasse et essayé de faire saisir les armes des particuliers mais les paysans tenaient à les garder et les cachaient dans des endroits sûrs, souvent dans des arbres creux. Le 30 octobre 1832, un détachement de troupes de ligne trouva enfoui dans les haies près de l'étang du Plessis-Beuvereau, 66 barils contenant 30.000 cartouches à balles et plusieurs fusils cachés dans des chênes creux.

La vie errante et oisive des réfractaires ne tarda pas à amener bien des misères et bien des désordres. Le clergé fit son possible pour les réprimer. Les prêtres des Mauges, ardents légitimistes, approuvaient les jeunes gens qui refusaient de partir, mais malgré leur antipatbie pour le nouveau régime, malgré leur refus de faire chanter dans leurs églises à la fin de la grand' messe le « *Domine salvum fac Ludovicum Philippum* », les curés et les vicaires des paroisses vendéennes évitèrent de se compromettre sérieusement et de compromettre l'Église en confondant sa cause avec celle de la dynastie tombée. Toutefois, le vicaire de Saint-Laurent, M. Legault, fit exception. Au lieu d'imiter la sage réserve et de tenir compte des remontrances de son curé, M. Grellier, il se jeta avec ardeur dans le mouvement royaliste ; à plusieurs reprises, il quitta sa soutane et partit faire le coup de feu.

CHAPITRE XIV

(M. RÉTHORÉ, M. BOURTAULT, M. MIGNEAU (1838-1902)

*Établissement d'un vicariat à Saint-Laurent-de-la-Plaine. — Mort de
M. Grellier, M. Réthoré lui succède, mission de 1839. — Rétablissement de
la paroisse de Bourgneuf et première visite de Mgr Angebault. — Œuvres
de M. Réthoré, sa nomination à la cure de Douces. — M. Bourtault est
nommé curé de Saint-Laurent, deuxième visite pastorale de Mgr Angebault ;
bénédiction de trois cloches ; première visite pastorale de Mgr Freppel. —
— Nomination de M. l'abbé Migneau à la cure de Saint-Laurent. — Deuxième
visite pastorale de Mgr Freppel, construction et bénédiction de la nouvelle
église.*

I

La paroisse de Saint-Laurent-de-la-Plaine avait de tout temps possédé un
ou plusieurs vicaires. Après la Révolution, par suite du manque de prêtres
et de ressources, M. Grellier exerça seul pendant de longues années le
ministère pastoral. Doué d'une santé robuste il avait pu suffire à la tâche,
mais peu à peu, avec l'âge, celle-ci se faisait plus lourde. De plus, la paroisse
déjà très étendue était devenue plus populeuse ; il demanda et obtint
en 1830 un vicaire pour l'aider, ce qui lui permit de se décharger un peu
pendant les sept dernières années de sa vie. (1)

Le lundi 26 mars 1838, M. Grellier fut frappé de congestion à l'église et
le soir même, vers 7 heures, il rendit le dernier soupir après avoir reçu
le Saint Viatique et l'Extrême-Onction. Il était dans la soixante-dix-
septième année de son âge et gouvernait la paroisse depuis 37 ans. Sa

(1) A l'origine, le traitement du vicaire était fourni moitié par la fabrique, moitié par le
produit d'une quête que les marguilliers faisaient tous les ans dans la paroisse. En 1858, le
Conseil municipal ajouta un supplément de traitement de 125 francs. Le vicariat reconnu
et rétribué par l'État pendant une quinzaine d'années à partir de 1870 ou 1872 fut supprimé
le 23 janvier 1886. La fabrique prit alors à sa charge le traitement auquel la commune
ajouta une allocation de 300 francs. Celle-ci a été supprimée en 1906.

(2) Voici l'acte de sépulture de M. Grellier :

« Le 28 mars 1838 a été inhumé, dans le cimetière de ce lieu, par nous desservant de la
Jumellière, soussigné le corps de M. Louis Grellier, desservant de cette paroisse, décédé
avant-hier, âgé de 77 ans, en présence de MM. Grégoire Lecoindre, curé de Chalonnes,
Pierre Ruais, curé de la Pommeraye, et de beaucoup d'autres prêtres. »

CHARRUAU.

sépulture eut lieu le mercredi suivant ; toute la population y assista ainsi qu'un grand nombre de prêtres des paroisses voisines. Ce fut M. Charruau, curé de la Jumellière, qui présida la cérémonie funèbre. M. Grellier fut enterré près de la grande croix du cimetière, sous un tilleul. Une simple dalle de granit marque sa tombe avec l'inscription suivante :

Ci gît
M. Louis Grellier, curé
de cette paroisse, né le 14 décembre 1760,
prêtre en 1786 et décédé
le 26 mars 1838.

et au-dessous ces paroles, tirées du prophète Malachie, qui résument la vie sacerdotale du bon curé :

Lex veritatis fuit in ore ejus
Iniquitas non est inventa in labiéis ejus (Malach. C. II.)
Requiescat in pace.

La loi de vérité a été dans sa bouche et l'iniquité ne s'est point trouvée sur ses lèvres.

Qu'il repose en paix !

Il y avait huit jours que M Grellier était descendu dans la tombe quand M. Réthoré (1), son vicaire, fut désigné pour le remplacer Le nouveau curé n'eut pas de peine à gagner l'estime et l'affection de ses paroissiens. On le connaissait, on l'avait vu à l'œuvre depuis six ans, secondant M. Grellier avec tout le dévouement que le zèle et la charité fraternelle peuvent inspirer. Homme d'une grande bonté, d'un caractère très affable, M. Réthoré s'était acquis une très grande popularité à Saint-Laurent-de-la-Plaine.

L'un des premiers actes de zèle du nouveau curé fut de procurer à ses paroissiens le bienfait d'une mission. Rien n'est plus propre que ces pieux exercices où la prière s'unit à la parole apostolique des missionnaires, à ramener les pécheurs, à affermir les bons dans la voie du bien, en un mot, à faire refleurir la foi et les mœurs chrétiennes dans une paroisse.

La mission commença le dimanche 17 novembre 1839 et fut prêchée par trois religieux, les Pères Rousseau, Levet et Raingault. Elle dura trois semaines et se termina le 9 décembre, le lundi de la deuxième semaine de l'Avent, par la bénédiction d'un calvaire.

Au dire des anciens qui assistaient à la clôture, la fête surpassa en éclat celle de la bénédiction de la chapelle de Charité et depuis l'année 1773, époque de la translation solennelle d'une relique de la Vraie Croix de la chapelle du Pineau en l'église paroissiale, jamais, de mémoire d'homme, on avait vu pareille solennité à Saint-Laurent-de-la-Plaine. Les rues étaient remplies de

____

(1) M. Réthoré, fils d'Étienne Réthoré, marinier, et de Barbe Lanfant, était originaire de Notre-Dame de Chalonnes.

monde accouru des quatre coins de la paroisse et des paroisses voisines.

La croix, une belle croix en chêne, et un superbe Christ en bois de tilleul furent portés triomphalement en procession par les hommes, de l'église jusqu'à la hauteur du Mirandeau, et de là au calvaire construit sur la route de la Pommeraye, en face de l'ancien chemin de Chalonnes (1). Quand la croix fut dressée, le Père Rousseau, directeur de la mission, prit la parole et adressa à la foule une allocution, puis la foule rentra à l'église pour la bénédiction du Saint-Sacrement.

La mission de 1839 a laissé dans les esprits et dans les cœurs les plus doux souvenirs et une impression durable. Vingt ans après, M. Bourtault se plaisait à en constater encore les salutaires effets. Heureux les curés qui peuvent procurer de temps en temps à leur paroisse le bienfait d'une mission, heureuses les paroisses qui savent en profiter !

II

L'année 1847 fut marquée pour Saint-Laurent-de-la-Plaine par deux faits importants : l'érection de la paroisse de Bourgneuf et la première visite pastorale de Mgr Angebault.

Les habitants de Bourgneuf n'avaient pas vu sans une certaine tristesse la suppression de leur paroisse (2). Leurs habitudes religieuses étaient changées, leurs intérêts matériels qui s'abritent d'ordinaire autour du clocher étaient déplacés ; ils désiraient donc ardemment le rétablissement de leur paroisse. Ils adressèrent une pétition à Mgr l'Évêque d'Angers. Le prélat, qui songeait lui-même depuis quelque temps à ériger Bourgneuf en paroisse, se montra très favorable et une circonstance providentielle lui fournit l'occasion et le moyen de mettre à exécution son projet.

---

(1) Déjà au XVIIIe siècle, il existait en ce même endroit un calvaire qui avait été élevé en 1761 par M. Marchandye, curé de la paroisse, et M. Louis Lusson, procureur de la fabrique. On rapporte que pendant la Révolution plusieurs habitants de Saint-Laurent, faits prisonniers par les bleus, furent enchaînés à ce calvaire et de là conduits à Angers.

Le Christ, œuvre du sculpteur Turiès, d'Angers, a coûté 265 francs. Les hommes qui le portaient avaient reçu comme décoration une petite croix en cuivre sur laquelle étaient gravés les mots : *Souvenir de mission.*

M. Ruais, curé de la Pommeraye, dirigeait le chant.

La croix de mission fut recouverte *d'ex voto* en forme de cœurs en plomb, peints et dorés, dans l'intérieur desquels étaient gravés ces mots : *J'offre mon cœur à Jésus-Christ.* Ces cœurs avaient été payés par chacune des familles de la paroisse. Le calvaire adossé à une maison voisine, fut plus tard entouré d'un mur en forme de fer à cheval et fermé devant, par une barrière en bois à claire-voie. I y avait quatre ou cinq marches au-dessous du soubassement de la croix. Le Christ ayant perdu ses bras, faute d'entretien, fut descendu de la croix, il y a une quinzaine d'années et abandonné sous le grand cèdre du cimetière. On conserve à la cure comme une relique le buste de ce Christ.

(2) Longtemps après la suppression de la paroisse, la femme de Jacques Lehoreau, locataire de la cure, continuait de sonner trois fois par jour l'Angelus « pour appeler, disait-elle, un curé ».

Dans le cours de l'année 1846, un jour que l'Évêque visitait une communauté religieuse d'Angers, une pieuse fille, Mlle Jeanne Grimault (1), vint trouver sa Grandeur et lui offrit de consacrer une partie de sa fortune à une bonne œuvre. Mgr Angebault lui fit part du désir qu'il avait de rétablir l'ancienne paroisse de Bourgneuf et ajouta que ce serait nne œuvre excellente et très méritoire d'y employer sa fortune. Mlle Grimault y consentit. Ainsi fut fondée pour la deuxième fois la paroisse de Notre-Dame-de-Bourgneuf : La généreuse bienfaitrice donna environ cent mille francs qui furent employés à la reconstruction de l'église et du presbytère, à l'achat d'un terrain pour le cimetière et des objets nécessaires au culte. (2)

Le 26 décembre 1846 Monseigneur nommait comme curé de Bourgneuf un jeune prêtre de 36 ans, M. l'abbé Denéchau (3), vicaire de Saint-Laurent-du-Mottay, et, le 28 avril 1847, il adressait aux curés de la Pommeraye, de Saint-Laurent-de-la-Plaine et de Bourgneuf l'ordonnance suivante :

Guillaume-Laurent-Louis Angebault par la miséricorde divine et la grâce du Saint Siège apostolique, Évêque d'Angers ;

Vu les articles 60 et 61 de la loi du 18 germinal an x.

Vu l'ordonnance royale du 24 avril 1847 qui autorise l'érection en succursale de l'église de Bourgneuf ;

Considérant que l'église de Bourgneuf était autrefois desservie, comme annexe de la paroisse de Saint-Laurent-de-la-Plaine et que le presbytère et ses dépendances n'ont point été aliénés ; que le village se trouvant au point d'intersection de deux grandes routes nouvellement ouvertes, de nombreuses constructions s'y élèvent et que sous peu il égalera en population les bourgs circonvoisins ; que cette localité devenant un point central et important, il est nécessaire, sous le rapport moral et religieux, qu'un prêtre y réside et qu'on y trouve aux jours fériés tous les exercices du culte et les instructions d'un pasteur ;

(1) Mlle Jeanne Grimault, née le 1er mai 1813, au Moulin de Rohou, paroisse de Saint-Laurent-du-Mottay, était fille de René Grimault, meunier, et de Jeanne Trottier. Elle est morte à Bourgneuf le 18 novembre 1860, âgée de 47 ans. Voici l'acte de sa sépulture :

« L'an mil huit cent soixante, le dix-neuvième jour du mois de novembre, le corps de demoiselle Jeanne Grimault décédée hier matin, à 8 heures, en ce bourg, à l'âge de 47 ans, a été inhumé par M. Aunillon, curé de Saint-Maurille des Ponts-de-Cé, parent, dans le cimetière de ce lieu. Signé : Aunillon, curé des Ponts-de-Cé ; Ad. Denéchau, curé de Bourgneuf. »

L'acte ajoute : « Elle fut la bienfaitrice des pauvres, la fondatrice de l'église et de la paroisse. Elle mourut de la mort du juste, comblée des grâces de Dieu et entourée du respect et de la vénération de tous les habitants de Bourgneuf. »

(2) Le Conseil municipal de Saint-Laurent s'était opposé à plusieurs reprises au rétablissement de la paroisse de Bourgneuf.

(3) Mlle Grimault avait demandé à l'Évêque de nommer à la cure de Bourgneuf M. l'abbé Denéchau, vicaire de sa paroisse natale. M. Adolphe Denéchau, né à Trémentines, le 15 juillet 1810, ordonné prêtre le 23 décembre 1837, est mort à Bourgneuf, le 26 mai 1878. Il était le parent de M. Denéchau, ancien curé de la cathédrale, et de Mgr Denéchau, évêque de Tulle.

Considérant que l'érection sollicitée faciliterait l'accomplissement des devoirs religieux à une population nombreuse, repartie dans vingt trois métairies qui se trouvent notablement plus éloignées de leur église paroissiale actuelle qu'elles ne le sont de celle de Bourgneuf ;

Considérant que les adjonctions demandées laisseront encore une population de 3.200 âmes à la Pommeraye et de 1.200 âmes à Saint-Laurent,

Nous avons ordonné et ordonnons ce qui suit :

Art. Ier

L'église de Bourgneuf est distraite de celle de Saint-Laurent-de-la-Plaine.

Art. IIe

L'église de Bourgneuf est érigée en succursale.

Art. IIIe

La succursale de Bourgneuf se composera du seul. mais de tout le territoire qui comprend le village de même nom et les métairies dont les noms suivent : le Theil, la Saulaie, la Grande et la Petite Marotière, les Landes, le Ronceray, dans la commune de Saint-Laurent-de-la-Plaine ; la Coleraye, le Grand et le Petit Tout-Fleuri, le Plessis-le-Bœuf, le Plessis-Macé, la Jametière, la Tréboichère, la Bonnière, la Cheminerie, Chanteloup, la Racrie, la Jarriaie, la Soucetière, les Grandes et les Petites Chalonges, dans la commune de la Pommeraye.

Art. IV

Expédition de notre présente ordonnance sera adressée à M. le Préfet de Maine-et-Loire, à MM. les desservants de la Pommeraye, de Saint-Laurent-de-la-Plaine et de Bourgneuf pour y être lue au prône de la messe paroissiale, le dimanche qui en suivra la réception, et déposée aux archives de leur fabrique respective.

Donné à Angers, en notre Palais Episcopal, sous notre seing, le sceau de nos armes et le contre-seing de notre Secrétaire, le vingt-huit avril de l'an mil huit cent quarante sept.

+ GUILL. Év. d'Angers.

Jh. Menard, secrétaire.

Le lundi 5 juillet 1847. Mgr Angebault vint donner la confirmation. Ce fut un événement pour la paroisse. car depuis la visite de Mgr Henri Arnauld, le 17 novembre 1654, il y avait près de deux cents ans qu'on n'avait pas vu d'évêque à Saint-Laurent-de-la-Plaine. Le Prélat y fut reçu en triomphe par les habitants. Un grand nombre de cavaliers étaient allés au devant de lui jusqu'à Chalonnes ; sur les confins de la paroisse l'attendait une escorte de fusiliers et, à l'entrée du bourg, le reste de la population ayant à sa tête M. le curé et son vicaire, plusieurs prêtres du voisinage, M. le maire et son Conseil municipal.

Le lendemain matin, sa Grandeur administra le sacrement de confirmation aux enfants de Saint-Laurent et de Bourgneuf et partit pour aller bénir dans cette dernière paroisse la première pierre de la nouvelle église (1).

(1) Ont signé le procès-verbal de la visite pastorale : MM. Réthoré, curé de Saint-

III

M. Réthoré entreprit pendant son court passage à Saint-Laurent plusieurs travaux. En 1843 il fit construire une tribune ou jubé dans l'église, en 1846 deux chambres pour agrandir le presbytère, en 1848 une sacristie à la chapelle de Notre-Dame-de Charité, en 1849 il fit restaurer la façade de l'église (1).

La galerie de l'église était depuis longtemps dans un délabrement complet et menaçait ruine, elle obstruait une grande partie de la rue et ne laissait que juste le passage d'une charrette. Le Conseil municipal la fit démolir en 1847 pour élargir la grande route. M. Réthoré, d'accord avec le Conseil de fabrique, profita de cette occasion pour restaurer la façade de l'église (2). La porte principale était basse et étroite, les tuffeaux qui en formaient l'encadrement étaient rongés par le salpêtre et les marches qui donnaient accès dans l'église manquaient de solidité. La restauration, exécutée d'après les plans de l'architecte Dellêtre, fut des plus simples (3). La porte à plein cintre fut remplacée par une autre à cintre surbaissé, les marches furent refaites à neuf et de chaque côté de la façade on appliqua deux contreforts en pierre de taille terminés par un clocheton (4).

Mais le soin principal de M. Réthoré fut de faire fleurir la piété dans sa paroisse. Pour cela, il établit en 1841 une congrégation d'Enfants de Marie ; il réorganisa en 1843 la confrérie du Saint-Sacrement établie en 1802 par M. Grellier, il érigea en 1849 l'archiconfrérie réparatrice du blasphème et de la profanation du dimanche et fit placer un chemin de croix dans son église (5).

M. Réthoré ne jouit pas longtemps du bien opéré par son zèle. Le 20 février 1852 il quittait à regret sa chère paroisse de Saint-Laurent qu'il gouvernait depuis 13 ans pour aller remplacer à Douces (6) M. Bourtault, nommé à la cure de Saint-Laurent.

Laurent, Ruais, curé de la Pommeraye, Lecoindre, curé, P. Vincent, Pineau, Pasquier, vicaires, Bouchet, prêtre, Dubois, vicaire de Saint-Laurent.

(1) En 1840, M. Réthoré fit placer dans les deux petites fenêtres de la façade de l'église deux vitraux de Thierry d'Angers représentant la Sainte Vierge et Saint Laurent, martyr.

(2) Délibération du Conseil de fabrique du 5 novembre 1848.

(3) Les travaux furent mis en adjudication le 10 mars 1849 pour la somme de 2.000 francs.

(4) Par une délibération du 12 mai 1848 le Conseil municipal demanda que le grand portail de la cour du presbytère fut reporté à l'alignement du clocher, c'est-à-dire dans l'emplacement actuel pour agrandir la petite place qui se trouvait le long de l'église. Le Conseil de fabrique, avec la permission de Msr l'Évêque du 28 octobre de la même année, y consentit à la condition que les dépenses resteraient à la charge de la commune.

(5) Le chemin de croix fut payé avec le produit d'une quête faite par les religieuses. Il fut érigé par le P. Chaignon, jésuite, le 1er juillet 1849.

(6) M. Réthoré resta 12 ans à Douces. Le 20 août 1864, il donna sa démission et se retira au Lion-d'Angers où il est mort le 6 août 1873.

IV

M. l'abbé Louis-Joseph Bourtault, fils de Pierre Bourtault, marchand, et d'Ambroise Bouchereau, naquit à Notre-Dame de Beaupréau le 12 avril 1811. Ordonné prêtre, le 13 juin 1835, il fut nommé vicaire à Saint-Maurille de Chalonnes, curé de Douces au mois de mai 1846 et de Saint-Laurent-de-la-Plaine, le 20 février 1852. Il dirigea cette dernière paroisse pendant 28 ans. Au mois d'octobre 1880 il donna sa démission et se retira avec sa sœur, Mᵉ Marie Bourtault, dans une maison du bourg, appelée *la petite cure*, où il est mort le 14 septembre 1883, âgé de 72 ans.

C'est le lundi 1ᵉʳ mars 1852 que le nouveau curé prit possession de sa paroisse. Trois événements principaux marquèrent son passage à Saint-Laurent-de-la-Plaine : la deuxième visite pastorale de Mᵍʳ Angebault les 2 et 3 mai 1858, la bénédiction de trois cloches le 16 février 1874 et la visite pastorale de Mᵍʳ Freppel les 21 et 22 mai 1876.

Onze ans s'étaient écoulés depuis la première visite de Mᵍʳ Angebault dans la paroisse. Suivant l'usage, de nombreux cavaliers allèrent au devant de Sa Grandeur sur la route de Sainte-Christine. A l'entrée du bourg, décoré de guirlandes, d'étendards et d'arcs de triomphe, l'attendaient M. le Curé et son vicaire, M. le curé de Bourgneuf, MM. les vicaires de Saint-Maurille et de Notre-Dame de Chalonnes, M. l'abbé Ledroit, M. le maire, le Conseil de fabrique et le Conseil municipal, bon nombre de vieux soldats de l'Empire sous les armes, la compagnie des sapeurs-pompiers en grande tenue, des enfants en costume de chevaliers et une grande partie de la population. Le lendemain à 8 heures, Monseigneur célébra la sainte messe et administra le sacrement de confirmation à 300 enfants environ de Saint-Laurent et de Bourgneuf.

En 1874, le Conseil de fabrique acheta chez Guillaume, fondeur à Angers trois cloches neuves pour remplacer les deux autres qui étaient fêlées (2). Elles furent bénites (3) le 16 février, lundi de la Quinquagésime par M. l'abbé Joseph Ménard, chanoine titulaire de la cathédrale d'Angers. La

---

(1) Ont signé avec Monseigneur le procès-verbal de la visite pastorale : Joubert v. g. ; Bourtault, curé de Saint-Laurent ; Jouin, oblat de Marie ; Coubard, curé de Saint-Maurille de Chalonnes ; E Rogeron, curé de Notre-Dame ; Lorro, curé de la Pommeraye ; E. Gremillon, prêtre ; Ledroit, prêtre ; Ad. Denéchau, desservant de Bourgneuf ; Briau, chap. au Mesnil ; G. Revuillère, desservant de Saint-Georges-du-Puy-de-la-Garde : R. Chupin, vic. ; E. Audureau, vic. ; R. Poitevin, vic. de Saint-Maurille de Chalonnes ; Pacteau, vic. de Saint-Laurent ; J. Pessard, secrétaire de Mᵍʳ Gabory, maire ; Lenoir aîné ; Gourdon ; Leduc.

(2) Délibération du 12 octobre 1873. Elles ont coûté 6.912 francs, mais la fabrique vendit les anciennes cloches pour 2.000 francs ce qui réduisit la somme à 4.912 francs.

(3) Le sermon fut prêché par M. l'abbé Picherit, chanoine prébendé. M. Menard et M. Picherit étaient compatriotes de M. Bourtault. Mᵍʳ Menard est mort le 6 mai 1880, M. Picherit, le 26 novembre 1897.

grosse, nommée Zénobie, eut pour parrain et marraine M. Roger de Terves et Mme la vicomtesse Léo de Beaurepos et pèse 815 kilos ; la moyenne, nommée Louise-Anne, eut pour parrain et marraine M. le vicomte Léo de Beaurepos et Mme Garreau, mère, et pèse 550 kilos ; la petite, nommée Marie, eut pour parrain et marraine M. Pierre Humeau, meunier à la Dellière, faisant les fonctions de maire et Mme Leduc, propriétaire à la Brunetière, et pèse 400 kilos.

Le dimanche 21 mai 1876, Mgr Freppel, en tournée pastorale, s'arrêta à Saint-Laurent-de-la-Plaine et donna la confirmation le lendemain à 450 enfants des paroisses de Saint-Laurent, Bourgneuf, Sainte-Christine, Saint-Quentin. Dans la réunion du Conseil de fabrique qui suivit la cérémonie, Monseigneur exprima le désir de voir reconstruire l'église (1).

V

Le 27 octobre 1880, M. l'abbé Bourtault donna sa démission Il souffrait depuis plusieurs années d'un rhumatisme goutteux qui le rendait incapable de tout ministère. Il fut remplacé par M. l'abbé Migneau, aumônier de la prison centrale de Fontevrault. Le nouveau curé, fils d'un instituteur de Mazières, près Cholet, était âgé de 46 ans (2). A lui reviennent l'honneur et le mérite d'avoir entrepris et mené à bonne fin l'œuvre importante et difficile de la construction de l'église et la restauration de la chapelle de Notre-Dame de Charité.

Le 1er mai 1886, Mgr Freppel vint pour la seconde fois à Saint-Laurent et le lendemain, qui était le dimanche de Quasimodo, il donna la confirmation à 130 enfants de la paroisse et de celle de Bourgneuf (3). Dans sa première visite, Monseigneur avait exprimé le désir de voir reconstruire l'église : il insista cette fois pour que la construction fût faite dans le plus bref délai possible. Certes, ce n'était pas sans raison. Incendiée en 1794 et rétablie à la hâte sur des restes de murs calcinés, soutenus seulement par des contre-

(1) Ont signé le procès-verbal de la visite pastorale avec Mgr Ch. Lamoureux, camérier de sa Sainteté Pie IX : Bourtault, curé de Saint-Laurent, Chevrier, curé de Sainte-Christine. Th. Couteau, curé de Saint Quentin, P. Bourtault, prêtre habitué, E. Pineau, curé de Chaudefonds, Ad. Denéchau, curé de Bourgneuf, J.-B. Coiffard. vicaire, Humeau, maire, René Secher, Berthelot, Gourdon, Lehoreau, Pineau, Leduc.

(2) M. Benjamin-Joseph Migneau, né à Mazières, le 30 mai 1834, ordonné prêtre le 21 décembre 1861, vicaire à Chaudefonds, Briollay, Longué, Saint-Georges-sur-Loire, curé du Plessis-Macé le 21 septembre 1871, aumônier de la prison centrale de Fontevrault le 15 août 1874, puis curé de Saint-Laurent. est mort prêtre habitué à Saint-Pierre de Cholet, le 19 avril 1905, âgé de 71 ans.

(3) Ont signé au registre avec Monseigneur : Ferd. Chesneau, vicaire général ; B. Migneau, curé de Saint-Laurent ; Alph. Thuillier, curé de Bougneuf ; Brébion ; D. Martin, vic. ; Henri Humeau, maire ; Henri Humeau, fils ; René Secher ; Louis Gourdon ; Berthelot ; P. Léger ; Lehoreau ; René Pineau.

L'ÉGLISE DE SAINT-LAURENT-DE-LA-PLAINE

forts impuissants à contrebalancer la poussée de la toiture, l'ancienne église manquait de solidité; surtout sa pauvreté, son dénuement la rendait indigne de la majesté de Dieu. La construction d'une église neuve fut donc décidée et confiée à M. Tessier, architecte de Beaupréau. Les travaux exécutés par M. Coulomnier, entrepreneur, commencèrent à l'automne de 1896 et se terminèrent au mois de février 1899 (1).

La nouvelle église est construite dans le jardin du presbytère, à côté, mais un peu en arrière de l'ancienne. Elle a la forme d'une croix latine que termine un chevet carré et mesure 45 mètres de longueur sur 9 mètres de largeur et 13 à 14 mètres de hauteur dans l'œuvre. Elle est éclairée par 19 grandes fenêtres ogivales parmi lesquelles, dans le chœur, trois belles verrières (2) dont l'une représente la Résurretion de Jésus-Christ.

Sur la facade trois portes donnent accès dans l'intérieur ; un beffroi et une élégante flèche en pierre surmontent l'édifice que dominent la croix et le coq traditionnel (3).

L'ornementation intérieure compense largement l'extrême simplicité du dehors. Un triforium à trois baies ogivales avec colonnettes et chapiteaux sculptés court le long des murs. Dans les transepts ont été ménagés deux petites chapelles avec vue sur le sanctuaire et dédiées l'une à la Sainte Vierge, l'autre à Saint Joseph. Un chemin de croix, plusieurs belles statues du Sacré-Cœur, de l'Immaculée-Conception, de Saint Michel, de Saint Sébastien et de Saint Antoine, deux grandes couronnes de lumière et une lampe en cuivre doré complètent la décoration et font de l'église de Saint-Laurent une des belles églises de la contrée (4).

---

(1) Le devis des travaux s'élevant à la somme de 96,000 francs fut couvert par les fonds tenus en réserve et par une souscription qui atteignit le chiffre de 36.193 francs. Les fermiers s'étaient engagés à fournir tous les charrois.

Citons parmi les principaux souscripteurs de l'église : Mme la vicomtesse de Beaurepos, M. et Mme Raymond Garreau, M. le comte de Ruillé.

Le belfroi et la flèche ont été construits au moyen d'un emprunt de 17.000 francs fait au Crédit foncier. La commune et l'État n'ont accordé aucune subvention pour la construction de l'église : c'est la fabrique qui a donné le terrain et ce sont ses propres deniers, joints aux cotisations particulières, qui en ont fait les frais.

(2) Les vitraux du chœur sortent de la maison Champigneulle, de Paris.

(3) C'est la croix et le coq de l'ancien clocher.

(4) Le maître autel et la chaire existaient déjà dans l'ancienne église. Les petits autels et la statue de Saint Antoine ont été payés par le produit d'une loterie. La statue du Sacré-Cœur et celle de l'Enfant Jésus de Prague ont été payées par la famille Roullier, la statue de Saint Joseph par la famille Gourdon, du Plessis-Beuvereau, la statue de l'Immaculée-Conception par les femmes et les jeunes filles en 1903, la statue de Saint Michel, dans le baptistère, par Céline Onillon. Le chemin de croix a été donné en 1898 par M. Desiré Onillon, peintre décorateur, et polychromé par lui en 1900. L'une des grandes couronnes de lumière qui existait dans l'ancienne église fut donnée par M. et Mme Garreau; l'autre a été donnée, en 1899, par MM. les abbés Delaunay, Gourdon, René et Joseph Roullier. La lampe du sanctuaire a été donnée en 1906 par la famille Secher, de la Chênebaudière.

C'est le 5 mars 1899, troisième dimanche de carême, que fut bénite solennellement la nouvelle église par M. le chanoine Baudriller, vicaire général, délégué par Mgr l'Évêque d'Angers.

A 10 heures, au son des cloches, presque tous les fidèles de la paroisse se trouvaient réunis devant l'église. Quand les cérémonies liturgiques furent terminées et qu'on eut apporté le Saint-Sacrement dans le Tabernacle les portes s'ouvrirent et pour la première fois, aux accords de l'orgue, qui sous les doigts d'un artiste (1) faisait résonner les voûtes, la foule envahit le lieu-saint bientôt trop étroit pour la contenir. Ce fut pour tout le monde une douce joie de se trouver réuni dans cette église d'une blancheur immaculée que faisait resplendir de ses rayons le soleil du printemps.

M. le vicaire général prit alors la parole. Il félicita M. le Curé d'avoir élevé un temple digne de la majesté de Dieu et d'une paroisse chrétienne. Il dit la générosité des principaux bienfaiteurs et de toutes les familles de la paroisse, le talent de l'architecte et de l'entrepreneur, puis, s'inspirant des cérémonies qu'il venait d'accomplir, il rappela à ses auditeurs que l'église est la maison de Dieu, qu'ils doivent l'aimer, la respecter, l'orner et la plus belle parure d'une église, ajouta-t-il, c'est une assistance toujours nombreuse et recueillie aux offices du Dimanche et des jours de fête.

M. Bretaudeau, curé-doyen de Saint-Florent-le-Vieil, chanta ensuite la grand'messe qui clôtura la première partie du programme de cette belle journée.

L'après-midi, à 2 heures, la même assistance remplissait de nouveau l'église pour le chant des vêpres, la bénédiction solennelle du chemin de croix (2) et le sermon d'ouverture d'une petite mission qui fut prêchée pendant trois semaines par le Père Rochereau, des Oblats de Marie de Chavagnes, et se termina, le lundi de Pâques 3 avril, par la bénédiction du calvaire de la Philippière.

Au sortir de la cérémonie, chacun jetait un regard de pitié sur la vieille église, dépouillée et déserte, et, s'il est vrai qu'on ne quitte jamais sans regret le lieu qui vous a vu naître et grandir, beaucoup, les anciens surtout, dirent un adieu ému à l'église témoin de leur baptême et de leur première

(1) M. l'abbé Blanchard, professeur à Beaupréau.
(2) Voici le procès-verbal de la bénédiction de l'église et du chemin de croix :
« L'an mil huit cent quatre-vingt dix-neuf, le cinquième jour du mois de mars, Nous, vicaire général soussigné avons béni le matin solennellement l'église paroissiale de Saint-Laurent-de-la-Plaine et, le soir, aux vêpres, le chemin de croix érigé d'après les règles canoniques. en présence des fidèles de la paroisse et du clergé des environs, en vertu des pouvoirs spéciaux qui nous ont été conférés par le R. P général des Franciscains : J. Baudriller, vicaire général, J. Moreau, supérieur du petit-séminaire de Beaupréau, L. Bretaudeau, curé doyen, B. Migneau, curé, T. Couteau, curé de Saint-Quentin, R. Portier, chapelain au Mesnil, L. Rochereau, prêtre, missionnaire de Marie-Immaculée, P. Alexis Boisdron, vicaire de Saint-Pierre de Cholet, L. Blanchard, professeur à Beaupréau, A. Guinhut, vicaire. »

communion, qui depuis bientôt 900 ans avait abrité tant de générations et où ils étaient venus eux-mêmes si souvent s'agenouiller et prier (1).

(1) L'ancienne église a été démolie en 1899 par le sieur Gohier, de Chalonnes, pour la somme de 50 francs et les matériaux.

— Lors de la translation, au mois de juillet 1866, des restes de M. Mongazon, du cimetière de Saint-Léonard d'Angers, où il avait été inhumé, dans la chapelle du Petit-Séminaire de Beaupréau, le corbillard fit halte à Saint-Laurent-de-la-Plaine et le cercueil fut déposé pendant quelques heures dans l'église où un grand nombre de prêtres des environs s'étaient donné rendez-vous et chantèrent l'office des morts. (*Communiqué par M. Gourdon, aumônier de la Salle-de-Vihiers*).

CHAPITRE XV

M. L'ABBÉ BOISDRON, 1902

Nomination et installation de M. l'abbé Boisdron. Mission de 1904. — Œuvres paroissiales. Fondation du Patronage et de l'Association de la Jeunesse catholique. — Chronique et statistique paroissiales.

I

Le lundi 7 juillet 1902, M. Migneau quittait le presbytère de Saint-Laurent-de-la-Plaine pour se retirer à Saint-Pierre de Cholet et jouir d'un repos que ses 68 ans et l'affaiblissement de sa santé lui rendaient nécessaire. Il laissait sa paroisse entre bonnes mains, à l'un de ses anciens vicaires qu'il avait beaucoup aimé et regretté, M. l'abbé Boisdron (1), vicaire de Saint-Pierre de Cholet et aumônier militaire. L'accueil sympathique fait au nouveau pasteur à son arrivée. le jeudi 10 juillet, témoignait du bon souvenir qu'on avait gardé de son passage. Des cavaliers et des cyclistes étaient allés jusqu'à Bourgneuf à la rencontre de M. le Curé pour lui faire une escorte d'honneur· Bon nombre d'habitants, le Conseil de fabrique et le Conseil municipal, les enfants des écoles, plusieurs prêtres : M. l'abbé Delaunay, prêtre habitué, M. l'abbé J. Roullier, vicaire de Chanteloup, M. l'abbé Gerfaut, vicaire à Saint-Pierre de Cholet, le vicaire de la paroisse, les chantres et les enfants de chœur attendaient à l'entrée du bourg où un arc de triomphe avait été élevé. Le maire, M. Henri Humeau, adressa à M. le Curé quelques paroles de bienvenue puis on se rendit processionnellement à l'église pour la bénédiction du Saint Sacrement.

L'installation solennelle eut lieu le dimanche suivant en présence de toute la paroisse réunie. Elle fut présidée par M Blouet (2), prêtre de Saint-

---

(1) M. l'abbé Boisdron est le huitième vicaire de Saint-Laurent qui soit devenu ensuite curé de la paroisse.

(2) Aujourd'hui supérieur du grand Séminaire de Coutances (Manche).

Voici le procès-verbal de la cérémonie d'installation : « L'an mil neuf cent deux, le treize juillet, nous, supérieur du Grand-Séminaire d'Angers, chanoine honoraire de la cathédrale, au nom de Mgr l'Evêque d'Angers, en présence des soussignés, des deux Conseils de la commune et de la fabrique, de toute la paroisse assemblée pour l'audition de la sainte messe, avons procédé à l installation solennelle de M. l'abbé Boisdron, prêtre, précédemment vicaire à

Sulpice, chanoine honoraire et supérieur du Grand-Séminaire d'Angers : il avait voulu donner ce témoignage d'estime au prêtre zélé qui pendant dix ans s'était occupé avec un dévouement infatigable des séminaristes soldats. Dans le sanctuaire, décoré comme aux jours de grandes fêtes, avaient pris place un grand nombre de prêtres parmi lesquels plusieurs chanoines qui étaient venus rehausser cette solennité par l'éclat de leur présence.

Deux ans après son arrivée, M. le Curé eut la joie de procurer à sa paroisse le bienfait d'une grande mission.

Il y a quelques années vivait à la Salle-de-Vihiers une pieuse femme originaire de Saint-Laurent-de-la-Plaine. Elle se nommait Agathe Boitaut, veuve Revellière (1). Désireuse de faire le bien, même après sa mort, sur le conseil d'un vertueux prêtre, son parent, M. l'abbé Raymond Gourdon, aumônier de la communauté, elle laissa en mourant une somme d'argent destinée à procurer à des époques périodiques une mission à sa paroisse natale. C'est grâce à cette générosité, bien digne d'imitation, que fut donnée la mission du 25 décembre 1904.

Une mission est un événement pour une paroisse ; c'est de plus chose très rare à Saint-Laurent-de-la-Plaine. La première mission connue fut donnée en 1839 par M. Réthoré elle fut prêchée par trois religieux : les Pères Rousseau, Levet et Raingaut. Aussi, grandes furent la surprise et la joie des paroissiens quand M. le Curé, d'une voix tremblante d'émotion, annonça du haut de la chaire la bonne nouvelle d'une grande mission. En effet, quinze jours après, le samedi 3 décembre, arrivaient à Saint-Laurent deux missionnaires de Notre-Dame-du-Chêne, bien connus en Anjou : le R. Père Lepeltier et le R. Père Belin. Ils trouvèrent à la gare M. le Curé et son vicaire, M. de Toulgoët, président du Conseil de fabrique, et MM. les marguilliers, M. Humeau, maire, et plusieurs conseillers municipaux, et un bon nombre de personnes du bourg qui étaient venus leur présenter leurs respectueux hommages de bienvenue. Puis, le cortège se dirigea vers l'église pour y faire une courte prière pendant que les cloches sonnaient à toute volée et annonçaient au loin l'arrivée des envoyés de Dieu.

Le lendemain, deuxième dimanche de l'Avent, eut lieu l'ouverture solen-

Saint-Pierre de Cholet et aumônier militaire, comme curé-desservant de la paroisse de Saint-Laurent-de-la-Plaine. En foi de quoi nous avons signé le présent acte :

Jules Blouet, supérieur du Séminaire ; J. B. Barrau, chan. préb. ; J. B. Dubillot, ch. h. curé-archiprêtre de N.-Dame de Cholet ; Alexis Boisdron, curé de Saint-Laurent ; Stéphane le Bailly, directeur au Séminaire ; Yves Gauthier, curé de Saint-Pierre de Cholet ; Humeau curé de Saint-Léger ; F. Godin, aumônier de la Retraite de Cholet ; R. Roullier, aumônier de Chandron ; J⁰ Roullier, vicaire de Chanteloup ; Alph. Thuillier, curé de Bourgneuf ; Brun, curé de Blaison ; A. Guinhut, vic. de Saint-Laurent ; Eug. Boisdron, séminariste soldat ; Coubard-Chamard ; Gibouin-Coubard ; F. Gautier. »

(1) Née le 13 juin 1845, fille de Pierre Boitaut, cultivateur à la Borde, et de Gabrielle Gourdon, décédée le 30 novembre 1897.

nelle de la mission. A 10 heures, au son des cloches, le clergé se rendit processionnellement au presbytère chercher les missionnaires qui firent leur entrée dans l'église au chant du *Veni Creator*. A la joie grave empreinte sur tous les visages, à la vue des missionnaires en habit de chœur, qui s'avançaient avec dignité et modestie aux côtés du célébrant, on sentait que quelque chose de grand et de mystérieux allait se passer dans les âmes

Toutes les missions se ressemblent à peu de chose près, celle-ci ne laissa, je crois, rien à désirer au point de vue des cérémonies, des prédications, du nombre et de la piété des assistants.

Tous les soirs de réunion, on accourait avec empressement des fermes les plus reculées de la paroisse : c'était à qui ne garderait pas la maison. L'église se remplissait jusque dans le sanctuaire, souvent trop étroit pour contenir les hommes et les jeunes gens qui conduisaient le chant et dont les voix sonores et puissantes alternaient si bien avec celles des chanteuses : « Si vous arriviez à faire chanter vos Vendéens à l'église, disait le P Lepeltier, ils seraient le premier peuple chrétien du monde. » Il avait raison : nos populations ont la foi, elles assistent régulièrement aux offices religieux, elles prient, mais elles ne chantent pas. Or, le chant donne des ailes à la prière, il élève l'âme, écarte les distractions et rend les offices plus attrayants. Jeunes gens, aimez à chanter les louanges de Dieu. Pendant trois semaines les grandes vérités, les devoirs de la vie chrétienne furent tour à tour rappelés dans un langage clair, imagé, plein de cette onction qui pénètre et remue les âmes et toujours on écoutait, sans jamais se lasser, et à mesure que la vérité se faisait jour dans les esprits, la paix aussi naissait dans les cœurs ; le confessionnal achevait l'œuvre commencée en chaire : c'était la grâce de la mission, grâce d'illumination et de purification qui germait et allait produire une belle moisson, des fruits de sanctification et de salut.

Les enfants eurent naturellement les prémices de la mission. Deux fois par jour pendant la première semaine, ils se réunissaient à l'église pour assister à la sainte messe, entendre une instruction et chanter des cantiques. C'était plaisir de voir leur recueillement, leur attention à écouter la parole du P. Belin, leur ardeur à chanter. Oh ! il y eut bien, par ci par là quelques fausses notes ! Qu'importe ? c'était le cri du cœur et Dieu est toujours sensible à la louange qui part d'un cœur d'enfant. Une procession au calvaire de la Philippière, la consécration et la bénédiction des enfants terminaient le troisième dimanche de l'Avent, cette première semaine de la mission.

Ce fut ensuite le tour des jeunes filles et des femmes. Elles firent leur mission avec le sérieux et l'esprit de foi qui conviennent à une chose si importante. Elles garderont le souvenir des sages conseils qui leur furent donnés et celui de la communion qui clôtura leur retraite.

Aux exercices ordinaires s'ajoutaient chaque semaine quelques solennités qui encourageaient la piété et la ferveur. Le soir du 8 décembre, il y eut grande fête en l'honneur de l'Immaculée-Conception. La piété envers la Sainte Vierge est particulièrement chère aux Vendéens ; les missionnaires lui avaient recommandé le succès de la mission, et c'est elle qui en présidait tous les exercices. Au-dessus de l'autel un immense trône lui avait été préparé, décoré de verdure et de roses et tout étincelant de lumières. Après le sermon, les enfants vinrent, deux à deux, déposer une couronne au pied de l'autel en chantant le cantique :

> Prends ma couronne,
> Je te la donne ;
> Au ciel n'est-ce pas
> Tu me la rendras ?

La fête du Saint-Sacrement fut plus belle encore. Une brillante illumination avait été préparée ; l'église était pavoisée d'oriflammes et de bannières qui redisaient les grandeurs et les bienfaits du Dieu de l'Eucharistie. Deux reposoirs avaient été dressés, l'un à l'entrée de l'église, l'autre dans la chapelle de saint Joseph. Alors commença une magnifique procession : précédés de la croix marchaient plus de quatre vingts hommes portant à la main un cierge allumé. A leur suite venait le Saint-Sacrement porté par M. l'abbé Raymond Gourdon, tout heureux de prendre part à la joie de sa paroisse natale. A chaque reposoir le cortège faisait halte ; tout le monde se tournait vers l'ostensoir, puis le prédicateur prononçait dans une touchante allocution l'amende honorable. Après lui, l'assistance renouvelait à haute voix les promesses du baptême, chantait le *Parce Domine* et s'inclinait ensuite respectueusement sous la bénédiction de l'Hostie Sainte. Spectacle émouvant qui fit verser plus d'une larme et l'église semblait, ce soir-là, un coin du ciel perdu sur la terre.

Il serait trop long de raconter en détail les cérémonies qui suivirent : « la mission des morts » ; l'exercice du chemin de la croix avec la décoration originale de l'autel, son rocher monumental surmonté de la croix, et son Christ (1) au tombeau ; l'exposition et l'adoration du Christ, souvenir de la mission offert par toute la paroisse. Elles rappelèrent à tous de touchants souvenirs et de grandes leçons.

Cependant les journées s'écoulaient avec rapidité, la mission touchait à sa fin. Elle se termina le jour de Noël par la communion générale des hommes et des jeunes gens et l'érection d'un calvaire.

C'est toujours un beau spectacle qu'une réunion d'hommes remplissant l'église et chantant des cantiques. Déjà nous l'avions admiré dans les deux conférences spéciales qui furent faites par M. Lepeltier. Mais rien n'est

---

(1) C'est le Christ de la mission de 1839.

imposant comme une communion de plusieurs centaines d'hommes. A la messe de minuit, près de quatre cent cinquante hommes remplissaient la grande nef et vinrent pieusement s'agenouiller à la Sainte Table pour y recevoir leur Dieu.

Le soir, à l'issue des vêpres, eut lieu la bénédiction d'un calvaire sur la route de Bourgneuf. Vers 3 heures, au son des cloches, la procession se met en marche sur deux longues files, les enfants et les femmes en tête suivis du clergé. Venait ensuite le Christ, porté à tour de rôle par trois escouades de quinze hommes, sur un lit de parade magnifiquement décoré. Derrière, formant une escorte d'honneur, marchaient les membres du Conseil de fabrique et du Conseil municipal. Un groupe de jeunes filles, un autre de jeunes gens chantaient avec entrain des cantiques bien choisis au Christ et à la Croix.

La place de l'église, les maisons et les rues du bourg étaient pavoisées de branches de houx, fleuries avec art ; des tentures, des oriflammes aux vives couleurs flottaient au vent et proclamaient à leur manière la gloire du Christ et le bonheur de la paroisse en fête.

La procession prit place devant la croix. Quelques minutes, et doucement, majestueusement, le Christ s'élève et domine la foule qui chante : « Vive Jésus ! vive sa Croix ! » M. l'abbé Joseph Roullier, enfant de la paroisse, bénit alors le calvaire, puis M. Lepeltier adressa quelques paroles à l'assistance profondément recueillie.

Il nous montre le Christ triomphant de ses ennemis : « Les Juifs l'avaient crucifié, et, en le mettant à mort, ils croyaient l'avoir fait disparaître à tout jamais. Mais voilà qu'il ressuscite glorieux du tombeau. Durant trois siècles l'Église est persécutée, le sang des martyrs coule à flots ; l'Église s'ensevelit dans les catacombes et reparaît au grand jour plus forte et plus florissante. Plus de Dieu, plus de religion, plus d'églises, plus de prêtres, crient les révolutionnaires de 1793, et ils brûlent les églises et ils guillotinent les prêtres. C'en est trop. Dans un coin de la France, un petit peuple, à la foi vive et simple, aux mœurs pures, se lève et tient tête à la Révolution. On poursuit ses prêtres, il les cache ; on renverse ses croix, il meurt en les défendant ; on lui crie : « Rends-toi ! » il répond : « Rendez-moi mon Dieu ! » De nos jours, encore, les impies voudraient détrôner Dieu, le faire mourir, s'ils le pouvaient. Mais Dieu, selon la belle parole de Garcia Moreno, Dieu ne meurt pas ! »

L'enthousiasme du prédicateur avait gagné l'assistance, et, de toutes les poitrines, s'échappa ce cri de foi et d'amour : « Vive Jésus-Christ ! »

La procession reprit ensuite le chemin de l'église pour la cérémonie des adieux et la bénédiction solennelle du Saint-Sacrement.

Il n'y a point de fête sans lendemain. Les missionnaires de Notre-Dame-du-Chêne ont la très louable coutume de terminer leurs missions par une messe d'actions de grâces ; elle fut célébrée le lendemain matin Ce fut l'occasion pour le P. Lepeltier de donner aux fidèles quelques avis pratiques pour assurer le succès de la mission. Puis, 1 heure du départ des missionnaires était arrivée, plus de 150 personnes, parmi lesquelles bon nombre d'hommes et de jeunes gens, les accompagnèrent à la gare au son des cloches et on se sépara aux cris plusieurs fois répétés de : « Vive les missionnaires ! »

Ainsi s'est terminée cette belle mission comme un rayon de soleil qui se cache, comme un rêve qui s'évanouit. Les habitants de Saint-Laurent en garderont un ineffaçable souvenir (1).

II

OEuvres paroissiales

Une des associations les plus anciennes établies dans la paroisse est celle de la « *Boîte des Trépassés* ». Elle existait au commencement du dix-huitième siècle. C'était une association charitable établie pour venir en aide aux âmes du Purgatoire. Nous ne connaissons ni son origine ni son fonctionnement. Nous savons seulement qu'elle avait son procureur ou trésorier et qu'elle possédait des biens dont les revenus étaient employés à faire célébrer des services et des messes pour les associés défunts (2)

La confrérie du T. S. Sacrement existait probablement avant la Révolution. Rétablie par M. l'abbé Grellier en 1802 elle a subsisté jusque vers 1886. Celle du Saint Rosaire, de date très ancienne, continue d'être très florissante.

La congrégation des Enfants de Marie et l'archiconfrérie de la Réparation du blasphème établies par M. Réthoré en 1844 et en 1849 n'existent plus depuis longtemps. La première prospéra pendant plusieurs années, mais de bonne heure il s'y glissa de petites rivalités et des abus qui amenèrent la suppression de la congrégation.

A leur place de nouvelles œuvres ont été tablies : l'œuvre de la Propagation de la Foi, de la Sainte Enfance, de Saint François-de-Sales, l'œuvre du Denier des écoles chrétiennes pour la fondation et le soutien des écoles libres, celle de la Bonne Presse pour la diffusion des bons journaux, brochures et tracts de propagande, enfin l'œuvre du Patronage et l'Association de la Jeunesse catholique (3).

(1) La croix de mission fut donnée par Mme de Beaurepos, le terrain par M. Victor Boulestreau et ses enfants.

(2) En 1814, il y avait dans l'église un autel dit : « autel des agonisants. »

(3) Le 16 juin 1907, dans une réunion d'hommes tenue au Patronage, un comité a été établi pour la défense des intérêts religieux de la paroisse, sous la présidence de M. de Toulgoët.

Le Patronage est comme le prolongement de la famille et de l'école Ce n'est pas une simple garderie d'enfants, mais une œuvre de formation et de préservation ayant pour but de continuer l'éducation morale et religieuse commencée par les parents au foyer domestique et de contrebalancer l'influence funeste de l'école sans Dieu.

C'est en 1903 qu'a été établi le patronage Saint-Joseph, dans les servitudes du presbytère construites ou restaurées en l'année 1769 par M. Marchandye. Si ce bon curé revoyait son ancienne cure, quel ne serait pas son étonnement de retrouver à la place de la grange et de l'étable (1) une grande et belle salle de théâtre décorée de peintures et de statues du Sacré-Cœur, de la Sainte Vierge et de saint Joseph! La bénédiction en fut faite le 17 janvier 1904, deuxième dimanche après l'Épiphanie, après les vêpres, par M. le Curé, en présence d'une nombreuse assistance d'enfants et de parents. La cérémonie se terminera par une séance récréative.

Depuis ce jour la salle du Patronage est le lieu de réunion habituel des enfants, le dimanche entre la grand'messe et les vêpres, et pendant la retraite de la première Communion. Ceux du bourg y viennent passer la soirée du dimanche et des jours de congé ; les jeunes gens de la Jeunesse catholique s'y assemblent pour la conférence mensuelle.

Le théâtre sert à donner de temps en temps des séances récréatives. Il a une utilité réelle : il fait aimer le Patronage, il occupe les enfants et les jeunes gens pendant les soirées d'hiver ; il les instruit, car les répétitions multipliées sont des leçons de lecture, de diction, de français, de maintien ; enfin il procure à la population une distraction saine, agréable et utile.

Le rêve d'un directeur de patronage n'est pas de former des artistes mais de vrais et solides chrétiens donnant partout le bon exemple, des chrétiens éclairés, capables de défendre au besoin la bonne cause par la parole. Cependant l'Association de la Jeunesse catholique, à Saint-Laurent-de-la-Plaine, est née du théâtre ; les premiers acteurs en effet ont été les premiers membres du groupe dit « groupe Saint-Laurent. » C'est le 30 avril 1905, le dimanche de Quasimodo, qu'il a été fondé à la suite d'une conférence de M. Auguste Bigeard, étudiant en droit de l'Université catholique d'Angers.

Le soir après les vêpres, un public nombreux se pressait dans la salle du Patronage, décorée pour la circonstance d'écussons et de drapeaux aux vives couleurs. Au premier rang avaient pris place M. le Curé, M. Henri Humeau, maire, et plusieurs conseillers municipaux, M. de Toulgoët et plusieurs membres du Conseil de fabrique ; M. Raymond Garreau père et M. Maurice

---

(1) La grange et l'étable réunies mesurent 12 mètres de long sur 5 m. 50 de large, On y a ajouté une construction neuve de 6 mètres de long sur 6 mètres de large dans laquelle a été placé le théâtre. — La construction du Patronage et la décoration du théâtre ont coûté environ 3.000 francs. Les statues ont été données par M. Désiré Ouillon.

Garreau fils, M. l'abbé Eugène Boisdron, un grand nombre de jeunes gens et d'hommes de la paroisse, des jeunes gens de la Pommeraye amenés par M. l'abbé Mainguy, plusieurs du Pin-en-Mauges venus avec M. l'abbé Boré.

La séance s'ouvrit par la prière et par une chanson : *La messe en mer* de Botrel, chantée par Stanislas Roullier et Joseph Quesson. M. Bigeard fit ensuite une très intéressante conférence sur la *Séparation de l'Église et de l'État.* Sa parole jeune, vibrante et chaude fit écho dans tous les cœurs et les applaudissements nombreux de l'auditoire prouvèrent au conférencier qu'elle avait été comprise et goûtée.

Tout le monde rit beaucoup à la chanson du « *Remouleur* » chantée avec beaucoup d'entrain et de naturel par Louis Roullier. M. le Curé remercia en quelques mots le conférencier, puis, la prière récitée, l'assistance fut congédiée.

Quelques minutes après, les jeunes gens de la paroisse rentraient de nouveau en séance pour organiser un groupe de jeunesse catholique. Lecture fut donnée des statuts de l'Association, après quoi vingt-deux jeunes gens se firent inscrire. L'élection du président, du vice président et du secrétaire fut renvoyée à la réunion du 4 juin. Les trois noms présentés furent agréés à l'unanimité : Auguste Boulestreau comme président, Alexandre Albert comme vice-président, Jean Lebrun comme secrétaire. Restait à nommer un ministre des finances, mais comme le montant des cotisations n'était pas encore fixé, l'élection eut lieu à la réunion du 9 juillet et Jean Simon fut choisi pour trésorier (1).

Ainsi fut fondé et organisé le groupe de la Jeunesse catholique de Saint-Laurent. Il a grandi et prospéré sans bruit sous la bénédiction de Dieu, grâce aux sympathies des pères et mères de famille, des gens de bien de la paroisse, grâce enfin aux sentiments chrétiens et au bon esprit des jeunes gens.

Tous les premiers dimanches du mois a lieu au Patronage une conférence où sont traitées, sous forme de discours, de lecture et de causeries, diverses questions religieuses, sociales, historiques. En voici quelques-unes qui ont été traitées pendant les années 1905 et 1906 : Programme de la Jeunesse catholique : Piété, étude, action. — Récit d'un pèlerinage de Lourdes. — Utilité du théâtre au Patronage. — Principales objections contre la religion et la manière d'y répondre 2). — Le prêtre, sa vocation et son rôle dans le monde. — Rôle d'un jeune homme chrétien (3). — Une page de l'histoire de Saint-Laurent-de-la-Plaine. — Les inventaires. — Ce que doivent être les jeunes gens de la Jeunesse catholique (4). — Discours de

(1) On a ajouté en 1907 un porte-drapeau.
(2) Conférence faite par M. l'abbé Toussaint Brevet, le dimanche 6 août 1905.
(3) Conférence faite par M. A. Boulestreau, président du groupe.
(4) Conférence faite par M. le Curé, le dimanche 7 octobre 1906.

M. de la Guillonnière, conseiller général, au Congrès des catholiques de l'Anjou, le 21 octobre 1906.

Comme on le voit, les jeunes gens du groupe n'ont pas perdu leur temps. Ils ont mis en pratique un des points importants de leur programme, l'étude, et dans ces conférences ils ont compris qu'ils ne pouvaient pas rester indifférents et les bras croisés en présence des multiples ravages de l'impiété et que, pour exercer une action salutaire, ils devaient être des modèles par leur piété et leur conduite irréprochable. Aussi comme il est édifiant de les voir communier en grand nombre le jour de leur fête patronale, escorter le Saint-Sacrement aux processions de la Fête-Dieu, monter la garde d'honneur, dans la nuit du Jeudi Saint et celle de l'Adoration perpétuelle !

Quinze d'entre eux sont allés représenter le groupe de Saint Laurent au congrès de Beaupréau, le 3 septembre 1905. Le 8 octobre suivant, ils étaient 28 au congrès de la Pommeraye. Ils ont retrouvé ce jour-là l'aimable président et les amis de la « Conférence Saint-Sébastien » ; ils ont fait connaissance avec les jeunes gens de Montjean, de Saint-Laurent-du-Mottay, de Beausse, de Saint-Jean du-Marillais, de Saint-Quentin. Ils sont revenus charmés de la cordiale réception qui leur fut faite par M. l'abbé Mainguy et M. l'abbé Babin, édifiés et encouragés par les paroles qui leur furent adressées à l'église par M. le Curé de la Pommeraye et M. l'abbé Corbillé, aumônier du Comité régional ; daus les diverses réunions, par M. Blachez, conseiller général, M. Normand d'Authon et M. Auguste Bigeard.

Cependant les jeunes gens du groupe Saint-Laurent rêvaient d'un drapeau qui fut le signe distinctif de l'Association et le point de ralliement dans les solennités religieuses. L'achat d'un drapeau tricolore fut décidé. Il a coûté 120 francs, payés en grande partie par les jeunes gens et quelques personnes généreuses. Il porte les inscriptions : *Jeunesse catholique de Saint Laurent-de-la-Plaine. — Piété, étude, action.* — Les monogrammes du Christ et de la Sainte Vierge et la date 1905. Il a été bénit le dimanche 24 septembre en la solennité de la fête de Saint-Maurice et de ses compagnons martyrs. Nulle date ne convenait mieux que ce jour où l'église et le diocèse d'Angers fêtent leurs glorieux patrons, qui furent d'héroïques soldats et de vaillants chrétiens. Ce fut un événement pour la paroisse et une grande fête pour les jeunes gens. A 10 heures, au son des cloches, ils firent leur entrée dans l'église et vinrent se grouper dans le sanctuaire, près de l'autel. Après l'aspersion, M. le Curé en chape bénit le drapeau ; M. l'abbé Eugène Boisdron chanta la messe et M. l'abbé donna le sermon sur « *l'histoire et la signification du drapeau.* »

Le dimanche 22 juillet 1906 les jeunes gens de la Jeunesse catholique ont célébré pour la deuxième fois leur fête patronale. Cette fête est venue fort à propos rompre la monotonie de la vie paroissiale et mêler à nos tristesses et à nos préoccupations un rayon de joie et d'espérance. Elle a revêtu, cette année-là, un éclat inaccoutumé, grâce à la présence des jeunes gens de la Pommeraye et de Saint-Quentin, invités à y prendre part (1). Le programme était ainsi conçu : à deux heures, vêpres solennelles, procession du Saint-Sacrement, consécration au Sacré-Cœur. A trois heures, conférence au Patronage (2) par M. Charles Poisson, étudiant à l'Université d'Angers, pèlerinage à Notre-Dame-de-Charité. Le programme a été exécuté ponctuellement. Nos félicitations à tous ces jeunes gens pour le bel exemple de foi et de piété chrétienne qu'ils ont donné à la paroisse.

III

Chronique

Le 18 novembre 1905, les habitants de Saint-Laurent ont eu la joie de revoir parmi eux le Père Lepeltier et le R. Père Belin, missionnaires de Notre-Dame-du-Chêne, qui avaient donné la mission inoubliable de 1904. Ils venaient prêcher une retraite de huit jours préparatoire à la fête de l'Adoration perpétuelle qui eut lieu le 26. Les exercices ont été suivis avec le même empressement que pendant la mission, et c'est avec un charme nouveau que les fidèles ont entendu et goûté les instructions des deux missionnaires. De nombreuses et ferventes communions et une magnifique procession du Saint-Sacrement à laquelle prirent part, pour la première fois, les jeunes gens de la Jeunesse catholique, avec leur drapeau, ont clôturé d'une manière très édifiante ces pieux exercices et la fête de l'Adoration.

C'est le vendredi 9 mars 1906 que l'agent du fisc s'est présenté pour inventorier l'église. A midi et demi, les cloches sonnaient à toute volée pour avertir les habitants. Pauvres petites cloches, elles ont pleuré déjà sur bien des deuils, mais, ce jour-là, leur plainte était plus triste que de coutume. Elles semblaient avoir une âme elles aussi, car elles pleuraient en notes plus lugubres le deuil le plus cruel de tous, celui de la justice méconnue et de la liberté foulée aux pieds. A tous, ouvriers du bourg, paysans, elles disaient : « Levez-vous, comme autrefois vos ancêtres, *pour Dieu et pour vos autels.* »

Bientôt plus de 300 personnes se trouvaient groupées devant l'église. Autour de M. le Curé on remarquait les membres du Conseil de fabrique : MM. de Toulgoët, président, Louis Gourdon, Jean Lebrun, Jean Gourdon et Joseph Bimier ; plusieurs conseillers municipaux : MM. Constant Perraut, adjoint, Jean Simon, Louis Neau, Victor Boulestreau, Jean Giraut, Auguste

---

(1) Ils étaient venus 40 de la Pommeraye avec M. l'abbé Mainguy et 15 de Saint-Quentin avec leur curé, M. l'abbé Audureau, tous avec leur drapeau.

M. le curé de Saint-Quentin présida la procession et donna le salut du Saint-Sacrement.

Malinge, Joseph Oger, M. Garreau venu exprès d'Angers, les jeunes gens de la Jeunesse catholique, bon nombre d'hommes, de femmes, parmi lesquelles Mme de Toulgoët, et de jeunes filles, accourus pour accomplir un devoir en affirmant leur foi.

A 1 heure, le percepteur de Montjean, M. Chaumet se présente et expose le but de sa visite. Pour toute réponse, M. le Curé lit à haute voix sa protestation : « Les biens que vous venez inventorier, dit-il, n'appartiennent pas à l'État. Ce sont les catholiques de la paroisse qui ont bâti et orné cette église sans que ni la commune ni l'État y ait contribué d'un seul denier. Par conséquent, comme curé, je m'oppose à ce que vous en fassiez l'inventaire. » A son tour, M. de Toulgoët prend la parole et en termes nobles et énergiques flétrit les inventaires, prélude d'un vol sacrilège. Le contraste était frappant entre ces deux hommes, gardiens tous deux des droits de l'Église, calmes et dignes comme il sied au prêtre et au chrétien de grande famille, et l'agent du gouvernement, instrument obligé d'une besogne que la religion et la conscience réprouvent. — « Vous refusez? » dit une dernière fois le percepteur. Et il se retire pendant que de toutes les poitrines s'échappent les cris de : « Vive la Religion ! Vive la liberté ! »

Alors les portes de l'église s'ouvrent. M. le Curé monte en chaire pour féliciter et remercier ses paroissiens des témoignages de foi et d'amour qu'ils ont donnés à Dieu ; puis, la bénédiction du Saint-Sacrement terminée, chacun se retire, heureux d'avoir fait son devoir, consolé des tristesses du présent et réconforté pour les épreuves de l'avenir.

La scène de la journée du 9 mars a produit dans l'âme de ceux qui en furent témoins plus d'impression que le plus éloquent discours et à voir l'indignation de plusieurs et leur ardeur à chanter le cantique : *Nous voulons Dieu*, on devinait les descendants de ces « *géants* » comme les appelait Napoléon, qui se firent tuer, il y a cent ans, pour la cause de Dieu sur les champs de bataille de la Vendée :

> Large chapeau, veste de bure,
> Culotte à pont, rudes tricots,
> Épaisse et longue chevelure,
> Guêtres de cuirs et lourds sabots ;
> Regard malin, tournure fière,
> Ouvrier des bourgs, paysan,
> Doux chez lui, terrible à la guerre :

Voilà, dit la chanson, le vrai type du vieux Vendéen. Tel il apparaissait encore ce jour-là, et, sauf le costume qui a changé, on retrouve, grâce à Dieu, dans les fils d'aujourd'hui, la fierté, le courage et la foi des aïeux de 1793.

Monseigneur est venu donner la confirmation, le 12 mai, aux enfants de

Saint-Laurent, de Bourgneuf et de Sainte-Christine. Il y avait vingt ans que la paroisse n'avait pas eu l'honneur ni la joie de recevoir son évêque. Aussi, la population tout entière lui fit l'accueil le plus empressé, heureuse de saluer en la personne du premier pasteur du diocèse le représentant de Jésus-Christ.

A l'église, M. le Curé souhaita la bienvenue à Sa Grandeur et fit, selon l'usage, un rapport détaillé sur la situation matérielle et religieuse de sa paroisse. Il dit les sacrifices accomplis depuis dix ans pour la construction de l'église, la restauration de la chapelle de Notre-Dame-de-Charité et la construction de l'école libre ; l'état florissant des œuvres de la Propagation de la foi, de la Sainte-Enfance, de Saint-François de Sales, du denier des écoles chrétiennes et de la Jeunesse catholique nouvellement fondée ; les vocations ecclésiastiques et religieuses écloses dans la paroisse. Monseigneur écouta avec une satisfaction visible ce compte rendu intéressant, il félicita M. le Curé et ses paroissiens et donna à tous, avec ses encouragements et ses conseils, sa paternelle bénédiction.

Le lendemain, Sa Grandeur célébra la sainte messe et prenant la parole traça avec une grande élévation de pensée et de langage les principaux devoirs du chrétien. Ensuite, les confirmants vinrent à la Sainte Table s'agenouiller aux pieds du pontife et recevoir l'onction qui fait les parfaits chrétiens. M. et Mme de Toulgoët avaient accepté gracieusement de servir de parrain et de marraine aux enfants de Saint-Laurent (1).

Le jeudi 25 octobre 1906, le crucifix fut enlevé de l'école des garçons. Il fut remis en place le dimanche suivant à la suite d'une manifestation toute spontanée, absolument pacifique et religieuse de la population. Grâce à des influences que nous laissons aux gens sensés, honnêtes et chrétiens le soin de qualifier, onze manifestants des meilleurs, non pas pris au hasard, mais au contraire choisis pour satisfaire quelques jalousies ou vengeances, furent traînés en police correctionnelle, et après des déplacements coûteux, des interrogatoires et des confrontations parfois comiques, trop souvent tristes et haineuses, se virent condamnés *tous* à des peines diverses variant de 105 à 5 francs d'amende sans sursis, sur des accusations les plus mensongères dont la défense remise entre les mains de M⁰ˢ *Morry* et *Caillé* fit bonne justice le 29 décembre (2). Les onze glorieux inculpés pour cette affaire du Christ méritent d'être inscrits au tableau d'honneur des victimes

(1) Ont signé le procès-verbal de la visite pastorale avec Monseigneur :
J. Baudriller, Labonne, vicaires généraux, A. Boisdron, curé de Saint-Laurent, Thuillier, curé de Bourgneuf, Boisson, curé de Sainte-Christine, Joseph Quesson, prêtre, R. Gourdon, Joseph Roullier, aumôniers, A. Guinhut, vicaire, H. de Toulgoët, R. Garreau, C. Perraut, adjoint ; J. Gourdon, L. Gourdon, J. Lebrun, J. Bimier.
(2) Pour les détails, voir le *Petit Journal de Maine-et-Loire* des 3 et 4 novembre 1906 et la *Croix Angevine* des 6, 13 et 20 janvier 1907.

de la persécution religieuse. Ce sont MM. *Stanislas Roullier, Jean Simon, Louis Neau, Joseph Cyer, Toussaint Brevet, Jean Peton, Louis Gautier, Jean Baron, Joseph Delaunay, Pierre Pinier* et *Eugène Lefort.* Ils n'ont fait que grandir dans l'estime de tous les honnêtes gens ; on ne pourrait pas en dire autant de leurs accusateurs.

Le Christ fut arraché de nouveau le 22 février 1907, par les soins du commissaire de Cholet, assisté de trois ou quatre gendarmes et d'un ouvrier stylé à pareille besogne, à l'improviste et à la hâte, comme s'ils eussent eu conscience de leur triste et honteuse opération. Remis entre les mains de M. le Curé, il fut placé dans l'église à une place d'honneur, le 17 mars, dimanche de la Passion, après une cérémonie de réparation touchante et inoubliable.

IV

Statistique

Liste des curés, vicaires, prêtres habitués de la paroisse de 1800 à 1908

Curés

MM. Louis Grellier	1800-1838
Mathurin Réthoré. . .	1838-1852
Louis Bourtault . . .	1852-1880
Benjamin Migneau . .	1880-1902
Pierre-Alexis Boisdron .	1902

Vicaires

MM.

François Legault, né à Candé, vicaire à Saint-Laurent-de-la-Plaine. octobre 1830 à juillet 1832, mort prêtre habitué à Candé en 1847. (1)

Mathurin Réthoré vicaire, juillet 1832 à mars 1838.

J. L. Pineau, né à Jallais, le 21 septembre 1810, prêtre le 13 juin 1835, vicaire à Saint-Laurent-de-la-Plaine, juillet 1838 à janvier 1841, mort prêtre habitué à Jallais le 16 décembre 1882.

René Dubois, né à Angers, paroisse Saint-Serge, le 4 septembre 1816, professeur au pensionnat Saint-Julien en 1838, prêtre le 19 décembre 1840, vicaire à Saint-Laurent-de-la-Plaine, janvier 1841 à février 1848, au Puy-Notre-Dame, à Trémentines et à Saint-Joseph d'Angers, curé de Mouliherne le 15 juin 1853, prêtre habitué à Saint-Joseph d'Angers et chanoine prébendé en septembre 1886, chanoine titulaire, juin 1889, décédé le 22 juillet 1899 âgé de 83 ans. (1)

---

(1) Ses obsèques furent présidées par Mgr Rumeau qui donna l'absoute.

Joseph Bordier, vicaire, avril 1848 à février 1852, mort aumônier de la prison de Segré, le 30 juillet 1862.

Boutiller Saint-André, vicaire, février à août 1852, mort prêtre habitué à Notre-Dame de Cholet le 13 mars 1869.

Clément Gauché, né au Puiset-Doré le 19 juin 1822, vicaire à Saint-Laurent-de-la-Plaine, août 1852 à mai 1854, à Doué la-Fontaine, à Jallais ; curé de Faye le 1ᵉʳ février 1863, mort le 4 mars 1891, âgé de 67 ans.

Jean-Baptiste Pacteau, né à Saint-Georges-du-Puy-de-la Garde le 9 mai 1825, prêtre le 21 décembre 1851, vicaire à Saint-Laurent-de-la-Plaine, mai 1854 à novembre 1859 ; curé de Cernusson, 26 décembre 1865 et de Vergonnes, octobre 1883 à août 1895, prêtre habitué dans sa paroisse natale.

René-Jean Poirier, né à Saint-Pierre-Montlimart le 19 mars 1833, prêtre le 17 décembre 1859, vicaire à Saint-Laurent-de-la-Plaine, 1859 à 1872, curé de la Chaussaire, 20 décembre 1872 ; chapelain au Mesnil depuis 1893.

Paul-François-Marie-Bourdais né à Angers le 10 juin 1849, prêtre le 21 décembre 1872, vicaire à Saint-Laurent-de-la-Plaine, janvier 1873 à novembre 1874, à la Trinité, aumônier de Saint-Nicolas d'Angers, prêtre habitué à Angers.

Denis Martin, né à Beausse le 18 mars 1846, prêtre le 19 décembre 1869, professeur à Combrée, vicaire à Saint Laurent-de-la-Plaine, 16 février 1874 à septembre 1884, mort curé de la Chapelle-Rousselin le 9 décembre 1896.

Pierre-Alexis Boisdron, né à Saint-Léger-du-May le 21 avril 1862, professeur à Saint-Joseph de Baugé, prêtre le 26 décembre 1885, vicaire à Saint-Laurent-de-la-Plaine, 21 septembre 1886 au 8 septembre 1892.

Paul-Joseph Audfray, né à Saint-Christophe-du-Bois le 17 août 1857, prêtre le 17 décembre 1881, vicaire à Saint-Aubin-de-Luigné, à Longué. à Saint-Laurent-de-la-Plaine, septembre 1892 à juillet 1898, curé de la Blouère.

Auguste-Jean-Marie Guinhut, né à Notre-Dame de Beaupréau le 18 novembre 1872, professeur au Petit Séminaire de Beaupréau le 21 mai 1896, prêtre le 19 décembre 1896, vicaire à Saint-Laurent-de-la-Plaine le 22 juillet 1898, à Trémentines le 11 décembre 1906, à la Pommeraye le 14 novembre 1907.

Ernest-Constant-Louis Rivière, né à Angers, paroisse de Sainte-Madeleine le 24 mai 1881, prêtre le 23 décembre 1905, professeur au Pensionnat Saint-Urbain, vicaire à Saint-Laurent le 11 décembre 1906.

Prêtres habitués

MM.

Etienne Réthoré, frère de M. Mathurin Réthoré, curé de la paroisse, né à Notre-Dame-de-Chalonnes en 1798, curé d'Angrie, mort prêtre habitué chez son frère, le 16 mai 1846, âgé de 48 ans (1).

(1) Sa sépulture eut lieu à Saint-Laurent et fut présidée par M. Malinge curé de Neuvy.

Pierre-Mathurin Bourtault, frère de M. Bourtault, curé de la paroisse, né à Notre-Dame de Beaupréau le 16 mars 1806, ancien curé de la Chaussaire, démissionnaire en décembre 1872, mort prêtre habitué à Saint-Laurent le 26 juillet 1879, âgé de 73 ans (1).

Louis-Joseph Bourtault, ancien curé de la paroisse, prêtre habitué octobre 1880 au 14 septembre 1883.

Théodore D launay, ancien curé de Blaison, prêtre habitué, 9 octobre 1901 au 9 octobre 1907.

Employés de l'Église

Chantres

Thomas, 1792.
Mathurin Robin, 1802 (2).
Delaunay, 1802.
Mathurin Leger.
Pierre Boulestreau, instituteur.
Julien Leblanc 3).
Honoré Delaunay.

Joseph Viau (4).
Ambroise Quesson (5).
Joseph Quesson (6).
Stanislas Roullier.
Henri Réthoré.
Jean Lamy.

Instrumentistes

Mathurin Leger (vielle).
Auguste Pasquet (cornet à piston) (7).

Auguste Motais (ophycléïde) (8).
Jean Lamy, père (alto) (9).
Joseph Bimier, organiste.

Sacristains et sacristines

Mathurin Moreau, 1694.

Étienne Moreau, 1718.

« Le dix-neuf mai a été inhumé dans le cimetière de ce lieu par nous desservant de Neuvy soussigné le corps de M. Étienne Réthoré prêtre habitué, âgé de 48 ans. »

MALINGE, *desservant.*

Sa tombe dont il ne reste plus trace faisait le pendant de celle de M. Grellier, près de la grande croix du cimetière, sous les tilleuls. Elle était surmontée d'une plaque de marbre portant une inscription et un calice enlacé d'une étole.

(1) Il repose dans le cimetière à côté de son frère. Une simple croix en fer dont l'inscription est effacée, marque sa tombe.

(2) Mort le 10 avril 1831, âgé de 78 ans.

(3) Mort le 1er juillet 1885, âgé de 72 ans.

(4) Mort le 10 août 1877, âgé de 60 ans.

(5) Mort le 13 août 1888, âgé de 67 ans.

(6) Mort le 19 juin 1903, âgé de 48 ans.

(7) Mort le 10 décembre 1898, âgé de 72 ans.

(8) Mort le 7 janvier 1902, âgé de 73 ans.

(9) Mort le 18 mars 1906, âgé de 63 ans.

Pendant de longues années les chantres portèrent des chapes à l'église et dans les processions. Les deux messes sur la semaine étaient également chantées.

Jean Moreau (1), 1718-1783.
Jacques Pouplard (2), 1736-1767.
Jean Renou, (3), 1767-1794.
René Renou (4), 1800-1861.
Pierre Rorteau (5), 1802.
Gilbert Leblanc (6).
René Oger (7).
Alphonse Oger, 1860.

Auguste Oger (8).

Sacristines

Marie Oger (9), 1800-1843.
Les Religieuses, 1852-1903.
Mlle Marie Delaunay, 1903.
Mme veuve Valentine Quesson, 1903.

(1) Décédé le 17 septembre 1782 âgé de 80 ans.

(2) Jacques Pouplard, tissier, fils de Pierre Pouplard et de Louise Moreau, épousa le 10 février 1738 Jeanne Léger. Il mourut le 28 mars 1767, âgé de 58 ans.

(3) Décédé le 12 janvier 1794, âgé de 77 ans.

(4) Décédé le 3 avril 1761, âgé de 80 ans.

(5) Mort à la Pommeraye. — Il paraît que le bon sacristain aimait bien boire son « *petit coup* » et les malins en profitaient pour lui jouer plus d'un tours : « Père Rorteau, disaient-ils, vous n'avez pas sonné l'*Angelus* de midi. » Et à deux ou trois heures de la soirée, le bonhomme s'en allait tinter l'*Angelus*. Il fallut naturellement le remercier de ses services.

(6) Décédé le 3 mai 1865, âgé de 77 ans. Il était garde champêtre.

(7) Décédé le 24 mars 1861, âgé de 47 ans.

(8) Décédé le 7 octobre 1908.

(9) Décédée le 22 juillet 1843. Elle fut probablement remplacée pendant quelques années par sa sœur Catherine Oger.

Le traitement des sacristains était à l'origine fourni en totalité ou en partie par la glane. Ils sonnaient depuis le 25 mars jusqu'à la mi-août le matin et le soir après l'*Angelus* un carillon appelé la *biée* pour attirer les bénédictions de la sainte Vierge sur les moissons. Le conseil de fabrique, considérant que les fermiers étaient seuls à fournir la glane et que le produit diminuait d'année en année, la remplacèrent le 3 avril 1876 par un traitement fixe de 200 francs. C'est vers cette époque que les sacristains ont cessé de sonner la *biée*.

CHAPITRE XVI

LES ÉCOLES PUBLIQUES DE SAINT-LAURENT-DE-LA-PLAINE

Les premières écoles de Saint-Laurent-de-la-Plaine. — Catherine Oger et l'école des filles. — Établissement de l'école des Sœurs. — Laïcisation de l'école des Sœurs et fondation d'une école libre. — Établissement de l'école des garçons.

I

Une accusation bien souvent portée contre la noblesse et le clergé, c'est d'avoir autrefois tenu systématiquement le peuple des campagnes dans une profonde ignorance. Ceux-là sont bien passionnés ou peu instruits qui ne savent pas ou qui ne veulent pas reconnaître que la France possédait avant la Révolution un très grand nombre de collèges et que dans la plupart des paroisses il y avait des écoles fondées anciennement sous l'influence du clergé et dotées par des chrétiens généreux.

De tout temps, en effet, l'Église n'a pas cessé de faire appel à la générosité des fidèles et de stimuler le zèle des ecclésiastiques en leur proposant la création des établissements d'instruction comme une œuvre excellente et nécessaire. Elle a été pendant des siècles la seule institutrice de l'Europe. Pour ne parler que de l'Anjou et du xviie siècle, si l'on veut se faire une idée de l'ardeur du clergé pour la diffusion de l'instruction, il suffit de lire les curieux mémoires de Grandet. Sur toute la surface du diocèse, les prêtres instruisent et fondent des écoles ; il semble presque que ce soit là leur seule occupation et le premier but que se propose leur zèle ; souvent ils font eux-mêmes la classe. En 1677, l'Évêque d'Angers, Henri Arnauld, décidait que dans les paroisses sans instituteur, si le vicaire ne pouvait faire seul toutes les classes, le curé devait partager la besogne avec lui ; quant aux curés qui n'avaient personne pour les aider, il leur enjoignait, sous peine de suspense, d'employer à l'instruction des enfants tous les loisirs de leur ministère (1).

(1) *Notice sur le collège de Beaupréau* par M. le chanoine Moreau, supérieur du Petit-Séminaire. Chapitre 1er : Les Petites Écoles.

Aucun document ne nous renseigne sur la fondation des écoles à Saint-Laurent-de-la-Plaine. Ces modestes établissements s'élevèrent et vécurent, ici comme ailleurs, sans qu'on prit soin d'en consigner ni l'origine ni la durée. Beaucoup d'archives propres à nous renseigner sur la sollicitude de nos pères pour l'instruction de l'enfance ont disparu et dans notre propre pays en particulier, où, sans parler de la destruction inévitable du temps, les guerres de religion et les luttes politiques du siècle dernier ont accumulé tant de ruines. il ne reste presque plus rien

Selon toute probabilité, il existait dans la paroisse au moins une école de garçons, dès le commencement du xvie siècle, comme en témoigne la présence de nombreux chapelains et prêtres habitués souvent qualifiés *d'honorable homme*, de *vénérable et discrette personne*, qui, à n'en pas douter, consacraient à l'instruction des enfants le temps que leur laissaient libre les fonctions de leur ministère. Dans un acte de baptême du 18 septembre 1668 (1), le parrain, Pierre Jollivet, de cette paroisse, est qualifié *d'escollier* ou maître d'école. Henri de Samson en fonda une le 25 mai 1707. Beaucoup de cahiers de 1789 expriment des vœux pour l'établissement d'une ou plusieurs écoles ; celui de Saint-Laurent-de la-Plaine, au contraire, reste muet sur ce point, ce qui semble indiquer qu'il en existait déjà.

Du reste, à Saint-Laurent et dans beaucoup d'autres paroisses le niveau de l'instruction a varié avec le temps. Il baissait toutes les fois que la guerre promenait la dévastation dans les campagnes et que la discipline ecclésiastique était atteinte par le relâchement ; il remontait au contraire quand les institutions civiles et religieuses étaient en pleine prospérité. Telle époque était abondamment pourvue de maîtres, telle autre voyait ses écoles à l'abandon, ses fondations sans titulaires jusqu'au jour où la charité publique disposant de ressources nouvelles relevait l'enseignement de ses ruines.

La Révolution détruisit toutes les institutions créées par la Monarchie et par l'Église pour l'instruction du peuple. Le préjudice qui en résulta fut tel que 80 ans après, il n'était pas encore réparé. (2)

M. l'abbé Grellier s'appliqua avec zèle à réparer les brèches faites à l'enseignement par dix années de guerres intestines et à relever le niveau de l'instruction dans sa paroisse. Il se fit lui-même maître d'école ; de temps en

(1) Il s'agit du baptême d'un fils de Pierre Martin de la Philippière et de Gabrielle Dubois, son épouse.

(2) A la veille de la Révolution, 47 hommes sur 100, d'après M. Taine, recevaient partout en France l'instruction primaire. En 1869, d'après les statistiques officielles, il n'y avait encore que 37 hommes du peuple et 25 femmes sur 100 capables d'écrire leur nom (*Histoire de France* : l'instruction populaire de 1789 à 1870). — A Saint-Laurent, sur 90 électeurs présents à la rédaction du cahier de 1789, 46 ont signé leur nom. On peut dire avec certitude que 50 personnes sur 100 savaient lire et écrire.

temps, surtout pendant la mauvaise saison, il réunissait au presbytère les petits garçons et les jeunes gens et leur faisait la classe. De bonne heure, il fonda pour les filles une école dont il confia la direction à une pieuse personne nommée Catherine Oger.

Catherine Oger ou *tante Catherine*, comme on l'appelait familièrement, fille de René Oger, serger, et de Catherine Boulestreau, naquit à Saint-Laurent le 31 octobre 1769 (1). Son père périt pendant les guerres de la Vendée. Elle-même fut prise un jour par les Bleus avec sa mère et sa sœur Marie Oger, et emprisonnée au château de Montreuil-Bellay, d'où elle sortit à la mort de Robespierre au mois de juillet 1794.

Catherine Oger dirigea l'école des filles pendant plus de trente-cinq ans, jusqu'en 1840, où elle fut remplacée par les Sœurs de la Pommeraye Elle faisait la classe dans le bas du bourg, dans la maison occupée ces dernières années par l'instituteur-adjoint (3) Quand elle eut cessé ses fonctions, elle se retira avec sa sœur dans une maison située en face du presbytère et occupée aujourd'hui par M. Pineau, sabotier. C'est là qu'elle est morte le 11 juillet 1853, âgée de 84 ans. Son souvenir est resté en bénédiction dans la paroisse; tout le monde l'aimait pour sa bonté, son dévouement, et la vénérait pour ses vertus qui étaient celles d'une vraie religieuse.

II

On n'a pas oublié le pieux pèlerinage que fit la vénérable fondatrice de la Communauté de la Providence, Marie-Joseph, avec les jeunes filles de l'école de la Pommeraye, à la chapelle de Notre-Dame de Charité. Les grâces obtenues par cet acte de piété filiale, presque au début de l'Institut, avaient créé entre la paroisse de Saint Laurent-de-la-Plaine et la Congrégation de la Providence des liens étroits qui devaient produire dans la suite les plus heureux résultats

M. Réthoré, curé de Saint-Laurent, désirait ardemment confier l'école des filles à la Communauté de la Pommeraye. De concert avec M. Gabory, maire de la commune, il demanda des religieuses à M. Ruais, qui était en

(1) Voici son acte de baptême : « Le trente et un octobre mil sept cent soixante neuf, a été baptisée par nous soussigné Catherine-Jeanne, née ce jourd'hui, fille de René Oger, sarger, et de Catherine Boulestreau, son épouse. Ont été parrain Joseph Oger, oncle de l'enfant, et marraine Jeanne Boulestreau, tante dudit enfant, tous deux de cette paroisse et ne savent pas signer. »
                                                        L. Horeau, *vicaire*.

La mère de Catherine Oger mourut le 26 décembre 1823, âgée de 78 ans. Elle jouissait d'une pension comme veuve de militaire vendéen. Marie Oger, née le 22 mai 1773, remplissait les fonctions de sacristine. Elle est morte le 22 juillet 1843, âgée de 70 ans.

(2) A défaut de cour, les enfants prenaient leurs récréations dans le carrefour et le chemin qui avoisinent le cimetière.

même temps curé de la paroisse et supérieur de la Maison (1). Le 17 septembre 1840, après divers pourparlers, M. Ruais amenait à Saint-Laurent deux religieuses choisies entre toutes : c'étaient Sœur Isaïe et Sœur Saint-Pierre. La première avait reçu le don excellent d'organiser un nouvel établissement et celui plus excellent encore d'imprimer aux écoles un élan, une discipline, une piété, qu'il suffisait ensuite de maintenir avec soin.

Née à la Pommeraye (2), Michelle Blouin, en religion Sœur Isaïe, entra jeune encore, le 4 février 1837 à la Communauté de la Providence où elle se fit remarquer par une douce et aimable gaîté. Cette qualité précieuse dans une institutrice congréganiste lui acquit les sympathies de tous les enfants à Saint-Laurent-de-la-Plaine. Sans rien sacrifier des devoirs de l'obéissance, elle savait gagner les cœurs et maintenir une discipline parfaite parmi les jeunes filles confiées à ses soins. Celles-ci trouvaient leur bonheur à venir passer avec les Sœurs leurs soirées et les jours de fêtes ; et, conformément au point de la règle de la Providence qu'on ne saurait trop louer, Sœur Isaïe, par d'innocentes récréations et des conseils salutaires, s'efforçait de leur inculquer l'amour de la piété.

La méthode employée par la pieuse Sœur pour obtenir ces résultats atteste son grand esprit de foi. Elle s'était appliquée tout d'abord à former les enfants à la présence de Dieu. « Dieu vous voit, leur disait-elle souvent, et il est là comptant vos fautes et vos actes de vertu pour vous en punir ou vous en récompenser un jour par de belles couronnes. Les démons sont là aussi pour vous pousser à vous dissiper et vous entraîner plus tard avec eux dans l'enfer. »

Ces graves vérités distribuées à propos et sur ce ton d'autorité et de tendresse qui caractérisait Sœur Isaïe, avaient suffi pour opérer le résultat merveilleux que tout le monde admirait : tant il est vrai que les enseignements de la foi portent avec eux une grâce que la raison humaine toute seule est impuissante à donner. Aussi, l'école atteignit bientôt un degré de prospérité inespéré. Établie au milieu du bourg, dans une ancienne auberge (3) qui possédait une petite cour et un jardin attenant à celui de la cure, elle était assez vaste pour loger un certain nombre de pensionnaires qui ne manquèrent pas, en effet, d'y affluer des paroisses voisines. Cette situation persévéra tant que Sœur Isaïe fut maintenue à la tête de l'établissement, c'est-à-dire jusqu'en 1843 (4).

(1) M. Ruais, curé de la Pommeraye de 1829 à 1857, mourut le 14 novembre 1882 à Martigné-Briand, sa paroisse natale.

(2) Aux Druées, ferme située à 1 kil. 1/2 environ de la chapelle de Notre-Dame-de-Charité.

(3) Cette maison bâtie autrefois par le chirurgien Cady est occupée aujourd'hui par un boulanger.

(4) Sœur Isaïe fut envoyée à Cherré; deux ans après, à Saint-Quentin-en-Mauges pour y

Sœur Céleste (1) qui remplaça Sœur Isaïe était également bien douée sous le rapport de la science et de la piété. Dès son enfance, elle forma le dessein de se faire religieuse et, malgré son attrait pour les jeux et les plaisirs, elle quitta le monde à l'âge de seize ans, le 8 septembre 1829. A la Boissière-du Doré où elle débuta, Sœur Céleste fut vivement regrettée.

A Saint-Laurent-de-la-Plaine sa vertu subit un assaut qui pouvait vaincre un caractère moins fortement trempé que le sien, mais dont elle sortit glorieusement. M. Merlet, régisseur du château du Pineau, inspiré par une pensée charitable. avait fait construire un vaste bâtiment à l'extrémité du bourg, le long de l'ancien chemin de Chalonnes, dans le but de le faire servir à la fois de maison d'école et d'hospice (2) pour les malades. Mais on ne sait sous quelle influence, il changea soudain de résolution et refusa de la livrer aux Sœurs de la Providence. Toutefois, plein d'estime pour la Sœur Céleste, il offrit à celle-ci de l'y établir comme institutrice indépendante et séparée de la Communauté. La proposition était d'autant plus séduisante qu'il savait dans le besoin la vieille mère de la religieuse qu'il tentait ainsi. Sœur Céleste céda un instant, et, en 1851 (3), elle adressa au Conseil municipal une lettre dans laquelle elle demandait à être nommée institutrice communale. Cependant elle était trop attachée à sa sainte vocation pour fouler aux pieds ses engagements. Profitant habilement des dispositions du généreux bienfaiteur à son égard, elle le fit revenir des préjugés qu'on lui avait inculqués et la maison reprit sa première destination à l'exception de l'hospice dont il ne fut plus question. La partie du bâtiment qui lui était affectée servit d'habitation à M. Merlet jusqu'en 1852 où elle fut convertie en une seconde classe desservie par une troisième Sœur. A cette époque, par suite de dissentiments pénibles avec M. Ruais, Sœur Céleste (4) tomba malade et fut rappelée à la Communauté.

L'éloignement de Sœur Céleste. qui était aimée et vénérée de tous, livra l'établissement à des désordres qui causèrent aux supérieures de la Maison-

---

fonder une école. Enfin au mois de septembre 1847, elle fut appelée au noviciat en qualité de maitresse des études et mourut, à la Maison mère. le 3 mars 1853

(1) Eugénie-Jeanne Brun, en religion sœur Céleste. fille de Pierre Brun, marchand, et de Marie Delaunay, est née à la Pommeraye, le 15 novembre 1812. Elle était la petite nièce de M. Forestier, ancien vicaire de Saint-Laurent, et du fameux général vendéen Forestier. Elle mourut à la Maison-mère le 29 avril 1877, âgée de 64 ans.

(2) Au dessus de la porte d'entrée sur une plaque d'ardoise on lit l'inscription suivante qui rappelle la destination première de la maison :

MAISON DE SECOURS
DE BIENFAISANCE ET DE CHARITÉ

(3) Délibération du Conseil municipal, du 1ᵉʳ mars 1851.

(4) Sœur Céleste fut transférée à Chorré (canton de Châteauneuf) chargée tout d'abord de faire la seconde classe, elle fut peu de temps après nommée supérieure du petit établissement.

mère et aux supérieures locales de longues et inextricables difficultés. Ce ne fut qu'en 1859 que la paix fut retablie et que les religieuses recouvrèrent leur liberté d'action, au grand profit des âmes et à la satisfaction générale.

Nous n'avons rien dit des soins prodigués aux malades de la paroisse. Ce ministère si consolant et si salutaire fut entravé dès l'origine par les médecins, jaloux de la confiance qu'inspirait à la population le dévouement intelligent et généreux de Sœur Saint-Pierre (1) et de celles qui lui succédèrent

Comme presque partout ailleurs, les religieuses songèrent au bien des âmes avant de sauvegarder leurs intérêts matériels. Il y a assurément peu de Congrégations dont les établissements ont été aussi souvent fondés à l'origine sous la sauvegarde exclusive de la divine Providence et Dieu s'est plu à récompeuser cette confiance filiale par des secours inespérés. Ainsi en advint-il à Saint-Laurent-de-la-Plaine. La commune ne fournit tout d'abord aux Sœurs que le logement, mais à partir de 1852 (2) un traitement leur fut définitivement alloué.

Le 16 avril 1857, par acte passé devant M⁰ Jacob, notaire à la Pommeraye M. Merlet vendit la maison occupée par les sœurs à la commune de Saint-Laurent pour la somme de 1200 francs une fois payée et une rente viagère de 500 francs, sans autre clause que de la faire servir à une école de filles (3).

Voici les noms des religieuses qui se sont succédé à Saint-Laurent de 1840 à 1902 :

Sœur Isaïe (4). | Sœur Saint-Pierre (5).

(1) Après son départ de Saint-Laurent, sœur Saint-Pierre fut envoyée à Étriché, au mois d'octobre 1843, et, le 22 novembre 1847, à Sully-sur-Loire, pour s'occuper des malades. Elle était originaire de Saint-Macaire-en-Mauges.

(2) A cette époque, en effet, il fut convenu avec la Supérieure de la Communauté de la Pommeraye qu'elle fournirait, à partir du 1ᵉʳ janvier 1852, deux institutrices chargées de faire la classe, moyennant le logement et un traitement fixe de 600 francs fournis par la commune. Dans le cas où elles prendraient des pensionnaires, elles devaient verser à la caisse communale le montant de chaque mois au prix des externes (*Délibération du Conseil municipal du 8 août 1851*).

Plus tard, le Conseil municipal décida que les Religieuses pourraient recevoir des pensionnaires étrangères et que la moitié de la rétribution serait allouée en addition au traitement. M. l'abbé Bourtault promit de son côté de leur confier l'entretien de la sacristie. (*Délibération du 28 décembre 1851*).

A l'origine, ce fut la fabrique qui paya le mobilier de l'école des Sœurs. En 1853, elle ajouta 100 francs pour l'entretien de l'école. — A partir de 1891, le Conseil municipal vota chaque année 50 francs, à titre de secours, aux religieuses (*Délibération du 20 septembre 1891.*)

(3) L'immeuble comprenait une maison neuve ayant 3 chambres basses, 2 chambres hautes avec grenier au-dessus, deux autres vieux bâtiments au couchant de ladite maison avec jardin et terres, le tout d'une contenance de 9 ares 90 centiares.

(4) Décédée le 3 mars 1853.

(5) Décédée le 26 décembre 1890.

<table>
<tr><td>Sœur Céleste (1).</td><td>Sœur Sainte-Olympe.</td></tr>
<tr><td>Sœur Sainte Désirée (2).</td><td>Sœur Sainte-Brigitte.</td></tr>
<tr><td>Sœur Saint-Éloi (3).</td><td>Sœur Saint-Constantin.</td></tr>
<tr><td>Sœur Saint-Simon (4).</td><td>Sœur Sainte-Irène.</td></tr>
<tr><td>Sœur Saint-Donat (5).</td><td>Sœur Sainte-Élisabeth (9).</td></tr>
<tr><td>Sœur Anatole (6).</td><td>Sœur Aloyse.</td></tr>
<tr><td>Sœur Saint-Laurent (7).</td><td>Sœur Saint-Mathias.</td></tr>
<tr><td>Sœur Honorine (8).</td><td>Sœur Marie-Hélène.</td></tr>
</table>

III

Le mardi 2 septembre 1902, un arrêté de la préfecture notifiait au maire de Saint-Laurent-de-la-Plaine la laïcisation (10) de l'école communale des filles et enjoignait à la titulaire de tenir la maison libre pour le 15 septembre, date de la rentrée des classes.

Cette mesure impressionna douloureusement tous les gens de bien de la paroisse. Depuis 62 ans que les religieuses de la Providence dirigeaient l'école, on n'avait pas cessé d'admirer leur patience dans les difficultés et les ennuis inséparables de la fondation et de la direction d'une maison, leur amabilité, leur savoir et leur dévouement, et, voilà que pour prix de leurs services on les chassait comme de vulgaires malfaiteurs, comme des êtres dangereux. Pourquoi ?... Parce qu'elles parlaient de Dieu à vos enfants et leur apprenaient, pères et mères de famille, à vous aimer, à vous respecter, à être dociles, pieuses modestes, en un mot, de bonnes chrétiennes.

Huit jours après, sœur Saint-Aloyse, sœur Saint-Mathias et sœur Marie disaient adieu à leur chère école. Une assistance nombreuse remplissait la cour. M. le Curé, M. le Maire et plusieurs notables, un grand nombre de mères de famille, les enfants des écoles, les jeunes filles, anciennes élèves des sœurs, étaient venus apporter aux religieuses persécutées un témoignage public de leur reconnaissance et de leur respectueuse sympathie. Avec beaucoup de délicatesse, M. le Maire, au nom du Conseil municipal, remercia les Sœurs et en leur personne, la Communauté de la Pommeraye des services qu'elles avaient rendus aux petites filles de Saint-Laurent. Le cortège se

(1) Décédée le 29 avril 1877.
(2) Décédée en 1871.
(3) Retirée à la Maison-mère.
(4) Décédée le 3 juin 1863.
(5) Décédée le 12 avril 1882.
(6) Décédée en 1877.
(7) Décédée le 5 janvier 1880.
(8) Décédée à Saint-Laurent le 1er février 1895 et enterrée dans le cimetière paroissial.
(9) Décédée en 1886.
(10) La laïcisation est du 28 août.

rendit ensuite à l'église où M. le Curé adressa au nom de la paroisse tout entière des paroles émues de remerciement aux chères Sœurs, puis chez Mlle Modeste Boulestreau où les religieuses devaient résider provisoirement.

Le 15 septembre, une institutrice laïque, Mlle Lance, fille d'un commis principal des postes à Angers, et ancienne adjointe à Chalonnes, prenait la direction de l'école communale. Malgré la propagande, la rentrée fut plus que modeste : elle ne compta que quatre élèves. Pour protester en effet contre la laïcisation de l'école, les parents préférèrent garder pendant quelque temps leurs enfants chez eux.

En attendant la construction d'une école libre, M. le Curé organisa le 13 octobre, une garderie dont il confia la direction à Mlle Clémentine Léger (1) aidée de Mlles Joséphine Humeau, Marie Gourdon, de la Philippière, Augustine Renou et plusieurs autres (2). Elles ont pris soin des petites filles avec un dévouement admirable, les occupant à des travaux manuels, les conduisant à la promenade pendant que, de leur côté, sœur Saint-Aloyse et sœur Saint-Mathias donnaient des leçons individuelles la première chez Mme veuve Beduneau, la seconde chez Mlle Modeste Boulestreau.

Les choses allèrent ainsi jusqu'à la fin de l'année. A cette époque, les gendarmes de Montjean, sur les dénonciations de quelques individus de la localité, et, selon toute probabilité, d'après des ordres venus de la sous-préfecture (3), firent enquête sur enquête au sujet des leçons particulières données par les religieuses. On les accusa d'avoir organisé une école clandestine et elles furent assignées pour comparaître en correctionnelle à Cholet, le samedi 24 janvier 1903.

Sur la demande de Me Perrin l'affaire fut renvoyée au samedi suivant, mais dans l'intervalle, la directrice de la garderie fut accusée de complicité avec les religieuses et assignée à comparaître avec elles. Les trois accusées furent très éloquemment défendues par Me Perrin, avocat au barreau d'Angers, et Me Caillé, avoué à Cholet. Mais, malgré la magistrale plaidoirie des deux défenseurs, qui n'eurent pas de peine à montrer l'iniquité des accusations et des poursuites exercées contre leurs clientes, la condamnation fut prononcée.

---

(1) Clémentine Leger épousa, le 26 mai 1903, Louis Gautier, menuisier. Elle est morte le 24 avril 1907, âgée de 35 ans.

(2) Marie Aligon, Caroline Boistault, Marie Simon, de la Brunetière, Marie Bournigault, Marie Oger, du Châtelier, Joséphine Aligon, de la Piffarderie, Marie Giraut, du Pinellier, Angèle et Marie Boulestreau, du Plessis-Beuvereau, Marie Lebrun, du Pinellier.

(3) Le 14 décembre 1902, troisième dimanche de l'Avent, le sous-préfet de Cholet, M. Hudelo, invité par Mlle Lance, vint présider une fête de l'arbre de Noël à l'école communale des filles. La population lui fit une réception aussi froide que le temps brumeux et triste qu'il faisait ce jour-là. M. le maire et les conseillers municipaux, à l'exception de deux, s'abstinrent d'aller saluer à la gare le représentant du Gouvernement.

Afin de gagner du temps et de pouvoir continuer les leçons, appel fut porté au tribunal d'Angers. Mais ce dernier confirma dans sa séance du 26 mars la sentence rendue à Cholet. Après cette condamnation, il fallut interrompre les leçons. Le 27 avril, sœur Saint-Aloyse (1) quittait définitivement Saint-Laurent, sœur Saint-Mathias resta jusqu'au mois d'août en qualité de sacristine (2). La garderie continua d'exister sous la direction et dans la maison de Mlle Joséphine Humeau (3) jusqu'à l'ouverture de la nouvelle école.

Les œuvres catholiques, c'est l'éternelle histoire, sont toutes marquées au coin de la persécution, du sacrifice et du dévouement. L'école libre de Saint-Laurent a reçu, à son berceau, cette triple consécration. Elle a été entravée de toutes manières : dénonciations, démarches auprès des pouvoirs publics, intimidations même, tout a été mis en œuvre pour empêcher sa fondation et favoriser l'école laïque. Loin de se plaindre il faut plutôt se réjouir de ces mesquines persécutions, car elles ont montré de quoi sont capables les âmes nobles et généreuses. Nous avons dit avec quel dévouement la directrice de la garderie et ses compagnes se sont occupées des petites filles, sacrifiant pour elles leurs loisirs, abandonnant leurs travaux, organisant des jeux, un « arbre de Noël », une soirée récréative. Me Perrin et Me Caillé, non contents d'avoir apporté leur talent pour faire triompher la justice et le droit contre la haine et l'iniquité, ont généreusement refusé tout honoraire. Quelques jours après le procès, Me Perrin écrivait à M. le Curé de Saint-Laurent : « *La seule récompense que je vous demande, c'est de faire prier pour moi les petites filles de votre école* » Mme de Beaurepos et M. Garreau ont apporté avec leurs sympathies et leurs encouragements le secours de leurs généreuses aumônes en payant les frais du procès qui se sont élevés à la somme de 229 fr. 30.

Pendant ce temps, une magnifique école se construisait au centre même du bourg, le long du chemin du Puy, à la place de vieilles maisons appartenant à Mme veuve Beduneau. Celle-ci a donné le terrain. Mme de Beaurepos, M. et M^m Garreau, M. et Mme de Toulgoët, pour ne citer que les principaux bienfaiteurs, ont apporté comme toujours leur généreuse offrande, les fermiers ont fourni les charrois (4).

La nouvelle école, dédiée à l'Ange Gardien, a été ouverte et bénite le 8 juin 1903, qui était le lundi de la Trinité. Après une messe d'actions de grâces célébrée à 8 heures, une nombreuse assistance composée du clergé,

---

(1) Elle est aujourd'hui institutrice sécularisée.

(2) Sœur Marie-Hélène était retournée à la communauté de la Pommeraye au mois de décembre 1902.

(3) Mlle Joséphine Humeau a épousé M. René-Jean Peton, tailleur.

(4) La petite cloche de l'école a été payée par M. Adolphe Corbin, ouvrier menuisier chez M. L. Gautier.

des petites filles, d'un groupe d'hommes et d'un grand nombre de mères de famille, conduisit à sa nouvelle demeure l'institutrice M{ll}{e} Coulon (1), arrivée de la veille. M. le chanoine Crosnier, directeur de l'Enseignement libre dans le diocèse, présidait. Il bénit l'école et adressa aux assistants une éloquente allocution sur la nécessité et les bienfaits de l'enseignement chrétien.

L'école est le complément de la famille, une œuvre capitale pour une paroisse et celle qui s'impose le plus à la sollicitude des parents et des éducateurs de la jeunesse. Il ne suffit pas de donner à l'enfant la nourriture du corps : il a une intelligence, il lui faut l'instruction, c'est-à-dire tout cet ensemble de connaissances qui lui permettront de se rendre utile à la société ; il a une âme créée à l'image de Dieu, une âme immortelle et faite pour le ciel, il lui faut une instruction religieuse qui fera de lui un vrai et solide chrétien.

Et cette instruction religieuse, les enfants ne la trouvent plus, hélas ! dans les écoles communales. Les enseignements du catéchisme et de l'Histoire sainte y sont interdits, parfois même odieusement dénaturés ; le saint nom de Dieu n'y est plus invoqué, heureux encore quand il n'est pas blasphémé.

De là la nécessité, pour conserver la foi dans l'âme des enfants, de fonder et d'entretenir des écoles libres et chrétiennes où on leur apprend, en même temps que la lecture et l'écriture, la science plus importante de la Religion. Le devoir des parents est d'y envoyer leurs enfants ne fût-ce que pour donner le bon exemple et protester contre l'enseignement neutre.

Depuis sa fondation la nouvelle école n'a pas tardé à se remplir (2); elle devint bientôt trop petite et il fallut songer à son agrandissement. En changeant de maîtresses elle n'a pas pour cela changé de direction. Depuis 5 ans, M{ll}{e} Coulon a donné sans compter aux petites filles avec ses prières, son intelligence et ses leçons, son expérience, ses conseils et ses exemples, en un mot, tout son dévouement, chose que vous ne pourrez jamais assez apprécier, pères et mères de famille, et que Dieu seul pourra récompenser.

Vous savez au prix de quels sacrifices a été fondée par M. le Curé l'école libre de l'Ange Gardien. Aussi je suis certainement votre interprète, habitants de Saint-Laurent, en lui disant votre reconnaissance, en remerciant Mme veuve Beduneau, Mme la vicomtesse de Beaurepos, M. et Mme Raymond Garreau, M. et Mme de Toulgoët, M l'abbé Raymond Gourdon, aumônier de la Communauté de la Salle-de-Vihiers, et toutes les personnes qui ont apporté leur pierre à l'édifice.

C'est chose difficile de fonder, soutenir est chose plus difficile encore.

(1) M{ll}{e} Marie Coulon, nièce de l'institutrice, remplit les fonctions d'adjointe depuis la fin de l'année 1906.

(2) Elle compte environ 60 enfants, l'école laïque 3 ou 4 seulement.

Aussi, M. le Curé compte-t-il sur vous pour alléger sa charge et l'aider à entretenir cette école chrétienne d'où dépend en si grande partie la foi de vos familles et de la paroisse toute entière.

Une institutrice laïque occupe aujourd'hui, dans l'ancienne école communale, la place des Sœurs. Trois s'y sont déjà succédé depuis 6 ans :

Mlle Lance, septembre 1902 à juillet 1903 (1).

Mlle Léhénauf, septembre 1903 à juillet 1905 (2).

Mlle Vaugoyeau, septembre 1905 (3).

IV

A côté de l'école des filles, dirigée par Catherine Oger, il s'en fonda de bonne heure une autre pour les garçons. Le Gouvernement du premier Empire avait décrété que les communes seraient tenues de posséder une école de garçons et de loger l'instituteur. Le choix de ce dernier était laissé aux Conseils municipaux et son traitement devait être assuré par une rétribution scolaire exigée des élèves. Le premier instituteur choisi par la municipalité de Saint Laurent, fut un maçon nommé Gabriel Duchemin (4)

La paroisse compta dès lors deux écoles. Celle des garçons ne fonctionnait pas très régulièrement. Pendant la belle saison elle demeurait à peu près déserte, les enfants, en majeure partie de la campagne, restaient chez eux et s'occupaient aux travaux des champs. Elle se remplissait à partir de la Toussaint, époque où recommençaient les catéchismes. Les enfants apprenaient à lire, à écrire, à compter ; si peu que ce fût, pour la plupart c'était suffisant (5).

(1) Elle est aujourd'hui institutrice au May-sur-Evre.

(2) Elle est retirée à Angers où elle donne des leçons particulières.

(3) Originaire de Thouarcé.

(4 Gabriel-Antoine Duchemin, époux de Marie Bernard, né à Saint-Laurent-de-la-Plaine en 1769, est mort le 7 décembre 1845, âgé de 76 ans. Il eut plusieurs enfants, entre autres : Gabriel, René, Rosalie et Jean. — Duchemin fit la classe pendant cinq ou six ans dans la maison occupée aujourd'hui par Jean Lamy.

(5 Les écoles primaires existantes n'avaient pas encore reçu de direction uniforme : Une ordonnance royale du 29 février 1816 pour les écoles de garçons et un règlement pour les écoles de filles, du 11 octobre 1819, établit une nouvelle organisation et détermina les conditions exigées pour le choix des instituteurs et institutrices, la surveillance des écoles, le programme et la méthode d'enseignement.

La loi de 1833, dite « loi Guizot », sous Louis-Philippe, modifia la loi du premier Empire. Elle obligeait chaque commune à entretenir au moins une école primaire. Les instituteurs devaient être présentés par le Conseil municipal au choix du comité d'arrondissement. Le ministre les instituait. Ils devaient être pourvus du brevet élémentaire et de l'autorisation épiscopale.

Les notables faisant partie du comité de surveillance de l'instruction primaire dans la commune étaient en 1836 : MM. Jean-René Bastard, 55 ans ; Joseph-Marie Humeau, de Rochard, 33 ans ; Pierre Secher, propriétaire, 70 ans ; Mathurin Beduneau, marchand, 35 ans. Le curé et le maire en faisaient partie de droit.

Duchemin fut remplacé vers 1820, par M. Pierre Boulestreau. Né à Saint-Laurent-de-la-Plaine, le 27 août 1791, Pierre Boulestreau était fils de René Boulestreau, serger, et de Jeanne Bidet. Son père périt probablement dans les guerres de la Vendée ; sa mère mourut le 11 avril 1802, âgée de 48 ans ; sa sœur aînée, Perrine Jeanne Boulestreau, née le 4 avril 1781, fut tuée en 1793 ou 1794, au village de la Barbotière et enterrée dans le verger du château.

M. Grellier recueillit le jeune orphelin à peine âgé de 11 ans et qui n'avait pour s'occuper de lui qu'un oncle, Alexandre Bidet, serger à Saint-Laurent, et quelques parents éloignés. Il l'employa aux petits travaux du presbytère, lui fit la classe et, comme il croyait distinguer dans son jeune protégé des dispositions à l'état ecclésiastique, il lui donna des leçons de latin. Mais l'enfant était destiné à rester dans le monde.

En janvier 1810, le jeune Boulestreau, âgé de 18 ans, fut incorporé d'abord au 6e, puis, au mois d'avril suivant, au 7e régiment de dragons. Un an après, il était brigadier et prit part aux campagnes de 1812, 1813, 1814 et 1815. En plusieurs circonstances, il fit preuve d'une grande bravoure. Une fois entre autres, il s'empara avec l'aide d'un de ses camarades de Chalonnes, nommé Lalande, d'une pièce de canon qu'il amena triomphalement à son général. Le 16 octobre 1813, à la bataille de Leipzig (1), il fut grièvement blessé à la jambe gauche par la chute de son cheval qui fut tué sous lui par un boulet. Comme récompense de ses services, il reçut plus tard le brevet et la médaille de Sainte-Hélène (2).

Le 14 novembre 1815, Pierre Boulestreau obtint un congé définitif et revint à Saint Laurent où il épousa, le 2 juillet 1816, Marie Grosse, fille de Louis Grosse et de Renée Gaudin. Journalier, serger, boulanger, chantre à l'église, il consacrait à s'instruire les loisirs que lui laissaient ses nombreuses occupations. Le 21 décembre 1820, il obtint le brevet de capacité pour l'enseignement primaire ; dès lors il commença à exercer ses modestes fonctions d'instituteur qu'il continua pendant plus de trente ans jus-

---

(1) A Leipzig, comme on sait, Napoléon Ier eut à livrer la plus terrible bataille des temps modernes contre les puissances coalisées de la Russie, de la Prusse, de l'Autriche et de la Suède. Elle dura trois jours, les 16, 17 et 18 octobre 1813, et se termina par la défaite de l'armée française.

(2) *Médaille de Sainte-Hélène instituée par sa majesté Napoléon Ier*
Napoléon Ier
A ses compagnons de gloire sa dernière pensée
Sainte-Hélène, 5 mai 1821

Le grand chancelier de l'Ordre impérial de la légion d'honneur certifie que M. Boulestreau Pierre, dragon au 7e régiment, ayant servi durant la période de 1792 à 1815 a reçu la médaille de Sainte-Hélène.

Duc de Plaisance.

Inscrit à la chancellerie no 109990.

qu'en 1853 (1). A cette époque, devenu vieux et infirme, il dut céder sa place à un autre et prendre un repos qu'il avait bien mérité.

Au dire des anciens qui l'ont connu, M. Boulestreau était le modèle des instituteurs, un vrai chrétien et un homme de bien. A un savoir assez étendu il joignait la bonté et la fermeté, qualités précieuses pour un éducateur. Très délicat, jamais on ne l'entendit prononcer devant les enfants aucune parole contraire à la bienséance. Par son affabilité, sa discrétion, son empressement à rendre service il se concilia l'estime et l'affection de tous ; d'une régularité et d'une fidélité parfaite à tous ses devoirs il a laissé de beaux exemples à imiter à ceux qui ont la charge si délicate et si difficile de l'instruction et de l'éducation de la jeunesse (2).

M. Tardif, plus connu sous le nom de Frère Désiré, de la Communauté de Sainte Croix du Mans, succéda à M. Pierre Boulestreau. C'était un religieux très vertueux et très estimé de la population, mais un instituteur assez médiocre qui n'avait aucune autorité sur ses élèves. Au bout de deux ans, le 25 août 1855, le Conseil municipal fut obligé de demander son changement. Le Frère Dubourg, de la même congrégation, fut proposé pour le remplacer. mais sa nomination ne fut pas agréée (3) et le maire de Saint-Laurent écrivit à M. de Lens, inspecteur d'Académie, pour lui demander un instituteur laïque (4).

M. Boulestreau fit la classe dans une chambre basse située dans son jardin et, pendant quelque temps, dans une chambre haute de sa maison. Après lui, l'école fut transférée dans un local appartenant au maire, M. Gabory, dont l'emplacement est occupé aujourd'hui par l'école libre de filles. Il se composait d'un rez-de-chaussée qui servait de remise où les enfants prenaient leurs récréations et d'une chambre haute assez vaste qu'on avait transformée en salle de classe. C'est là qu'ont enseigné le Frère Désiré, M. Audouin et pendant plusieurs années M. Ménard (5).

Cependant, à plusieurs reprises, le Conseil municipal avait été mis en

(1) Cette année là, l'inspecteur primaire de l'arrondissement de Beaupréau avertit le Conseil municipal de Saint-Laurent de pourvoir au remplacement de M. Boulestreau par un instituteur, soit « *Frère, soit laïque* ». Le Conseil, à l'unanimité, décida de demander un Frère de la Communauté de Sainte-Croix du Mans. (*Délibération du 5 septembre 1853.*)

(2) M. Pierre Boulestreau est mort le 4 août 1868, âgé de 77 ans. Il eut dix enfants dont plusieurs sont morts en bas âge.

(3) L'inspecteur refusa de proposer au Préfet la nomination du Frère Dubourg parce que ce dernier n'était pas breveté (*lettre du 27 septembre 1855*). — Le supérieur de Sainte-Croix écrivit de son côté au maire de Saint-Laurent que le Frère Dubourg refusait de s'y rendre parce que le local scolaire n'était pas convenable.

(4) M. Gaucher, vicaire de la paroisse, fit la classe en 1852 ou 1853 dans une chambre du presbytère, donnant sur le jardin, à Constant Perrault, Athanase Pineau, Jacques Boumier de Bourgneuf, Stanislas Secher, Auguste Davy, de la Chênebaudière, Eugène Fremondière, de la Hutte, Jh. Viau, mort, âgé de 17 ans.

(5) M. Ménard fit également la classe dans la maison de la mère Meunier, occupée aujourd'hui par Mathurin Piron.

demeure de construire une maison d'école pour les garçons (1). Celle qui existait n'était que provisoire, il en fallait une autre plus vaste et plus convenable. En 1854 le Conseil municipal demanda au Conseil de fabrique de lui céder gratuitement une portion de terrain situé aux Airaux, à proximité des deux routes de Bourgneuf et de la Jumellière. La fabrique y consentit généreusement (2), mais comme les ressources faisaient défaut, la nouvelle école fut renvoyée à plus tard. Elle fut construite seulement en 1861 (3) à l'autre extrémité du bourg, à l'embranchement des routes de Saint-Lambert et de Chalonnes, sur les plans de l'architecte Humeau de Melay.

Elle sert en même temps de mairie.

Voici les noms des instituteurs de Saint-Laurent :

MM.	MM.
Gabriel Duchemin.	François Gourbellière (6).
Pierre Boulestreau.	René Rayneau (7).
Tardif (Frère Désiré).	René Belliard (8).
L. Audouin (4).	Narcisse Bregeon (adjoint) (9).
Z. Ménard (5).	Léonie (adjoint).

(1) Le 2 mai 1837, le sous-préfet de Beaupréau écrivit au maire de Saint-Laurent pour le prier de s'occuper lui et son Conseil municipal d'acheter ou de faire bâtir des maisons d'école, en vertu de l'ordonnance du 16 juillet 1833.

(2) Délibération du Conseil de fabrique au sujet de la cession du terrain demandé par le Conseil municipal :

« Le 25 août 1854, sur une demande faite par le Conseil municipal d'une portion du jardin du presbytère pour la construction d'une école de garçons, le Conseil de fabrique désirant concourir au bien moral des enfants et donner au Conseil communal une marque de sympathie ;

« Considérant : 1° le besoin urgent d'une école de garçons ; 2° les sacrifices que s'est imposés la commune pour l'acquisition d'une maison pour l'école de filles ; 3° que la portion demandée est librement concédée par M. le Curé avec l'approbation de Mgr l'évêque ; 4° que dans l'article de concession M. le Curé se réserve pour lui et ses successeurs le libre passage par la cour de l'école :

« Vu l'état de détresse de la commune, *concède* dans les jardins du presbytère 2 ares 28 centiares pour la construction d'une classe pour l'école des garçons. Signé :

BOURTAULT, *curé*. »

« Gabory, maire ; René Secher, Gourdon, P. Secher, Leduc, Pineau. »

L'emplacement de l'école ayant été changé, la donation fut annulée.

(3) La musique assista à la pose de la première pierre.

(4) Agent voyer en retraite, rue Bertin, 4, Angers.

(5) Maire de la Chaussaire.

(6) Retiré à Angers, rue Eblé, 42.

(7) Retiré à Angers, rue Baudrière, 48.

(8) Originaire de la Pommeraye.

(9) Ancien instituteur-adjoint de Saint-Rémy-en-Mauges, de Saint-Laurent en 1905, nommé instituteur à la Pellerine au mois de septembre 1907.

Le salaire de l'instituteur en 1851 pour 50 ou 60 élèves était de 200 francs, plus 319 fr. 50 de rétributions scolaires (la rétribution des enfants au-dessous de 10 ans était de 1 franc, elle des enfants de 10 ans et au-dessus de 1 fr. 50), plus 50 francs pour indemnité de logement. Total 569 fr. 50, plus le bénéfice des fournitures. En 1852, le salaire fut élevé à 600 francs plus la rétribution scolaire, le logement et les fournitures.

Aujourd'hui pour 60 ou 70 élèves le traitement de l'instituteur est de 1.500 francs environ, plus le bénéfice considérable sur les fournitures de classe, le logement gratuit, maison et jardin, 170 ou 180 jours environ de congé par an, plus 400 francs environ pour le secrétariat de la mairie, non compris les droits de transcription des actes de l'état civil.

Avant la laïcisation, les 3 religieuses, pour faire la classe à 50 ou 60 petites filles coûtaient à la commune 700 francs. Aujourd'hui l'institutrice laïque seule coûte aux contribuables de 1.000 à 1.100 francs pour faire la classe à trois ou quatre élèves. Ajoutez-y le traitement de l'instituteur et de son adjoint... O gratuité de l'école laïque!

CHAPITRE XVII

PRÊTRES ET RELIGIEUSES ORIGINAIRES DE LA PAROISSE

I

Le plus grand honneur que puisse ambitionner une paroisse chrétienne c'est de donner à l'Église (1) des prêtres vertueux et zélés qui travaillent à étendre le règne de Dieu et à sanctifier les âmes, et des religieuses vouées au soin des malades ou à l'instruction des enfants.

Il est impossible, faute de documents, de dresser la liste complète des prêtres originaires de la paroisse; on en compte seulement une vingtaine (2) depuis le commencement du seizième siècle. Plusieurs d'entre eux ont laissé une réputation de grande vertu : M. Menuau, curé de Bourgneuf, est mort en odeur de sainteté, M. l'abbé Moreau fut guillotiné, M. l'abbé Humeau fusillé et M. Bourigault emprisonné en haine de la religion ; le R. Père Athanase Pineau, missionnaire aux Indes, est mort vénéré comme un saint. On l'a dit avec raison, Dieu aime à choisir ses prêtres parmi les fils de ceux qui sont morts pour lui. Cette parole s'est vérifiée à la lettre pour Saint-Laurent et il n'est pas un prêtre, pas un élève ecclésiastique, sorti de cette paroisse depuis un siècle qui ne compte avec fierté dans sa famille une ou plusieurs victimes de la Révolution.

Voici les noms des prêtres originaires de Saint-Laurent avec les renseignements que nous avons pu recueillir sur chacun d'eux :

MM.

Julien Bourigault, vers 1513 (3).

René Bourigault, vers 1550 (4).

---

(1) Si les familles donnaient plus volontiers autrefois leurs fils à l'Église parce qu'elle était riche, ce serait un crime de les lui refuser aujourd'hui qu'elle est pauvre et persécutée.

(2) Plusieurs élèves du Petit et du Grand-Séminaire sont morts au cours de leurs études ; Félix Gabory, 18 ans, vers 1823, Pierre Roullier, du Groiseilier, Alfred Boulestreau, du Pineau, clerc tonsuré, 22 ans, 2 juillet 1892, François Fremondière, de la Bohardière, 15 ans, 1er mars 1893. — Plusieurs autres poursuivent leurs études : M. l'abbé Toussaint Brevet, de la Douarderie, clerc minoré et Paul Quesson au Grand-Séminaire, Stanislas Roullier, Jh. Quesson, Jh. Delaunay, Jh. Bimier, au Petit-Séminaire de Beaupréau.

(3) Fils de Pierre Bourigault.

(4) Fils de Maurice Bourigault.

Paul Bourigault, vers 1593.

Louis Marchais, mort le 16 octobre 1635.

Etienne Métivier, né en 1627, chapelain de la chapelle Saint-Mathurin, desservie en l'église de Saint-Laurent, décédé le 24 juin 1681, âgé de 54 ans (1).

Pierre Menuau, curé de Bourgneuf, né en janvier 1632, décédé le 24 mars 1686, âgé de 54 ans.

Etienne Marchais, né en 1634, mort prêtre habitué en cette paroisse le 19 janvier 1700, âgé de 66 ans (2).

M. *Noël Drouet* (1649-1703)

Noël Drouet, fils d'honorable homme Noël Drouet, sergent royal, et de Françoise Crispiel, est né à Saint-Laurent le 5 mai 1649 (3). Il fit son séminaire à Saint-Sulpice de Paris, fut ordonné prêtre et reçu docteur en théologie. A Saint-Sulpice, il se lia d'amitié avec l'abbé Louis Lascaris d'Urfé. Quand ce dernier fut nommé à l'évêché de Limoges, l'abbé Drouet le suivit en qualité de secrétaire et devint successivement official, grand vicaire, chanoine théologal et enfin grand archidiacre. Après la mort de Mgr d'Urfé, il revint se fixer à Angers où il mourut d'hydropisie quelques mois après, le 10 août 1703, âgé de 54 ans.

M. *Jean Marais* (1728-1779)

Il fut vicaire à Saint-Laurent-de-la-Plaine, sa paroisse natale, de 1764 à 1767 et nommé curé de Marigné au mois de février de l'année 1768. Il mourut le 6 décembre 1779, âgé de 51 ans, et eut pour successeur son neveu et son compatriote, M. l'abbé Jean Marais.

(1) Voici l'acte de sa sépulture : « Le vingt-cinquième jour de juin 1681, a été inhumé dans le grand cimetière le corps de défunt messire Étienne Métivier, prêtre, en son vivant chapelain de la chapelle de Saint-Mathurin, desservie en l'église du lieu, âgé de 54 ans.

H. HOUSTIN, *curé.* »

(2) *Voici l'acte de sa sépulture :* « Le vingtième jour de janvier 1700 a été enterré en cette église par nous prêtre soussigné le corps de défunte, vénérable et discrette personne, missire .tienne Marchais en son vivant prêtre chapelain en cette église, mort d'hier, âgé de 66 ans, et ce, en présence de plusieurs de ses neveux, cousins et plusieurs autres parents et amis soussignés : Pierre Delaunay, curé de Saint-Maurille de Chalonnes, Landreau, prêtre ; Levacher, prêtre ; Grellier, Julien Rivière, L. Marchais, L. Housset, Jaudouin, vic. de Saint-Laurent, Drouet, R. Jollivet, J. Chaillou. »

(3) *Voici son acte de baptême :* « Le cinquième jour du mois de may mil six cent quarante neuf a esté par moy soubsigné baptisé un fils, nommé Noël, procréé du loyal mariage d'honneste personne maître Noël Drouet, sergent royal, et de Françoise Crispiel demeurant dans ce bourg. A esté parrain honneste personne Jacques Menuau, demeurant à Bourgneuf, marraine Marquise Marchais aussi demeurant à Bourgneuf, laquelle n'a signé »

J. Menuau, Bossoreille, L. Marchais, Thureau, chapelain, Drouet, Patrix, vicaire de Saint-Laurent. (*Registre paroissial et arch. dép. GG. 208.*)

M. Dubois (1752-1813)

M. Gabriel-Charles Dubois, né à Saint-Laurent-de-la-Plaine le **13** avril **1752**, était fils de Gabriel Dubois métayer et de Marie Defois. Ordonné prêtre vers 1776, il fut successivement vicaire à Marigné et à la Chapelle sur-Oudon. Il occupait ce dernier poste au moment de la Constitution civile du clergé : (1)

M. Dubois avait, dit M. Gruget dans ses mémoires, un excellent modèle à imiter dans la personne de son curé M. Forget (2) qui jouissait d'une excellente réputation dans tout le canton et qui la méritait à tous égards. Quoique infirme, avancé en âge et sans fortune il ne crut pas devoir faire le serment, il préféra toutes les rigueurs de la pauvreté dont il était menacé ainsi que tous ceux qui devaient le refuser plutôt que de le prêter. Son vicaire à qui il avait donné mille témoignages d'amitié et qui lui avait les plus grandes obligations n'eut pas le courage de l'imiter ; il fit le serment et ne craignit même pas de déplacer son curé et de s'emparer de sa place et par une suite assez ordinaire il devint son persécuteur. (3)

M. Dubois se rétracta, il fut nommé le 10 décembre 1802 vicaire à Saint-Ge orges-sur-Loire et en 1804 desservant de Brézé où il est mort le 31 mai 1813.

M. Humeau (1752-1794)

M. l'abbé Pierre-Jean Humeau, fils de Jean Humeau, serger et cabaretier, et de Perrine Thomas, naquit à Saint-Laurent, le 16 avril 1752 (4) Sous-diacre en 1773, diacre et prêtre en 1774, il fut successivement vicaire à Loiré, puis à Andrezé en 1778 où il eut pour curé M. Giffard (5). Celui-ci ayant été arrêté et emprisonné à Angers le 17 juin 1792, M. Humeau resta

---

(1) Le père de M. Dubois mourut le 26 septembre 1754, âgé de 29 ans. L'abbé Dubois appartenait par sa mère à la famille Humeau de Rochard ; il avait une sœur Marie-Gabrielle décédée le 3 janvier 1758 âgée de 8 ans.

(2) M. Forget fut noyé à Nantes le 10 décembre 1793.

(3) *Histoire de la Constitution civile du clergé* par M. Gruget (*Anjou Historique*, mars 1903).

(4) Voici l'acte de baptême : le lundi dix-septième jour d'avril mil sept cent cinquante-deux, Pierre-Jean, né d'hier, fils de Jean Humeau et de Perrine Thomas son épouse a été baptisé par nous prêtre, vicaire soussigné. A été parrain Pierre Thomas, oncle, de la. paroisse de Sainte-Christine et marraine Marie Humeau, tante de l'enfant, de cette paroisse qui ont déclaré ne savoir signer. Le père a signé avec nous. Jean Humeau, F. Helbert, vicaire.

Le père de M. Humeau mourut le 8 février 1766, âgé de 35 ans. Sa mère épousa en secondes noces François Gauffriau, cabaretier, décédé le 12 mai 1784 à l'âge de 50 ans. — L'abbé Humeau appartenait par son père à la famille Humeau de la Dellière et il était cousin-germain par sa mère de Gabrielle Thomas, femme Verger, fusillée au Champ-des-Martyrs.

(5) M. Giffard, ancien vicaire de Saint-Maurille de Chalonnes, et curé d'Andrezé le 6 novembre 1778, mourut en prison au mois de juin 1793.

caché dans la paroisse avec son confrère M. Texier. Son dernier acte signé
à Andrezé est un acte de baptême du 24 mars 1792. Il passa la Loire avec
l'armée vendéenne et séjourna aux environs d'Ingrandes où il exerça secrètement les fonctions du culte. Dans la nuit du 11 au 12 avril 1794,
M. Humeau était caché avec son compatriote, M. l'abbé Joseph Moreau,
sous un pailler dans une ferme de Combrée nommée Le Gas. Surpris par les
bleus, il fut tué en cherchant à se sauver (1).

M. Jean Marais (1754-1823)

M. l'abbé Jean Marais, né à Saint-Laurent en 1754, était fils de René
Marais et de Julienne Oger. Il fut curé de Marigné de 1780 à 1791, emprisonné à Angers, puis déporté en Espagne en 1792. Il mourut à Marigné en
la maison dite du *Collège* le 12 mars 1823 (2).

M. René Bourigault (1761-1837)

M. Joseph Moreau (1763-1794)

M. Élie Pineau (1834-1887)

M. Élie Pineau, fils de Michel Pineau (3) et de Jeanne Blourdier, naquit à
Saint-Laurent le 23 juin 1834. Il fit ses études au collège de Précigné (Sarthe),
entra au Grand Séminaire d'Angers et fut ordonné prêtre le 18 décembre
1858. Après un long vicariat à la Pouèze, M. l'abbé Pineau fut nommé curé
de Cizay-Montfort où il ne fit que passer, puis de Chaudefonds où il resta
13 ans. C'est là qu'il est mort le 23 février 1887, âgé de 52 ans.

M. Théodore Delaunay (1835-1907)

M. l'abbé Théodore Delaunay est né à Saint-Laurent le 6 novembre 1835.
En 1850, il entra en sixième au petit collège de Beaupréau où il resta
jusqu'à la fin de sa quatrième et fut envoyé en 1853 terminer ses études à
Combrée (4). Ordonné prêtre le 21 décembre 1861, il fut successivement
professeur à Beaupréau de 1861 à 1863, vicaire à Cheffes de 1863 à 1867 et

(1) On trouva sur lui un calice d'étain, une boîte remplie de pain d'autel et plusieurs
chansons sur les événements de la guerre voir l'interrogatoire de M. Moreau, p. 172).
(2) Le 10 juin 1820 M. Marais donna à la fabrique de Marigné le presbytère et les terres
qui en dépendent, sous la condition expresse qu'elle laissera jouir de tous les biens donnés,
pour son logement et sa subsistance, le curé ou tout autre ecclésiastique du culte catholique,
apostolique et romain, employé à desservir l'église de Marigné.
(3) La grand'mère de M. Pineau et son père, âgé de 3 ou 4 ans, furent emprisonnés au
Calvaire d'Angers pendant la Révolution.
(4) A cette époque le collège de Beaupréau ne possédait pas toutes les classes. Elles s'arrêtaient à la quatrième et les élèves allaient terminer leurs études à Mongazon ou à Combrée.

à Drain de 1867 à 1874. Le 18 novembre de cette même année, il fut nommé curé de Cizay. Montfort en remplacement de M. Élie Pineau son compatriote nommé curé de Chaudefonds. Il y resta 19 ans. Au bout de ce temps, fatigué par un long et pénible ministère, il quitta avec regret sa chère paroisse de Cizay et fut nommé, le 11 février 1894, curé de Blaison. Il y resta 7 ans, et le 9 octobre 1901, forcé par la maladie, il se retira dans sa paroisse natale pour y passer le reste de ses jours.

M. Delaunay est mort le mercredi 9 octobre 1907, âgé de 72 ans. Sa sépulture eut lieu le vendredi suivant. Plusieurs prêtres : M. le chanoine Taillée, aumônier de la Communauté de la Providence de la Pommeraye, MM. les curés de la Pommeraye, de Bourgneuf, de Sainte-Christine et de Blaison, M. Simon, prêtre habitué à Sainte-Christine, M. l'abbé Joseph Roullier, aumônier des Dominicaines de Chaudron, M. l'abbé Babin, vicaire à la Pommeraye. M. l'abbé Eugène Boisdron, vicaire à Sainte-Gemmes-d'Andigné, M. l'abbé Guinhut, vicaire à Trémentines, étaient venus joindre leurs prières à celles du clergé de la paroisse (1).

Le R. Père Athanase Pineau, des Missions Étrangères de Paris (1842-1873)

Athanase Pineau, fils de Jean Pineau, bordier au Plessis-Beuvereau, et de Perrine Quesson, naquit le 1er septembre 1842 (2). Il n'eut pas le bonheur de connaître ses parents ; il était tout jeune quand son père et sa mère lui furent enlevés en quelques semaines par une terrible maladie qui devait l'emporter lui-même 30 ans plus tard.

Le petit orphelin fut recueilli par sa grand'mère, un oncle et une tante qui le prirent à leur charge et, comme ils étaient pauvres, une pieuse dame les aida dans cette œuvre de charité, Mme la comtesse de Romain, dont la mémoire est toujours restée en bénédiction dans la paroisse. Il trouva dans sa famille d'adoption la même affection, le même dévouement et les mêmes bons exemples qu'il aurait eus au foyer paternel. Aussi, de bonne heure l'appel de Dieu se fit sentir à lui. Docile à cet appel, Athanase voulut être prêtre. M. l'abbé Gauché lui donna les premières leçons de latin et au mois d'octobre 1855, il entra en sixième au petit collège de Beaupréau. Il y resta trois ans, jusqu'à la fin de sa quatrième et fut envoyé à Mongazon terminer ses études. Après deux années passées au Grand-Séminaire d'Angers, l'abbé Athanase Pineau partit, le 26 juillet 1864, pour le Séminaire des Missions Étrangères de Paris. Il fut ordonné prêtre le 16 juin 1867 et le lendemain de l'Assomption, il partit pour les Indes.

Le P. Athanase Pineau arriva à Pondichéry le 17 septembre. Il y resta

(1) Voir *la Semaine Religieuse* du dimanche 20 octobre 1907.
(2) Athanase Pineau avait un frère nommé Henri et une sœur, Marie, mariée à Auguste Pasquet, couvreur, décédée le 27 mars 1906, âgée de 66 ans.

environ deux ans, tantôt au collège. tantôt à la maison de la mission. Il fut ensuite envoyé successivement à Goudelour, Vadouguerpatty, Pratacoudy, Karikal, Ellathaghery. Durant son court séjour dans cette dernière mission le zélé missionnaire entreprit la construction d'une petite église en l'honneur de Saint Joseph. Il se fit architecte, maçon, charpentier et dépensa ses maigres ressources. Mais ces travaux, joints aux fatigues de son ministère et à une dyssenterie qui le minait depuis près d'un an, avaient profondément altéré sa santé. Il vint à bout de forces demander l'hospitalité à un de ses confrères voisins, le Père Riss, qui le fit transporter à Bangalore. Malgré les soins prodigués au malade, le mal fit des progrès rapides et le 2 juillet 1873, à 8 h. 45 du soir, le Père Pineau rendit son âme à Dieu. Il était âgé de 31 ans.

Sa sépulture eut lieu le lendemain soir, à 4 heures. Tous ses confrères au nombre de 12, les élèves du Grand et du Petit-Séminaire, des chrétiens et des païens sans nombre l'accompagnèrent à sa dernière demeure. Le cercueil était porté par 80 soldats irlandais, heureux de prouver ainsi leur respect et leur amour pour ce jeune prêtre qu'ils vénéraient et chérissaient du fond du cœur parce qu'il était prêtre catholique et français (1).

Le R. Père Athanase Pineau repose dans le cimetière catholique de Bangalore. Sur sa tombe on a élevé un monument qui porte l'inscription suivante en anglais :

Sacred	A
To the memory	la sainte mémoire
of	du
Rever^d Athanase Pineau	Révérend Athanase Pineau
Missionary apostolic	Missionnaire apostolique
of the	du
vicariate of Pondichery	vicariat de Pondichéry
born in the	né
diocèse d'Angers	au diocèse d'Angers
(France)	(France)
who died at Bangalore	décédé à Bangalore
on the 2e July 1873	le 2 juillet 1873
aged 31 years	agé de 31 ans
Requiescat in pace	Qu'il repose en paix !

(1) *Lettre du R. Père Gasnier*, du 4 juillet 1873, publiée par la *Semaine religieuse* du 24 août 1873.

Un fait mérite d'être signalé qui pourrait être un signe de la protection spéciale de Dieu sur les restes mortels de celui que de son vivant on appelait le *Saint*. C'était un an après la mort du Père ; des ouvriers creusaient la tombe pour bâtir un monument ; le cercueil n'existait plus ; un coup de pioche toucha le pied du cadavre et le sang coula. On aurait dû exhumer le corps, constater son état, rien ne fut fait. Les ouvriers bâtirent leur mur et le soir racontèrent le fait à Mgr Gasnier, évêque de Singapore, alors chapelain militaire et chargé du cimetière (1).

M. Edouard Delaunay (1849)

M. Delaunay (Edouard-Honoré), né le 20 mai 1849, ancien élève du collège de Précigné, prêtre le 20 décembre 1873, vicaire à Chaudefonds, le 10 mai 1877, curé de Turquant, le 8 juillet 1882.

M. Raymond Gourdon (1850)

M. Raymond-Marie-Joseph Gourdon, né le 23 mars 1850, ancien élève du Petit-Séminaire Mongazon à Angers, ordonné prêtre le 23 décembre 1876, vicaire à Saint-Mathurin le 1ᵉʳ janvier 1877, aumônier de la Communauté de la Salle-de-Vihiers, le 1ᵉʳ décembre 1883.

M. René Roullier, aumônier des Dominicaines de Chaudron (1852-1903)

M. l'abbé René Roullier, fils de René Roullier et de Louise Beduneau, est né à Saint-Laurent le 25 octobre 1852. Il fit ses études au Petit-Séminaire de Beaupréau, puis au Grand-Séminaire d'Angers. Ordonné prêtre le 18 décembre 1875, il fut nommé vicaire à Châtelais, curé de la Chapelle-Hullin, le 20 décembre 1892, aumônier des Dominicaines de Chaudron, le 1ᵉʳ octobre 1899. C'est là qu'il est mort le samedi 14 novembre 1903 âgé de 51 ans. La cérémonie funèbre eut lieu dans la chapelle de la Communauté.

Trente prêtres environ, parmi lesquels on remarquait le R. P. Prieur du couvent des Dominicains d'Angers et le P. Joseph, du même Ordre, M. le curé-doyen de Montrevault qui célébra la messe, M. le Supérieur du Petit-Séminaire de Beaupréau, MM. les curés de Chaudron, de Botz, de Beausse, de Saint-Quentin, de Saint-Laurent-de-la-Plaine, de Saint-Pierre-Montlimart, tous les prêtres du canton et plusieurs anciens condisciples du défunt, étaient

---

(1) Lettre du R. P. Grandin, de Bourgneuf, missionnaire à Chikmagalure, vicariat du Maïssour (Inde), adressée, le 12 décembre 1894, à la sœur du Père Athanase Pineau, de Saint-Laurent-de-la-Plaine.

venus lui apporter le suprême témoignage de l'amitié. Au premier rang, près du cercueil se trouvaient M. l'abbé Joseph Roullier, vicaire de Chanteloup, frère de M. René Roullier, et ses autres parents, trouvant dans le concert d'éloges qui s'élevait au-dessus du défunt un allègement à leur douleur (1)

Après l'absoute, le corps fut transporté à Saint-Laurent-de-la-Plaine (2) pour y être inhumé. C'est là que repose M. l'abbé René Roullier, près de son vieux père décédé quatre mois auparavant (3 , à l'ombre du sanctuaire, non loin de la chapelle de Notre-Dame-de-Charité qu'il aimait tant et dans laquelle il avait si souvent prié.

M. Joseph Roullier (1865)

M. l'abbé Joseph Roullier, frère de M. René Roullier né le 27 juin 1865, ancien élève du Petit-Séminaire de Beaupréau, ordonné prêtre le 22 décembre 1888, vicaire à Chanteloup le 16 février 1889, aumônier des Dominicaines de Chaudron, le 28 novembre 1903.

II

RELIGIEUSES

Françoise-Marguerite Drouet, sœur de M. Noël Drouet cité plus haut, née en 1639. entra au couvent de la Visitation d'Angers en qualité de tourière et y mourut le 17 décembre 1710, âgée de 71 ans, après 50 ans de vie religieuse.

Sœur Catherine de Jésus

Louise Barault, en religion sœur Catherine de Jésus, est née à Saint-Laurent-de-la-Plaine, le 25 février 1828, de Pierre Barault, cultivateur,

---

(1) Voir dans la *Semaine religieuse* l'éloge funèbre de M. René Roullier par M. le chanoine Grimault, doyen du chapitre de la cathédrale d'Angers et supérieur de la communauté.

(2) Ont assisté à la sépulture avec le clergé de la paroisse : MM. les curés de Bourgneuf, de Neuvy, du Pin-en-Mauges, de Sainte-Christine ; MM. Delaunay, prêtre habitué à Saint-Laurent, R. Gourdon, aumônier de la communauté de la Salle-de-Vihiers, compatriotes ; MM. Cherbonnier, curé de Saint-Léonard d'Angers, Humeau, curé de Saint-Léger-sous-Cholet, Préaubert, professeur à Mongazon, MM. les vicaires de Saint-Maurille de Chalonnes et de Neuvy, M. l'abbé Bigot, professeur à Saint-Urbain, confrères de cours et amis du défunt. — Sur sa tombe, la famille Roullier a fait élever un beau monument en granit bleu de Vezins.

(3) Mort le 18 juillet 1903, âgé de 85 ans.

à Bellenoue et de Jeanne Gourdon (1). Elle fonda à Chaudron le couvent des Dominicaines du Saint Rosaire dont elle devint la première prieure. Elle mourut le 5 janvier 1890, âgée de près de 62 ans, et fut inhumée dans la chapelle de la communauté, à gauche, un peu au dessous du Sanctuaire. Une plaque de marbre noir scellée dans le mur porte gravée en lettres d'or l'inscription suivante :

Ici repose
En attendant la résurection
le corps de
Sœur Catherine de Jésus
fondatrice et première prieure
du couvent du Saint Rosaire
a Chaudron
décédée le 5 janvier 1890
dans sa 61ᵉ année
(R. I. P.)

Soeurs du Bon-Pasteur

Joséphine Rochard (2).
Eléonore Rochard, sœur de la précédente.
Sophie Neau (3).
Joséphine Neau, sœur de la précédente (4).
Perrine Gourdon.
Marie Ménard (5).

Soeurs de Saint-Vincent de Paul

Marie Bureau (6).

Soeurs de Sainte-Anne de Saumur

Mathurine Quesson (7).

(1) Elle fut baptisée le lendemain. Voici l'acte de baptême : Le 26 février 1828 a été baptisée par nous desservant soussigné Louise, née d'hier, fille de Pierre Barault, métayer à Bellenoue, et de Jeanne Gourdon, son épouse. Ont été parrain Louis Barault, grand-père, et marraine Louise Rousse, femme Gourdon, grand'mère de l'enfant.
Grellier, desservant.
Louise Barault n'avait que trois ou quatre ans quand ses parents quittèrent Saint-Laurent pour aller habiter Sainte-Christine. — Son grand-père, Louis Barault, fut maire de Saint-Laurent-de-la-Plaine de 1818 à 1826.
(2) Née le 20 juillet 1832, fille de Jacques Rochard, laboureur, et de Jeanne Letheul.
(3) Fille de René Neau et de Marie Beduneau.
(4) Née le 2 décembre 1820
(5) Fille de Michel Menard et de Marie Richard.
(6) Fille de Louis Bureau et de Mathurine Sourice.
(7) Née le 11 août 1816, fille de Simon Quesson, métayer, et de Marie Denéchau.

Bénédictines du Calvaire

Eugénie-Philomène Leduc, de la Brunetière (1).

Petites Soeurs des Pauvres

Léontine-Marie-Pauline Brossast (2).

Franciscaines de Calais

Joséphine-Julie Leger (3).
Désirée-Lucie Giraud (4).
Ernestine Boiteau (5).
Marie-Jeanne Ménard (6).
Marie Brevet (7).
Marie-Clarisse Fremondière (8).

Soeurs de la Providence de la Pommeraye

Rosalie Micheau (9).
Adélaïde Ménard (10).
Perrine-Désirée Oger (11).
Marie-Mathurine-Louise Leduc (12).
Clémentine Musset (13).
Emile Delaunay (14).
Marie-Augustine Ménard (15).

Soeurs de la Sagesse de Saint-Laurent-sur-Sèvre

Marie-Joséphine Oger (16).

(1) Née le 24 mai 1838, fille de René Leduc et de Louise Secher.
(2) Née le 4 juin 1854, fille de Julien Brossast, cultivateur au Groisellier, et de Rosalie Roullier.
(3) Née le 23 mai 1848, fille de Désiré Leger et de Marie Gagneux.
(4) Née le 16 décembre 1837, fille de Pierre Giraud, métayer, et de Françoise Brevet.
(5) Fille de Louis Boiteau et de Renée Lefort.
(6) Née le 28 janvier 1848, fille d'Antoine Ménard et de Jeanne Renou.
(7) Fille de Toussaint Brevet et de Marie Fremondière.
(8) Née le 5 juin 1845, fille de Georges Frémondière et de Marie Branchereau.
(9) Née le 26 juin 1818, fille de Jacques Micheau, tisserand, et de Mathurine Gazeau.
(10) Née le 25 août 1830, fille de Michel Ménard, métayer, et de Marie Richard.
(11) Née le 24 décembre 1835, fille de Joseph Oger, serger, et de Marie Thomas.
(12) Née le 15 août 1833.
(13) Née en 1865, fille de Louis Musset et d'Aimée Gallard, institutrice sécularisée à la Pommeraye, décédée le 13 avril 1908.
(14) Née en 1865, fille de Félix Delaunay et de Louise Poirier, institutrice sécularisée à Mouliherne.
(15) Née le 9 avril 1873, fille de Jean Ménard et de Marie Mérand.
(16) Née le 9 janvier 1875, fille de Louis Oger et de Renée Guérin.

SŒURS DE SAINTE-MARIE-LA-FORÊT

Eugénie Béduneau (1).
Ernestine-Jenny Bournigault (2)

SŒURS DE SAINT-JOSEPH DE BAUGÉ

Louise Fremondière (3).
Emilie Aligon (4).

(1) Fille de Charles Beduneau, closier à la Philippière, et de Marie Brevet.
(2) Née le 10 novembre 1874, fille de René Bournigault et de Jeanne Brun.
(3) Fille de Georges Fremondière, de la Bohardière, et de Rose Uzureau.
(4) Fille de Toussaint Aligon, de la Piffarderie, et d'Émilie Ménard.

BIBLIOTHÈQUE NATIONALE — R. F. — IMPRIMÉS

TABLE DES MATIÈRES

PAGES

Dédicace.   7

Préface.   9

Avant-propos. 13

CHAPITRE I

La Paroisse.

Nom, situation et fondation de la paroisse de Saint-Laurent-de-la-Plaine. — La cure et les biens curiaux. — Les chapelles ou chapellenies. — Noms des curés, vicaires, chapelains ou prêtres habitués jusqu'en l'année 1797. 15

CHAPITRE II

La Paroisse (*suite*)

Le presbytère, contestations entre la dame du Plessis-Beuvereau, le seigneur du Pineau et le curé. Henri Rassicot. — L'église, contestations au sujet des droits honorifiques entre les seigneurs de la Jaltière, du Plessis-Beuvereau et du Plessis-Raymond ; noms de personnes de qualité enterrées dans l'église ; translation solennelle d'une relique de la vraie croix. — Calvaires et croix. — Le cimetière. — La fabrique, liste des fabriciens. 34

CHAPITRE III

Les seigneuries de la paroisse

La Jaltière. — Le Pineau. — Le Plessis-Beuvereau. — Le Plessis-Raymond. 49

CHAPITRE IV

La commune

Topographie, culture, métairies, closeries, moulins. — Moyens de communication : routes, chemin de fer, postes et télégraphe. — Origine des communes ; Syndics, maires, officiers municipaux, secrétaires de mairie, assemblées communales. — Population. — Industries et professions. — Impôts. — Institutions communales : compagnie de pompiers, société de musique.................... 69

CHAPITRE V

La Paroisse de Saint-Laurent-de-la-Plaine pendant la Révolution

Préliminaires de la Révolution : les États Généraux, cahier des doléances de la paroisse en 1789; réformes administratives. — Constitution civile du clergé. Premières élections des curés constitutionnels dans le district de Saint-Florent-le-Vieil; arrêtés du 24 mai et du 24 juin 1791 et du 1er février 1792 contre les prêtres insermentés; conduite des patriotes...................................... 96

CHAPITRE VI

La Chapelle de Notre-Dame-de-Charité

Origine de la Chapelle de Notre-Dame-de-Charité. — Dénonciations des révolutionnaires de Chalonnes et de Saint-Florent ; démolition de la Chapelle (29 août 1791). — Apparitions de la Sainte Vierge ; Cathelineau à Notre-Dame-de-Charité ; nombreux pèlerinages....... 111

CHAPITRE VII

Les Prêtres de Saint-Laurent et la Constitution civile du clergé

M. Bourdais, curé de la paroisse et ses deux vicaires M. l'abbé Joseph Moreau et M. l'abbé René Bourigault refusent le serment ; sa mort. — M. Pirault est nommé curé constitutionnel; son installation ; lettre accusatrice de l'intrus et réponse des habitants ; mort de Pirault... 125

CHAPITRE VIII

Pèlerinages a Notre-Dame-de-Charité du 30 Octobre 1791 au 25 Mars 1792

Nouvelles dénonciations contre les pèlerinages à Notre-Dame-de-Charité ; pèlerinage de la paroisse de Saint-Laurent-sur-Sèvre (Vendée), le 15 novembre 1791. — Procession du 25 mars 1792; La Revellière-Lépeaux fait abattre le chêne de l'apparition (27 mars 1792). — Joseph Martin de la Saulaie; les martyrs de Notre-Dame-de-Charité. 135

CHAPITRE IX

Le Soulèvement de la Vendée. La Terreur

Causes du soulèvement ; le tirage au sort à Saint-Florent-le-Vieil. — Un des chefs de l'insurrection : le chirurgien Sébastien Cady, de Saint-Laurent-de-la-Plaine. — Noms des combattants de la paroisse. — Incendie du bourg de Saint-Laurent................................. 153

CHAPITRE X
La Terreur (suite)

Liste des habitants de la paroisse morts en 1793 et 1794. — Le culte à
Saint-Laurent pendant la Terreur ; M. l'abbé Moreau est guillotiné
sur la place du Ralliement à Angers, le 18 avril 1794. — Persécution
de 1797, emprisonnement et déportation de M. l'abbé Bourigault...   172

CHAPITRE XI
Saint-Laurent-de-la-Plaine après la Révolution.

Pacification religieuse, reconstruction de l'église. — Nomination de
M. l'abbé Grellier à la cure de Saint-Laurent. — État de la paroisse
au temporel et au spirituel, zèle de M. Grellier. — La paroisse de
Bourgneuf est supprimée et réunie à celle de Saint-Laurent-de-la
Plaine...   190

CHAPITRE XII
La Chapelle de Notre-Dame-de-Charité (1820-1903)

Reconstruction et bénédiction de la chapelle. — Guérisons opérées par
Notre-Dame-de-Charité. — Restauration et ornementation de la chapelle, fête du 1er juin 1903..   203

CHAPITRE XIII
Principaux Événements politiques de 1802 à 1832

Les élections de l'an VIII 10 mai 1802). — Guerre de 1815. — Fête à
l'occasion de la naissance du duc de Bordeaux. — Révolution
de 1830..   219

CHAPITRE XIV
M. Réthoré, M. Bourtault, M. Migneau (1838-1902)

Etablissement d'un vicariat à Saint-Laurent-de-la-Plaine : mort de
M. Grellier. M. Réthoré lui succède, mission de 1839. — Rétablissement de la paroisse de Bourgneuf et première visite pastorale de
Mgr Angebault. — Œuvres de M. Réthoré, sa nomination à la cure
de Douces. — M. Bourtault est nommé curé de Saint-Laurent-de-la
Plaine, deuxième visite pastorale de Mgr Angebault, bénédiction de
trois cloches, première visite pastorale de Mgr Freppel. — Nomination
de M. l'abbé Migneau à la cure de Saint-Laurent, deuxième visite
pastorale de Mgr Freppel, construction et bénédiction de la nouvelle
église...   231

CHAPITRE XV
M. l'abbé Boisdron 1902

Nomination et installation de M. l'abbé Boisdron. — Mission de 1904. —

Œuvres paroissales. Fondation du patronage et de l'Association de la Jeunesse Catholique. — Chronique et statistique paroissiales..... 243

CHAPITRE XVI

LES ÉCOLES PUBLIQUES DE SAINT-LAURENT-DE-LA-PLAINE

Les premières écoles de Saint-Laurent. Catherine Oger et l'école des filles. — Etablissement de l'école des Sœurs. — Laïcisation de l'école des Sœurs et fondation d'une école libre. — Etablissement de l'école de garçons 259

CHAPITRE XVII

PRÊTRES ET RELIGIEUSES ORIGINAIRES DE LA PAROISSE...................... 274

Angers. — Imp Lachese et Cie, J. Siraudeau Sr. — 08-4050

www.ingramcontent.com/pod-product-compliance
Lightning Source LLC
Chambersburg PA
CBHW050657070726
47595CB00014B/358